Wolfram 언어

기초 입문

Wolfram 언어

기초 입문

스티븐 울프램
STEPHEN WOLFRAM

Wolfram 언어 기초 입문

ISBN 978-89-314-5671-4

독자님의 의견을 받습니다

이 책을 구입한 독자님은 영진닷컴의 가장 중요한 비평가이자 조언가입니다. 저희 책의 장점과 문제점이 무엇인지, 어떤 책이 출판되기를 바라는지, 책을 더욱 알차게 꾸밀 수 있는 아이디어가 있으면 팩스나 이메일, 또는 우편으로 연락주시기 바랍니다. 의견을 주실 때에는 책 제목 및 독자님의 성함과 연락처(전화번호나 이메일)를 꼭 남겨 주시기 바랍니다. 독자님의 의견에 대해 바로 답변을 드리고, 또 독자님의 의견을 다음 책에 충분히 반영하도록 늘 노력하겠습니다.

파본이나 잘못된 도서는 구입처에서 교환 및 환불해 드립니다.

이메일 : support@youngjin.com
주　소 : 서울 금천구 가산디지털2로 123 월드메르디앙벤처센터 2차 10층 1016호 (우)08505

STAFF
저자 스티븐 울프램 | **번역** 양성덕, 이선례, 전경원, 최호웅, 황지원 | **총괄** 김태경 | **진행** 성민
표지 · 내지 디자인 Wolfram Media | **편집** 김현주 | **인쇄** 예림

차례

저자 서문		vii
Wolfram 언어란 무엇인가?		xi
Wolfram 언어의 실용적 사용법		xiii
기타 리소스		xv

1 | 여정의 시작		1
2 | 함수의 소개		3
3 | 리스트 살펴보기		7
4 | 리스트 표시하기		11
5 | 리스트 연산		15
6 | Table을 이용한 리스트 작성		19
7 | 색과 스타일		25
8 | 기본 그래픽 객체		29
9 | 대화형 조작		33
10 | 이미지		39
11 | 문자열과 텍스트		45
12 | 소리 생성		55
13 | 배열, 또는 리스트의 리스트		59
14 | 좌표와 그래픽		65
15 | Wolfram 언어의 범위		75
16 | 현실 세계의 데이터		81
17 | 단위		91
18 | 지리 정보 계산		97
19 | 날짜와 시간		105
20 | 옵션		113
21 | 그래프 및 네트워크		121
22 | 기계 학습		129
23 | 수에 관해 더 살펴보기		139
24 | 나양한 시각화 형태		147

25 | 함수를 적용하는 방법		153
26 | 순수 익명 함수		159
27 | 함수 반복 적용하기		165
28 | 테스트와 조건문		175
29 | 순수 함수에 관해 더 살펴보기		181
30 | 리스트 재배열		187
31 | 리스트의 원소		197
32 | 패턴		203
33 | 표현과 표현의 구조		209
34 | 연관		219
35 | 자연어 이해		225
36 | 웹사이트와 앱 작성		231
37 | 디스플레이와 화면 배치		241
38 | 이름 붙이기		247
39 | 즉시값과 지연값		253
40 | 함수 정의하기		257
41 | 패턴에 관해 더 살펴보기		263
42 | 문자열 패턴과 템플릿		269
43 | 저장		275
44 | 가져오기와 내보내기		281
45 | 데이터 세트		291
46 | 좋은 코드 작성하기		305
47 | 코드 디버깅		311

우리가 논의하지 않은 것		315
후기 : 프로그래머가 되려면		323
연습 문제 해답		327
인덱스		335

저자 서문

나는 지난 30년 남짓 Wolfram 언어를 대중에게 알리기 위해 노력해왔다. 어느 날 지금까지 축적한 지식을 바탕으로 누구나 스스로 학습할 수 있는 최소한의 입문서를 집필하기로 결심하였고, 이 책은 이러한 노력의 결과이다.

1988년 Wolfram 언어의 전신인 Mathematica의 첫 버전을 출시할 당시 사용 지침서와 참고서의 역할을 겸비한 책을 출판했다. 이 책은 매우 인기를 끌었으며 Mathematica의 초기 성공에 지대한 영향을 끼쳤다고 생각한다. The Mathematica Book으로 알려진 이 책은 향후 10여 년에 걸쳐 5판까지 출간되면서 1,500 쪽에 이르는 어마어마한 분량으로 성장하였다.

The Mathematica Book을 통해 추구하고자 한 것은 시스템의 모든 측면을 체계적으로 다루는 것이었다. 하지만 2007년에 새로운 버전의 Mathematica 6을 출시하면서, 이제 더는 한 권의 책에 모든 것을 담아내기에는 너무 방대한 양이란 생각이 들었다. 한편 우리의 온라인 문서는 지속적으로 성장하여 2007년에는 새롭게 추가된 다수의 예제를 포함한 소개 문서가 갖춰졌으며, 종이에 인쇄한다면 10,000 쪽을 넘어서는 분량에 이르렀다.

2009년 출시된 Wolfram|Alpha는 어떠한 설명이나 문서 없이도 사용할 수 있는 자연어 인터페이스를 바탕으로 구축되었다. 하지만, Wolfram 언어가 Mathematica와 Wolfram|Alpha에서 탈피하여 현재의 모습을 갖추면서, 다시 설명과 문서가 필요하게 되었다.

온라인으로 제공되는 Wolfram 언어의 설명서를 인쇄하면 50,000 쪽이 넘는 방대한 분량이다. 이 온라인 문서가 시스템의 모든 기능에 대한 사용법을 아주 자세하게 설명해주는 역할을 잘 수행하고 있다고 믿어 의심치 않지만, 이 언어를 처음 접하는 새로운 사용자에게 언어의 기본 원리를 효율적으로 설명해줄 필요성도 존재하며, 이를 충족시키기 위해 수년간 꾸준히 노력해왔다.

그렇다면 프로그래밍을 처음 접하는 사람은 어떻게 시작해야 할까? Wolfram 언어는 누구에게나 프로그래밍을 접할 기회를 제공할 뿐 아니라 오늘날 컴퓨팅으로 수행할 수 있는 최첨단의 작업에까지 단시간에 도달할 기회를 제공한다.

이는 지난 30년 동안 Wolfram 언어라는 기술을 빚어내기 위해 쌓아온 노력의 결과이다. 내 목표는 누구나 하고자 하는 바를 최대한 간략하게 기술하기만 하면 내부에서 모든 세부사항을 자동으로 처리하여 사용자가 원하는 바를 가능하게 해주는 언어를 구축하는 것이다.

Wolfram|Alpha의 질의응답 기능을 이용하면 일상 영어로 원하는 것을 입력하는 것만으로도 충분히 답을 얻을 수 있다. 하지만 좀 더 체계적인 작업을 원한다면 하고자 하는 바를 자세히 설명할 방법이 필요하며, 이에 대한 답이 바로 Wolfram 언어이다.

그렇다면 Wolfram 언어를 학습하는 좋은 방법은 무엇일까? 한 가지 방법은 몰입법으로 Wolfram 언어를 사용하는 환경 안으로 자신을 밀어 넣는 것인데, 실제로 사용되는 프로그램을 살펴보고 이를 사례로 삼아 학습하는 방법이다. 개인적인 견해로는 원리를 묻거나, 문제 해결에 도움을 줄 수 있는 사람이 주변에 있는 환경에서 이 방법이 매우 효율적이라고 생각한다.

Wolfram 언어를 온전히 스스로 학습하는 것은 어떨까? 이때 필요한 것은 뻔한 질문에도 답을 줄 수 있으면서, 개념을 하나씩 차곡차곡 쌓아갈 수 있도록 도와주는 체계적인 안내서이며, 그것이 바로 이 책이 목표하는 바이다.

Wolfram 언어를 배우는 것은 외국어를 배우는 것과 유사한 점이 많다. 두 경우 모두 어휘와 기본 원리를 긴밀히 연계하여 학습해야 한다. Wolfram 언어는 인간의 언어보다 훨씬 더 체계적이므로 불규칙 동사 등을 외울 필요는 없지만, 유창하게 구사하려면 꾸준히 연습해야 하는 것은 동일하다.

이 책을 어떻게 풀어갈지 많은 고민을 했다. 그리고 어린 시절 공부했던 라틴어 교과서가 취했던 방식에 기반을 두고 쓰기로 했다. 라틴어는 현재 사용되는 언어가 아니기에 몰입 학습법은 적합한 방법이라 할 수 없으므로, 이 책에서와 같이 하나씩 단계별로 배우는 게 유일한 방법이다.

프로그래밍을 배운다는 것은 한편으로 수학을 배우는 것과 유사하다. 둘 다 일종의 정확성이 요구된다. 사물은 옳거나, 그르거나 둘 중 하나이다. 하지만, Wolfram 언어를 사용하면 프로그래밍을 훨씬 더 구체적으로 구사할 수 있다. 모든 단계에서 어떤 일이 일어나고 있는지 볼 수 있고, 지금 하는 일이 맞는지 확인할 수 있다. 또한, 언어 외부의 개념을 기반으로 추상적으로 설명해야 하거나 직접 확인할 수 없는 숨겨진 개념 같은 것은 존재하지 않는다.

수학 교수법은 2천 년 동안, 사칙 연산부터 시작해서 대수로 진행하는 것처럼 교육 순서를 점진적으로 최적화하며 발전해 왔다. 반면 Wolfram 언어를 가르치는 문제는 완전히 새로운 것이다. 무에서 시작하여 처음부터 단계별로 교수법을 만들어가야 한다. 기존의 프로그래밍 교육법은 대부분 Wolfram 언어에서 자동으로 처리되는 매우 저수준의 구조에 대한 것이므로 별 도움이 되지 않는다.

나는 이 책을 Wolfram 언어의 학습에 대한 특정한 방향을 제시하는 일종의 실험이라고 본다. 이 책을 통해 Wolfram 언어의 모든 것을 다루려고 하지는 않았다. 이건 단지 책이 50,000 쪽을 넘어갈 것을 우려해서가 아니다. 대신 소수의 명확한 예제를 통해 언어의 기본 원리를 설명하는 데 집중하려고 했다.

이 책에서 사용한 예는 되도록 흥미를 돋우고 실제로 유용하게 사용할 수 있는 예제를 선택했다. 무엇보다 이 예들을 통해 언어의 핵심 원리를 다룰 수 있도록 구성했다. 이러한 원리를 깨우치고 나면 Wolfram 언어로 무언가를 하려고 할 때, 그 기능에 해당하는 문서를 참고해서 문제를 해결할 수 있다.

두말할 나위 없이, Wolfram 언어는 수많은 정교한 기능을 갖추고 있다. 그중에는, 그림에서 특정 객체를 식별하는 기능처럼 내부적으로는 복잡한 작업이지만 설명은 간단한 것이 있는 반면, 그뢰브너 기저의 계산 기능과 같이 설명하기도 어려울뿐더러, 이를 이해하려면 수학과 컴퓨터 과학에 대한 막대한 외부 지식을 요구하는 것도 있다.

이 책의 목표는 학습에 필요한 모든 것을 충분히 갖추고 있어 일상적인 상식만 가지고도 읽을 수 있는 안내서가 되는 것이다. 고등 수학에 대한 지식이 있는 사람이라면 이 책의 곳곳에서 수학적 개념과의 연관성을 발견할 수도 있지만, 기본적으로 기초 연산을 넘어서는 특별한 수학 지식을 사용하지 않고도 읽을 수 있도록 집필하려 노력했다.

물론 이 책이 Wolfram 언어의 기초를 소개하는 유일한 방법도 아니며, 앞으로 더 많은 입문서가 나오길 기대한다. 이 책은 Wolfram 언어의 방대한 기능 중에서 자의적으로 선택한 일부 특정 기능만을 다루고 있으며, 이 책에서 언급되지 않은 수많은 기능이 있다는 것을 명심했으면 한다.

내 인생의 반 이상을 쏟아 키워온 Wolfram 언어의 강력함과 아름다움이 빛나길 기대한다. 또한, 학생을 비롯한 다양한 배경을 가진 많은 이들이 이 책을 통해 Wolfram 언어를 접하고, 우리가 살아가는 시대를 정의하는 새로운 특징이 되어가고 있는 계산적 사고를 향유하길 바란다.

Stephen Wolfram

Wolfram 언어란 무엇인가?

Wolfram 언어는 컴퓨터 언어이다. 즉, 컴퓨터와 대화할 수 있는 방법을 제공해주는데, 이를 활용하여 컴퓨터에 무엇인가를 하도록 명할 수 있다.

C++, 자바, 파이썬, 자바스크립트 등 수많은 컴퓨터 언어가 존재한다. 그중에서 Wolfram 언어는 지식기반 언어라는 점에서 매우 독특하다. 지식을 기반으로 한다는 것은 Wolfram 언어 자체에 이미 많은 정보가 담겨 있기 때문에, 원하는 작업을 하기 위해 설명해야 하는 것이 그만큼 줄어든다는 것을 의미한다.

이 책에서는 Wolfram 언어를 사용하여 여러 가지 놀라운 작업을 수행하는 방법을 살펴본다. 원하는 것을 컴퓨터로 수행할 수 있도록 생각하는 계산적 사고와 이러한 생각을 Wolfram 언어를 사용하여 컴퓨터에 전달하는 방법을 배운다.

그냥 평범한 영어를 사용하여 원하는 바를 기술할 수는 없을까? 실제로 Wolfram|Alpha는 일상 영어로 입력을 받을 수 있으며, 짧은 질문에는 매우 잘 작동한다. 그러나 조금 더 복잡한 것을 하고자 한다면, 모든 것을 일상 영어로 기술하는 데는 현실적으로 한계가 있다. 바로 여기가 Wolfram 언어가 필요한 지점이다.

Wolfram 언어는 막대한 양의 지식을 내장하고 있고 사용자는 이를 이용하여 원하는 것을 매우 쉽게 표현할 수 있도록 설계되었다. 중요한 것은 사용자가 Wolfram 언어를 사용하여 무언가를 요청하면 컴퓨터는 이를 즉시 이해하고 실제로 그것을 수행할 수 있다는 것이다.

나는 Wolfram 언어가 아이디어를 현실로 실현하기 위한 최적의 도구라고 믿는다. 실현하고 싶은 무엇인가에 대한 아이디어가 떠오르면, 그 아이디어를 컴퓨터로 실행할 수 있는 형태로 구체화하고, 이를 Wolfram 언어로 표현한다. 그 다음은 Wolfram 언어가 맡아서 최대한 자동으로 처리해준다.

시각적, 텍스트, 대화형 인터페이스는 물론이고 어떠한 형태의 앱 및 프로그램도 개발하고 웹사이트까지도 만들 수 있다. 문제를 분석하고 해결할 수 있으며, 폭넓은 분야의 다양한 아이디어를 컴퓨터, 웹, 전화기, 소형 내장형 기기 등에서 구현할 수도 있다.

나는 30여 년 전부터 지금의 Wolfram 언어를 개발하기 시작했다. 그 과정에서 Wolfram 언어는 Mathematica의 형태로 전 세계의 연구 기관과 대학에서 매우 널리 사용되었고, 놀라운 발명과 발견에 공헌해 왔다.

오늘날 Wolfram 언어는 컴퓨터와 관련한 거의 모든 것을 새롭게 정의하는 범용 컴퓨터 언어로 서듭나게 되었다. Wolfram 언어를 초창기부터 사용해 온 사용자 중에는 세계를 선도하는 발명가와 기술 관련 기관이 포함되어 있다. 또한, Wolfram|Alpha와 같은 대규모 시스템도 Wolfram 언어로 작성되었다.

Wolfram 언어를 강력하게 만드는 지식과 자동화는 누구나 Wolfram 언어에 쉽게 접근할 수 있도록 진입 문턱을 낮추어 주는 역할 또한 수행하고 있다. 사용자의 컴퓨터 작동 원리나 기술 및 수학적 개념에 대한 사전 지식이 요구되지 않는다. 이는 Wolfram 언어가 맡아 해결해 주기 때문이다. 사용자는 오직 하나, 자신이 하고 싶은 일을 컴퓨터에 전달할 수 있는 Wolfram 언어만 습득하면 된다.

이 책을 읽어나가는 동안 Wolfram 언어의 기본 원리를 배우게 된다. Wolfram 언어를 사용하여 프로그램을 작성하는 방법을 배우고, Wolfram 언어의 기반이 되는 계산적 사고의 일부를 접할 것이다. 하지만 무엇보다 아이디어를 현실로 구현하게 해주는 강력한 기술을 배우게 된다. 아직 누구도 Wolfram 언어로 할 수 있는 일의 한계를 알지 못한다. 이 한계를 시험해보는 과정은 매우 흥미진진할 것이다. 또한, 이 책에서 배운 내용은 여러분이 미래의 주역이 되도록 도울 것이다.

Wolfram 언어의 실용적 사용법

Wolfram 언어를 배우는 가장 좋은 방법은 이를 실제로 사용해 보는 것이다. Wolfram Programming Lab은 쉽게 이 언어를 학습할 수 있는 환경으로 특화되어있지만, 다른 대화형 Wolfram 언어 환경을 이용하여 학습하는 것도 가능하다.

어떤 사용 환경에서도 Wolfram 언어로 질문을 입력하면 시스템은 즉시 계산을 수행하여 출력한다. 데스크톱, 웹, 모바일 어디에서나 동일하게 작업을 수행할 수 있다. 입력 완료를 나타내기 위해 일반적으로 데스크톱과 웹에서는 shift return 을, 모바일에서는 ⚘ 버튼을 누른다. 입력할 수 있는 모든 텍스트를 포함한 입출력은 Wolfram 노트북에 저장된다.

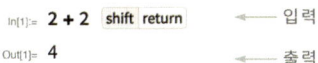

In[1]:= **2 + 2** shift return ⟵ 입력

Out[1]= **4** ⟵ 출력

Wolfram 노트북은 Wolfram 언어의 입력을 돕기 위한 다양한 도움말 정보를 제공한다.

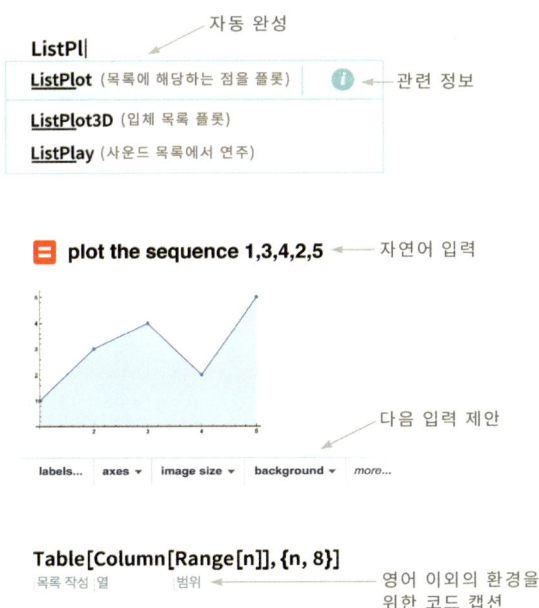

자동 완성

ListPl|

ListPlot (목록에 해당하는 점을 플롯) *i* ⟵ 관련 정보

ListPlot3D (입체 목록 플롯)

ListPlay (사운드 목록에서 연주)

▤ **plot the sequence 1,3,4,2,5** ⟵ 자연어 입력

⟵ 다음 입력 제안

labels... axes ▾ image size ▾ background ▾ *more...*

Table[Column[Range[n]], {n, 8}]

목록 작성│열   범위 ⟵ 영어 이외의 환경을 위한 코드 캡션

입력과 출력이 번갈아 나열되는 대화형 형식의 Wolfram 노트북은, Wolfram 언어로 프로그램을 학습하고 나아가 해당 언어를 통한 연구 및 프로그램 작성을 위한 이상적인 환경을 제공한다. 사실 Wolfram 언어는 이러한 대화형 인터페이스뿐만 아니라 다양한 소프트웨어 공학적 환경에서 구동될 수 있다. 하지만 이러한 경우에도, Wolfram 언어는 내부적으로 이 책에서 설명하는 대화형 환경에서 수행되는 것과 동일한 연산을 수행한다.

Q&A

이 책을 읽으려면 프로그래밍에 대해 이미 알고 있어야 하나요?
절대 그렇지 않습니다. 이 책은 프로그래밍에 대한 독학이 가능한 자습서의 형태입니다.

이 책의 주요 대상 연령대는 어떻게 되나요?
경험에 비추어 볼 때, 11세 이상이 적절합니다. 성인을 포함하여 연령대에 관계없이 모두가 흥미롭게 접근할 수 있는 예제로 구성되어 있습니다.

이 책을 읽기 위해서는 어느 정도의 수학 지식이 필요한가요?
기본 사칙 연산을 넘어서는 지식은 필요하지 않습니다. 이 책은 수학이 아니라, Wolfram 언어를 사용한 프로그래밍에 관해 서술하고 있습니다.

이 책을 읽는 동안 컴퓨터를 사용해야 하나요?
컴퓨터를 사용하지 않아도 읽을 수 있지만, Wolfram Programming Lab등을 활용한 Wolfram 언어 세션의 대화형 실습을 함께 하면 훨씬 좋은 효과가 있으리라 예상됩니다.

Wolfram 언어는 어디에서 실행할 수 있나요?
Mac, Window, Linux, Raspberry Pi 등의 데스크톱 컴퓨터에서 기본적으로 실행됩니다. 또한, 웹 브라우저 및 모바일 장치를 통해 클라우드에서도 실행할 수 있습니다.

이 책은 처음부터 차례로 읽어야 하나요?
그 방법을 추천합니다. 책을 구성하면서 폭넓은 개념을 점진적으로 쌓아갈 수 있도록 집필하였습니다. 선택적으로 읽을 경우, 앞으로 돌아가 건너뛰어 넘어간 내용을 읽어야 할 경우가 종종 발생할 수 있습니다.

이 책의 주제가 다른 프로그래밍 책의 주제와 상당한 차이를 보이는 이유는 무엇인가요?
Wolfram 언어는 다른 프로그래밍 언어와 달리 다른 언어에서 세부적으로 요구하는 개념이 대부분 자동화되어 있는 보다 고급 수준의 언어이기 때문입니다.

Wolfram 언어는 교육용 언어인가요?
Wolfram 언어는 교육 분야에서 애용되고 있으며, Mathematica는 대학에서도 널리 사용되고 있습니다. 하지만 산업 분야에서도 광범위하게 이용되고 있습니다. 배우기 쉽고 강력한 기능을 갖춘 Wolfram 언어는 교육에 매우 적합합니다.

Wolfram 언어의 습득은 다른 언어 학습에 도움이 될까요?
물론입니다. Wolfram 언어를 습득하면 다른 프로그래밍 언어에서 낮은 수준으로 전개되는 개념을 고급 수준의 개념으로 이해할 수 있습니다.

Wolfram 언어는 너무 쉬워 보입니다. 정말 프로그래밍 언어인가요?
프로그래밍과 관련된 단조롭고 고된 작업이 모두 자동화되어 있어, 보다 많은 것을 할 수 있을 뿐만 아니라 더 많은 것을 이해할 수 있습니다.

이 책을 강의에 이용할 수 있을까요?
당연히 가능합니다. 도서 웹사이트(wolfr.am/eiwl)에는 보충자료 및 연습 문제도 포함되어 있습니다.

강의를 위해 이 책의 일부를 생략해도 될까요?
이 책은 자료가 차례로 구성되어 있기 때문에 생략되는 장이 있을 경우, 빠트린 부분의 내용을 보완하는 어떤 수단이 필요할 수 있습니다.

이 책은 Wolfram 언어의 어떤 버전을 사용해야 하나요?
11.1 이후의 버전이면 무엇이든 사용할 수 있습니다. Table[x, 5]와 같은 간단한 예도 10.3 이전 버전에서는 작동하지 않는 경우가 있으므로 주의가 필요합니다. Wolfram Cloud에서 Wolfram 언어를 실행하는 경우 항상 최신 버전을 사용하게 됩니다. 하지만 데스크톱 시스템을 사용하는 경우 업그레이드가 꼭 필요합니다.

이 책에서 다루어진 코드는 '최적화된 상태' 인가요?
대부분의 경우에는 그렇습니다. 다만 보다 간략한 형식에 대한 개념의 소개가 이 책을 읽는 바로 그 시점에 아직 이루어지지 않았다면 필요 이상으로 코드가 다소 복잡할 수 있습니다.

기타 리소스

본서의 온라인 버전
전체 실행 가능한 연습 문제 및 자동으로 채점되는 연습 문제를 갖춘 텍스트
wolfr.am/eiwl

Wolfram 언어 홈페이지
Wolfram 언어에 관한 광범위하고 방대한 자료 저장소
wolfram.com/language

Wolfram 문서 센터
포괄적인 예제를 포함한 Wolfram 언어의 모든 함수에 관한 문서
reference.wolfram.com/language

Wolfram Programming Lab
온라인 및 데스크톱에서 사용하는 Wolfram 언어의 교육적인 접근
wolfram.com/programming-lab

Wolfram U
무료로 제공되는 코스 기반의 포괄적인 온라인 코스 학습 자료
wolfram-u.com

프로그래밍의 기본
프로그래밍 경험자를 위한 짧은 Wolfram 언어 튜토리얼
wolfram.com/language/fast-introduction-for-programmers

Wolfram Challenges
온라인 Wolfram 언어 프로그래밍 도전 과제 모음과 실시간 구동
challenges.wolfram.com

Wolfram Tweet-a-Program
140자 이하의 Wolfram 언어 프로그램 예제 모음
wolfram.com/language/tweet-a-program

Wolfram Demonstrations Project
Wolfram 언어로 작성된 11,000개 이상의 대화형 데모
demonstrations.wolfram.com

Wolfram Community
Wolfram 언어 및 Wolfram의 기술을 배우고 토론할 수 있는 온라인 커뮤니티
community.wolfram.com

Wolfram 홈페이지
Wolfram 언어의 배경이 되는 Wolfram Research 홈페이지
wolfram.com

Stephen Wolfram의 홈페이지
저자 홈페이지
stephenwolfram.com

1 | 여정의 시작: 기초 산술

Wolfram 언어가 작동하는 방식을 보여주는 첫 번째 예로 기본적인 산술 연산을 살펴보자.

두 수를 더해 보자.

In[1]:= **2+2**

Out[1]= 4

In[2]:= **1234+5678**

Out[2]= 6912

두 수를 곱해 보자.

In[3]:= **1234*5678**

Out[3]= 7 006 652

용어

2+2	덧셈
5−2	뺄셈
2*3	곱셈(2 3의 형태도 사용 가능)
6/2	나눗셈
3^2	거듭제곱(예:제곱)

연습 문제

1.1 1+2+3을 계산하여라.

1.2 1, 2, 3, 4, 5를 모두 더하여라.

1.3 1, 2, 3, 4, 5를 모두 곱하여라.

1.4 5의 제곱(즉, 5×5)을 계산하여라.

1.5 3의 4제곱을 계산하여라.

1.6 10의 12제곱(1조)을 계산하여라.

1.7 3의 7×8제곱을 계산하여라.

1.8 4−2*3+4에 괄호를 추가하여 결과가 14가 되도록 만들어라.

1.9 이만 구천에 칠십삼을 곱한 값을 계산하여라.

Q&A

2+2 등의 입력을 마치고 평가를 수행하려면 어떻게 하나요?
컴퓨터를 사용하는 경우, `shift` `return` 키를 함께 누릅니다. 모바일 장치의 경우, ☀ 버튼을 누릅니다. Wolfram 언어의 실용적 사용법을 참조하면 더욱 자세한 정보를 얻을 수 있습니다.

곱셈을 *로 표시하는 이유는 무엇인가요?
*('별표'는 `shift` `8`로 입력)가 곱셈 기호와 비슷하기 때문입니다. 곱하고 싶은 수와 수 사이에 빈칸을 넣어 곱셈을 나타낼 수도 있습니다. 그러면, Wolfram 언어가 자동으로 곱셈 기호 ×를 삽입해줍니다.

'거듭제곱'(^)은 무엇을 뜻하나요?
6^3은 6×6×6(즉, 6 자신을 세 번 곱하기)을 의미하며, 10^5은 10×10×10×10×10을 의미합니다.

Wolfram 언어는 얼마나 큰 수까지 다룰 수 있나요?
사용자의 컴퓨터 메모리가 허용하는 한도 내에서 제한이 없습니다.

Wolfram 언어에서 연산의 우선순위는 어떻게 되나요?
수학에서 통용되는 바와 같습니다. 즉 거듭제곱, 곱셈, 덧셈과 같은 순서로 처리됩니다. 따라서 4*5^2+7은 (4*(5^2))+7과 같은 순서로 연산합니다. 괄호 역시 보통의 수학 연산처럼 사용됩니다. (통상적으로 수학에서 [...]와 (...)를 같은 의미로 사용하는 경우도 있지만, Wolfram 언어에서 [...]는 다른 의미를 가지고 있으므로 주의가 필요합니다.)

나눗셈의 경우 결과에 분수를 포함하고 싶지 않을 때는 어떻게 하나요?
입력하는 수에 소수점이 있으면 결과는 소수점이 있는 형태로 표시됩니다. 23장에서 다루겠지만, N 함수를 이용할 수도 있습니다.

7 006 652에서 볼 수 있는 숫자 사이의 공백은 무엇인가요?
이 공백은 표시된 수를 읽기 쉽게 하기 위해 삽입된 공간으로, 수의 일부는 아닙니다.

큰 수는 어떻게 입력하나요?
쉼표, 공백, 구분자 등을 제외하고 숫자만 입력합니다(예, 1234123511415223).

1/0을 계산하면 어떻게 되나요?
직접 시도해 보세요! 결과로 무한대를 나타내는 기호가 나옵니다. 이 기호를 이후 계산에서 이용할 수도 있습니다.

더 살펴보기

Wolfram Programming Lab 시작하기(wolfr.am/eiwl-1-more)

2 | 함수의 소개

2 + 2를 입력하면 Wolfram 언어는 이를 Plus[2, 2]로 인식한다. Plus가 바로 함수이며, Wolfram 언어에는 이러한 함수가 5,000개 이상 존재한다. 산술 연산에 관련된 함수는 이 중 극히 일부에 불과하다.

Plus 함수를 이용하여 3+4를 계산해 보자.

In[1]:= **Plus[3, 4]**

Out[1]= 7

Plus 함수를 이용하여 1+2+3을 계산해 보자.

In[2]:= **Plus[1, 2, 3]**

Out[2]= 6

Times 함수는 곱셈을 수행한다.

In[3]:= **Times[2, 3]**

Out[3]= 6

함수를 다른 함수의 안에 넣을 수도 있다.

In[4]:= **Times[2, Plus[2, 3]]**

Out[4]= 10

Wolfram 언어가 제공하는 모든 함수는 대괄호를 사용하며, 함수 이름은 대문자로 시작한다.

Max는 주어진 수의 모음에서 가장 큰 값, 즉 최댓값을 찾는 함수이다.

다음 수 중에서 최댓값은 7이다.

In[5]:= **Max[2, 7, 3]**

Out[5]= 7

RandomInteger 함수는 0부터 사용자가 지정한 수까지의 범위에 해당하는 정수 중 하나를 무작위로 고른다.

0부터 100까지의 자연수 중에서 무작위로 하나를 선택해 보자.

In[6]:= **RandomInteger[100]**

Out[6]= 71

실행할 때마다 난수를 다시 가져온다.

In[7]:= **RandomInteger[100]**

Out[7]= 1

용어

Plus[2, 2]	2 + 2	덧셈
Subtract[5, 2]	5 − 2	뺄셈
Times[2, 3]	2 * 3	곱셈(2 3의 형태도 사용 가능)
Divide[6, 2]	6 / 2	나눗셈
Power[3, 2]	3 ^ 2	거듭제곱
Max[3, 4]		최댓값(가장 큰 값)
Min[3, 4]		최솟값(가장 작은 값)
RandomInteger[10]		무작위 자연수

연 습 문 제

2.1 Plus 함수를 이용해서 7+6+5를 계산하여라.

2.2 Times와 Plus 함수를 이용해서 2×(3+4)를 계산하여라.

2.3 Max 함수를 이용해서 6×8과 5×9 중 더 큰 것을 찾아라.

2.4 RandomInteger 함수를 이용해서 0에서 1,000까지의 자연수 중 무작위로 하나를 생성하여라.

2.5 Plus와 RandomInteger 함수를 이용해서 10에서 20까지의 자연수 중 무작위로 하나를 생성하여라.

Q&A

Plus와 RandomInteger 등의 함수를 입력할 때 대소문자를 구분해야 하나요?
그렇습니다. Wolfram 언어에서는 plus와 Plus가 같지 않습니다. 또한 Plus와 같이 대문자로 시작하는 함수는('공식') 내장 함수임을 나타냅니다.

함수를 입력할 때 반드시 대괄호[...]를 써야하나요?
네. [...]와 같은 대괄호는 함수에 쓰입니다. 반면 (...)와 같은 소괄호는 2*(3+4)의 경우와 같이 표현을 묶을 때 사용하며 함수에는 사용하지 않습니다.

Plus[2, 3]을 어떻게 소리내어 읽나요?
보통 '2와 3을 더한다'로 읽습니다. '플러스 2 콤마 3'으로 읽어도 됩니다. "["는 '괄호 열기'로 "]"는 '괄호 닫기'로 읽습니다.

2+3 대신 Plus[2, 3]이라고 써야 할 이유가 있나요?
Plus의 경우에는 그럴 필요가 없습니다. 하지만(Max나 RandomInteger와 같은) 대다수의 함수는 +와 같은 특별한 형식이 없기 때문에 이름을 사용해야 합니다.

Plus[...]와 +를 같이 사용해도 되나요?
네. 같이 사용할 수 있습니다. Plus[4 + 5, 2 + 3]처럼 사용해도 되고, Plus[4, 5] * 5도 괜찮습니다.

입력 일부가 빨간색으로 표시되는 건 왜 그런 건가요?

입력 중 일부를 Wolfram 언어가 이해할 수 없다는 뜻입니다. 자세한 내용은 **47장**에 나와 있습니다. 이럴 땐 괄호의 짝이 맞는지부터 확인하세요.

기 술 노 트

- Wolfram 언어에서 표현(**33장** 참조)은 함수의 중첩 트리 구조로 이루어져 있다.

- **Plus** 함수는 더하는 수의 개수에 제한이 없지만, **Subtract** 함수는 단 두 개의 수만 인수로 취할 수 있다. 이는 혼동을 피하기 위해서이며, 예를 들어 세 개의 입력을 받을 경우 (2−3)−4와 2−(3−4) 중 어떤 것을 뜻하는지 모호하기 때문이다.

- Wolfram 언어에서 사용하는 함수의 개념은 기존의 수학이나 컴퓨터 과학 분야에서 사용하는 개념보다 훨씬 더 확장되어 있다. 예를 들어, *f[anything]*과 같은 경우 무엇인가로 평가가 이루어지든, 아니면 평가가 불가능하여 기호 형태로 남아 있든지 여부와 상관없이 함수로 간주한다.

더 살 펴 보 기

Wolfram 언어의 수학 함수(wolfr.am/eiwl-2-more)

3 | 리스트 살펴보기

리스트는 **Wolfram** 언어에서 여러 개를 하나로 묶는 기본적인 방법이다. {1, 2, 3}은 리스트이다. 리스트 그 자체로는 아무것도 하지 않으며, 단지 무엇이든지 저장하는 하나의 방법일 뿐이다. 따라서 리스트를 입력하여 실행하면 아무런 변화 없이 그대로 출력된다.

In[4]:= **{1, 2, 3, 4, a, b, c}**

Out[4]= {1, 2, 3, 4, a, b, c}

ListPlot은 리스트를 점으로 표시하는 그래프를 그리는 함수이다.

{1, 1, 2, 2, 3, 4, 4}를 점으로 표시하는 그래프를 그려보자.

In[2]:= **ListPlot[{1, 1, 2, 2, 3, 4, 4}]**

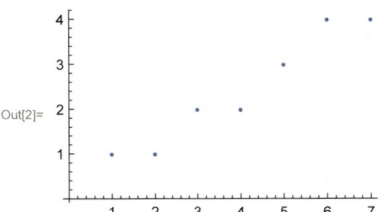

{10, 9, 8, 7, 3, 2, 1}을 점으로 표시하는 그래프를 그려보자.

In[3]:= **ListPlot[{10, 9, 8, 7, 3, 2, 1}]**

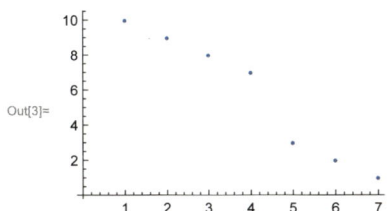

Range는 리스트를 만드는 함수 중 하나이다.

10까지의 자연수로 구성되는 리스트를 만들어 보자.

In[4]:= **Range[10]**

Out[4]= {1, 2, 3, 4, 5, 6, 7, 8, 9, 10}

자연수를 나열한 후, 이들 원소를 점으로 표시하는 그래프를 그려보자.

In[5]:= **ListPlot[Range[20]]**

Out[5]=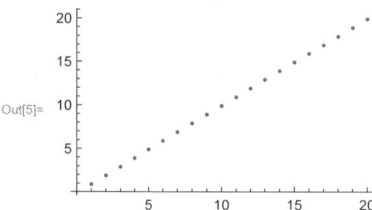

Reverse는 리스트를 역순으로 나열한다.

리스트를 역순으로 나타내 보자.

In[6]:= **Reverse[{1, 2, 3, 4}]**

Out[6]= {4, 3, 2, 1}

Range로 만든 리스트를 역순으로 나열해 보면,

In[7]:= **Reverse[Range[10]]**

Out[7]= {10, 9, 8, 7, 6, 5, 4, 3, 2, 1}

역순으로 나열한 리스트를 점으로 표시하는 그래프를 그려보자.

In[8]:= **ListPlot[Reverse[Range[10]]]**

Out[8]=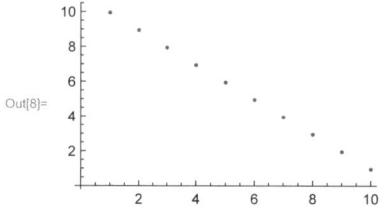

Join은 여러 개의 리스트를 결합해 하나의 리스트로 만든다.

여러 개의 리스트를 결합해 하나의 리스트로 만들어 보자.

In[9]:= **Join[{1, 2, 3}, {4, 5}, {6, 7}]**

Out[9]= {1, 2, 3, 4, 5, 6, 7}

In[10]:= **Join[{1, 2, 3}, {1, 2, 3, 4, 5}]**

Out[10]= {1, 2, 3, 1, 2, 3, 4, 5}

Range로 만든 두 개의 리스트를 결합해 보면,

In[11]:= **Join[Range[3], Range[5]]**

Out[11]= {1, 2, 3, 1, 2, 3, 4, 5}

세 개의 리스트를 하나로 결합한 리스트를 점으로 표시하는 그래프를 그려보자.

In[12]:= **ListPlot[Join[Range[20], Range[20], Range[30]]]**

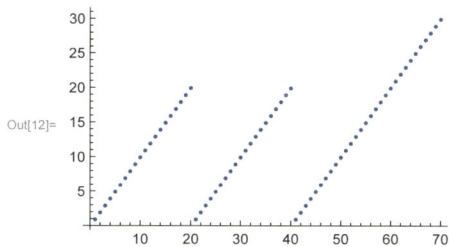

Out[12]=

중간 리스트를 역순으로 나열해 보자.

In[13]:= **ListPlot[Join[Range[20], Reverse[Range[20]], Range[30]]]**

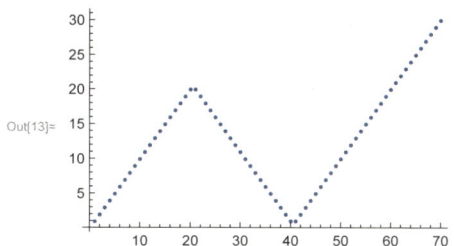

Out[13]=

용어

{1, 2, 3, 4}	리스트
ListPlot[{1, 2, 3, 4}]	리스트를 그래프에 점으로 표시
Range[10]	1부터 주어진 범위까지의 자연수 리스트
Reverse[{1, 2, 3}]	리스트를 역순으로 나열
Join[{4, 5, 6}, {2, 3, 2}]	리스트들의 결합

연습 문제

3.1 Range를 이용하여 {1, 2, 3, 4}를 만들어라.

3.2 100까지의 자연수로 구성되는 리스트를 만들어라.

3.3 {4, 3, 2, 1}을 Range와 Reverse로 만들어라.

3.4 50까지의 자연수로 구성되는 리스트를 역순으로 나열하여라.

3.5 {1, 2, 3, 4, 4, 3, 2, 1}을 Range, Reverse와 Join을 이용하여 만들어라.

3.6 1부터 100까지 증가했다가 다시 1까지 감소하는 자연수의 리스트를 그래프로 그려라.

3.7 Range와 RandomInteger를 이용하여 0부터 10까지의 정수를 무작위로 뽑아 나열하여라.

3.8 Reverse[Reverse[Range[10]]]의 더 단순한 형식을 찾아라.

3.9 Join[{1, 2}, Join[{3, 4}, {5}]]의 더 단순한 형식을 찾아라.

3.10 Join[Range[10], Join[Range[10], Range[5]]]의 더 단순한 형식을 찾아라.

3.11 Reverse[Join[Range[20], Reverse[Range[20]]]]의 더 단순한 형식을 찾아라.

Q&A

{1, 2, 3}은 어떻게 읽어야 하나요?
'리스트 1 2 3'이라 읽습니다. '{'와 '}'는 '괄호' 또는 '중괄호'라고 부르며, '{'는 '중괄호 열기' 그리고 '}'는 '중괄호 닫기'라고 합니다.

리스트는 함수인가요?
네. {1, 2, 3}은 List[1, 2, 3]입니다. 그러나 Plus 등과 달리 함수 List는 아무런 연산도 수행하지 않으며, 주어진 입력을 그대로 출력합니다.

ListPlot은 무엇을 그리나요?
리스트의 원소들을 차례대로 좌표평면에 나타냅니다. 각 점의 x좌표는 리스트에서의 위치, y좌표는 그 원소로 주어집니다.

리스트의 길이는 한정되어 있나요?
컴퓨터의 메모리가 지원하는 한 원하는 만큼 나타낼 수 있습니다.

기 술 노 트

- Range[m, n]은 m부터 n까지의 수로 구성되는 리스트를 생성한다. Range[m, n, s]는 m부터 n까지의 수를 증분 s로 하여 리스트를 생성한다.

- 많은 컴퓨터 언어는 리스트와 같은 구조를 가지고 있으며, 이를 '배열'이라 일컫기도 한다. 하지만 대부분은 수와 같이 명시적 원소로 이루어진 리스트만을 허용한다. 즉 정의되지 않은 기호 a, b, c에 대해 {a, b, c}와 같은 리스트는 만들 수 없다. 하지만 기호적 언어인 Wolfram 언어에서는 위와 같은 리스트도 사용할 수 있다.

- {a, b, c} 와 {b, c, a}는 서로 다른 리스트로 취급된다. 원소들 사이의 순서가 다르기 때문이다.

- 수학과 마찬가지로 Wolfram 언어 함수에 대한 정리를 만들 수 있다. 예를 들어 Reverse[Reverse[x]]는 x와 동일하다.

더 살펴보기

Wolfram 언어의 리스트(wolfr.am/eiwl-3-more)

4 | 리스트 표시하기

ListPlot은 리스트의 원소를 표시하거나 시각화하는 방법의 하나이다. 리스트는 이 외에도 다양한 방법으로 표시될 수 있으며, 사용 방법에 따라 강조되는 부분을 바꿀 수 있다.

ListLinePlot은 리스트의 각 원소들을 선으로 연결하여 그래프로 그린다.

In[1]:= **ListLinePlot[{1, 3, 5, 4, 1, 2, 1, 4}]**

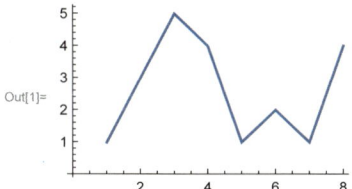

다른 원소들보다 비교적 큰 값이 있는 경우, 선으로 연결하지 않으면 그 리스트의 원소를 이해하기 어렵다.

In[2]:= **ListPlot[{1, 3, 5, 4, 1, 2, 1, 4}]**

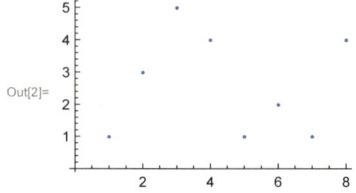

막대그래프를 이용하는 것도 유용한 방법이다.

In[3]:= **BarChart[{1, 3, 5, 4, 1, 2, 1, 4}]**

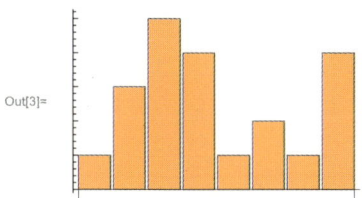

리스트가 길지 않다면 원그래프도 도움이 된다.

In[4]:= **PieChart[{1, 3, 5, 4}]**

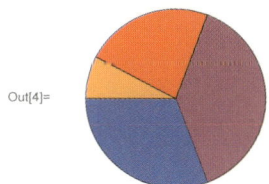

어떤 수로 원소들이 구성되어 있는지 알고 싶다면 수직선에 그려 확인할 수 있다.

In[5]:= **NumberLinePlot[{1, 7, 11, 25}]**

Out[5]=

그래프가 불필요한 경우, 리스트의 원소를 세로로 나열할 수 있다.

In[6]:= **Column[{100, 350, 502, 400}]**

Out[6]=
100
350
502
400

리스트는 그래픽을 포함한 어떤 것에도 적용될 수 있다. 리스트로 묶는 것으로 그래프를 결합할 수 있다.

두 개의 원그래프를 만들어 보자.

In[7]:= **{PieChart[Range[3]], PieChart[Range[5]]}**

Out[7]=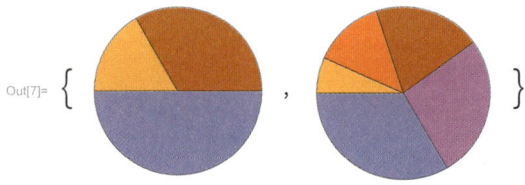

세 개의 막대그래프를 만들어 보자.

In[8]:= **{BarChart[{1, 1, 4, 2}], BarChart[{5, 1, 1, 0}], BarChart[{1, 3, 2, 4}]}**

Out[8]=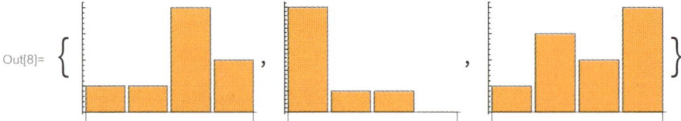

용 어

ListLinePlot[{1, 2, 5}]	원소들을 선으로 연결한 그래프
BarChart[{1, 2, 5}]	막대그래프(막대 높이가 원소의 크기로 주어짐)
PieChart[{1, 2, 5}]	원그래프(구역의 크기가 원소의 크기로 주어짐)
NumberLinePlot[{1, 2, 5}]	수직선 그래프
Column[{1, 2, 5}]	원소를 세로로 출력

연습 문제

4.1 {1, 1, 2, 3, 5}를 막대그래프로 나타내어라.

4.2 1부터 10까지의 자연수를 원그래프로 나타내어라.

4.3 20부터 시작해서 1까지 작아지는 자연수를 막대그래프로 그려라.

4.4 1부터 5까지의 자연수를 세로로 나열하여라.

4.5 {1, 4, 9, 16, 25}를 수직선에 그려라.

4.6 10개의 1로 이루어진 리스트를 원그래프로 나타내어라.

4.7 원소 1이 1, 2, 3개로 증가하는 원그래프를 세로로 나열하여라.

Q&A

Wolfram 언어에서 원그래프는 어떻게 동작하나요?

여느 원그래프와 마찬가지로, 부채꼴의 크기는 상대적으로 결정되는데, 이때 내각의 크기는 리스트의 원소 수와 크기에 따라 정해집니다. Wolfram 언어에서 첫 번째 원소는 9시 방향에서 시작하고 이어지는 원소는 시계방향으로 배치됩니다. 각 부채꼴의 색은 일정한 순서에 따라 결정되어 집니다.

그래프에서 세로축의 범위는 어떻게 결정되나요?

그래프를 벗어나는 매우 큰 크기의 원소를 제외한 모든 점은 자동으로 배치됩니다. 뒤(20장)에서 그래프의 범위를 명시적으로 지정할 수 있는 옵션 PlotRange에 대해 살펴보겠습니다.

기술 노트

■ 다른 컴퓨터 언어에 익숙한 사용자는 그래프의 리스트를 연산 결과처럼 나타낼 수 있다는 것에 놀랐을 것이다. 이는 Wolfram 언어가 기호적 처리 기능에 바탕을 두었기 때문에 가능한 부분이다. 이와 관련하여 덧붙여 말하자면 그래프도 입력의 일부로 사용될 수 있다.

더 살펴보기

Wolfram 언어의 데이터 시각화(wolfr.am/eiwl-4-more)

Wolfram 언어의 그래프 및 정보 시각화(wolfr.am/eiwl-4-more2)

5 | 리스트 연산

Wolfram 언어는 리스트에 사용할 수 있는 함수를 수천 개 보유하고 있다.

리스트에 산술 연산을 적용할 수 있다.

In[1]:= **{1, 2, 3} + 10**

Out[1]= {11, 12, 13}

In[2]:= **{1, 1, 2} * {1, 2, 3}**

Out[2]= {1, 2, 6}

첫 10개의 제곱수를 계산해 보자.

In[3]:= **Range[10] ^ 2**

Out[3]= {1, 4, 9, 16, 25, 36, 49, 64, 81, 100}

첫 20개의 제곱수를 점으로 표시하는 그래프를 그려보자.

In[4]:= **ListPlot[Range[20] ^ 2]**

Out[4]=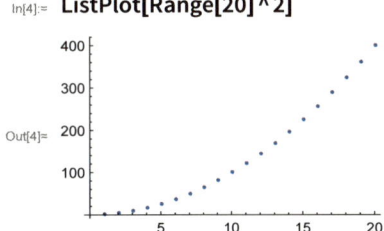

Sort는 리스트를 정렬한다.

In[5]:= **Sort[{4, 2, 1, 3, 6}]**

Out[5]= {1, 2, 3, 4, 6}

Length는 리스트의 길이를 구한다.

In[6]:= **Length[{5, 3, 4, 5, 3, 4, 5}]**

Out[6]= 7

Total은 리스트의 모든 원소를 더한 총합을 구한다.

In[7]:= **Total[{1, 1, 2, 2}]**

Out[7]= 6

1부터 10까지의 자연수의 총합을 구해 보자.

In[8]:= **Total[Range[10]]**

Out[8]= 55

Count는 원하는 원소가 리스트에 몇 번 나오는지 세어준다.

리스트에 a가 몇 번 나오는지 세어 보자.

In[9]:= **Count[{a, b, a, a, c, b, a}, a]**

Out[9]= 4

리스트의 개별 원소를 가져올 수 있는 기능이 유용할 때가 있다. First는 리스트의 첫 번째 원소를, Last는 마지막 원소를 추출하며, Part는 특정한 위치의 원소를 추출한다.

리스트의 첫 번째 원소를 추출해 보자.

In[10]:= **First[{7, 6, 5}]**

Out[10]= 7

마지막 원소를 추출해 보면,

In[11]:= **Last[{7, 6, 5}]**

Out[11]= 5

두 번째 원소를 추출해 보면,

In[12]:= **Part[{7, 6, 5}, 2]**

Out[12]= 6

정렬한 리스트의 첫 번째 원소를 추출하는 것은 최솟값을 찾는 것과 같다.

In[13]:= **First[Sort[{6, 7, 1, 2, 4, 5}]]**

Out[13]= 1

In[14]:= **Min[{6, 7, 1, 2, 4, 5}]**

Out[14]= 1

임의의 정수에 IntegerDigits 함수를 적용하면 그 정수의 모든 자리 숫자들을 리스트로 얻을 수 있다.

다음 정수의 모든 자리 숫자들을 리스트로 구해 보자.

In[15]:= **IntegerDigits[1988]**

Out[15]= {1, 9, 8, 8}

1988의 가장 낮은 자리 숫자를 구해 보자.

In[16]:= **Last[IntegerDigits[1988]]**

Out[16]= 8

Take는 리스트에서 부분을 가져오는 함수로, 기본적으로는 처음부터 명시된 개수만큼 원소를 가져온다.

리스트의 첫 세 원소를 가져오자.

In[17]:= **Take[{101, 203, 401, 602, 332, 412}, 3]**

Out[17]= {101, 203, 401}

2의 100제곱의 가장 높은 자리 숫자부터 10개의 자리 숫자를 찾아보자.

In[18]:= **Take[IntegerDigits[2 ^ 100], 10]**

Out[18]= {1, 2, 6, 7, 6, 5, 0, 6, 0, 0}

Drop은 리스트의 부분을 제거하는 함수로, 기본적으로는 리스트의 앞에서부터 명시된 개수만큼의 원소를 제거한다.

In[19]:= **Drop[{101, 203, 401, 602, 332, 412}, 3]**

Out[19]= {602, 332, 412}

용어

{2, 3, 4} + {5, 6, 2}	리스트의 연산
Sort[{5, 7, 1}]	리스트의 순차적 정렬
Length[{3, 3}]	리스트의 길이(원소의 수)
Total[{1, 1, 2}]	리스트의 모든 원소의 총합
Count[{3, 2, 3}, 3]	리스트에서 원소가 나오는 횟수
First[{2, 3}]	리스트의 첫 번째 원소
Last[{6, 7, 8}]	리스트의 마지막 원소
Part[{3, 1, 4}, 2]	리스트의 특정 부분 추출로 {3, 1, 4}[[2]]와 같이 쓰이기도 함
Take[{6, 4, 3, 1}, 2]	리스트의 원소를 앞부분에서부터 추출
Drop[{6, 4, 3, 1}, 2]	리스트의 원소를 처음부터 제거
IntegerDigits[1234]	주어진 수의 모든 자리 숫자들을 나타낸 리스트

연습 문제

5.1 첫 10개의 제곱수를 역순으로 나타내는 리스트를 만들어라.

5.2 첫 10개의 제곱수의 총합을 구하여라.

5.3 첫 10개의 제곱수를 점으로 표시하는 그래프를 그려라.

5.4   Sort, Join 그리고 Range를 이용하여 {1, 1, 2, 2, 3, 3, 4, 4}를 만들어라.

5.5   10부터 20까지의 자연수 리스트를 만들어라. 단, Range와 +를 이용한다.

5.6   첫 5개의 제곱수와 첫 5개의 세제곱수를 하나로 묶어 순서대로 나열하여라.

5.7   2^128이 몇 개의 자리 숫자로 나타나는지 구하여라.

5.8   2^32의 가장 높은 자리 숫자를 찾아라.

5.9   2^100의 가장 높은 자리 숫자부터 10개의 숫자를 찾아라.

5.10   2^20의 자리 숫자들 중에서 크기가 가장 큰 수를 찾아라.

5.11   2^1000에서 0이 몇 번 나오는지 세어라.

5.12   Part, Sort 그리고 IntegerDigits를 이용하여 2^20의 자리 숫자들 중에서 두 번째로 크기가 작은 수를 찾아라.

5.13   2^128의 자리 숫자들로 이루어진 리스트를 그래프로 나타내어라.

5.14   Range[100]에서 Take와 Drop을 이용하여 11부터 20까지의 수를 나열하여라.

Q&A

길이가 다른 리스트의 합도 구할 수 있나요?
아니요. {1, 2} + {1, 2, 3}은 구할 수 없습니다. 하지만 {1, 2, 0} + {1, 2, 3}은 가능합니다.

아무것도 들어 있지 않은 빈 리스트를 만들 수 있나요?
네. {}는 원소가 없는 길이가 0인 리스트입니다. 이것을 일반적으로 **널 리스트(null list)** 또는 **빈 리스트(empty list)**라고 합니다.

기 술 노 트

- IntegerDigits[5671]은 10진법으로 나타냈을 때의 자리 숫자들을 구한다. IntegerDigits[5671, 2]는 2진법으로 나타냈을 때의 자리 숫자들을 구한다. 어떤 진법으로든 모든 정수에 대한 자리 숫자들을 구할 수 있다. FromDigits[{5, 6, 7, 1}]은 자리 숫자들로부터 수를 복원한다.

- Rest[*list*]는 리스트의 첫 부분을 제외한 모든 원소를 구하며, Most[*list*]는 리스트의 마지막을 제외한 모든 원소를 구한다.

더 살펴보기

Wolfram 언어의 리스트 조작(wolfr.am/eiwl-5-more)

6 | Table을 이용한 리스트 작성

앞에서 Wolfram 언어로 리스트를 작성하는 방법을 몇 가지 살펴보았다. 원소들을 하나씩 나열하는 방법이 있고 Range를 이용하거나 IntegerDigits와 같은 함수를 이용하는 방법도 있다. 리스트를 만드는 가장 보편적이고 유용한 방법은 Table 함수를 이용하는 것이다.

Table을 이용하는 가장 간단한 형식은 한 원소를 지정된 횟수만큼 여러 번 반복하여 리스트를 만드는 것이다.

5가 10회 반복되어 나타나는 리스트를 만들어 보자.

In[1]:= **Table[5, 10]**

Out[1]= {5, 5, 5, 5, 5, 5, 5, 5, 5, 5}

이번에는 x가 10회 반복되는 리스트를 만들어 보면,

In[2]:= **Table[x, 10]**

Out[2]= {x, x, x, x, x, x, x, x, x, x}

리스트가 반복될 수도 있다.

In[3]:= **Table[{1, 2}, 10]**

Out[3]= {{1, 2}, {1, 2}, {1, 2}, {1, 2}, {1, 2}, {1, 2}, {1, 2}, {1, 2}, {1, 2}, {1, 2}}

그 외에도 어떠한 형태든 상관없이 그 자체가 원소로 반복될 수 있다. 다음은 원그래프가 3회 반복되어 나타나는 리스트이다.

In[4]:= **Table[PieChart[{1, 1, 1}], 3]**

Out[4]=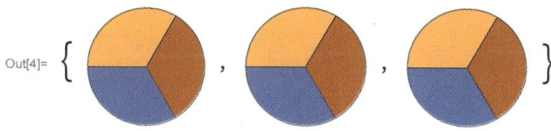

서로 다른 원소들로 구성되는 리스트를 만들고 싶을 때는 어떻게 해야 할까? 변수를 지정하여 해당 변수에 대한 반복을 통해 이를 수행할 수 있다.

n이 1부터 5까지 증가할 때, a[n]이 반복되어 계산되는 것을 보자.

In[5]:= **Table[a[n], {n, 5}]**

Out[5]= {a[1], a[2], a[3], a[4], a[5]}

이 리스트는 다음과 같이 동작한다. 리스트의 첫 번째 원소의 경우, n은 첫 실행으로 1이 되기 때문에 a[n]은 a[1]이 된다. 두 번째 원소의 경우, n은 두 번 반복되어 2가 되고, a[n]은 a[2]가 된다. 이처럼 계속 반복 실행한다. n은 리스트의 각 원소가 구해질 때마다 그 값이 바뀌기 때문에 변수라고 부른다.

n이 1부터 10까지 증가할 때, n + 1의 값을 나열해 보면,

In[6]:= **Table[n + 1, {n, 10}]**

Out[6]= {2, 3, 4, 5, 6, 7, 8, 9, 10, 11}

Table을 이용하여 첫 10개의 제곱수를 나열해 보면,

In[7]:= **Table[n ^ 2, {n, 10}]**

Out[7]= {1, 4, 9, 16, 25, 36, 49, 64, 81, 100}

Table을 이용하면 어떠한 형태의 리스트도 만들 수 있다.

Range를 이용하여 길이가 점점 길어지는 리스트를 만들어 모두 나열해 보자.

In[8]:= **Table[Range[n], {n, 5}]**

Out[8]= {{1}, {1, 2}, {1, 2, 3}, {1, 2, 3, 4}, {1, 2, 3, 4, 5}}

각 리스트를 세로로 나열하면,

In[9]:= **Table[Column[Range[n]], {n, 8}]**

$$
\text{Out[9]= } \left\{ 1, \begin{matrix}1\\2\end{matrix}, \begin{matrix}1\\2\\3\end{matrix}, \begin{matrix}1\\2\\3\\4\end{matrix}, \begin{matrix}1\\2\\3\\4\\5\end{matrix}, \begin{matrix}1\\2\\3\\4\\5\\6\end{matrix}, \begin{matrix}1\\2\\3\\4\\5\\6\\7\end{matrix}, \begin{matrix}1\\2\\3\\4\\5\\6\\7\\8\end{matrix} \right\}
$$

연속해서 길이가 길어지는 리스트들을 점으로 표시하는 그래프를 나열해 보자.

In[10]:= **Table[ListPlot[Range[10 * n]], {n, 3}]**

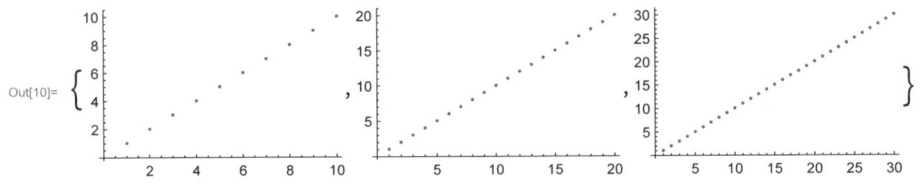

부채꼴의 개수가 점차 늘어나는 원그래프를 그려보자.

In[11]:= **Table[PieChart[Table[1, n]], {n, 5}]**

지금까지는 매우 일반적인 선택으로 항상 n을 변수로 사용해왔다. 하지만 변수의 이름은 소문자의 어떠한 조합이든 가능하다. 단, 변수가 사용되는 모든 곳에 그 이름이 동일하게 쓰여야 한다.

expt는 좋은 변수의 이름이라 할 수 있다.

In[12]:= **Table[2^expt, {expt, 10}]**

Out[12]= {2, 4, 8, 16, 32, 64, 128, 256, 512, 1024}

다음은 x가 변수의 이름으로 이 변수가 여러 번 사용되었다.

In[13]:= **Table[{x, x+1, x^2}, {x, 5}]**

Out[13]= {{1, 2, 1}, {2, 3, 4}, {3, 4, 9}, {4, 5, 16}, {5, 6, 25}}

Table[f[n], {n, 5}]에서 n은 1, 2, 3, 4, 5의 변숫값을 가지며, **Table[f[n], {n, 3, 5}]**는 3부터 시작하여 3, 4, 5의 변숫값을 가진다.

n이 1부터 10까지 증가하며 변하는 리스트를 만들어 보면,

In[14]:= **Table[f[n], {n, 10}]**

Out[14]= {f[1], f[2], f[3], f[4], f[5], f[6], f[7], f[8], f[9], f[10]}

이제 n이 4부터 10까지 증가하며 변하는 리스트를 만들어 보자.

In[15]:= **Table[f[n], {n, 4, 10}]**

Out[15]= {f[4], f[5], f[6], f[7], f[8], f[9], f[10]}

n이 4부터 10까지 2씩 증가하며 변하는 리스트를 만들어 보자.

In[16]:= **Table[f[n], {n, 4, 10, 2}]**

Out[16]= {f[4], f[6], f[8], f[10]}

Wolfram 언어는 일관성을 강조하므로, Range도 Table과 마찬가지로 시작점과 구간을 설정하여 사용할 수 있다.

4부터 10까지의 자연수를 나열해 보자.

In[17]:= **Range[4, 10]**

Out[17]= {4, 5, 6, 7, 8, 9, 10}

4부터 10까지 2씩 증가하는 자연수를 나열해 보면,

In[18]:= **Range[4, 10, 2]**

Out[18]= {4, 6, 8, 10}

이번에는 0부터 1까지 0.1씩 증가하는 실수를 나열해 보자.

In[19]:= **Range[0, 1, 0.1]**

Out[19]= {0., 0.1, 0.2, 0.3, 0.4, 0.5, 0.6, 0.7, 0.8, 0.9, 1.}

Wolfram 언어는 같은 결과를 다양한 표현 방법으로 실행하여 얻을 수 있다. 예를 들어, Table과 Range를 사용하여 다음과 같은 그래프를 그릴 수 있다.

Table로 리스트를 만들고 그래프로 그려보자.

In[20]:= **ListPlot[Table[x − x^2, {x, 0, 1, .02}]]**

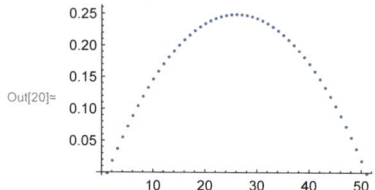

Out[20]=

같은 구간에 대해 산술 연산을 수행하여 동일한 결과를 얻을 수 있다.

In[21]:= **ListPlot[Range[0, 1, .02] − Range[0, 1, .02]^2]**

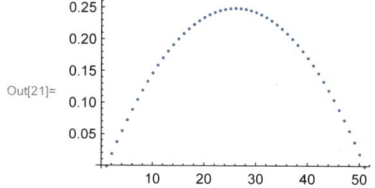

Out[21]=

Table은 항상 각 항목을 개별적으로 계산하여 리스트를 만들기 때문에 Table에서 RandomInteger를 사용하면 다음과 같은 결과를 얻을 수 있다.

0부터 10까지의 정수에서 무작위로 20개를 뽑아보자.

In[22]:= **Table[RandomInteger[10], 20]**

Out[22]= {3, 1, 4, 3, 6, 7, 6, 10, 9, 2, 1, 4, 5, 8, 3, 8, 3, 8, 3, 0}

RandomInteger는 결과를 직접 리스트로 만들어낼 수도 있다.

0부터 10까지의 정수에서 무작위로 20개를 뽑아 나열해 보자.

In[23]:= **RandomInteger[10, 20]**

Out[23]= {3, 0, 3, 1, 9, 6, 0, 8, 5, 2, 7, 8, 0, 10, 4, 4, 9, 5, 7, 1}

용어

Table[x, 5]	x가 5회 반복되어 나타나는 리스트
Table[f[n], {n, 10}]	n이 10까지 증가할 때 f[n]의 리스트

Table[f[n], {n, 2, 10}]	n이 2부터 10까지 증가할 때 f[n]의 리스트
Table[f[n], {n, 2, 10, 4}]	n이 2부터 10까지 4씩 증가할 때 f[n]의 리스트
Range[5, 10]	5부터 10까지의 자연수의 리스트
Range[10, 20, 2]	10부터 20까지 2씩 증가하는 자연수의 리스트
RandomInteger[10, 20]	0부터 10까지의 정수를 무작위로 20개 뽑은 리스트

연 습 문 제

6.1 1,000이 5번 반복되어 나타나는 리스트를 만들어라.

6.2 n이 10부터 20까지 증가할 때 n^3을 나열하여라.

6.3 첫 제곱수 20개를 나타내는 수직선을 그려라.

6.4 20까지의 자연수에서 짝수로 이루어지는 리스트(2, 4, 6, ...)를 만들어라.

6.5 Range[10]과 같은 결과를 얻도록 Table을 이용하여 리스트를 만들어라.

6.6 첫 10개의 제곱수에 대한 막대그래프를 그려라.

6.7 첫 10개의 제곱수의 모든 자리 숫자를 나열하여라.

6.8 첫 100개의 제곱수의 모든 자리 숫자의 개수를 그래프로 그려라.

6.9 첫 20개의 제곱수의 가장 높은 자리 숫자들을 나열하여라.

6.10 첫 100개의 제곱수의 가장 높은 자리 숫자들로 이루어진 리스트를 선그래프로 나타내어라.

Q&A

Table[n^2, {n, 5}]에서 {...}(리스트)는 무엇을 의미하나요?

리스트는 항상 요소를 한 데 묶는 역할을 합니다. 여기서는 변수 n과 범위 5를 함께 묶어 나타내었습니다. Wolfram 언어에서는 이러한 리스트의 사용법을 **반복자 지정**이라 합니다.

Table[n^2, {n, 5}]에서 {...}(리스트)는 왜 필요한가요?

Table[x^2 − y^2, {x, 5}, {y, 5}]와 같은 다차원 배열을 쉽게 생성할 수 있도록 하기 위해서입니다.

변수의 이름에 어떤 제약이 있나요?

변수의 이름에는 어떠한 문자나 숫자의 열거도 사용할 수 있지만, 숫자로 시작할 수 없으며, Wolfram 언어의 내장 함수와의 혼동을 피하기 위해 대문자로 시작하지 않도록 합니다.

변수 이름이 중요하지 않다면 왜 변수의 이름을 지정해야 하나요?

좋은 질문입니다. 26장에서 명명된 변수를 피하는 방법에 관해 설명합니다. 이는 매우 세련된 방법이지만, Table의 예보다 조금 더 추상적인 방법입니다.

Range에 음수를 사용할 수 있나요?

네. Range[−2, 2]는 {−2, −1, 0, 1, 2}를 출력합니다. Range[2, −2]는 {}의 결과를 제공하지만, Range[2, −2, −1]은 {2, 1, 0, −1, −2}를 제공합니다.

기 술 노 트

- 주어진 범위가 균일하게 나뉘지 않는 구간으로 지정될 경우, **Range**와 **Table**은 지정된 간격 폭으로 균등하게 갈 수 있는 구간만큼 계산을 수행하고 상한선에 도달하기 전에 반복을 멈춘다(그러므로 **Range[1, 6, 2]**는 6이 아닌 5에서 멈추어 **{1, 3, 5}**와 같은 결과를 얻는다).

- **Table[x, 20]**과 같은 표현은 Wolfram 언어 버전 10.2 이상에서만 가능하다. 이전 버전에서는 **Table[x, {20}]**과 같이 명시해야만 한다.

더 살 펴 보 기

Wolfram 언어의 **Table** 함수(wolfr.am/eiwl-6-more)

7 | 색과 스타일

Wolfram 언어는 색도 다룰 수 있으며, 일반적인 색이름을 그대로 사용할 수 있다.

Red는 빨간색을 나타낸다.

In[1]:= **Red**

Out[1]= ■

색을 나열해 보자.

In[2]:= **{Red, Green, Blue, Purple, Orange, Black}**

Out[2]= {■, ■, ■, ■, ■, ■}

색에 연산을 적용할 수도 있다. ColorNegate는 색을 '반전'시켜 보색을 만들며, Blend는 색을 혼합한다.

노란색을 반전시키면 파란색이 주어진다.

In[3]:= **ColorNegate[Yellow]**

Out[3]= ■

노란색, 분홍색, 초록색을 혼합한 결과를 살펴보자.

In[4]:= **Blend[{Yellow, Pink, Green}]**

Out[4]= ■

빨간색, 초록색, 파란색의 양으로 색을 명시할 수 있다. RGBColor 함수를 사용하여 각각의 색을 0과 1까지의 수로 나타낸다.

빨간색은 최대로, 초록색과 파란색은 최소로 해보자.

In[5]:= **RGBColor[1, 0, 0]**

Out[5]= ■

빨간색과 초록색은 최대로, 파란색은 최소로 하면 노란색이 주어진다.

In[6]:= **RGBColor[1, 1, 0]**

Out[6]= ■

빨간색은 최댓값으로 고정하고, 초록색의 양을 변화시켜 색 리스트를 만들어 보자.

In[7]:= **Table[RGBColor[1, g, 0], {g, 0, 1, 0.05}]**

Out[7]= {■, ■}

빨간색, 초록색, 파란색으로 직접 색을 지정하기도 하지만 색상으로 색을 이용하기도 하는데 Hue 함수가 그 역할을 한다.

색상 값이 0.5이면 청록색에 해당한다.

In[8]:= **Hue[0.5]**

Out[8]= ■

색상을 0부터 1까지 0.05씩 증가시켜 나열해 보자.

In[9]:= **Table[Hue[x], {x, 0, 1, 0.05}]**

Out[9]= {■, ■}

무작위로 색을 선택하고 싶은 경우, RandomColor 함수를 이용할 수 있다. RandomInteger[10]은 0부터 10까지의 정수를 무작위로 생성하지만, RandomColor[]는 아무런 값을 입력하지 않아도 무작위로 색을 생성한다.

무작위로 색을 생성해 보자.

In[10]:= **RandomColor[]**

Out[10]= ■

30개의 색을 무작위로 생성해 나열하면,

In[11]:= **Table[RandomColor[], 30]**

Out[11]= {■, ■}

여러 가지 색을 무작위로 생성하여 섞으면 대부분 탁한 색이 나타난다.

In[12]:= **Blend[Table[RandomColor[], 20]]**

Out[12]= ■

색은 어디에든 다양하게 사용될 수 있다. 예를 들어, 결과 출력에도 스타일로 색을 적용하여 나타낼 수 있다.

숫자 1000에 빨간색을 적용해 보면,

In[13]:= **Style[1000, Red]**

Out[13]= 1000

1부터 1,000까지의 정수를 무작위로 30개 선택하고, 표시 색도 무작위로 선택하여 나열해 보자.

In[14]:= **Table[Style[RandomInteger[1000], RandomColor[]], 30]**

Out[14]= {423, 803, 10, 432, 139, 188, 34, 981, 154, 340, 533, 52, 313, 555, 930, 332, 582, 67, 385, 564, 943, 987, 179, 391, 661, 606, 52, 577, 721, 507}

스타일의 또 다른 방법으로 크기를 살펴보자. Style로 글자 크기를 명시할 수 있다.

x를 크기 30으로 나타내 보자.

In[15]:= **Style[x, 30]**

Out[15]= **X**

100을 다양한 크기로 나열해 보면,

In[16]:= **Table[Style[100, n], {n, 30}]**

Out[16]= { , , , 100, 100, 100, 100, 100, 100, 100, 100, 100, 100, 100, 100, 100, 100, 100, 100, 100,
100, 100, 100, 100, 100, 100, 100, 100, 100, 100}

색과 크기에 대한 스타일을 결합하여 사용할 수 있다. 25개의 x에 색과 크기를 모두 무작위로 선택하여 나열해 보자.

In[17]:= **Table[Style[x, RandomColor[], RandomInteger[30]], 25]**

Out[17]= {X, X, , x, X, x, X, , , x, x, X, , x, , X, , X, x, x, X, , X, X, x, }

용어

Red , Green , Blue , Yellow , Orange , Pink , Purple , ...	색
RGBColor[0.4, 0.7, 0.3]	빨간색, 초록색, 파란색의 조합
Hue[0.8]	색상 값에 의한 색
RandomColor[ ]	무작위로 선택된 색
ColorNegate[Red]	색 반전(보색)
Blend[{Red , Blue}]	리스트의 색 혼합
Style[x, Red]	색에 대한 스타일 설정
Style[x, 20]	크기에 대한 스타일 설정
Style[x, 20, Red]	크기와 색에 대한 스타일 설정

연습 문제

7.1 빨간색, 노란색, 초록색을 나열하여라.

7.2 빨간색, 노란색, 초록색을 세로로 배치하여 '신호등'처럼 나타내어라.

7.3 주황색을 반전시켜 보아라.

7.4 색상 값을 0부터 1까지 0.02씩 증가시켜 나열하여라.

7.5 빨간색과 파란색을 최댓값(1)으로 고정하고, 초록색을 0부터 1까지 0.05씩 증가시켜 나타내는 색들을 나열하여라.

7.6 분홍색과 노란색을 섞어 보아라.

7.7 색상 값을 0부터 1까지 0.05씩 증가시키며 노란색과 혼합시켜 만든 색을 나열하여라.

7.8 0부터 1까지 0.1씩 증가하는 실수의 리스트를 만드는데, 각 숫자의 색에 대한 색상 값은 자기 자신으로 하여라.

7.9 보라색을 크기 100으로 나타내어라.

7.10 크기를 10부터 100까지 10씩 증가시켜 빨간색을 나열하여라.

7.11 999를 크기 100의 빨간색으로 나타내어라.

7.12 첫 10개의 제곱수를 나열하는데, 각 숫자의 크기는 자기 자신으로 하여라.

7.13 Part와 RandomInteger를 이용하여 Red, Yellow, Green 중에서 중복을 허용하여 무작위로 100개의 색을 생성하여 나열하여라.

7.14 Part를 이용하여 2^1000의 가장 높은 자리 숫자부터 50개를 구하고, 그 숫자의 크기는 자기 자신의 3배로 하여 나열하여라.

Q&A

Wolfram 언어에서는 어떤 색의 이름을 사용할 수 있나요?
Red, Green, Blue, Black, White, Gray, Yellow, Brown, Orange, Pink, Purple, LightRed 등이 있습니다. 16장에서 ⌈ctrl =⌉ 을 사용하여 일상 영어로 색의 이름을 입력하는 방법을 설명합니다.

왜 색을 빨간색, 초록색, 파란색의 값으로 명시하나요?
기본적으로 인간은 세 가지 색으로 색을 인식하기 때문입니다. 우리 눈은 빛의 성분에서 빨간색, 초록색, 파란색 요소에 민감한 세 가지 종류의 세포를 가지고 있습니다.

색 반전은 무엇을 하는 건가요?
각 RGB 구성 요소에 대해 1-**수치**(1 빼기 수치)에 의해 정해지는 **보색**을 만듭니다. 만약 '(발광) 원색 표시'인 빨간색, 초록색, 파란색을 반전시키면, '(반사광) 원색 표시'인 청록색, 다홍색, 노란색을 얻게 됩니다.

색상은 무엇인가요?
색상, 음영, 채도 또는 밝기와 관계없이 **순색**이라 불리는 색을 명시하는 방법입니다. 색상이 다른 색은 **색상환**에 따라 정렬됩니다. 특정 색상에 대한 RGB 값은 수학 공식에 의해 결정됩니다.

RGB 외에 색을 지정하는 다른 방법이 있나요?
네. 일반적인 방법은(Hue에 의해 구현되는) 색상, 채도, 밝기를 조합하여 사용하는 것입니다. 다른 예로는 LABColor와 XYZColor가 있습니다. GrayLevel은 그레이스케일의 음영을 나타내는데 GrayLevel[0]은 검은색, GrayLevel[1]은 흰색에 해당합니다.

기술 노트

- 색을 표시하는 데 사용되는 작은 사각형을 일반적으로 견본이라고 한다.

- HTML에서 사용되는 기명 색은 RGBColor["maroon"]처럼 입력하여 사용할 수 있으며, 웹 색으로 사용되는 hex 색은 RGBColor["#00ff00"]처럼 입력하여 사용할 수 있다.

- ChromaticityPlot과 ChromaticityPlot3D는 색 공간에 색의 리스트를 그려낸다.

- Wolfram 언어에서 Bold, Italic 그리고 FontFamily와 같은 여러 가지 스타일 속성을 사용할 수 있다.

더 살펴보기

Wolfram 언어의 색(wolfr.am/eiwl-7-more)

8 | 기본 그래픽 객체

Wolfram 언어에서 Circle[]은 원을 의미한다. 원을 그래픽으로 표시하려면 **Graphics** 함수를 이용한다. 뒷장에서 원의 위치와 크기를 설정하는 방법을 자세히 설명할 것이므로, 이 장에서는 원의 기본 입력을 이용할 것이다.

원을 그려 보자.

In[1]:= **Graphics[Circle[ ]]**

Out[1]=

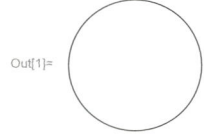

Disk는 원반을 나타내 준다.

In[2]:= **Graphics[Disk[ ]]**

Out[2]=

RegularPolygon은 주어진 수만큼 변을 가지는 정다각형을 나타내 준다.

정오각형을 그려보자.

In[3]:= **Graphics[RegularPolygon[5]]**

Out[3]=

정오각형부터 정십각형까지를 나열하면,

In[4]:= **Table[Graphics[RegularPolygon[n]], {n, 5, 10}]**

Out[4]=

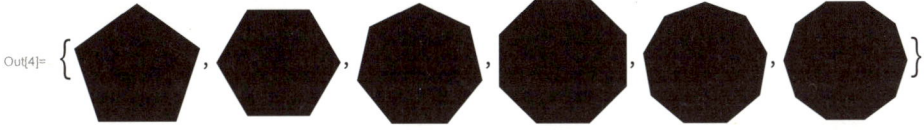

Style은 Graphics 함수 내부에서도 작동하므로 이를 이용하여 색을 설정할 수 있다.

주황색 정오각형을 그려보자.

In[5]:= **Graphics[Style[RegularPolygon[5], Orange]]**

Out[5]=

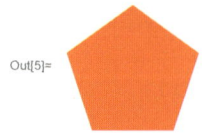

Wolfram 언어는 2차원뿐만 아니라 Sphere, Cylinder 그리고 Cone과 같은 구조로 3차원도 자유롭게 구현할 수 있다. 3차원 그래픽을 구현하고 이것을 회전시켜 대화형으로 다른 각도에서 관찰하는 것도 가능하다.

3차원의 구를 그려 보자.

In[6]:= **Graphics3D[Sphere[ ]]**

Out[6]=

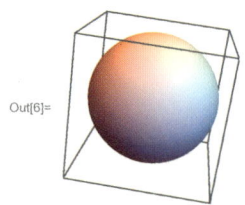

원뿔과 원기둥을 나열해 보면,

In[7]:= **{Graphics3D[Cone[ ]], Graphics3D[Cylinder[ ]]}**

Out[7]= {

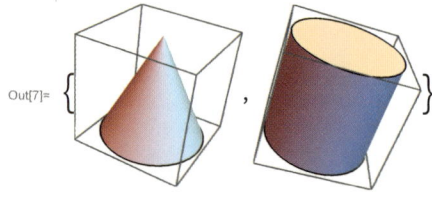

, }

노란색 구를 그려 보자.

In[8]:= **Graphics3D[Style[Sphere[ ], Yellow]]**

Out[8]=

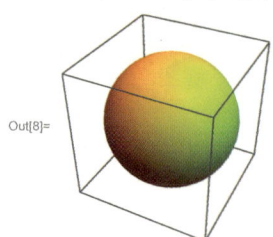

용어

Circle[ ]	원
Disk[ ]	원반
RegularPolygon[*n*]	*n*개의 변을 가지는 정다각형
Graphics[*object*]	객체를 그래픽으로 표시
Sphere[ ], Cylinder[ ], Cone[ ], …	3차원 입체 도형
Graphics3D[*object*]	객체를 3차원 그래픽으로 표시

연습 문제

8.1   RegularPolygon을 이용하여 정삼각형을 그려라.

8.2   빨간색 원을 그려라.

8.3   빨간색 정팔각형을 그려라.

8.4   색상 값을 0부터 1까지 0.1씩 증가시켜 나타나는 색으로 채워진 원반을 나열하여라.

8.5   빨간색 정삼각형과 초록색 정삼각형을 세로로 나열하여라.

8.6   변의 개수가 5 이상 10 이하인 분홍색 정다각형들을 나열하여라.

8.7   보라색 원기둥을 그려라.

8.8   정삼각형부터 정팔각형까지의 모든 정다각형을 Graphics를 이용하여 정삼각형이 맨 위에 위치하도록 하여 겹쳐 나타내어라. 단, 색은 RandomColor로 다각형마다 무작위로 선택되도록 한다.

Q&A

여러 객체로 그래픽을 만들려면 어떻게 해야 할까요?
14장에서 자세히 다룰 예정으로, **좌표**를 이해하는 것이 필요한 부분입니다.

왜 Circle이 아니라 Circle[ ]로 사용하나요?
일관성을 유지하기 위해서입니다. 14장에서 자세히 다루겠지만, Circle[ ]은 실제로 Circle[{0, 0}, 1]의 단축 표현으로 중심의 좌표는 {0,0}, 반지름의 길이는 1인 원을 의미합니다.

노란색 구를 그리면 왜 노란색이 일정하게 나타나지 않을까요?
Wolfram 언어는 실제 3차원 객체인 것처럼 빛의 효과를 적용해 구를 나타내기 때문입니다. 전체가 같은 노란색의 구라면, 3차원 객체로서의 깊이가 나타나지 않기 때문에, 2차원의 원반처럼 보이게 됩니다.

기술 노트

- 그래픽의 스타일을 명시하는 또 다른 방법은 리스트에 '지시자'를 입력하는 것이다. {Yellow, Disk[], Black, Circle[]} 등을 예로 들 수 있다.

더 살펴보기

Wolfram 언어의 그래픽(wolfr.am/eiwl-8-more)

9 | 대화형 조작

지금까지 우리는 Wolfram 언어를 질의응답식, 즉 우리가 질문을 입력하면 Wolfram 언어가 답을 출력하는 방식으로 사용해왔다. 하지만 Wolfram 언어는 연속적인 변수 조작이 가능한 사용자 인터페이스 구성도 제공한다. Table과 비슷하게 동작하는 Manipulate 함수는 리스트로 결과를 생성하는 대신, 사용자가 원하는 값을 슬라이더로 선택하면 실시간으로 결과가 생성된다.

슬라이더를 이용하여 n을 1부터 5까지의 값(증분 1)으로 선택해 보자.

In[1]:= **Manipulate[Table[Orange, n], {n, 1, 5, 1}]**

가능한 결과를 모두 나열해 보면,

In[2]:= **Table[Table[Orange, n], {n, 1, 5, 1}]**

Out[2]= {{■}, {■, ■}, {■, ■, ■}, {■, ■, ■, ■}, {■, ■, ■, ■, ■}}

주어진 수의 거듭제곱들을 세로로 나열하기 위한 인터페이스를 만들어 보자.

In[3]:= **Manipulate[Column[{n, n^2, n^3}], {n, 1, 10, 1}]**

이 경우 가능한 모든 결과를 리스트로 나타내 보면,

In[4]:= **Table[Column[{n, n^2, n^3}], {n, 1, 10, 1}]**

Out[4]= $\left\{ \begin{matrix} 1 & 2 & 3 & 4 & 5 & 6 & 7 & 8 & 9 & 10 \\ 1, & 4, & 9 & , 16, & 25 & , 36 & , 49 & , 64 & , 81 & , 100 \\ 1 & 8 & 27 & 64 & 125 & 216 & 343 & 512 & 729 & 1000 \end{matrix} \right\}$

Table과 달리 Manipulate는 변수의 증분 크기에 대한 설정을 생략하면 범위 내의 정수만이 아니라, 처리할 수 있는 모든 수를 변숫값으로 사용한다.

변수의 증분 크기를 설정하지 않아도 Manipulate는 가능한 모든 수를 변숫값으로 사용한다.

In[5]:= **Manipulate[Column[{n, n^2, n^3}], {n, 1, 10}]**

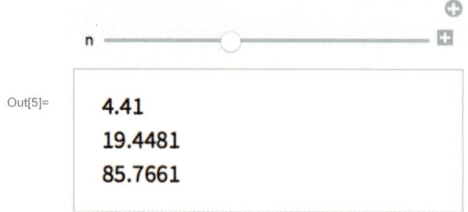

Out[5]=

4.41
19.4481
85.7661

대화형 조작이 가능한 그래픽도 쉽게 만들 수 있다.

슬라이더의 움직임에 따라 막대그래프가 변화하는 그래픽을 살펴보자.

In[6]:= **Manipulate[BarChart[{1, a, 4, 2*a, 4, 3*a, 1}], {a, 0, 5}]**

Out[6]=

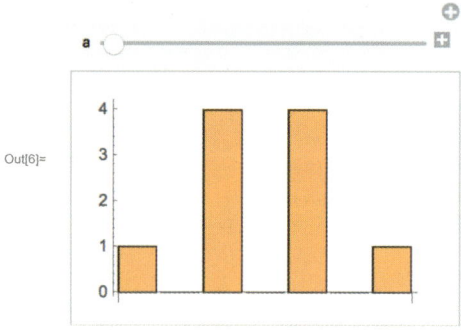

같은 리스트에 대해 원그래프를 그려보면,

In[7]:= **Manipulate[PieChart[{1, a, 4, 2*a, 4, 3*a, 1}], {a, 0, 5}]**

Out[7]=

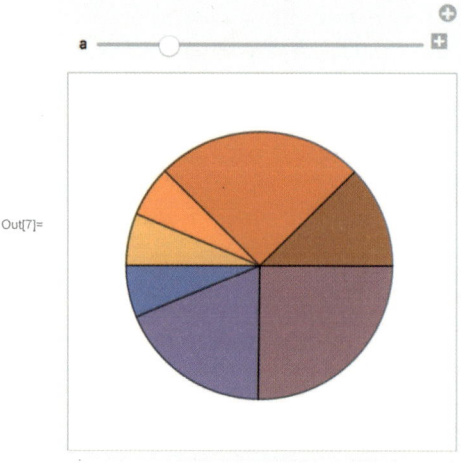

Manipulate는 여러 개의 변수에 대한 제어도 가능하다. 각 변수에 대한 정보를 하나씩 차례로 지정하기만 하면 된다.

정다각형의 변의 개수와 색을 변경하는 인터페이스를 작성해 보자.

In[8]:= **Manipulate[Graphics[Style[RegularPolygon[n], Hue[h]]], {n, 5, 20, 1}, {h, 0, 1}]**

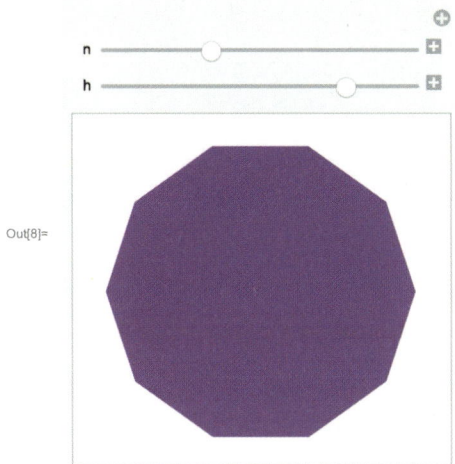

Out[8]=

Manipulate에서는 변수를 제어하는 방법을 다양하게 설정할 수 있다. 가능한 선택 목록을 입력하면 결과 인터페이스에 선택자나 메뉴 등으로 표시된다.

그래픽의 색을 세 가지 색 중에서 선택할 수 있는 인터페이스를 만들어 보자.

In[9]:= **Manipulate[Graphics[Style[RegularPolygon[5], color]], {color, {Red, Yellow, Blue}}]**

Out[9]=

아래의 size와 같이 더 많은 선택 항목들을 드롭다운 메뉴로 Manipulate에 표시할 수 있다.

In[10]:= **Manipulate[Style[value, color, size], {value, 1, 20, 1},**
        {color, {Black, Red, Purple}}, {size, Range[12, 96, 12]}]

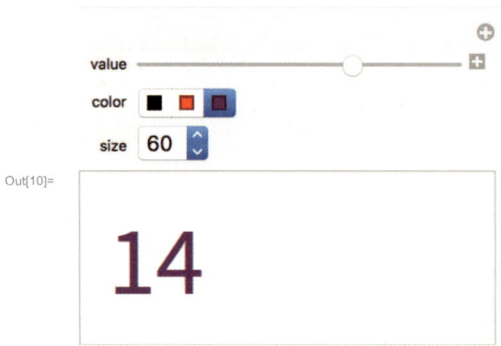

Out[10]=

용어

Manipulate[*anything*, {*n*, 0, 10, 1}]	증분을 1로 하여 변화하는 변수 *n* 에 대한 조작 가능한 인터페이스의 모든 것을 조작
Manipulate[*anything*, {*x*, 0, 10}]	연속적으로 변화하는 변수 *x*에 대한 조작 가능한 인터페이스의 모든 것을 조작

연습 문제

9.1 n이 0부터 100까지의 정수로 변할 때, Range[n]을 나타내는 Manipulate를 만들어라.

9.2 n이 5부터 50까지의 자연수로 변할 때, n까지의 자연수를 그래프에 표시하는 Manipulate를 만들어라.

9.3 n이 1부터 10까지 1씩 변할 때, n개의 x를 세로로 나타내는 Manipulate를 만들어라.

9.4 색상 값이 0부터 1까지 변할 때, 선택한 값의 색으로 채워지는 원반을 나타내는 Manipulate를 만들어라.

9.5 빨간색, 초록색, 파란색의 값이 0부터 1까지 변화함에 따라 색이 바뀌는 원반을 나타내는 Manipulate를 만들어라.

9.6 임의의 네 자리 자연수의 자리 숫자들을 표시하는 Manipulate를 만들어라.

9.7 n이 5부터 50까지의 자연수로 변할 때, 0부터 1까지의 구간을 n 등분하는 수에 대한 색상 리스트를 나타내는 Manipulate를 만들어라.

9.8 n이 1부터 10개까지의 자연수로 선택된 n개의 정육각형을 그릴 때, 색상 값의 변화에 따라 색을 표시하는 Manipulate를 만들어라.

9.9 변의 개수가 5개부터 20개까지 선택되며, 색은 빨간색, 노란색, 파란색 중의 하나로 선택되어 그려지는 정다각형을 나타내는 Manipulate를 만들어라.

9.10 1부터 10까지의 자연수 n에 대하여 n 등분된 원그래프를 나타내는 Manipulate를 만들어라.

9.11 임의의 세 자리 자연수의 자리 숫자들을 막대그래프로 나타내는 Manipulate를 만들어라.

9.12 1부터 50까지의 임의의 자연수 n에 대하여 n개의 색을 무작위로 생성하는 Manipulate를 만들어라.

9.13 두 자연수 a와 n에 대하여(단, $1 \leq a \leq 25$, $1 \leq n \leq 10$), $a^1, a^2, ..., a^n$을 세로로 나열하는 Manipulate를 만들어라.

9.14 1부터 10까지의 정수 x에 대해 0부터 5까지 변화하는 n을 이용하여 x^n의 값을 수직선 그래프로 나타내는 Manipulate를 만들어라.

9.15 초록색에서 빨간색으로 변화하는 구를 나타내는 Manipulate를 만들어라.

Q&A

Manipulate는 웹, 모바일, 데스크톱에서 동일하게 동작하나요?

원칙적으로는 그렇습니다. 하지만 슬라이더를 움직일 때마다 인터넷을 통해 서버와 통신하고 다음 행동을 결정해야 하므로 웹이나 일부 모바일 시스템에서는 속도가 느려질 수 있습니다. 데스크톱과 일부 모바일 시스템에서는 컴퓨터나 장치 내부에서 동작하므로 매우 빠릅니다.

Manipulate를 사용하여 독립 실행형 응용 프로그램을 만들 수 있나요?

네. 예를 들어, 웹 앱은 CloudDeploy를 사용하여 만들 수 있습니다. 응용 프로그램을 만드는 더 자세한 방법은 36장에서 다루어집니다.

Manipulate에서 난수를 사용할 수 있나요?

네. 하지만 SeedRandom으로 '생성'하지 않으면 슬라이더를 움직일 때마다 난수가 달라집니다.

기 술 노 트

- Manipulate는 거의 모든 표준 사용자 인터페이스 제어 유형(체크 박스, 메뉴, 입력 필드, 색상 선택 등)을 지원한다.

- Manipulate의 슬라이더에는 ⊞ 버튼이 있는데, 이를 클릭하면 애니메이션, 스테핑(single stepping) 그리고 수치 표시와 같은 추가적인 제어를 할 수 있다.

- 대부분의 제어는 마우스나 터치 장치에서 다르게 렌더링 되어 동작하지만 일부 제어는 해당 제어에 부합하는 장치에서만 동작한다.

- 자신의 컴퓨터에서 실행하는 경우, 게임 패드와 같은 장치는 바로 Manipulate에 인식되어 동작한다. 또한 어떤 장치를 어떤 제어에 연결할 것인지를 명시할 수 있다. ControllerInformation[ ]은 모든 제어 장치의 정보를 보여준다.

더 살 펴 보 기

Wolfram Demonstrations Project(wolfr.am/eiwl-9-more): Manipulate로 생성된 11,000가지 이상의 대화형 조작 예제(wolfr.am/eiwl-9-more2)

10 | 이미지

Wolfram 언어의 많은 함수는 이미지에 적용될 수 있다. Wolfram 언어에 이미지를 삽입하는 방법은 매우 간단하다. 웹 또는 자신의 사진 라이브러리에서 이미지를 복사하거나 혹은 그대로 끌어당겨 이미지를 삽입할 수 있으며, 또한 **CurrentImage** 함수를 사용하여 컴퓨터에서 직접 이미지를 가져올 수 있다.

사용 중인 컴퓨터 카메라에서 이미지를 가져와 보자. 아래는 나의 사진이다.

In[1]:= **CurrentImage[ ]**

Out[1]=

수와 리스트 등에 함수를 적용하듯 이미지에도 함수를 적용할 수 있다. 색과 관련된 함수 ColorNegate를 이미지에도 적용할 수 있으며, '색이 반전된 이미지'를 얻게 된다.

이미지의 색을 반전해 보면, 원본 사진과 달리 매우 이상해 보인다.

In[2]:= **ColorNegate[**  **]**

Out[2]=

이번에는 이미지의 초점을 흐리게 해 보자.

In[3]:= **Blur[**  **]**

Out[3]=

흐린 정도를 숫자로 지정할 수 있다.

In[4]:= **Blur[**  **, 10]**

Out[4]=

흐린 정도를 각기 다르게 설정한 이미지들을 나열해 보자.

In[5]:= **Table[Blur[**  **, n], {n, 0, 15, 5}]**

Out[5]=

ImageCollage는 여러 이미지를 하나로 붙여 나타낸다.

In[6]:= **ImageCollage[Table[Blur[**  **, n], {n, 0, 15, 5}]]**

Out[6]=

Wolfram 언어는 이미지에 대해 다양한 분석을 할 수 있다. 예를 들어, DominantColors를 사용하면 주어진 이미지의 주요 색을 찾을 수 있다.

In[7]:= **DominantColors[**  **]**

Out[7]= {■, ■, ■, ■}

Binarize는 이미지를 흑백으로 만든다.

In[8]:= **Binarize[**  **]**

Out[8]=

흑백 이미지의 주요 색은 당연히 흑백이다.

In[9]:= **DominantColors[Binarize[** 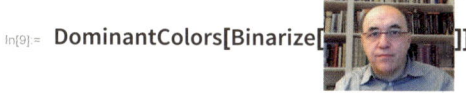 **]]**

Out[9]= $\{\square, \blacksquare\}$

또 다른 타입의 분석법으로 윤곽선 검출이 있다. 윤곽선 검출은 이미지에서 색상이 급격히 변화하는 위치를 찾는다. 결과는 원본 이미지에서 유도된 스케치처럼 보인다.

원본 이미지에서 윤곽선을 검출해 보자.

In[10]:= **EdgeDetect[** 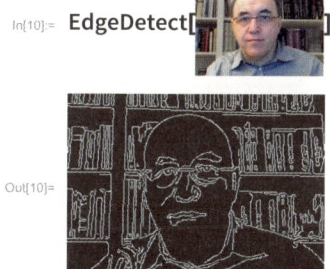 **]**

Out[10]=

원본 이미지를 위의 윤곽선 검출 이미지에 '더해' 보자.

In[11]:= **ImageAdd[**  **]**

Out[11]=

Manipulate를 이용한 인터페이스를 생성하여 이미지 처리를 대화형으로 하는 것이 편리하다. 예를 들어, Binarize는 흰색과 검은색으로 결정짓는 임곗값을 지정해야 한다. 그 적절한 임곗값을 구하는 최선의 방법은 임곗값을 직접 바꿔가면서 이미지의 변화를 관찰하는 것이다.

인터페이스를 만들어 이미지를 흑백으로 만드는 임곗값을 조작해 보자.

In[12]:= **Manipulate[Binarize[**  **, t], {t, 0, 1}]**

Out[12]=

용어

CurrentImage[ ]	사용 중인 컴퓨터 카메라에서 현재 이미지 가져오기
ColorNegate[ ]	이미지의 색 반전
Binarize[ ]	이미지를 흑백으로 변환
Blur[, 5]	이미지를 흐리게 하기
EdgeDetect[ ]	이미지의 윤곽선 검출
DominantColors[ ]	이미지의 주요 색을 리스트로 얻기
ImageCollage[{ , , }]	여러 이미지를 하나로 붙이기
ImageAdd[,]	이미지에 다른 이미지 더하기

연습 문제

10.1 CurrentImage[]나 기타 다른 이미지를 이용하여 이미지의 윤곽선을 검출하고 그 결과의 색을 반전시켜라.

10.2 Manipulate를 사용하여 이미지의 흐린 정도를 0에서 20까지 조작할 수 있는 인터페이스를 만들어라.

10.3 흐린 정도를 1에서 10까지 하여 얻은 각각의 이미지에 윤곽선 검출을 적용한 결과를 나열하여라.

10.4 원본 이미지, 흐린 이미지, 윤곽선 검출 이미지, 흑백 이미지의 결과를 하나로 붙여라.

10.5 원본 이미지를 위에서 얻은 흑백 이미지에 더하여라.

10.6 이미지의 흐린 정도를 0부터 20까지 조작할 수 있으며, 흐리게 처리된 결과에 윤곽선 검출을 하는 Manipulate를 만들어라.

10.7 이미지 관련 연산은 Graphics와 Graphics3D에 사용할 수 있다. 구 이미지의 윤곽선을 검출하여라.

10.8 보라색 오각형의 흐린 정도를 0부터 20까지 조작할 수 있는 Manipulate 인터페이스를 만들어라.

10.9 무작위로 뽑은 색으로 스타일이 적용된 원반 9개를 하나로 붙여서 나타내어라.

10.10 ImageCollage를 사용하여 색상 값이 0부터 1까지 0.2씩 증가하여 나타나는 모든 구를 하나로 붙여라.

10.11 이미지의 흐린 정도가 0부터 30까지 5씩 증가하여 나타나는 원반들을 나열하여라.

10.12 ImageAdd를 사용하여 현재 이미지를 원반에 더하여라.

10.13 ImageAdd를 사용하여 현재 이미지를 빨간색의 정팔각형에 더하여라.

10.14 ImageAdd를 사용하여 현재 이미지를 윤곽선 검출과 색 반전을 순차적으로 적용한 이미지에 더하여라.

Q&A

사용 중인 컴퓨터에 카메라가 장착되어 있지 않다면 예제를 이용하지 못하나요?

CurrentImage[]를 사용하는 대신 테스트를 위한 ExampleData[{"TestImage", "Mandrill"}]과 같은 예제 이미지를 사용하여 실행해 볼 수 있습니다.

Blur에 있는 숫자는 무엇을 의미하나요?

그 숫자는 픽셀의 범위를 나타냅니다. 그 범위의 픽셀 단위로 흐리게 처리하여 전체 사진이 흐려지게 됩니다.

Binarize는 무엇을 희게 하고 무엇을 검게 할지 어떻게 결정하나요?

Binarize에 임곗값을 지정하지 않으면, Binarize는 이미지의 색상 분포 분석에 근거하여 임곗값을 설정합니다.

기 술 노 트

- Wolfram 언어 코드에서 이미지를 함수의 인수로 직접 사용할 수 있다는 사실은 Wolfram 언어가 기호적이라는 또 다른 증거이다.

- 예를 들어, 악어 관련 이미지 모음을 얻는 편리한 방법은 WikipediaData["crocodiles", "ImageList"]를 사용하는 것이다.

- 적절한 버전의 Wolfram 언어를 사용한다고 가정하면 WebImageSearch["colorful birds", "Thumbnails"]를 이용하여 웹 검색을 통해 이미지를 얻을 수 있다(44장 참조).

- CurrentImage는 최신 브라우저와 모바일 장치는 물론 데스크톱 컴퓨터에서도 작동한다.

- 대부분의 산술 연산자는 Sqrt[□] 혹은 □-EdgeDetect[□]와 같이 픽셀 단위의 이미지에 직접 동작하므로 명시적으로 ImageAdd, ImageMultiply 등을 사용하여 연산을 할 필요가 없다.

더 살 펴 보 기

Wolfram 언어의 이미지 계산(wolfr.am/eiwl-10-more)

11 | 문자열과 텍스트

텍스트를 큰따옴표(")로 묶어 문자열로 입력하면, Wolfram 언어는 텍스트 연산도 수행할 수 있다.

문자열을 입력해 보자.

In[1]:= **"This is a string."**

Out[1]= This is a string.

숫자를 입력했을 때와 마찬가지로, 문자열만을 입력한 경우에는 큰따옴표가 보이지 않는다는 점을 제외한다면 해당 문자열은 다른 변동 없이 그대로 반환된다. Wolfram 언어에는 문자열에서 적용 가능한 함수가 다수 있다. 문자열의 길이를 반환하는 StringLength 함수의 예를 살펴보자.

StringLength는 문자열의 문자 개수를 센다.

In[2]:= **StringLength["hello"]**

Out[2]= 5

StringReverse는 문자열의 나열 순서를 거꾸로 뒤집는다.

In[3]:= **StringReverse["hello"]**

Out[3]= olleh

ToUpperCase는 문자열의 모든 문자를 대문자로 출력한다.

In[4]:= **ToUpperCase["I'm coding in the Wolfram Language!"]**

Out[4]= I'M CODING IN THE WOLFRAM LANGUAGE!

StringTake는 문자열의 첫 부분부터 특정 개수의 문자를 가져온다.

In[5]:= **StringTake["this is about strings", 10]**

Out[5]= this is ab

만일 문자열에서 10개의 문자를 취한다면 그 문자열의 길이는 10이 된다.

In[6]:= **StringLength[StringTake["this is about strings", 10]]**

Out[6]= 10

StringJoin은 문자열들을 결합한다(단어를 분리하려면 단어와 단어 사이의 공백이 필요하다).

In[7]:= **StringJoin["Hello", " ", "there!", " How are you?"]**

Out[7]= Hello there! How are you?

문자열의 리스트에도 함수를 적용할 수 있다.

문자열의 리스트를 살펴보자.

In[8]:= **{"apple", "banana", "strawberry"}**

Out[8]= {apple, banana, strawberry}

각 문자열에서 처음 두 개의 문자를 추출해 보자.

In[9]:= **StringTake[{"apple", "banana", "strawberry"}, 2]**

Out[9]= {ap, ba, st}

StringJoin은 리스트에 있는 문자열들을 결합한다.

In[10]:= **StringJoin[{"apple", "banana", "strawberry"}]**

Out[10]= applebananastrawberry

가끔은 주어진 문자열을 그 구성 문자들의 리스트로 변환하는 것이 유용할 때가 있다. 각 문자는 사실 길이가 1인 문자열이다.

Characters는 문자열을 그 구성 문자들의 리스트로 변환한다.

In[11]:= **Characters["a string is made of characters"]**

Out[11]= {a, , s, t, r, i, n, g, , i, s, , m, a, d, e, , o, f, , c, h, a, r, a, c, t, e, r, s}

문자열을 일단 그 구성 문자들의 리스트로 변환한 후에는 그 리스트에 통상적인 리스트 함수를 모두 적용할 수 있다.

문자열의 문자를 알파벳 순으로 정렬해 보자.

In[12]:= **Sort[Characters["a string of characters"]]**

Out[12]= { , , , a, a, a, c, c, e, f, g, h, i, n, o, r, r, r, s, s, t, t}

위 리스트에서 처음에 위치한 보이지 않는 원소는 공백 문자이다. 큰따옴표가 붙은 형태로 문자열을 표시하고 싶다면 "..."를 입력하고 InputForm을 적용한다.

InputForm은 각 문자에 큰따옴표를 붙여 결과를 출력한다.

In[13]:= **InputForm[Sort[Characters["a string of characters"]]]**

{" ", " ", " ", "a", "a", "a", "c", "c", "e", "f", "g", "h", "i", "n", "o", "r", "r", "r", "s", "s", "t", "t"}

StringJoin, Characters와 같은 함수는 문자열이 의미있는 텍스트인지 아닌지에 상관없이 모든 종류의 문자열에 사용할 수 있다. 반면 TextWords와 같은 함수는 의미 있는 영문 텍스트에만 사용할 수 있다.

TextWords는 텍스트의 문자열에서 단어 리스트를 반환한다.

In[14]:= **TextWords["This is a sentence. Sentences are made of words."]**

Out[14]= {This, is, a, sentence, Sentences, are, made, of, words}

각 단어의 길이를 구해 보자.

In[15]:= **StringLength[TextWords["This is a sentence. Sentences are made of words."]]**

Out[15]= {4, 2, 1, 8, 9, 3, 4, 2, 5}

TextSentences는 텍스트 문자열을 분해하여 문장들로 나열한다.

In[16]:= **TextSentences["This is a sentence. Sentences are made of words."]**

Out[16]= {This is a sentence., Sentences are made of words.}

Wolfram 언어는 다양한 방법으로 텍스트를 가져올 수 있다. 예를 들어 WikipediaData 함수를 사용하여 위키백과의 최신 문서 텍스트를 가져와 보자.

영문 위키백과의 컴퓨터(computers)에 대한 문서에 포함된 처음 100개의 문자를 가져와 보자.

In[17]:= **StringTake[WikipediaData["computers"], 100]**

Out[17]= A computer is a general-purpose device
 that can be programmed to carry out a set of arithmetic or lo

워드 클라우드를 사용하면 텍스트가 담고 있는 대략적 내용을 쉽게 파악할 수 있다. WordCloud 함수를 사용하여 워드 클라우드를 생성할 수 있다.

영문 위키백과의 컴퓨터(computers)에 대한 워드 클라우드를 만들어 보자.

In[18]:= **WordCloud[WikipediaData["computers"]]**

Out[18]=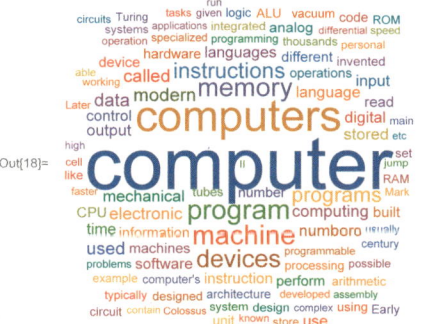

당연히 computer와 computers가 이 문서에서 가장 자주 사용된 단어이다.

Wolfram 언어는 영어뿐만 아니라 다양한 언어에서 사용하는 단어 지식을 내장하고 있다. WordList는 관련된 단어들을 나열한다.

영어 단어 리스트에서 처음 20개의 단어를 가져오자.

In[19]:= **Take[WordList[ ], 20]**

Out[19]= {a, aah, aardvark, aback, abacus, abaft, abalone,

abandon, abandoned, abandonment, abase, abasement, abash,

abashed, abashment, abate, abatement, abattoir, abbe, abbess}

모든 단어의 첫 문자로 워드 클라우드를 만들어 보자.

In[20]:= **WordCloud[StringTake[WordList[ ], 1]]**

Out[20]=

문자열은 반드시 텍스트를 포함할 필요는 없다. 고대어도 현대어와 동일하게 사용할 수 있으므로, 로마 숫자를 문자열로 만들어 나타낼 수 있다.

1,988을 로마 숫자로 표현해 보면,

In[21]:= **RomanNumeral[1988]**

Out[21]= MCMLXXXVIII

20까지의 자연수를 나타내는 로마 숫자들을 나열해 보자.

In[22]:= **Table[RomanNumeral[n], {n, 20}]**

Out[22]= {I, II, III, IV, V, VI, VII, VIII, IX, X, XI, XII, XIII, XIV, XV, XVI, XVII, XVIII, XIX, XX}

다른 것과 마찬가지로, 문자열에도 연산을 적용시킬 수 있다. 예를 들어, 연속적인 로마 숫자의 문자 길이를 그래프에 나타낼 수 있다.

100까지의 자연수를 나타내는 로마 숫자들의 문자 길이를 그래프로 나타내 보자.

In[23]:= **ListLinePlot[Table[StringLength[RomanNumeral[n]], {n, 100}]]**

Out[23]=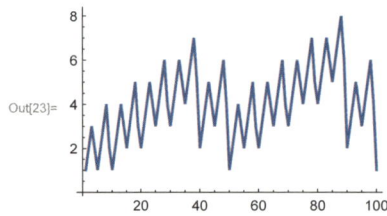

IntegerName은 정수의 영어 이름을 반환한다.

정수 56의 영어 이름을 나타내는 문자열을 생성해 보면,

In[24]:= **IntegerName[56]**

Out[24]= fifty-six

아래는 1부터 100까지의 정수에 대한 영어 이름의 길이를 표시한 것이다.

In[25]:= **ListLinePlot[Table[StringLength[IntegerName[n]], {n, 100}]]**

Out[25]=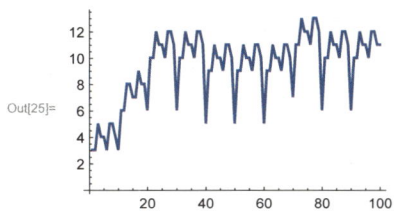

문자를 숫자로(또는 숫자를 문자로) 변환하는 방법은 다양하다.

Alphabet은 알파벳을 구한다.

In[26]:= **Alphabet[]**

Out[26]= {a, b, c, d, e, f, g, h, i, j, k, l, m, n, o, p, q, r, s, t, u, v, w, x, y, z}

LetterNumber는 주어진 문자의 영어 알파벳 내에서의 위치를 나타낸다.

In[27]:= **LetterNumber[{"a", "b", "x", "y", "z"}]**

Out[27]= {1, 2, 24, 25, 26}

FromLetterNumber는 그 반대의 작업을 수행한다.

In[28]:= **FromLetterNumber[{10, 11, 12, 13, 14, 15}]**

Out[28]= {j, k, l, m, n, o}

Alphabet은 영어가 아닌 언어의 알파벳도 나타낼 수 있다.

In[29]:= **Alphabet["Russian"]**

Out[29]= {а, б, в, г, д, е, ё, ж, з, и, й, к, л, м, н, о, п, р, с, т, у, ф, х, ц, ч, ш, щ, ъ, ы, ь, э, ю, я}

Transliterate는 다른 나라 알파벳을 가장 동등한 발음의 영어 알파벳으로 변환한다.

In[30]:= **Transliterate[Alphabet["Russian"]]**

Out[30]= {a, b, v, g, d, e, e, z, z, i, j, k, l, m, n, o, p, r, s, t, u, f, h, c, c, s, s, ", y, ', e, u, a}

영어 알파벳 wolfram을 러시아어 알파벳으로 변환해 보자.

In[31]:= **Transliterate["wolfram", "Russian"]**

Out[31]= уолфрам

텍스트를 이미지로 변환할 수도 있다. 이렇게 변환된 이미지는 이미지 처리를 이용하여 조작할 수 있다. Rasterize 함수는 래스터 또는 비트맵을 생성한다.

텍스트의 이미지를 생성해 보면,

In[32]:= **Rasterize[Style["ABC", 100]]**

Out[32]=

이 이미지를 처리해 보자.

In[33]:= **EdgeDetect[Rasterize[Style["ABC", 100]]]**

Out[33]=

용어

"_string_**"**	문자열
StringLength["_string_"**]**	문자열의 길이
StringReverse["_string_"**]**	문자열의 문자 순서를 역순으로 정렬
StringTake["_string_"**, 4]**	문자열에서 처음 몇 개의 글자 추출
StringJoin["_string_"**, "**_string_**"]**	문자열의 결합
StringJoin[{"_string_"**, "**_string_**"}]**	문자열 리스트의 결합
ToUpperCase["_string_"**]**	문자의 대문자화
Characters["_string_"**]**	문자열의 문자 리스트화
TextWords["_string_"**]**	문자열 내의 단어 리스트
TextSentences["_string_"**]**	문장의 리스트
WikipediaData["_topic_"**]**	특정 주제에 대한 영문 위키백과 문서
WordCloud["_text_"**]**	단어의 사용 빈도에 따른 워드 클라우드

WordList[ ]	자주 사용되는 영어 단어의 리스트
Alphabet[ ]	알파벳의 문자 리스트
LetterNumber["*c*"]	특정 문자의 알파벳 내에서의 순서
FromLetterNumber[*n*]	알파벳 내의 순서에 해당하는 문자
Transliterate["*text*"]	text의 발음을 영어로 변환
Transliterate["*text*", "*alphabet*"]	text를 지정하는 언어의 가장 동등한 발음의 영어 알파벳으로 변환
RomanNumeral[*n*]	수를 로마 숫자로 나타내기
IntegerName[*n*]	수를 해당 영어 이름 문자열로 변환
InputForm["*string*"]	문자열에 큰따옴표를 붙여 표시
Rasterize["*string*"]	비트맵 이미지 작성

연 습 문 제

11.1 두 개의 문자열 "Hello"와 "Hello"를 결합하여라.

11.2 영어 알파벳의 모든 대문자를 차례로 나열한 문자열을 만들어라.

11.3 영어 알파벳을 역순으로 나열한 문자열을 만들어라.

11.4 문자열 "AGCT" 100개를 결합하여라.

11.5 StringTake, StringJoin, Alphabet을 사용하여 "abcdef"를 얻어라.

11.6 문자열 "this is about strings"로부터 글자 개수를 1씩 증가시키면서 문자를 추출하여 세로로 나열하여라.

11.7 "A long time ago, in a galaxy far, far away"에 포함된 단어의 길이에 대한 막대그래프를 만들어라.

11.8 영문 위키백과의 컴퓨터(computer)에 대한 문서에 포함된 알파벳의 수를 구하여라.

11.9 영문 위키백과의 컴퓨터에 대한 문서에 포함된 단어의 수를 구하여라.

11.10 영문 위키백과의 문자열(strings)에 대한 문서에 포함된 첫 번째 문장을 찾아라.

11.11 영문 위키백과의 컴퓨터에 대한 문서에 포함된 모든 문장의 첫 번째 알파벳들로 문자열을 만들어라.

11.12 WordList[]에 포함된 영어 단어 중 가장 긴 단어의 길이를 찾아라.

11.13 WordList[]에 포함된 영어 단어 중 "q"로 시작하는 단어의 개수를 세어라.

11.14 WordList[]의 처음 1,000개 영어 단어의 길이를 선그래프로 나타내어라.

11.15 WordList[]의 모든 영어 단어에 대해 StringJoin과 Characters를 사용하여 워드 클라우드를 만들어라.

11.16 StringReverse를 사용하여 WordList[] 영어 단어의 마지막 알파벳으로 구성된 워드 클라우드를 만들어라.

11.17 1959년에 해당하는 로마 숫자를 찾아라.

11.18 1년부터 2020년까지를 로마 숫자로 나타낼 때 문자열 길이의 최댓값을 찾아라.

11.19 1부터 100까지의 수를 로마 숫자로 나타낸 문자열들의 첫 글자로 구성된 워드 클라우드를 만들어라.

11.20 러시아어 알파벳의 개수를 Length를 사용하여 찾아라.

11.21 그리스어 알파벳을 대문자로 생성하여라.

11.22 "wolfram"의 각 문자가 영어 알파벳의 몇 번째에 위치하는지를 찾아 그 값을 막대그래프로 나타내어라.

11.23 FromLetterNumber를 사용하여 1,000개의 무작위 알파벳으로 구성된 문자열을 만들어라.

11.24 5개의 영어 알파벳을 무작위로 뽑아 100개의 문자열을 나열하여라.

11.25 영어 알파벳 "wolfram"의 그리스어 발음을 그리스어 알파벳으로 변환하여라.

11.26 아랍어 알파벳을 구하고 그 발음에 해당하는 영어 알파벳으로 변환하여라.

11.27 검은색 바탕에 흰색으로 크기 200의 영어 알파벳 "A"를 만들어라.

11.28 크기 100인 영어 알파벳 문자를 나타내는 Manipulate를 만들어라.

11.29 메뉴에서 선택한 영어 알파벳을 흰색 바탕에 크기 100 그리고 검은색 윤곽선으로 표시하는 Manipulate를 만들어라.

11.30 영어 알파벳 "A"를 크기 200으로 나타내는데, 흐릿한 정도가 0부터 50까지로 변화하는 Manipulate를 만들어라.

Q&A

"x"와 x의 차이는 무엇인가요?
"x"는 문자열입니다. x는 Wolfram 언어의 기호로, Plus 또는 Max와 같은 연산을 하기 위해 정의될 수 있습니다. 기호에 대해서는 뒷장에서 자세히 설명합니다.

키보드에 없는 문자는 어떻게 입력하나요?
사용 중인 컴퓨터가 제공하는 문자 입력법을 이용하거나 \[Alpha] 등과 같은 구조를 사용하여 Wolfram 언어로 직접 입력할 수 있습니다.

문자열 내에 큰따옴표(")를 어떻게 배치해야 하나요?
\"를 사용하면 됩니다. 문자열에 문자 \"를 넣고 싶은 경우, \\\"를 사용합니다. \\\"를 쓰고 싶은 경우, \\\\\\\"처럼 역슬래시가 많이 필요합니다.

워드 클라우드에 사용되는 원소의 색은 어떻게 결정되나요?
기본적으로 특정 색 팔레트 내에서 무작위로 선택됩니다. 색 팔레트에서 원하는 색을 지정할 수도 있습니다.

워드 클라우드에서 's'가 가장 자주 사용되는 알파벳으로 선택된 이유는 무엇인가요?
영어에서 자주 쓰이는 단어 중 's'로 **시작하는** 단어가 가장 많기 때문입니다. 한편 제일 많이 사용되는 알파벳은 'e'입니다.

영어 이외의 문자에는 어떻게 번호를 매기나요?
LetterNumber["α", "Greek"]을 사용하여 그리스어 알파벳의 번호를 얻을 수 있습니다. 모든 문자는 **문자 코드**가 할당되어 있으며, ToCharacterCode를 사용하여 문자 코드를 찾을 수 있습니다.

Wolfram 언어에서 사용 가능한 알파벳에는 무엇이 있나요?

기본적으로 현재 사용되고 있는 알파벳은 모두 사용 가능합니다. '그리스어', '아랍어' 또는 무엇이든 사용해 보세요. 강세 표시가 있는 언어를 사용하는 경우, 강세 표시가 알파벳 '안에' 있는 것인지, 혹은 그로부터 파생된 것인지를 결정하는 작업은 때때로 까다로울 수 있음에 주의하시기 바랍니다.

알파벳의 발음 변환이 아니라 단어 번역도 가능한가요?

네. WordTranslation을 사용하면 됩니다. 이 점은 35장에서 자세히 설명합니다.

영어 이외의 언어에서 자주 사용되는 단어들의 리스트를 구할 수 있나요?

물론 가능합니다. WordList[Language → "Spanish"]와 같은 표현을 사용하여 원하는 언어의 가장 자주 사용되는 단어들의 리스트를 구할 수 있습니다.

기 술 노 트

- RandomWord[10]는 무작위로 10개의 단어를 생성한다. 그 중 몇 개나 알고 있는지 살펴보자.

- StringTake["*string*", −2]는 문자열의 끝에서 2개의 글자를 취한다.

- 모든 문자 'a', 'α' 또는 '狼'은 유니코드의 문자 코드에 의해 표현되며, ToCharacterCode로 확인할 수 있다. FromCharacterCode를 사용하여 'Unicode 범위'를 조사해 볼 수 있다.

- WikipediaData에서 다른 결과를 얻게 되는 경우, 그것은 Wikipedia가 변경되었기 때문이다.

- WordCloud는 'the', 'and'와 같이 불필요한 단어를 자동으로 삭제해준다.

- 주어진 알파벳이나 언어가 어느 나라 언어인지 파악이 어려울 때는 ctrl = (16장 참조)를 사용하여 자연 언어 형식으로 쓴다.

더 살펴보기

Wolfram 언어의 문자열 조작(wolfr.am/eiwl-11-more)

12 | 소리 생성

Wolfram 언어에서는 소리도 그래픽처럼 동작한다. 다만 그래픽의 경우 원과 같은 도형을 이용하는 반면, 소리는 음이름을 이용한다는 차이가 있다. 재생 버튼 ▶을 누르면 실제로 소리를 재생할 수 있다. 별도의 설정을 하지 않은 경우, Wolfram 언어는 기본적으로 피아노 소리로 음을 생성한다.

가온 다(C)음을 만들어 보자.

In[1]:= **Sound[SoundNote["C"]]**

Out[1]=
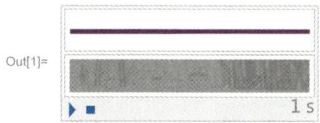

음을 리스트로 열거함으로써 음을 순차적으로 재생할 수 있다.

세 개의 음을 차례대로 실행하면,

In[2]:= **Sound[{SoundNote["C"], SoundNote["C"], SoundNote["G"]}]**

Out[2]=

음이름을 주는 대신, 음높이를 숫자로 지정하여 표시할 수 있다. 즉, 가온 다(C)를 0으로 표시하고 가온 다를 기준으로 음이 반음씩 올라갈 때마다 음높이를 1씩 증가시켜 표시한다. 가온 사(G)는 가온 다로부터 7개의 반음이 증가된 소리이기 때문에 7로 지정하여 표시한다(한 옥타브는 12개의 반음으로 구성된다).

숫자로 음을 표시해 보자.

In[3]:= **Sound[{SoundNote[0], SoundNote[0], SoundNote[7]}]**

Out[3]=

Table을 이용하여 5개의 음을 순차적으로 만들어 보자.

In[4]:= **Sound[Table[SoundNote[n], {n, 5}]]**

Out[4]=
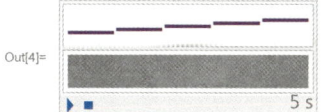

별도의 설정을 하지 않은 경우, 기본적으로 각 음은 1초간 재생된다. 재생 시간은 SoundNote[음의 높이, 길이]를 사용하여 변경할 수 있다.

각각의 음을 0.1초간 재생하면,

In[5]:= **Sound[Table[SoundNote[n, 0.1], {n, 5}]]**

Out[5]=

SoundNote는 피아노뿐만 아니라 다양한 악기 소리를 생성하도록 구성할 수 있으며, 악기의 이름은 문자열로 표시한다.

바이올린 소리로 음을 재생해 보자.

In[6]:= **Sound[Table[SoundNote[n, 0.1, "Violin"], {n, 5}]]**

Out[6]=

실행할 때마다 다르게 연주되는 '무작위 연주'를 쉽게 만들 수 있다.

무작위 음 20개의 배열을 재생해 보자.

In[7]:= **Sound[Table[SoundNote[RandomInteger[12], 0.1, "Violin"], 20]]**

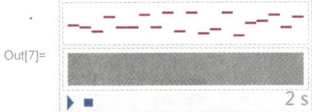

Out[7]=

용어

Sound[{...}]	음으로부터 소리 생성
SoundNote["C"]	가온 다(C)음
SoundNote[5]	음높이 순번에 해당하는 음
SoundNote[5, 0.1]	설정된 시간동안 연주되는 음
SoundNote[5, 0.1, "Guitar"]	특정 악기로 연주되는 음

연 습 문 제

12.1　음높이가 0, 4, 그리고 7인 음을 순차적으로 연주하여라.

12.2　첼로로 가온 가(A)를 2초간 연주하여라.

12.3　음높이가 0부터 48까지 1씩 올라가며 각 음을 0.05초씩 연주하는 '피아노 반복절'을 만들어라.

12.4　음높이가 12부터 0까지 각각 1씩 순차적으로 내려가는 음을 연주하여라.

12.5　가온 다부터 시작하여 한 옥타브씩 올라가는 5개의 음을 순차적으로 연주하여라.

12.6　음높이 0부터 12까지에서 무작위로 뽑은 10개의 트럼펫 소리를 0.2초씩 순차적으로 연주하여라.

12.7　음높이 0부터 12까지에서 무작위로 뽑은 10개의 음을 0초에서 10초까지의 무작위 시간동안 순차적으로 연주하여라.

12.8　2^{31}의 각 자리 숫자에 해당하는 음높이의 음을 0.1초씩 연주하여라.

12.9　CABBAGE를 음이름의 조합으로 사용하여, 각 문자에 해당하는 음을 찾아 0.3초씩 기타로 연주하여라.

12.10　"wolfram"의 알파벳을 음이름으로 사용하여, 각 음을 0.1초씩 연주하여라.

Q&A

어떤 악기를 사용할 수 있나요?

SoundNote의 참고 페이지 하단의 '세부 사항 및 옵션(Details and Options)' 항목을 살펴보거나, 노트북에 악기 명을 입력하면 자동완성 기능에 표시되는 목록으로 확인할 수 있습니다. 또한, 1부터 128까지의 악기에 해당하는 숫자를 이용할 수도 있습니다. 타악기를 포함하여 표준 미디(MIDI) 악기를 모두 사용할 수 있습니다.

가온 다(C)보다 낮은음은 어떻게 연주하나요?

SoundNote[-10]처럼 음수를 사용하여 연주합니다.

음의 올림표와 내림표는 어떻게 사용하나요?

E♯(E 올림표, E 샵), A♭(A 내림표, A 플랫) 등으로 나타냅니다. 또한 숫자로도 나타낼 수 있습니다 (예: E#은 5입니다). #와 b는 일반 키보드로도 입력 할 수 있습니다(특수 문자의 ♯와 ♭로도 사용 가능).

화음은 어떻게 만드나요?

SoundNote[{"C", "G"}]처럼 리스트에 음이름을 지정합니다.

쉼표는 어떻게 만드나요?

0.2초 쉼표는 SoundNote[None, 0.2]를 사용하여 만들 수 있습니다.

재생 버튼을 누르지 않고 바로 소리를 연주하려면 어떻게 해야 하나요?

EmitSound를 EmitSound[Sound[SoundNote["C"]]]와 같은 형태로 사용하면 됩니다.

"C"와 같은 음이름에 왜 큰따옴표를 써야 하나요?

음이름은 Wolfram 언어에서 문자열이기 때문입니다. 만약 큰따옴표 없이 C만 입력하면, 원하는 것과 다르게 함수 이름 C로 해석됩니다.

오디오를 녹음하고 조작할 수 있나요?

물론입니다. AudioCapture를 사용하여 소리를 녹음하고, **AudioPlot**, **Spectrogram**, **AudioPitchShift** 등의 함수를 사용하여 조작할 수 있습니다.

기술 노트

- **SoundNote**는 MIDI에 해당한다. **Wolfram** 언어는 '샘플음'도 지원한다. 예를 들어 **ListPlay**와 같은 함수나 오디오 신호의 모든 면을 나타내는 **Audio** 구조를 사용하면 된다.

- 음성 표현은 **Speak**를 사용하고, 신호음을 만들기 위해서는 **Beep**을 사용한다.

더 살펴보기

Wolfram 언어의 소리 생성(wolfr.am/eiwl-12-more)

13 | 배열, 또는 리스트의 리스트

앞장에서는 Table을 사용한 리스트 작성법을 알아보았다. 이 장에서는 Table을 사용한 고차원 배열 생성법을 살펴보자.

x를 4번 나타내는 리스트를 만들어 보자.

In[1]:= **Table[x, 4]**

Out[1]= {x, x, x, x}

5개의 x로 구성된 리스트가 4번 반복하여 나타나는 리스트를 만들어 보자.

In[2]:= **Table[x, 4, 5]**

Out[2]= {{x, x, x, x, x}, {x, x, x, x, x}, {x, x, x, x, x}, {x, x, x, x, x}}

Grid를 이용하여 결과를 격자로 나타내 보자.

In[3]:= **Grid[Table[x, 4, 5]]**

Out[3]=
```
x  x  x  x  x
x  x  x  x  x
x  x  x  x  x
x  x  x  x  x
```

2차원 배열을 두 개의 변수를 사용하는 Table을 활용하여 만들 수 있다. 첫 번째 변수는 행에 해당하고, 두 번째 변수는 열에 해당한다.

아래로 갈수록 빨간색으로, 오른쪽으로 갈수록 파란색으로 나타나는 색 배열을 만들어 보자.

In[4]:= **Grid[Table[RGBColor[r, 0, b], {r, 0, 1, .2}, {b, 0, 1, .2}]]**

Out[4]=

모든 원소가 행 번호인 배열을 표현해 보자.

In[5]:= **Grid[Table[i, {i, 4}, {j, 5}]]**

Out[5]=
```
1  1  1  1  1
2  2  2  2  2
3  3  3  3  3
4  4  4  4  4
```

모든 원소가 열 번호인 배열을 표현해 보자.

In[6]:= **Grid[Table[j, {i, 4}, {j, 5}]]**

Out[6]=
```
1  2  3  4  5
1  2  3  4  5
1  2  3  4  5
1  2  3  4  5
```

행 번호와 열 번호의 합으로 각각의 원소를 가지는 배열을 만들어 보자.

In[7]:= **Grid[Table[i + j, {i, 5}, {j, 5}]]**

Out[7]=
```
2  3  4  5  6
3  4  5  6  7
4  5  6  7  8
5  6  7  8  9
6  7  8  9  10
```

곱셈표를 만들어 보자.

In[8]:= **Grid[Table[i * j, {i, 5}, {j, 5}]]**

Out[8]=
```
1   2   3   4   5
2   4   6   8   10
3   6   9   12  15
4   8   12  16  20
5   10  15  20  25
```

ArrayPlot은 배열의 값을 시각화하며, 값이 클수록 어둡게 나타낸다.

곱셈표를 시각화해 보자.

In[9]:= **ArrayPlot[Table[i * j, {i, 5}, {j, 5}]]**

Out[9]=
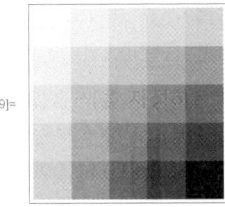

난수의 배열을 생성해 그려 보자.

In[10]:= **ArrayPlot[Table[RandomInteger[10], 30, 30]]**

Out[10]=
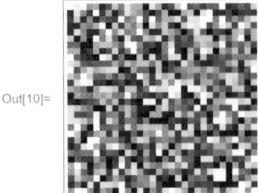

무작위로 뽑은 색을 ArrayPlot으로 나타내 보면,

In[11]:= **ArrayPlot[Table[RandomColor[ ], 30, 30]]**

Out[11]=
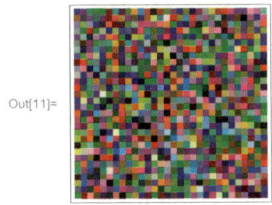

이미지는 근본적으로 픽셀값의 배열이다. 색채 이미지에서 각각의 픽셀은 빨간색, 초록색, 그리고 파란색의 값을 갖는다. 흑백 이미지는 0(검은색) 또는 1(흰색)로 픽셀이 이루어져 있다. ImageData를 이용하여 실제 픽셀의 값을 얻을 수 있다.

"W" 이미지의 픽셀값을 찾아보자.

In[12]:= **ImageData[Binarize[Rasterize["W"]]]**

Out[12]= {{1, 1, 1, 1, 1, 1, 1, 1, 1, 1, 1, 1, 1}, {1, 1, 1, 1, 1, 1, 1, 1, 1, 1, 1, 1, 1},
{1, 1, 1, 1, 1, 1, 1, 1, 1, 1, 1, 1, 1}, {1, 1, 1, 1, 1, 1, 1, 1, 1, 1, 1, 1, 1}, {1, 1, 1, 1, 1, 1, 1, 1, 1, 1, 1, 1, 1},
{0, 0, 1, 1, 1, 0, 0, 1, 1, 1, 0, 0, 0}, {1, 0, 1, 1, 1, 0, 0, 1, 1, 1, 0, 0, 1}, {1, 0, 1, 1, 1, 0, 0, 1, 1, 1, 0, 1},
{1, 0, 1, 1, 0, 0, 0, 0, 1, 1, 0, 1}, {1, 0, 0, 1, 0, 1, 1, 0, 1, 0, 0, 1}, {1, 0, 0, 1, 0, 1, 1, 0, 1, 0, 1, 1},
{1, 1, 0, 1, 0, 1, 1, 0, 1, 0, 1, 1}, {1, 1, 0, 0, 0, 1, 1, 0, 0, 0, 1, 1}, {1, 1, 0, 0, 1, 1, 1, 1, 0, 0, 1, 1},
{1, 1, 0, 0, 1, 1, 1, 1, 0, 0, 1, 1}, {1, 1, 1, 1, 1, 1, 1, 1, 1, 1, 1, 1, 1}, {1, 1, 1, 1, 1, 1, 1, 1, 1, 1, 1, 1, 1},
{1, 1, 1, 1, 1, 1, 1, 1, 1, 1, 1, 1}, {1, 1, 1, 1, 1, 1, 1, 1, 1, 1, 1, 1, 1}}

배열의 시각화를 위해 ArrayPlot을 이용하면,

In[13]:= **ArrayPlot[ImageData[Binarize[Rasterize["W"]]]]**

Out[13]=
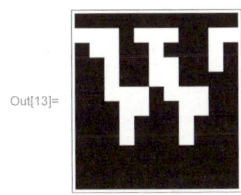

여기에 생성된 이미지의 해상도는 매우 낮다. Rasterize가 그렇게 설정되어 있기 때문이다. 또한, 이 이미지는 흰색 바탕에 검은색이 아닌 검은색 바탕에 흰색으로 이루어져 있다. 이는 ArrayPlot은 기본적으로 값이 클수록 어둡게 나타내지만, 이미지는 RGBColor의 경우처럼 0은 검은색, 1은 흰색이 되기 때문이다.

리스트에서처럼 배열의 연산도 가능하다. 즉, 이 배열에서 0과 1을 쉽게 교체할 수 있다는 것이다. 1을 빼면, 모든 0은 1 − 0 = 1이 되고, 모든 1은 1 − 1 = 0이 된다.

픽셀값을 찾은 후, 배열의 0과 1을 교체하는 연산을 적용해 보자.

In[14]:= **1 − ImageData[Binarize[Rasterize["W"]]]**

Out[14]= {{0, 0, 0, 0, 0, 0, 0, 0, 0, 0, 0, 0}, {1, 1, 1, 0, 1, 1, 1, 0, 0, 1, 1}, {0, 1, 1, 0, 0, 1, 0, 0, 0, 1, 0},
{0, 0, 1, 0, 0, 1, 1, 0, 0, 1, 0}, {0, 0, 1, 0, 0, 1, 1, 0, 0, 0, 0}, {0, 0, 1, 1, 1, 0, 1, 1, 1, 0, 0},
{0, 0, 0, 1, 1, 0, 0, 1, 1, 0, 0}, {0, 0, 0, 1, 0, 0, 0, 1, 0, 0, 0}, {0, 0, 0, 1, 0, 0, 0, 1, 0, 0, 0},
{0, 0, 0, 0, 0, 0, 0, 0, 0, 0, 0}, {0, 0, 0, 0, 0, 0, 0, 0, 0, 0, 0}, {0, 0, 0, 0, 0, 0, 0, 0, 0, 0, 0}}

바탕이 흰색이고 이미지가 검은색인 결과를 얻을 수 있다.

In[15]:= **ArrayPlot[1 − ImageData[Binarize[Rasterize["W"]]]]**

Out[15]=
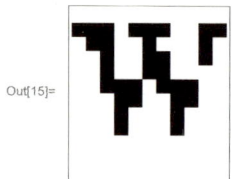

용어

Table[*x*, 4, 5]	2차원 배열 생성
Grid[*array*]	배열의 값을 격자로 나타내기
ArrayPlot[*array*]	배열의 값을 시각화하기
ImageData[*image*]	이미지에서 픽셀값의 배열 얻기

연습 문제

13.1 12×12 곱셈표를 만들어라.

13.2 5×5 곱셈표를 로마 숫자로 나타내어라.

13.3 무작위의 색으로 이루어진 10×10 격자를 만들어라.

13.4 0부터 10까지의 정수에서 무작위로 뽑은 수를 무작위로 뽑은 색으로 나타낸 10×10 격자를 만들어라.

13.5 생성 가능한 모든 영어 알파벳의 쌍("aa", "ab" 등)을 나타내는 격자를 만들어라.

13.6 {1, 4, 3, 5, 2}에 대한 원그래프, 수직선 그래프, 선그래프, 그리고 막대그래프를 2×2 격자로 나타내어라.

13.7 0부터 1까지 0.05씩 증가하는 i, j에 대하여 값이 i∗j인 색상의 배열을 그려라.

13.8 0부터 50까지 1씩 증가하는 x, y에 대하여 값이 x/y인 색상의 배열을 그려라.

13.9 로마 숫자로 이루어진 100×100의 곱셈표에서 각 로마 숫자를 그 로마 숫자의 문자열 길이로 치환하여 얻어진 배열을 그려라.

Q&A

Table을 작성할 때, 반복 부분을 변수들 간의 관계로 표현할 수 있나요?

네. 먼저 제시된 변수를 이용하여 나타낼 수 있습니다. Table[x, {i, 4}, {j, i}]은 '가변적' 삼각 배열을 만들 수 있습니다.

리스트의 리스트, 그리고 그 리스트의 리스트를 표로 만들 수 있나요?

네. 어떤 차원의 배열도 표로 만들 수 있습니다. Image3D를 사용하여 3차원 배열을 표현할 수 있습니다.

이미지에서 검은색은 0으로 흰색은 1로 나타내는 이유가 있나요?

0은 빛의 강도가 최소인 상태, 즉 검은색을 의미하며, 1은 빛의 강도가 최대인 상태, 즉 흰색을 의미합니다.

ImageData의 결과로부터 원본 이미지를 얻을 수 있나요?

Image 함수를 적용하면 됩니다.

기술 노트

- Wolfram 언어의 배열은 각 원소 자체가 리스트인 리스트의 구조를 가진다. Wolfram 언어는 리스트와 그 외의 다른 여러 가지 것을 혼합한 다양한 구조로 표현할 수 있다.

- Wolfram 언어의 리스트는 수학의 벡터에 해당하며, 같은 길이의 리스트로 구성된 리스트는 행렬에 해당한다.

- 만약 배열 대부분의 값이 0(또는 어떤 특정한 값)이면 SparseArray를 이용하여 0이 아닌 원소들의 위치와 값을 지정함으로써 배열을 나타낼 수 있다.

14 | 좌표와 그래픽

ListPlot과 ListLinePlot을 이용하여 리스트의 원소들이 순서에 따라 표시되는 위치로 그 수의 값을 확인했다. 하지만 수의 리스트 대신 좌표 순서쌍의 리스트를 사용하면 임의의 위치에 점을 나타낼 수 있다.

리스트를 원소의 순서에 따라 점으로 그래프에 그려 보자.

In[1]:= **ListPlot[{4, 3, 2, 1, 1, 1, 1, 2, 3, 4}]**

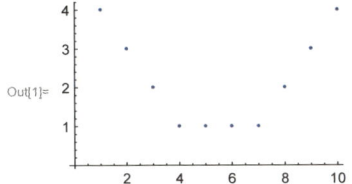

$\{x, y\}$ 좌표로 지정된 일련의 임의의 점들을 그려 보자.

In[2]:= **ListLinePlot[{{1, 1}, {1, 5}, {6, 4}, {6, 2}, {2, 3}, {5, 5}}]**

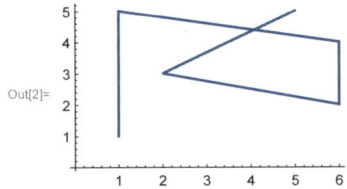

여기서 각 점의 위치는 $\{x, y\}$ 좌표로 지정한다. 수학에서의 일반적인 관례로써, x의 값은 수평의 위치, y의 값은 수직의 위치를 나타낸다.

0부터 20까지의 정수에서 무작위로 두 개를 뽑아 $\{x, y\}$ 좌표를 만들어 보자.

In[3]:= **Table[RandomInteger[20], 10, 2]**

Out[3]= {{19, 8}, {11, 20}, {14, 15}, {5, 8}, {6, 4}, {16, 14}, {1, 17}, {10, 7}, {5, 6}, {17, 2}}

위와 같이 무작위로 좌표를 얻을 수 있는 또 다른 방법을 알아보자.

In[4]:= **RandomInteger[20, {10, 2}]**

Out[4]= {{2, 2}, {20, 18}, {16, 2}, {13, 13}, {6, 15}, {11, 18}, {10, 20}, {17, 20}, {8, 14}, {2, 10}}

0부터 1,000까지의 정수를 무작위로 100개 생성하여 만든 좌표를 그래프에 점으로 표시해 보자.

In[5]:= **ListPlot[Table[RandomInteger[1000], 100, 2]]**

Out[5]=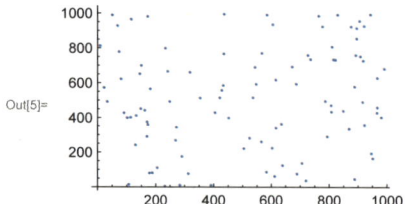

그래픽을 생성하는 데에 좌표를 활용할 수 있다. 앞서 8장에서는 하나의 원을 그리는 방법을 살펴보았다. 두 개 이상의 원을 가진 그래픽을 생성하는 경우, 먼저 각 원의 위치를 지정해야 하며, 이는 각 원의 중심의 좌표를 지정함으로써 수행할 수 있다.

각 원의 중심의 좌표를 지정함으로써 원을 만들 수 있다.

In[6]:= **Graphics[{Circle[{1, 1}], Circle[{1, 2}], Circle[{3, 1}]}]**

Out[6]=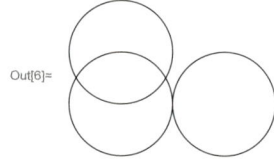

각 원을 쉽게 구분하기 위해 색을 적용해 보자.

In[7]:= **Graphics[{Style[Circle[{1, 1}], Red], Style[Circle[{1, 2}], Green], Style[Circle[{3, 1}], Blue]}]**

Out[7]=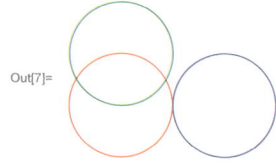

0부터 50까지의 정수를 무작위로 두 개 뽑아 이를 중심의 좌표로 갖는 100개의 원을 그려 보자.

In[8]:= **Graphics[Table[Circle[RandomInteger[50, 2]], 100]]**

Out[8]=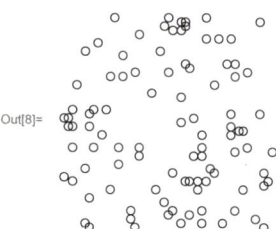

서로 접하는 원들로 이루어진 2차원 배열을 그려 보자.

In[9]:= **Graphics[Table[Circle[{x, y}], {x, 0, 10, 2}, {y, 0, 10, 2}]]**

Out[9]=

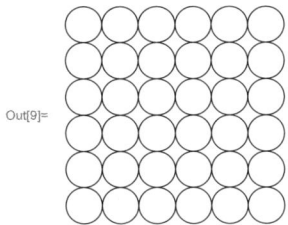

Circle[{x, y}]은 원의 중심이 {x, y}에 위치하는 것을 뜻한다. 특별히 명시하지 않는 한, 반지름의 길이는 1인데, Circle[{x, y}, r]을 이용하여 임의의 반지름을 가진 원을 만들 수 있다.

중심과 반지름의 길이가 서로 다른 원들을 그려 보자.

In[10]:= **Graphics[{Circle[{1, 1}, 0.5], Circle[{1, 2}, 1.2], Circle[{3, 1}, 0.8]}]**

Out[10]=

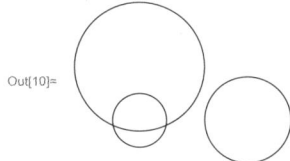

동심원 10개를 그려 보자.

In[11]:= **Graphics[Table[Circle[{0, 0}, r], {r, 10}]]**

Out[11]=

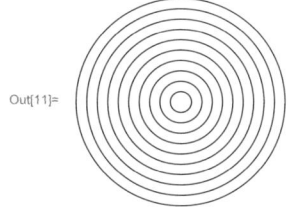

오른쪽으로 이동하면서 커지는 원들을 그려 보자.

In[12]:= **Graphics[Table[Circle[{x, 0}, x], {x, 10}]]**

Out[12]=

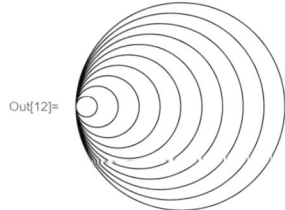

원의 중심과 반지름을 무작위로 생성해 그려 보자.

In[13]:= **Graphics[Table[Circle[RandomInteger[50, 2], RandomInteger[10]], 100]]**

Out[13]=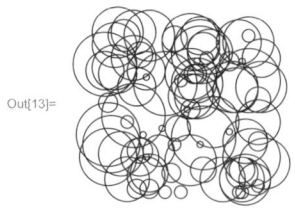

RegularPolygon은 Circle이나 Disk와 비슷하게 동작한다. 그러나 중심의 위치와 외접원 반지름의 길이뿐만 아니라 다각형의 변의 개수를 지정하여 사용해야 한다.

외접원의 반지름의 길이가 1인 정오각형과 0.5인 정칠각형을 그래픽으로 만들어 보자.

In[14]:= **Graphics[{RegularPolygon[{1, 1}, 1, 5], RegularPolygon[{3, 1}, 0.5, 7]}]**

Out[14]=

다양한 종류의 그래픽 객체를 여러 개 섞어 이용할 수 있다.

In[15]:= **Graphics[{RegularPolygon[{1, 1}, 1, 5],**
Circle[{1, 1}, 1], RegularPolygon[{3, 1}, .5, 7], Disk[{2, 2}, .5]}]

Out[15]=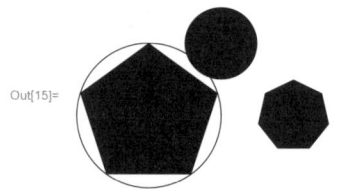

임의의 그래픽을 만들기 위해서는 그래픽 기본 요소인 Point, Line 그리고 Polygon이 필요하다. Point[{x, y}]는 좌표 {x, y}에 위치하는 점을 나타낸다. 여러 개의 점을 나타내기 위해서는 Point[{x, y}]의 리스트를 사용하거나, 하나의 Point 함수 내부에 여러 좌표의 리스트를 사용하면 된다.

지정된 위치의 세 점을 그래픽으로 나타내 보자.

In[16]:= **Graphics[{Point[{0, 0}], Point[{2, 0}], Point[{1, 1.5}]}]**

·

Out[16]=

·   ·

모든 좌표들을 리스트 하나로 모아서 사용하는 다른 방법을 살펴보자.

In[17]:= **Graphics[Point[{{0, 0}, {2, 0}, {1, 1.5}}]]**

Out[17]=

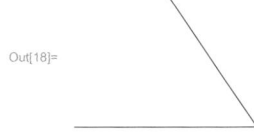

각 점을 연결하여 선을 만들어 보자.

In[18]:= **Graphics[Line[{{0, 0}, {2, 0}, {1, 1.5}}]]**

Out[18]=

꼭짓점의 위치를 설정하여 다각형을 만들어 보자.

In[19]:= **Graphics[Polygon[{{0, 0}, {2, 0}, {1, 1.5}}]]**

Out[19]=

RegularPolygon은 모든 변의 길이와 내각의 크기가 동일한 정다각형을 만든다. Polygon은 어떠한 다각형도 만들 수 있으며, 접힌 모양으로 나타나는 특이한 다각형도 만들 수 있다.

0부터 100까지의 정수에서 무작위로 두 개씩 뽑아 만든 20개의 좌표를 꼭짓점으로 하는 다각형을 만들면, 접힌 형태의 다각형이 만들어진다.

In[20]:= **Graphics[Polygon[Table[RandomInteger[100], 20, 2]]]**

Out[20]=

지금까지 해온 작업을 3차원 그래픽에 간단히 응용할 수 있다. 3차원 그래픽의 경우, 두 수로 이루어진 좌표 {x, y} 대신 세 수로 이루어진 좌표 {x, y, z}를 사용한다. Wolfram 언어에서 x는 스크린을 가로지르는 방향, y는 스크린 안쪽 방향, z는 스크린 위쪽 방향을 의미한다.

두 개의 구를 쌓아 보자.

In[21]:= **Graphics3D[{Sphere[{0, 0, 0}], Sphere[{0, 0, 2}]}]**

Out[21]=
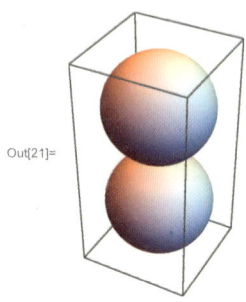

반지름의 길이가 1/2이면서 서로 접하는 구들로 이루어진 3차원 배열을 나타내 보자.

In[22]:= **Graphics3D[Table[Sphere[{x, y, z}, 1/2], {x, 5}, {y, 5}, {z, 5}]]**

Out[22]=
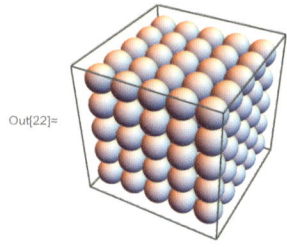

점을 3차원 배열로 나타내 보자.

In[23]:= **Graphics3D[Table[Point[{x, y, z}], {x, 10}, {y, 10}, {z, 10}]]**

Out[23]=
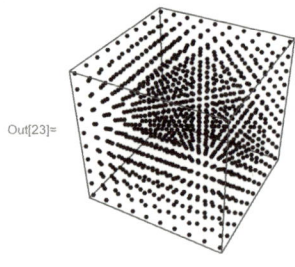

무작위로 뽑은 0부터 10까지의 정수를 중심의 좌표로 가지는 구 50개를 3차원으로 나타내보자.

In[24]:= **Graphics3D[Table[Sphere[RandomInteger[10, 3]], 50]]**

Out[24]=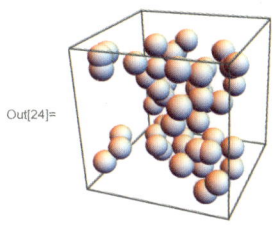

특별히 설정하지 않는 한 3차원 객체는 불투명한 입체로 그리기 때문에 객체의 내부를 볼 수 없다. 하지만 색을 지정하는 것과 마찬가지로 객체의 불투명도를 지정할 수 있다. 불투명도 1은 완전한 불투명을 의미하므로 내부를 볼 수 없지만, 불투명도 0은 완전한 투명을 의미하므로 내부를 볼 수 있다.

모든 구의 불투명도를 0.5로 명시해 보자.

In[25]:= **Graphics3D[Table[Style[Sphere[RandomInteger[10, 3]], Opacity[0.5]], 50]]**

Out[25]=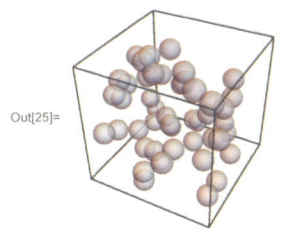

Manipulate를 이용하면 조작할 수 있는 2차원이나 3차원 그래픽을 만들 수 있다.

두 번째 구의 위치와 불투명도를 조작해 보자.

In[26]:= **Manipulate[**
　　　　Graphics3D[{Sphere[{0, 0, 0}], Style[Sphere[{x, 0, 0}], Opacity[o]]}], {x, 1, 3}, {o, 0.5, 1}]

Out[26]=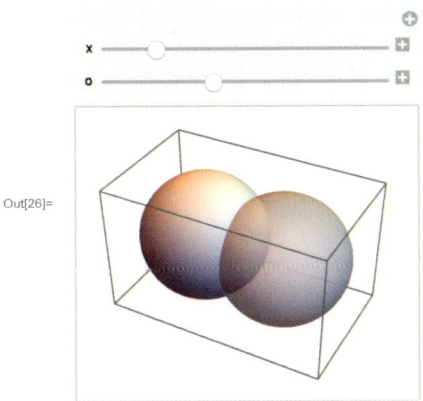

용어

Point[{x, y}]	좌표 {x, y}에 있는 점
Line[{{1, 1}, {2, 4}, {1, 2}}]	주어진 좌표들을 차례로 연결한 선
Circle[{x, y}]	중심의 좌표가 {x, y}인 원
Circle[{x, y}, r]	중심의 좌표는 {x, y}, 반지름의 길이는 r인 원
RegularPolygon[{x, y}, s, n]	외접원의 중심의 좌표는 {x, y}, 반지름의 길이는 s, 변의 개수는 n인 정다각형
Polygon[{{1, 1}, {2, 4}, {1, 2}}]	주어진 점을 꼭짓점으로 하는 다각형
Sphere[{x, y, z}]	중심의 좌표가 {x, y, z}인 구
Sphere[{x, y, z}, r]	중심의 좌표는 {x, y, z}, 반지름의 길이는 r인 구
Opacity[*level*]	불투명도 지정하기(0: 투명, 1: 불투명)

연습 문제

14.1 중심의 좌표가 {0,0}이고 반지름의 길이가 1, 2, … , 5인 동심원 5개를 그려라.

14.2 10개의 동심원을 무작위 색으로 그려라.

14.3 중심의 좌표가 10까지의 자연수로 이루어져 있으며 반지름의 길이는 1인 원들을 10×10 격자로 나타내어라.

14.4 10까지의 자연수로 좌표가 이루어진 모든 점들로 10×10 격자를 만들어라.

14.5 20까지 자연수 n에 대하여 반지름의 길이가 1, 2, …, n인 동심원 n개를 모두 그리는 Manipulate를 만들어라.

14.6 0부터 10까지의 무작위 정수들로 좌표가 주어지는 점을 중심으로 하는 구 50개를 무작위의 색으로 그려라.

14.7 RGB의 각 값이 0부터 1까지로 구성되는 구 1,000개를 10×10×10 배열로 나타내어라. 단, 중심의 좌표는 정수로 구성되도록 하여라.

14.8 t가 -2부터 2까지 변화할 때, 중심의 좌표가 {t∗x, 0}, 반지름의 길이가 x인 원(단 x는 10 이하의 자연수) 10개가 t의 변화에 따라 그려지는 Manipulate를 만들어라.

14.9 외접원의 반지름의 길이가 1/2이고 중심의 좌표가 5까지의 자연수로 이루어져 있는 정육각형들을 5×5 배열로 만들어라.

14.10 0부터 50까지의 정수를 무작위로 뽑아 3차원 좌표 50개를 만들어 각 좌표의 점들을 차례로 연결하는 선을 그려라.

Q&A

표시되는 좌표의 범위를 어떻게 정하나요?

기본적으로 좌표의 범위는 자동으로 설정되지만, 20장에서 자세히 설명할 PlotRange 옵션을 사용하여 명시적으로 설정할 수 있습니다.

그래프에 좌표축은 어떻게 표시하나요?

Axes → True 옵션을 이용하면 됩니다(20장 참조).

다면체나 원반에서 윤곽선에 대한 설정을 어떻게 바꿀 수 있나요?

Style 내에서 EdgeForm을 이용하면 바꿀 수 있습니다.

다른 그래픽 구조에는 어떤 것이 있나요?

매우 다양한 종류가 있습니다. 예를 들면, Text(그래픽 내부에 텍스트 배치), Arrow(직선 등에 화살촉 표시), Inset(그래픽 내부에 다른 그래픽 배치) 그리고 FilledCurve 등을 들 수 있습니다.

3차원 그래픽을 두르고 있는 상자를 없앨 수 있나요?

Boxed → False 옵션을 사용하면(20장 참조) 상자를 제거할 수 있습니다.

기술 노트

- 이 장에서는 0을 포함하는 정수를 사용하여 원의 중심의 좌표를 나타내었다. RandomReal을 사용하면 원의 중심의 좌표로 무작위의 실수를 사용할 수 있다.

- Style 대신 {Red, Disk[]}와 같이 리스트에서 그래픽 지시자를 설정할 수 있다. 사용한 지시자는 이후에 나타나는 리스트에 명시된 모든 그래픽 객체에 유효하다.

- 2차원 그래픽의 경우, 사용자가 원하는 순서대로 어떠한 객체도 나타낼 수 있기 때문에, 먼저 그려진 것이 나중에 그려진 것에 가려지는 경우도 있다.

- Translate, Scale 그리고 Rotate와 같은 함수를 이용하여 그래픽 객체에 기하적 변환을 적용할 수도 있다.

- 나비넥타이 모양과 같이 스스로 접기를 거듭해 생성된 다각형도 홀짝 규칙을 이용하여 나타낼 수 있다.

- 3차원 그래픽은 Cuboid, Tetrahedron 그리고 PolyhedronData로 지정된 다면체뿐만 아니라 메시에 의해 정의된 임의의 형태도 포함한다.

더 살펴보기

Wolfram 언어의 그래픽(wolfr.am/eiwl-14-more)

15 | Wolfram 언어의 범위

지금까지 Wolfram 언어의 다양한 기능에 대해 살펴보았다. 하지만 여기까지 살펴본 것은 Wolfram 언어가 실제로 수행할 수 있는 일의 극히 일부에 지나지 않는다. 14장까지 약 85개의 내장함수에 대해 알아보았지만, Wolfram 언어는 총 5,000개 이상의 함수를 내장하고 있다.

문서 센터(**Documentation Center**)에서 모든 함수에 대해 살펴볼 수 있다.

Wolfram 언어 문서 센터의 첫 페이지를 보자.

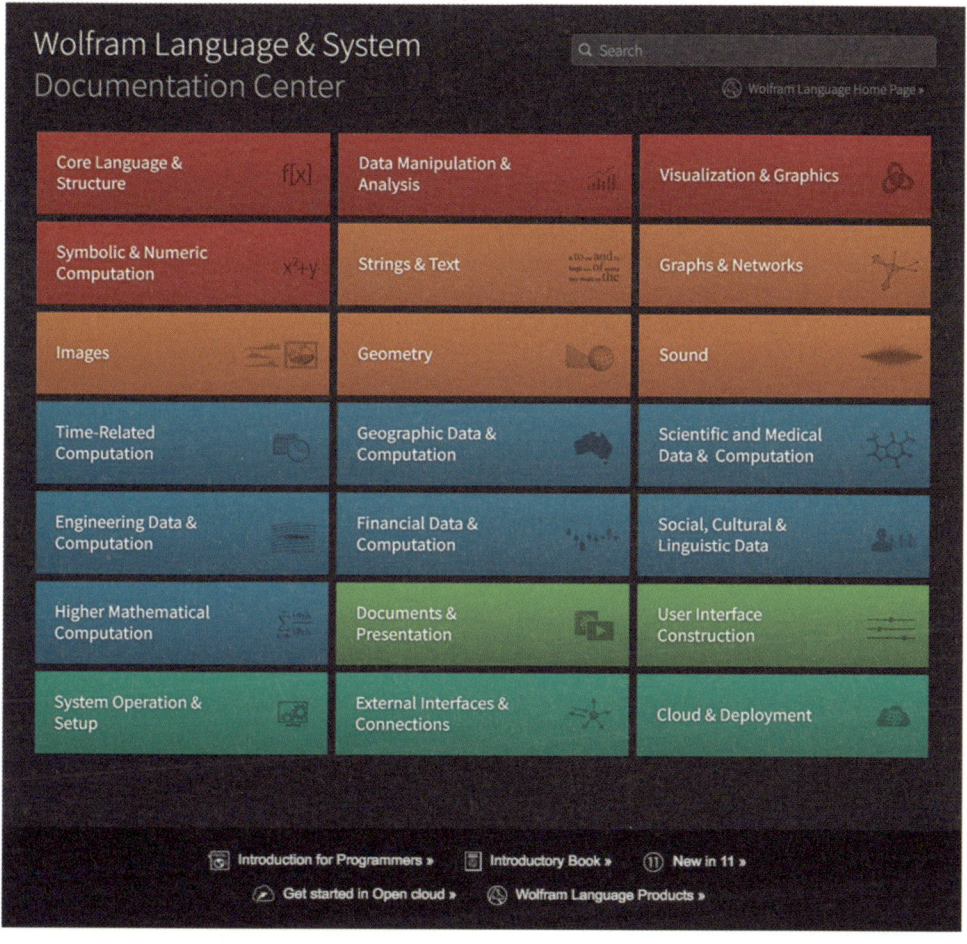

한 예로 기하(Geometry)를 클릭해 보자.

기하(Geometry) 타일을 클릭하면 다음과 같이 확장된다.

문서 센터는 특정 주제와 관련된 함수의 개요와 함께 '안내 페이지(guide pages)'를 포함하고 있다.

평면 기하(Plane Geometry)에 대한 안내 페이지를 살펴보자.

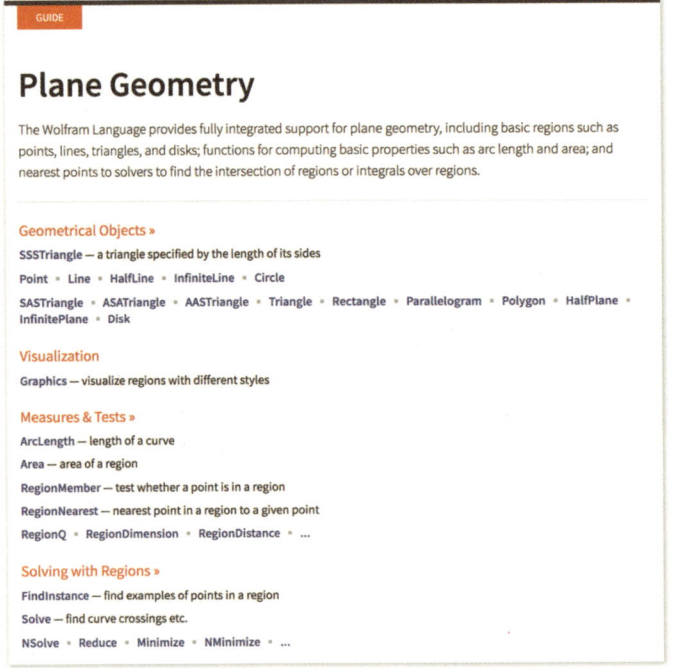

이제 특정 함수, 예를 들어 **Parallelogram**에 대한 함수 페이지(function page)를 살펴보자.

Parallelogram에 대한 함수 페이지를 보자.

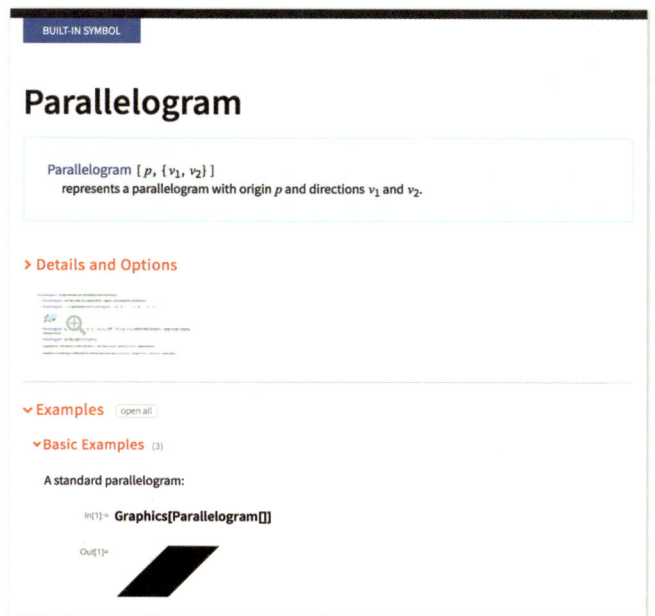

제일 위에 개요가 자리하고 있으며, 그 아래로 **Parallelogram** 함수의 사용 방법에 대해 알아볼 수 있는 다양한 예제가 있다. 각 페이지에서 보이는 삼각 기호를 클릭하면 더욱 자세한 설명을 살펴볼 수 있다.

Parallelogram 함수 페이지에서 첫 번째 예제를 실행해 보자.

In[1]:= **Graphics[Parallelogram[ ]]**

Out[1]=

함수 이름을 입력하다 보면, 도중에 자동완성 메뉴가 나타남을 볼 수 있다. ⓘ 를 클릭하면 특정 함수에 대한 페이지를 볼 수 있다.

자동완성 메뉴에서 함수를 하나 선택해 보자.

Parall

Parallelogram	ⓘ
Parallelize	
Parallelepiped	
ParallelMap	
ParallelTable	
≫	

함수 이름이 모두 입력되면, 다음과 같이 나타난다.

Parallelogram

≫ | ⓘ

≫를 클릭하면 다음과 같이 표시된다.

Parallelogram

≫ ⓘ

$\text{Parallelogram}\big[p, \{v_1, v_2\}\big]$
represents a parallelogram with origin p and directions v_1 and v_2.

Wolfram 언어의 모든 함수는 동일한 원칙을 따른다. 따라서, 예를 들어 Parallelogram 함수는 이전 장에서 살펴본 RegularPolygon 함수와 매우 흡사하게 동작함을 알 수 있다.

Q&A

문서 센터(Document Center)는 어떻게 사용하나요?
Wolfram 언어를 어디에서 실행하는지에 따라 다릅니다. 웹이나 모바일 장치를 사용하는 경우,  아이콘을 클릭합니다. 데스크톱의 경우라면, 도움말 메뉴로 이동합니다.

문서 안에서 예제는 어떻게 테스트해 볼 수 있나요?
대부분은 문서 센터 안에서 바로 실행해볼 수 있습니다. 또한, 코드를 현재 작업 중인 노트북에 복사하여 실행할 수도 있습니다.

Wolfram 언어 전체를 배우려면 얼마나 시간이 걸릴까요?
외국어 학습의 경우와 마찬가지로, 언어의 원리를 이해하고 유창하게 사용할 수 있게 되기까지는 시간이 걸립니다. 한번 습득한 언어에 대한 새로운 어휘나 표현 등을 계속해서 배워나가야 하듯이 Wolfram 언어 역시 꾸준히 학습해 나가야 합니다.

잘 활용하는 수준이 되려면 Wolfram 언어를 얼마나 알아야 할까요?
앞에서 설명했듯이 언어의 원리를 먼저 이해할 필요가 있습니다. 외국어 학습과 마찬가지로 다양한 표현 방법들을 사용하여 비교적 적은 어휘만으로도 외국어를 사용할 수 있듯이 Wolfram 언어도 이와 마찬가지라고 생각하면 됩니다. 문서 센터를 이용하면 특정 분야의 어휘 확장에 도움이 됩니다.

영어에 능통하지 않으면 어떻게 Wolfram 언어 코드를 읽을 수 있나요?
코드 캡션(code caption) 설정을 켜고 사용하면 도움이 됩니다. 코드 캡션은 각 함수의 이름 옆에 간단한 설명을 표시해주며, 다양한 언어로 표시될 수 있습니다.

기 술 노 트

- Wolfram 언어에는 Wolfram 언어의 구조에 대한 계산이 가능한 자료들이 내장되어 있으며, **WolframLanguageData**에서 접근이 가능하다.

더 살 펴 보 기

Wolfram 언어 홈페이지(wolfr.am/eiwl-15-more)

Wolfram 언어 문서 센터(wolfr.am/eiwl-15-more2)

16 | 현실 세계의 데이터

Wolfram 언어는 여러 국가, 동물, 영화를 비롯한 현실 세계의 수많은 것들을 망라하는 방대한 양의 데이터를 내장하고 있다. 이러한 데이터는 모두 Wolfram Knowledgebase를 통해 제공되며 항상 최신 정보로 유지된다. Wolfram|Alpha는 물론이고 이와 관련한 모든 파생 서비스 역시 Wolfram Knowledgebase가 제공하는 정보를 이용한다.

Wolfram 언어로 어떤 국가에 관해 기술하고자 한다면 어떻게 해야 할까? 가장 손쉬운 방법은 일상 영어를 사용하는 것이다. `ctrl` `=`를 누르면(즉 컨트롤 키를 누른채로 =키를 누르면) Wolfram 언어에서도 일상 영어를 사용할 수 있다. 터치 스크린 장치를 사용하고 있다면 ▤ 버튼을 누르면 된다.

일상 영어인 united states를 입력해 보자.

▤ united states

`return`을 누르거나 다른 곳을 클릭하면, 사용자가 입력한 내용이 Wolfram 언어의 형태로 변환된다. 이 과정이 성공하면, Wolfram 언어 개체(entity)를 표시하는 작은 노란색 상자가 나타난다. 아래는 미국(United States)에 해당하는 개체이다.

United States (country) ✓

의도한 개체가 맞다면 체크 표시를 눌러 확인한다.

United States (country)

이렇게 변환된 개체의 여러 특성을 이용할 수 있는데, 예를 들어 미국의 국기를 찾아볼 수 있다.

미국의 국기 특성을 알아보자.

In[1]:= **United States** (country) **["Flag"]**

Out[1]=

이렇게 얻은 결과는 영상 처리와 같은 계산에 이용할 수 있다.

미국 국기의 색을 반전시켜 보자.

In[2]:= **ColorNegate[**  **]**

Out[2]=

단순히 미국 국기 이미지를 얻고 싶은 경우에는, 원하는 바를 일상 영어로 묻기만 해도 답을 얻을 수 있다.

In[3]:= 🔲 US flag

Out[3]=

EntityValue를 이용하면 특성의 값을 좀 더 유연하게 이용할 수 있다.

EntityValue를 이용해서 미국 국기의 이미지를 얻어 보자.

In[4]:= **EntityValue[** 🔲 US **, "Flag"]**

Out[4]=

EntityValue는 개체의 리스트에도 사용할 수 있다.

국가 리스트에 해당하는 국기를 찾아보자.

In[5]:= **EntityValue[{** 🔲 US **,** 🔲 brazil **,** 🔲 china **}, "Flag"]**

Out[5]= {  }

Wolfram 언어를 이용하면 국가 이외의 다양한 정보 역시 매우 심도있게 알아볼 수 있다.

리스트의 각 국가에 있는 라디오 방송국의 수를 알아보자.

In[6]:= **EntityValue[{** 🔲 US **,** 🔲 brazil **,** 🔲 china **}, "RadioStations"]**

Out[6]= {13 769, 1822, 673}

결과를 원그래프로 표현해 보자.

In[7]:= **PieChart[EntityValue[{ 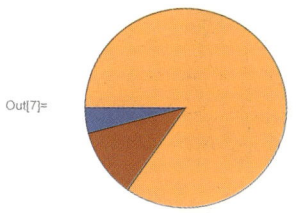 US , brazil , china }, "RadioStations"]]**

Out[7]=

스위스와 국경을 접하는 국가를 찾아보자.

In[8]:= **switzerland ["BorderingCountries"]**

Out[8]= { Austria , France , Germany , Italy , Liechtenstein }

이들 국가의 국기를 찾아보면,

In[9]:= **EntityValue[Switzerland (country) ["BorderingCountries"], "Flag"]**

Out[9]= {
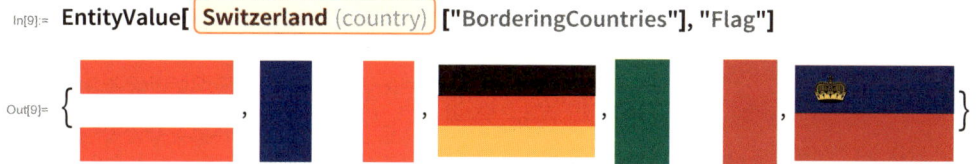
}

때로는 태양계의 모든 행성과 같이, 특정 개체들이 속하는 분류(class)를 지칭해야 할 때도 있다.

행성에 대해 질의하면, 행성이 속하는 개체의 분류를 반환한다.

In[10]:= **planets**

Out[10]= **planets**

개체의 분류에는 ⊞ 표시가 붙는다. 분류에 속하는 모든 개체의 리스트를 얻으려면 EntityList를 이용한다.

태양계 행성의 리스트를 얻어 보자.

In[11]:= **EntityList[planets]**

Out[11]= { Mercury , Venus , Earth , Mars , Jupiter , Saturn , Uranus , Neptune }

태양계 행성의 이미지를 얻어 보자.

In[12]:= **EntityValue[**  **, "Image"]**

Out[12]=

사실 **EntityValue**는 개체의 분류를 직접 다룰 수 있으므로, 굳이 **EntityList**를 쓰지 않아도 된다.

각 행성의 반지름을 구하고 막대그래프로 그려 보자.

In[13]:= **BarChart[EntityValue[** planets **, "Radius"]]**

Out[13]=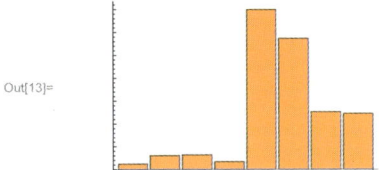

무엇인가를 표현하고자 할 때, 일상에서 사용하는 용어를 쓰면 매우 편리하다. 하지만, 때로는 가리키는 것이 무엇인지 모호해지는 경우가 있다. 예를 들어, **mercury**를 입력하는 것만으로는 태양계의 첫 번째 행성인 수성을 가리키는지, 화학 원소의 수은을 의미하는지, 심지어는 이마저도 아닌 다른 무엇을 의미하는지 모호하다. 이때, ctrl = 을 사용하여 입력하면, **Wolfram** 언어는 이러한 해석 중 하나를 우선 고른다. 이 선택이 마음에 들지 않으면, ⋯ 를 눌러 다른 해석을 고를 수도 있다. 자신이 의도한 해석을 골랐다면, ✓ 를 눌러 선택을 승인한다.

Wolfram 언어 내부에서 개체를 표현하는 방식은 InputForm을 이용하여 확인할 수 있다.

미국을 나타내는 개체의 내부 형식을 보여준다.

In[14]:= **InputForm[**⬛ USA **]**

Out[14]= Entity["Country", "UnitedStates"]

뉴욕시를 나타내는 개체의 내부 형식을 보려면,

In[15]:= **InputForm[**⬛ nyc **]**

Out[15]= Entity["City", {"NewYork", "NewYork", "UnitedStates"}]

Wolfram 언어에는 수백만 개의 개체가 있고, 이들 각각에 해당하는 명확한 내부 형식이 있다. 원칙적으로는 내부 형식을 사용하여 어떠한 개체도 입력이 가능하다. 하지만 같은 개체를 반복적으로 사용해야 하는 경우를 제외하고는, ctrl = 를 이용해서 일상 영어로 입력하는 편이 훨씬 편리하다.

Wolfram 언어는 수많은 지식 분야에 대응하기 위한 수천 개의 개체 유형을 보유하고 있다. 개체 유형에 대한 보다 자세한 사항은 Wolfram 언어 문서 센터나 Wolfram|Alpha 예제 페이지를 참고하기 바란다. 각각의 개체 유형은 보통 수백 개가 넘는 특성을 가지고 있으며, 이들 특성 리스트를 보려면 EntityProperties를 이용한다.

놀이 공원 개체의 특성을 살펴보자.

In[16]:= **EntityProperties["AmusementPark"]**

Out[16]= { administrative division , type , area , city , closing date ,
country , image , latitude , longitude , name , number of rides ,
opening date , owner , coordinates , slogan , rides , status }

실제로는 일상 영어로 개체의 특성을 물어 Wolfram 언어가 해석한 결과를 살펴본 후, 적절한 특성을 골라 다음번에 이용하는 접근법을 권장한다.

에펠 탑의 높이를 찾아보면,

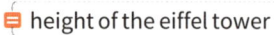 height of the eiffel tower

In[17]:= eiffel tower ["Height"]

Out[17]= 1062.99 ft

"Height" 특성을 재사용하여 기자의 대피라미드의 높이를 구해 보자.

In[18]:= pyramid of giza ["Height"]

Out[18]= 456.037 ft

개체가 가지는 특성은 그 개체의 유형에 따라 다르지만, 여러 유형의 개체가 공통으로 갖는 특성 중 하나로 "Image"를 들 수 있다.

다양한 개체의 이미지를 얻어 보자.

In[19]:= koala ["Image"]

Out[19]=

In[20]:= eiffel tower ["Image"]

Out[20]=

In[21]:= starry night ["Image"]

Out[21]=

In[22]:=  ["Image"]

Out[22]=

사물의 유형에 따라 개체가 가지는 특성은 달라진다.

카페인(caffeine)의 분자 모형을 그려보면,

In[23]:=  ["MoleculePlot"]

Out[23]=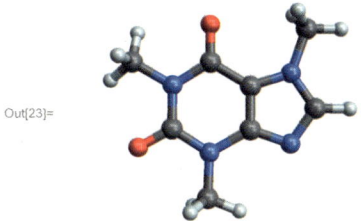

두개골의 3차원 그림을 회전시켜 보자.

In[24]:= 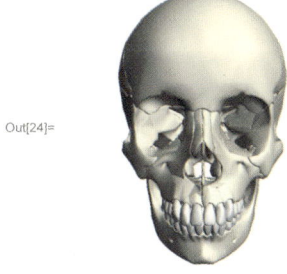 ["Graphics3D"]

Out[24]=

Wolfram의 3차원 로고로 접어지는 전개도이다.

In[25]:=  rhombic hexecontahedron ["NetImage"]

Out[25]=

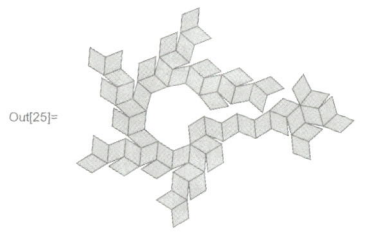

용어

ctrl =	일상 영어 입력
EntityList[*class*]	해당 분류의 개체
EntityValue[*entities*, *property*]	개체의 특성값
EntityProperties[*type*]	개체 유형의 특성 리스트
InputForm[*entity*]	개체에 대한 Wolfram 언어의 내부 표현

연습 문제

16.1 스위스 국기(flag of Switzerland)를 구하여라.

16.2 코끼리(elephant)의 이미지(image)를 구하여라.

16.3 "Mass" 특성을 이용하여 태양계 행성(planets)의 질량을 나열하여라.

16.4 행성의 질량에 대한 막대그래프를 그려라.

16.5 행성의 이미지 콜라주를 생성하여라.

16.6 중국(China) 국기의 윤곽선을 검출하여라.

16.7 엠파이어 스테이트 빌딩(Empire State Building)의 높이(height)를 구하여라.

16.8 엠파이어 스테이트 빌딩의 높이를 대피라미드(Great Pyramid)의 높이로 나눈 값을 구하여라.

16.9 에베레스트 산(Mount Everest)의 해발 고도(elevation)를 엠파이어 스테이트 빌딩의 높이로 나눈 값을 구하여라.

16.10 고흐의 '별이 빛나는 밤'(The Starry Night)의 주요 색을 찾아라.

16.11 유럽에 속한 모든 국가의 국기 이미지를 이어 붙인 콜라주에서 가장 많이 사용된 주요 색을 찾아라.

16.12 유럽 국가들의 국내 총생산(GDP)에 대한 원그래프를 그려라.

16.13 호주(Australia)의 국기와 코알라(koala)의 이미지를 합하여라.

Q&A

Wolfram 언어는 현실 세계의 데이터를 어디에서 가져오나요?

모든 데이터는 Wolfram Knowledgebase의 중심부에서 옵니다. 이 지식 기반은 다년간에 걸쳐 수천 개의 주요 정보 출처로부터 가져온 데이터를 신중하게 선별한 작업의 결과물입니다.

Wolfram 언어의 데이터는 정기적으로 업데이트 되나요?

네. 모든 데이터의 최신 상태 유지를 위해 총력을 기울이고 있습니다. 실제로 매초마다 시장 가격, 날씨, 지진 정보, 항공기의 위치와 그 밖의 다양한 분야의 최신 데이터가 쏟아져 들어옵니다.

Wolfram 언어의 데이터는 얼마나 정확한가요?

데이터를 가능한 한 정확하게 만들기 위해 최대의 주의를 기울이고 있으며, 광범위한 확인 작업 역시 실시하고 있습니다. 하지만, 정보를 제공하는 정부나 외부 기관의 보고서에 의존하는 어쩔 수 없는 부분도 있습니다.

Wolfram|Alpha와는 어떤 관계인가요?

Wolfram|Alpha와 Wolfram 언어는 동일한 지식 기반을 사용하고 있습니다.

특정 개체를 지칭하려면 어떻게 해야 하나요?

어떤 방식도 사용할 수 있습니다. Wolfram 언어는 개체를 지칭하는 모든 일반적인 방식을 이해할 수 있도록 설계되어 있습니다. 예를 들어, "New York City", "NYC", "the big apple" 등을 모두 사용할 수 있습니다.

어떤 개체에 대한 모든 특성과 값을 알고 싶을땐 어떻게 하나요?

entity["Dataset"] 혹은 *entity*["PropertyAssociation"]을 사용하세요.

EntityValue가 Missing[...]을 반환하는 것은 어떤 의미인가요?

이 경우는 문의한 값이 알려져 있지 않거나, 적어도 Wolfram Knowledgebase에 존재하지 않는다는 것을 의미합니다. DeleteMissing을 사용하여 리스트에서 Missing[...] 요소를 제거할 수 있습니다.

사용자가 직접 개체를 새롭게 만들 수 있나요? 이렇게 만든 개체에 자신만의 데이터를 넣을 수 있나요?

EntityStore를 이용하면 가능합니다.

기 술 노 트

- Wolfram Knowledgebase는 클라우드에 저장되어 있다. Wolfram 언어의 데스크톱 버전을 이용하고 있다 하더라도 현실 세계의 데이터를 이용하고자 한다면 네트워크 연결이 필요하다.

- Wolfram Knowledgebase가 포함하고 있는 수억 개의 특정 사실과 값은 다양한 데이터베이스 기술을 사용하여 Wolfram 언어의 기호 프레임워크에 저장되어 있다.

- Wolfram Knowledgebase는 수많은 주요 출처에서 가져온 데이터를 선별하여 체계적으로 구축하고 있다. 웹 검색에서 가져오는 게 아니다.

- 현실 세계의 데이터는 종종 단위가 따라오는데, 이에 관해서는 다음 장에서 논의한다.

- 자연어를 사용한 입력 대신, CountryData나 MovieData와 같은 특정 함수를 이용해서 Wolfram Knowledgebase에 접근할 수 있다. 때로는 이 방법이 더 빠른 접근법이다.

- 특정 데이터의 출처를 찾고자 한다면, 문서 센터(예: CountryData의 페이지 등)를 살펴보거나 Wolfram|Alpha에서 해당 데이터를 검색한 다음 소스 링크를 이용하면 된다.

- 특정 연도의 국가 정보나 일정량의 물질처럼, 개체의 특정 사례를 지칭해야 할 때는 EntityInstance를 이용하도록 한다.

- RandomEntity는 주어진 유형에 속하는 개체를 무작위로 반환한다.

- 개체와 특성 간에는 형식적 대칭성이 있다. *entity*[*property*]와 *property*[*entity*]는 같은 결과를 내놓는다. 여러 개의 특성값을 얻으려면 *entity*[{p_1, p_2, ...}], 여러 개의 개체값을 얻으려면 *property*[{e_1, e_2, ...}]와 같이 사용한다(*property*[*entity*]와 같이 쓰려면, 문자열로 된 특성 이름이 아닌, ctrl = 로 얻은 온전한 특성 객체가 필요하다).

더 살펴보기

Wolfram Knowledgebase가 다루는 주요 분야(wolfr.am/eiwl-16-more)

지리학적 데이터 및 계산(wolfr.am/eiwl-16-more2)

과학 및 의학 데이터와 계산(wolfr.am/eiwl-16-more3)

공학 데이터와 계산(wolfr.am/eiwl-16-more4)

사회, 문화 및 언어 데이터(wolfr.am/eiwl-16-more5)

17 | 단위

현실 세계의 수량은 반드시 단위와 연계되어 있다. **Wolfram** 언어에서는 ctrl = 를 이용하여 수량을 단위와 함께 입력할 수 있다.

시간을 시(hour) 단위로 입력해 보자.

> 2.6 hours

> 2.6 h ✓

Wolfram 언어가 올바로 해석했다면 체크 표시를 눌러 결과를 확인한다.

> **2.6 h**

InputForm을 이용하면 Wolfram 언어가 위의 내용을 내부적으로 어떻게 처리하는지 볼 수 있다.

수량(quantity)의 내부 형식을 살펴보자.

In[1]:= **InputForm[** 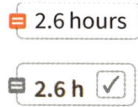 2.6 hours **]**

Out[1]= Quantity[2.6, "Hours"]

이처럼 수량은 언제든지 직접 입력할 수도 있으며, ctrl = 를 이용해서 전체 혹은 단위만 입력할 수도 있다.

Wolfram 언어는 일반적으로 통용되는 10,000여 개에 달하는 모든 단위에 관한 지식을 보유하고 있다. 단위에 **UnitConvert**를 적용하면 다른 단위로 변환할 수 있다.

시간을 분(minute) 단위로 변환해 보자.

In[2]:= **UnitConvert[** 2.6 h **, "Minutes"]**

Out[2]= **156. min**

단위가 서로 다른 수량에 대해서도 문제없이 연산을 수행할 수 있다.

피트(feet)로 표시된 길이와 센티미터(centimeter)로 표시된 길이를 더해 보자.

In[3]:= 7.5 ft **+** 14 cm

Out[3]= 242.6 cm

이번에는 두 길이를 나누어 보자.

In[4]:= 7.5 ft **/** 14 cm

Out[4]= **16.3286**

화폐 계산 역시 가능하다.

달러가 포함된 계산을 해 보자.

In[5]:= **7.5 *** $3 **+2.51 *** $8

Out[5]= $42.58

파운드(pound) 당 가격에 킬로그램(kilogram) 단위의 무게를 곱해 보자.

In[6]:= $15/lb ***** 5.6 kg

Out[6]= $185.19

통화 단위를 변환할 수도 있다. **Wolfram** 언어는 항상 최신 환율을 반영한다.

In[7]:= **CurrencyConvert[** 100 euros **,** US dollars **]**

Out[7]= $112.10

곳곳에서 사용되는 단위 중에서 다음으로 살펴볼 단위는 각도이다. **Wolfram** 언어는 종종 입력의 편의를 위해 특별한 방법을 제공하는데, 각도도 여기에 해당한다. 예를 들어, 30도를 입력하려고 한다면, 30 Degree 또는 30°를 입력하면 된다. °는 키보드에서 esc deg esc 를 차례로 타자해서 입력할 수 있다.

문자열을 30도 회전하여 표시해 보자.

In[8]:= **Rotate["hello", 30 °]**

Out[8]= hello

Degree 혹은 °를 생략하면 Wolfram 언어는 입력값을 라디안으로 간주한다. 도(Degree)는 원을 한 바퀴 돌 때 0부터 360까지 변하는 반면, 라디안은 0부터 2π(약 6.28)까지 변하는 단위이다.

$\pi/2$ 라디안은 90°에 해당한다.

In[9]:= **Rotate["hello", Pi/2]**

Out[9]= hello

0부터 360까지 수를 나열하고, 표시된 수 만큼의 각도로 각각의 원소를 회전시켜 보자.

In[10]:= **Table[Rotate[n, n Degree], {n, 0, 360, 30}]**

Out[10]= {0, 30, 60, 90, 120, 150, 180, 210, 240, 270, 300, 330, 360}

각도를 이용해서 여러 가지를 해볼 수 있다. 예를 들어, AnglePath는 일련의
각도에 따라 순차적으로 방향 전환했을 때의 경로를 알려준다.

수평에서 출발하여 80°씩 세 번 방향 전환을 시도해 보자.

In[11]:= **Graphics[Line[AnglePath[{0 °, 80 °, 80 °, 80 °}]]]**

Out[11]=

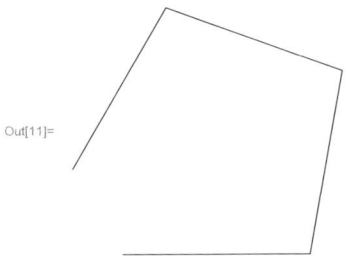

80° 방향 전환을 계속하면 결국에는 출발점으로 돌아온다.

In[12]:= **Graphics[Line[AnglePath[Table[80 °, 20]]]]**

Out[12]=

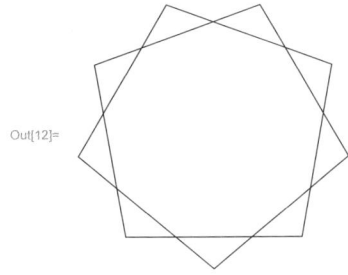

각도를 계속 증가시키다 보면 흥미로운 패턴이 만들어진다.

In[13]:= **Graphics[Line[AnglePath[Table[n ∗ 5 °, {n, 200}]]]]**

Out[13]=

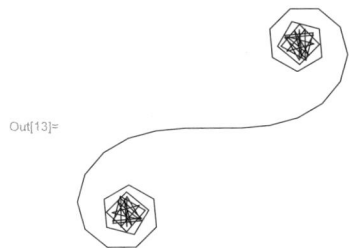

용어

UnitConvert[*quantity***, ***unit***]**	단위간의 변환
CurrencyConvert[*amount***, ***unit***]**	통화 단위간의 변환
30 Degree	도(degrees)를 단위로 표시한 각도
30°	esc deg esc 를 사용하여 입력한 도(degree) 단위의 각도
Rotate[*expr***, ***angle***]**	*expr*을 *angle*만큼 회전하여 화면에 표시
AnglePath[{*angle***$_1$, ***angle***$_2$, ...}]**	순차적인 방향 전환으로 표시한 경로

연 습 문 제

17.1 4.5 lbs(파운드)를 킬로그램으로 변환하여라.

17.2 60.25 mph는 시속 몇 킬로미터인가?

17.3 에펠 탑(Eiffel Tower)의 높이(height)를 마일(mile) 단위로 구하여라.

17.4 에베레스트 산(Mount Everest)의 해발 고도(elevation)를 에펠 탑의 높이로 나눈 값을 구하여라.

17.5 지구(Earth)의 질량(mass)을 달(Moon)의 질량으로 나눈 값을 구하여라.

17.6 2500 일본 엔(Japanese yen)을 미국 달러(US dollar)로 변환하여라.

17.7 35 온스(ounce), 1/4톤(ton), 45 파운드(lbs), 9 스톤(stone)의 합을 킬로그램으로 표현하여라.

17.8 "DistanceFromEarth" 특성을 이용하여 각 행성(planet)까지의 거리의 리스트를 구하고, 모든 결과를 광분(light minute)으로 변환하여라.

17.9 문자열 "hello"를 180° 회전하여라.

17.10 크기 100의 "A"를 0°부터 360°까지 30° 간격으로 회전시켜 나열하여라.

17.11 고양이 사진을 0°부터 180°까지 회전시킬 수 있는 **Manipulate**를 만들어라.

17.12 0°, 1°, 2°, ... , 180°로 방향 전환하여 얻어진 경로의 그래픽을 생성하여라.

17.13 일정한 각도로 100번을 방향 전환하여 얻어지는 경로를 그림으로 만들어라. 이때 각도는 **Manipulate**를 이용하여 0°부터 360°까지 조작할 수 있도록 한다.

17.14 2^10000의 각 자리 숫자에 30°를 곱하여 얻어지는 수열에 따라 연속적으로 방향 전환하여 만들어지는 경로를 그림으로 나타내어라.

Q&A

Wolfram 언어가 인식하는 단위의 약어에는 어떤 것이 있나요?

통용되는 거의 모든 약어를 사용할 수 있습니다. 예를 들어, miles/hr, mph 또는 mi/h 이외의 다른 형태도 모두 가능합니다(특정 약어의 사용 가능 여부가 궁금하다면 직접 시도해 보세요).

Wolfram 언어는 사용자의 거주국에 따라 단위를 선택하나요?

네. 예를 들어 미국에 거주하는 사용자라면 인치로 표현된 결과를, 유럽 대륙에 거주하는 사용자라면 센티미터로 표현된 결과를 주로 얻을 겁니다.

단위 기능을 사용하려면 네트워크에 접속되어 있어야 하나요?

5 kg과 같은 입력을 해석하거나, 통화처럼 항상 변화하는 단위를 사용하는 경우엔 네트워크 접속이 요구됩니다. Quantity[5, "Kilograms"]와 같은 입력은 네트워크 연결이 필요하지 않습니다.

단위 변환의 결과가 분수로 나옵니다. 십진수로 바꿀 수 있을까요?

함수 N[...]을 사용하면 십진법으로 주어지는 근삿값을 얻을 수 있습니다. 다른 방법으로, 입력하는 수에 소수점을 추가해도 됩니다. 이에 관한 내용은 23장에서 더욱 자세히 다룹니다.

통화 변환 예제를 실행할 때 예제와 동일한 결과를 얻을 수 없는 이유는 무엇입니까?

환율이 변경되었기 때문입니다.

기술 노트

- Wolfram 언어는 비트코인과 같은 전자화폐를 포함하여 160여 가지에 이르는 표준 통화를 모두 다룰 수 있다. 필요하다면 ISO 통화 코드(USD, UKP 등)를 사용하여 통화를 지정할 수도 있다.

- Degree는 함수가 아니다. Red, Green 등과 같은 기호이며, 이에 관해서는 33장에서 자세히 설명한다.

- AnglePath는 Logo나 Scratch와 같은 컴퓨터 언어로 익히 알려진 '터틀 그래픽'을 구현한다.

- AnglePath3D는 AnglePath를 3차원으로 확장한 것으로, '날으는 거북이'나 우주선 시뮬레이션 등에 활용할 수 있다.

더 살펴보기

Wolfram 언어의 단위(wolfr.am/eiwl-17-more)

18 | 지리 정보 계산

Wolfram 언어는 막대한 양의 지리학 지식을 내장하고 있다. 예를 들어, 뉴욕의 위치에 대한 정보를 보유하고 있으며 이를 이용해서 뉴욕과 로스앤젤레스가 얼마나 떨어져 있는지를 계산할 수도 있다.

뉴욕과 로스앤젤레스의 중심부 간 거리를 계산해 보자.

In[1]:= **GeoDistance[**🔲 new york **,**🔲 los angeles **]**

Out[1]= **2432.07 mi**

지도의 특정 위치에 점을 찍으려면 **GeoListPlot**을 이용한다.

지도에 뉴욕과 로스앤젤레스를 표시해 보자.

In[2]:= **GeoListPlot[{**🔲 new york **,**🔲 los angeles **}]**

Out[2]=

지도에 몇몇 국가를 표시해 보자.

In[3]:= **GeoListPlot[{**🔲 iceland **,**🔲 france **,**🔲 italy **}]**

Out[3]=
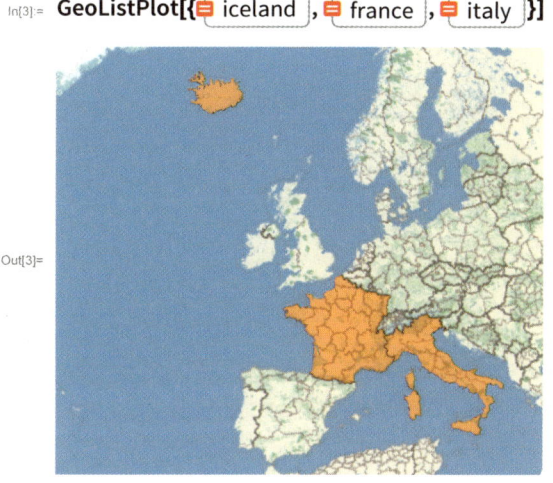

위의 예보다 더 큰 축척의 지도를 사용할 수도 있다.

파리의 명소 두 곳을 지도에 표시해 보자.

In[4]:= **GeoListPlot[{ Eiffel Tower , Louvre }]**

Out[4]=

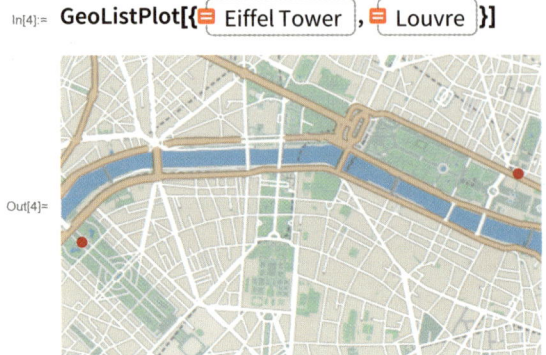

GeoListPlot은 지리학 분야의 ListPlot이라 할 수 있다. GeoGraphics는 Graphics와 유사하다.

뉴욕의 지도를 생성해 보자.

In[5]:= **GeoGraphics[New York City]**

Out[5]=

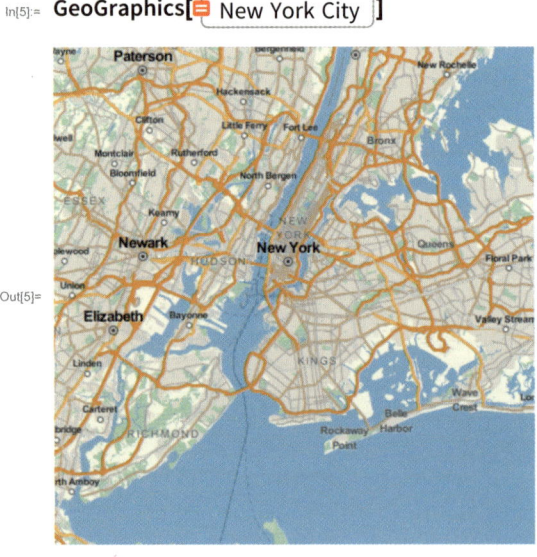

GeoPath는 지표상의 경로를 보여준다.

뉴욕에서 도쿄까지의 최단 경로를 지도에 표시해 보자.

In[6]:= **GeoGraphics[GeoPath[{▣ New York , ▣ Tokyo }]]**

Out[6]=

여느 그래픽과 마찬가지로 스타일을 바꿀 수 있다.

In[7]:= **GeoGraphics[Style[GeoPath[{▣ New York , ▣ Tokyo }], Thick, Red]]**

Out[7]=

GeoDisk는 Disk처럼 중심 위치와 반지름의 길이를 지정하여 사용한다.

지도에 에펠 탑을 중심으로 하여 반지름의 길이가 1마일인 원반을 그려 보자.

In[8]:= **GeoGraphics[GeoDisk[▣ eiffel tower , ▣ 1 mile]]**

Out[8]=

원반의 반지름의 길이를 10의 거듭제곱 배로 키워가며 지도 위에 표시해 보자.

In[9]:= **Table[GeoGraphics[GeoDisk[** ⊟ eiffel tower **,** ⊟ 1 mile **∗10^n]], {n, 0, 4}]**

Out[9]=

GeoPosition을 이용하면 위치를 가리킬 수 있다. 지표상의 표준 좌표를 나타내는 위도와 경도를 인자로 준다.

에펠 탑의 측지 위치를 찾아보자.

In[10]:= **GeoPosition[** ⊟ eiffel tower **]**

Out[10]= GeoPosition[{48.8583, 2.29444}]

위도 0°와 경도 0°를 중심으로 하고 반지름의 길이가 4,000마일인 원반을 지도에 그려 보면,

In[11]:= **GeoGraphics[GeoDisk[GeoPosition[{0, 0}],** ⊟ 4000 miles **]]**

Out[11]=

지도에 나타난 원반이 완전한 원형이 아닌 것을 볼 수 있다. 이는 휘어진 지구 표면을 평평한 지도에 투영했기 때문인데 지리 정보 계산 과정에 있어서 주의해야 할 점 중의 하나이다.

지구 상의 특정 지점에서 가장 가까운 무언가를 찾으려면 **GeoNearest** 함수를 이용한다. 찾고자 하는 것의 유형 및 개수를 인자로 전달한다.

위도 0°, 경도 0° 지점에서 가장 가까운 5개의 국가를 찾아보자.

In[12]:= **GeoNearest["Country", GeoPosition[{0, 0}], 5]**

Out[12]= { Ghana , Ivory Coast , Equatorial Guinea , Togo , Benin }

국가 대신에 가장 가까운 도시를 찾아보면,

In[13]:= **GeoNearest["City", GeoPosition[{0, 0}], 5]**

Out[13]= { Takoradi , Sekondi , Cape Coast , Elmina , Shama }

자신의 지리적 위치를 알고 있는 것이 도움이 될 때가 종종 있다. 위치 측정 기능이 있는 컴퓨터나 전화기 등에서 **Wolfram** 언어를 사용하고 있다면, **Here**를 이용해서 현재 위치를 알아낼 수 있다.

여러분의 컴퓨터가(또는 전화기 등이) 자신의 위치를 어떻게 인식하고 있는지 알아보자.

In[14]:= **Here**

Out[14]= GeoPosition[{40.11, −88.24}]

Here를 이용한 계산도 할 수 있다.

현재 위치에서 에펠 탑이 얼마나 멀리 있는지를 계산해 보자.

In[15]:= **GeoDistance[Here, ▣ eiffel tower]**

Out[15]= 4245.54 mi

현재 자신의 위치에서 가장 가까운 5개의 화산을 찾아보면,

In[16]:= **GeoNearest["Volcano", Here, 5]**

Out[16]= { Dotsero , Valles Caldera , Carrizozo , Zuni-Bandera , Yellowstone }

지도에 화산을 표시해 보자.

In[17]:= **GeoListPlot[GeoNearest["Volcano", Here, 30]]**

Out[17]=

용어

GeoDistance[*entity*$_1$, *entity*$_2$**]**	개체 간의 측지 거리
GeoListPlot[{*entity*$_1$, *entity*$_2$, …**}]**	지도 위에 리스트의 개체를 표시
GeoGraphics[…]	지리적 이미지 생성
GeoPath[{*entity*$_1$, *entity*$_2$**}]**	개체를 잇는 경로
GeoDisk[*entity*, *r***]**	지정 개체를 중심으로 한 반지름의 길이 *r*의 원반
Here	컴퓨터, 전화기 등이 판단하는 자신의 현재 위치
GeoPosition[*entity***]**	개체의 측지 위치
GeoNearest["*type***",** *location*, *n***]**	주어진 위치에서 가장 가까운 특정 유형의 객체 *n*개

연습문제

18.1 뉴욕(New York)에서 런던(London)까지의 거리를 구하여라.

18.2 뉴욕에서 런던까지의 거리를 뉴욕에서 샌프란시스코(San Francisco)까지의 거리로 나누어라.

18.3 시드니(Sydney)에서 모스크바(Moscow)까지의 거리를 킬로미터(kilometer) 단위로 구하여라.

18.4 미국(United States)의 지도를 생성하여라.

18.5 지도에 브라질(Brazil), 러시아(Russia), 인도(India), 중국(China)을 나타내어라.

18.6 뉴욕에서 베이징(Beijing)까지의 경로를 지도에 표시하여라.

18.7 기자의 대피라미드(Great Pyramid)를 중심으로 반지름의 길이가 10마일인 원반을 지도에 나타내어라.

18.8 중심이 뉴욕에 있고 둘레가 샌프란시스코에 이르는 원반을 지도에 나타내어라.

18.9 북극(GeoPosition["NorthPole"])에 가장 가까운 5개의 국가를 찾아라.

18.10 위도 45°, 경도 0°에 가장 가까운 3개 국가의 국기를 찾아라.

18.11 로마(Rome)에 가장 가까운 25개의 화산(volcano)을 지도에 나타내어라.

18.12 뉴욕과 로스앤젤레스 간 위도의 차이를 구하여라.

Q&A

다른 지도 투영법을 이용할 수 있나요?
네. GeoProjection 옵션을 이용하면 됩니다. 300개가 넘는 투영법이 준비되어 있습니다. Wolfram 언어가 기본적으로 선택하는 투영법은 지도의 축척과 위치에 따라 결정됩니다.

Wolfram 언어가 제공하는 지도는 얼마나 상세한가요?
개별 도로를 구분할 수 있는 수준까지 제공됩니다. 전 세계의 거의 모든 거리 정보가 포함되어 있습니다.

Wolfram 언어는 사용자의 지리적 위치를 어떻게 찾나요?

이 기능은 FindGeoLocation 함수로 제공됩니다. 이동식 기기에서는 일반적으로 현재 GPS 위치를 확인합니다. 컴퓨터에서는 일반적으로 인터넷 주소를 기준으로 하여 위치를 추론하려 하지만, 이 방법이 항상 잘 작동하는 것은 아닙니다. 위치를 직접 지정하고 싶다면, $GeoLocation에 값을 할당하여 측지 위치를 설정할 수 있습니다.

지도의 범위는 어떻게 지정하나요?

GeoRange 옵션을 이용하세요. 거리를 지정하려면 GeoRange → *distance*(예를 들어 GeoRange → [5 miles]), 장소를 지정하려면 GeoRange → *place*(예를 들어 GeoRange → [Europe])처럼 사용할 수 있습니다. 이에 관해서는 20장에서 더 자세히 다룹니다.

Wolfram 언어를 운전 경로 계산에 이용할 수 있을까요?

네. TravelDirections 함수를 이용하세요. GeoDistance는 두 지점을 잇는 최단 경로를 찾아주지만 TravelDistance는 도로 등을 고려해 경로를 찾습니다. TravelTime은 이동에 걸리는 시간을 추정해줍니다.

Wolfram 언어의 지리정보계산은 지구에만 한정되어 있나요?

아닙니다. 예를 들어, 달과 화성에 대해서도 작동합니다. GeoModel → "Moon" 등을 사용해 보세요.

기술 노트

- Wolfram 언어에서 지도를 사용하려면 네트워크에 연결되어 있어야 한다.

- [nyc], [LA] 라고 입력하는 대신에, [nyc, LA] 처럼 한 번에 입력해도 같은 결과를 얻을 수 있다.

- GeoDistance에 국가와 같이 넓은 영역을 주면, 해당 영역에 속하는 임의의 지점에 대한 최단 거리를 계산한다.

- GeoPosition에는 35 Degree와 같은 입력이 아닌 수치로 된 위도와 경도의 값을 주어야 한다.

- GeoPosition에는 일반적으로 각도를 십진수로 써야 한다. 도-분-초에서 십진수 각도로 변환하려면 FromDMS를 쓰면 된다.

- 지도 위의 특정 지역을 색상으로 구분하려면 GeoRegionValuePlot을 사용한다.

- 지도상에 정해진 지점들을 중심으로 각각 다른 크기의 거품(도시의 인구 들을 나타내는)을 그리고자 한다면 GeoBubbleChart 함수를 이용한다.

더 살펴보기

Wolfram 언어의 지도와 지도학(wolfr.am/eiwl-18-more)

Wolfram 언어의 지리 데이터와 개체(wolfr.am/eiwl-18-more2)

19 | 날짜와 시간

Wolfram 언어에는 현재 날짜와 시각을 알려주는 함수 Now가 있다.

현재의 날짜와 시각을 알아보자(아래는 이 책을 쓰는 시점의 결과이다).

In[1]:= **Now**

Out[1]= 📅 **Fri 17 Mar 2017 13:39:00 GMT−5.**

이 결과를 가지고 추가적인 계산을 할 수 있다. 예를 들어 한 주를 더해 보자.

현재의 날짜와 시각에 한 주를 더해 보자.

In[2]:= **Now+** ▤ 1 week

Out[2]= 📅 **Fri 24 Mar 2017 13:39:00 GMT−5.**

ctrl = 를 이용하면 날짜를 어떠한 표준 형식으로도 입력할 수 있다.

날짜를 입력해 보자.

In[3]:= ▤ june 23, 1988

Out[3]= 📅 Day: **Thu 23 Jun 1988**

날짜에 대한 연산을 수행할 수 있다. 예를 들어, 뺄셈을 이용하여 두 시점이 얼마나 떨어져 있는지 알아볼 수 있다.

두 날짜를 빼 보자.

In[4]:= **Now−** ▤ june 23, 1988

Out[4]= 10494. days

날짜의 차이를 연 단위로 환산하면,

In[5]:= **UnitConvert[Now−** ▤ june 23, 1988 **, "Years"]**

Out[5]= 28.7507 yr

DayRange는 날짜에 대한 Range 함수라고 할 수 있다.

어제부터 내일까지의 날짜 목록을 구해보자.

In[6]:= **DayRange[Yesterday, Tomorrow]**

Out[6]= { 📅 Day: **Thu 16 Mar 2017** , 📅 Day: **Fri 17 Mar 2017** , 📅 Day: **Sat 18 Mar 2017** }

DayName 함수는 특정 날짜의 요일을 찾아 준다.

오늘부터 45일 후의 요일을 계산해 보자.

In[7]:= **DayName[Today+ 45 days]**

Out[7]= Monday

일단 날짜를 구하고 나면 다른 것도 계산할 수 있다. 예를 들어, **MoonPhase** 함수는 달의 위상(더 정확히 말하자면 지구에서 봤을 때 달의 밝게 보이는 부분)을 알려 준다.

현재의 달의 위상을 계산해 보자.

In[8]:= **MoonPhase[Now]**

Out[8]= 0.7606

특정 날짜에 대해 달의 위상을 계산해 보면,

In[9]:= **MoonPhase[june 23, 1988]**

Out[9]= 0.5756

이렇게 구한 달의 위상으로 아이콘을 만들어 보자.

In[10]:= **MoonPhase[june 23, 1988 , "Icon"]**

Out[10]=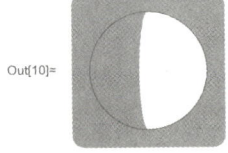

지구 위의 위치와 날짜를 알고 있다면, 일출과 일몰 시간을 구할 수 있다.

오늘의 일몰 시각을 현재 나의 위치에서 계산해 보자.

In[11]:= **Sunset[Here, Today]**

Out[11]= 🗓 Minute: **Fri 17 Mar 2017 19:04 GMT−5.**

연속한 두 일출 사이의 시간을 계산해 보자.

In[12]:= **Sunrise[Here, Tomorrow] − Sunrise[Here, Today]**

Out[12]= 1438 min

연속한 두 일출의 시차가 정확히 하루(24시간)가 아님을 볼 수 있다.

In[13]:= **Sunrise[Here, Tomorrow] – Sunrise[Here, Today] –** 🟧 1 day

Out[13]= **–2 min**

표준시간대 역시 수많은 미묘한 문제 중 하나이다. **LocalTime** 함수는 특정 위치의 시간대에서의 시간을 알려 준다.

현재, 뉴욕의 현지 시각을 알아보자.

In[14]:= **LocalTime[** 🟧 New York **]**

Out[14]= 📅 **Fri 17 Mar 2017 14:44:22** GMT–4.

현재, 런던의 현지 시각을 알아보자.

In[15]:= **LocalTime[** 🟧 London **]**

Out[15]= 📅 **Fri 17 Mar 2017 18:44:29** GMT

Wolfram 언어가 광범위한 데이터를 보유한 분야 중 하나가 바로 날씨이다. **AirTemperatureData** 함수는 이 기록을 확인하여 특정 장소에서 특정 시각의 기온을 알려준다.

현재 위치에서 어제 오후 6시의 기온을 찾아보자.

In[16]:= **AirTemperatureData[Here,** 🟧 6 pm yesterday **]**

Out[16]= **39.92 °F**

AirTemperatureData 함수에 한 쌍의 날짜를 건네면, 두 날짜 사이의 온도를 추정하여 시계열로 반환한다.

한 주 전부터 지금까지의 측정 기온의 시계열을 구해 보자.

In[17]:= **AirTemperatureData[Here, {** 🟧 1 week ago **, Now}]**

Out[17]= **TimeSeries[** ➕ 〜 **Time: 10 Mar 2017 to 17 Mar 2017**
Data points: 247 **]**

DateListPlot 함수는 특정 일자마다 값을 갖는 시계열 데이터에 대해 ListPlot과 같이 그래프를 그려준다.

기온 측정값의 시계열을 그래프로 그려보면,

In[18]:= **DateListPlot[AirTemperatureData[Here, {**☰ 1 week ago**, Now}]]**

Out[18]=
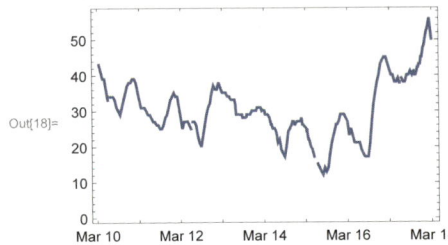

그래프를 보면 예상대로 밤보다 낮의 기온이 높은 것을 확인할 수 있다.

이번에는 또 다른 예로, 훨씬 더 과거로 거슬러 올라가는 데이터를 살펴보자. WordFrequencyData는 특정 연도에 발행된 책의 견본에서 특정 단어의 사용 빈도를 알려준다. 이 변화가 수 세기에 걸쳐 어떻게 이루어졌는지 살펴볼 수 있는 수많은 역사적 기록이 있다.

자동차(automobile)란 단어가 얼마나 자주 나타나는지를 시계열로 구해보자.

In[19]:= **WordFrequencyData["automobile", "TimeSeries"]**

Out[19]= TimeSeries[⊞ 〰 Time: 01 Jan 1706 to 01 Jan 2008
Data points: 158]

차(car)는 대략 1900년 즈음에 나타나서, 점진적으로 자동차(automobile)를 대체해 갔다.

In[20]:= **DateListPlot[WordFrequencyData["automobile", "TimeSeries"]]**

Out[20]=
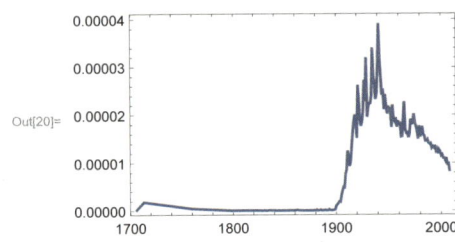

WordFrequencyData는 다른 단어의 사용 빈도와 쉽게 비교할 수 있도록 설정되어 있다. 군주제(monarchy)와 민주주의(democracy)의 연도별 경향을 살펴보자. 민주주의가 현재 확실히 더 자주 사용되는 단어지만, 군주제는 1700년대와 1800년대에 더 인기 있는 단어였음을 알 수 있다.

군주제와 민주주의 두 단어의 역사적 사용 빈도를 비교해 보자.

In[21]:= **DateListPlot[WordFrequencyData[{"monarchy", "democracy"}, "TimeSeries"]]**

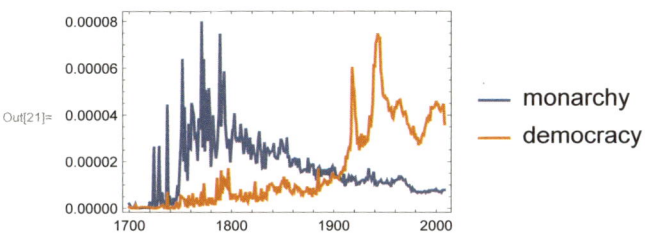

용어

Now	현재의 날짜와 시각
Today	오늘 날짜의 객체
Tomorrow	내일 날짜의 객체
Yesterday	어제 날짜의 객체
DayRange[*date₁*, *date₂*]	*date₁*부터 *date₂*까지의 날짜 리스트
DayName[*date*]	*date*의 요일
MoonPhase[*date*]	*date*의 달의 위상
Sunrise[*location*, *date*]	*date*에 *location*의 일출 시각
Sunset[*location*, *date*]	*date*에 *location*의 일몰 시각
LocalTime[*location*]	*location*의 현재 시각
AirTemperatureData[*location*, *time*]	*time*에 *location*의 기온
AirTemperatureData[*location*, {*time₁*, *time₂*}]	*time₁*부터 *time₂*까지 *location*의 기온의 시계열
DateListPlot[*timeseries*]	시계열의 그래프
WordFrequencyData["*word*", "TimeSeries"]	단어 빈도 시계열

연 습 문 제

19.1 1900년 1월 1일부터 현재까지 경과된 날짜 일수를 계산하여라.

19.2 2000년 1월 1일의 요일을 구하여라.

19.3 오늘로부터 10만일 전의 날짜를 구하여라.

19.4 델리(Delhi)의 현지 시각을 구하여라.

19.5 오늘 일몰과 일출 시각의 차로부터 낮의 길이를 구하여라.

19.6 현재 달의 위상으로 아이콘(icon)을 생성하여라.

19.7 향후 10일 동안의 달의 위상을 수치로 구하고, 이를 나열하여라.

19.8 오늘부터 향후 10일 동안의 달의 위상에 대한 아이콘을 나열하여라.

19.9 오늘 뉴욕(New York City)과 런던(London)의 일출 시차를 계산하여라.

19.10 에펠 탑(Eiffel Tower)의 어제(yesterday) 정오(noon) 기온을 구하여라.

19.11 에펠 탑의 지난 한 주간의 기온을 그래프로 나타내어라.

19.12 현재 로스앤젤레스(Los Angeles)와 뉴욕의 기온 차를 구하여라.

19.13 '근사하다'라는 뜻을 가진 "groovy"란 단어의 역사적 사용 빈도를 그래프로 그려라.

Q&A

날짜를 문자열로 얻을 수 있나요?
DateString[*date*]를 사용하세요. 문자열 형식을 정할 수 있는 다양한 옵션이 제공됩니다. 예를 들어, DateString[*date*, "DateShort"]은 월과 요일 표현에 약어를 사용합니다.

날짜에서 월이나 요일 같은 요소를 추출하려면 어떻게 하나요?
DateValue를 사용하세요. DateValue[*date*, "Month"]는 해당 월을 숫자로 반환합니다. DateValue[*date*, "MonthName"]은 해당 월의 이름을 반환하는 식입니다.

과거의 어느 시점까지 날짜를 이용할 수 있나요?
제한은 없습니다. Wolfram 언어는 과거의 주요 달력 체계(calendar system)와 표준시간대에 대한 정보를 가지고 있습니다. 예를 들어, 지난 1,000년간의 일출 시각을 정확히 계산하는 데 필요한 모든 데이터를 보유하고 있습니다.

왜 일출과 일몰 시각은 분까지 밖에 제공되지 않나요?
지구의 대기를 지나는 빛의 굴절에 영향을 주는 기온과 같은 정보를 알지 못하면 태양이 실제로 떠오르고 지는 때를 정확하게 계산할 수 없기 때문입니다.

Wolfram 언어가 사용하는 기온 자료의 출처는 어디인가요?
공항 등에 설치된 기상 관측소로 이루어진 전 세계 네트워크를 참고합니다. 자신만의 기온 측정 장치를 가지고 있다면, Wolfram Data Drop(43장 참고)을 통해 Wolfram 언어에 연결할 수도 있습니다.

시계열에 대해 알고 싶습니다.
시계열은 시간의 흐름에 따라 어떤 값을 지정하는 방법입니다. Wolfram 언어에 시계열을 입력하려면, TimeSeries[{{*time*$_1$, *value*$_1$}, {*time*$_2$, *value*$_2$}, ...}]와 같은 형식을 이용합니다. 입력한 시계열은 각종 연산이나 다른 많은 작업에 이용할 수 있습니다.

DateListPlot이 하는 일은 무엇인가요?

시간이나 날짜와 짝을 이루는 값을 그래프로 그려 줍니다. 그래프에 사용할 데이터는 TimeSeries[...]나 {{$time_1$, $value_1$}, {$time_2$, $value_2$}, ...}와 같은 형식으로 줄 수 있습니다.

기 술 노 트

- Wolfram 언어는 사용자의 거주 국가를 기준으로 8/10/15와 같은 날짜를 월/일/년으로 해석할지 아니면, 일/월/년으로 해석할지를 결정한다. 원하는 해석 방식을 직접 지정할 수도 있다.

- Monday 등은 문자열이 아니라, 고유의 의미를 지닌 기호이다.

- DateObject는 날짜 객체의 '기간(granularity)'을 지정할 수 있다. CurrentDate, NextDate, DateWithinQ 등은 시간의 구간에 대해 작동한다.

- InputForm을 이용하면 DateObject[...] 안에 무엇이 있는지를 볼 수 있다.

더 살 펴 보 기

Wolfram 언어의 날짜와 시간(wolfr.am/eiwl-19-more)

20 | 옵션

Wolfram 언어의 대부분의 함수는 세부적인 작동 방식을 조절할 수 있는 옵션을 제공한다. 예를 들어, 그래프 작성 시 PlotTheme → "Web" 옵션을 이용해서 웹에 적합한 시각적 테마를 선택할 수 있다. →는 키보드의 −키와 >키를 차례대로 눌러서 입력할 수 있다.

옵션을 지정하지 않고 그래프를 그려 보자.

In[1]:= **ListLinePlot[RandomInteger[10, 10]]**

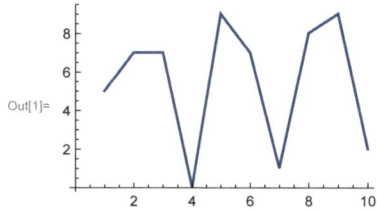

PlotTheme 옵션을 "Web"으로 설정하여 그래프를 그리면,

In[2]:= **ListLinePlot[RandomInteger[10, 10], PlotTheme → "Web"]**

PlotTheme 옵션을 "Detailed"로 설정하여 그래프를 그리면,

In[3]:= **ListLinePlot[RandomInteger[10, 10], PlotTheme → "Detailed"]**

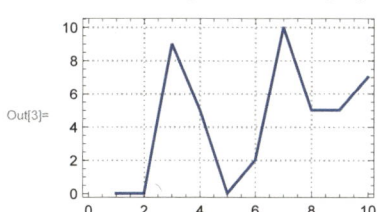

PlotTheme 옵션을 "Marketing"으로 설정하여 그래프를 그리면,

In[4]:= **ListLinePlot[RandomInteger[10, 10], PlotTheme → "Marketing"]**

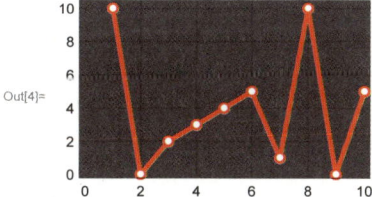

더 많은 옵션을 추가할 수도 있다. 예를 들어, Filling 옵션을 이용해서 그래프의 일부분을 색으로 채울 수 있다.

그래프와 축 사이를 색으로 채워 보자.

In[5]:= **ListLinePlot[RandomInteger[10, 10], PlotTheme → "Web", Filling → Axis]**

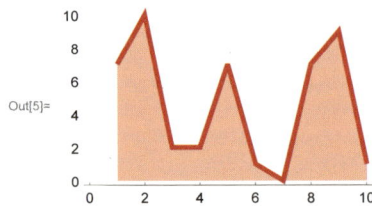

Background 옵션은 배경색을 지정할 때 사용한다.

배경색을 지정하는 옵션을 추가해 보자.

In[6]:= **ListLinePlot[RandomInteger[10, 10],**
      PlotTheme → "Web", Filling → Axis, Background → LightGreen]

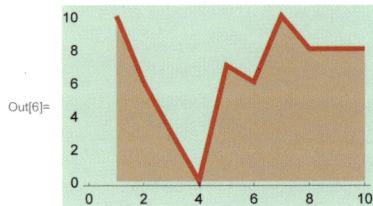

별도의 옵션을 지정하지 않은 경우, Wolfram 언어는 해당 옵션에 미리 정의된 기본값을 사용한다. 대부분의 기본값은 Automatic이며, 이는 Wolfram 언어가 스스로 적절한 값을 찾는다는 것을 뜻한다.

그래픽을 생성할 때, 그래프에 그려질 값의 범위를 정하는 PlotRange 옵션은 꽤 유용하다. 기본값인 PlotRange→Automatic에서는 시스템이 그래프의 '흥미로운' 부분을 자동으로 골라 보여 준다. 반면 PlotRange→All은 모든 부분을 보여 준다.

다른 값과 비교하여 크게 벗어나는 '이상치'가 있는 데이터를 기본 옵션으로 그려 보자.

In[7]:= **ListLinePlot[{36, 16, 9, 64, 1, 340, 36, 0, 49, 81}]**

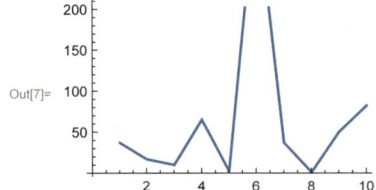

PlotRange → All을 사용하여 모든 점이 그래프에 보이도록 할 수 있다.

In[8]:= **ListLinePlot[{36, 16, 9, 64, 1, 340, 36, 0, 49, 81}, PlotRange → All]**

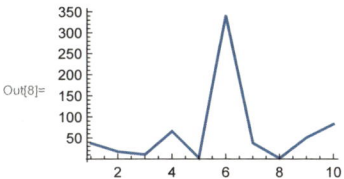

Out[8]=

PlotRange → 30은 30까지의 값만을 보여 준다.

In[9]:= **ListLinePlot[{36, 16, 9, 64, 1, 340, 36, 0, 49, 81}, PlotRange → 30]**

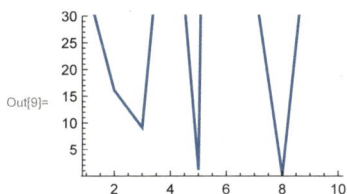

Out[9]=

PlotRange → {20, 100}은 20과 100 사이의 값만을 표시한다.

In[10]:= **ListLinePlot[{36, 16, 9, 64, 1, 340, 36, 0, 49, 81}, PlotRange → {20, 100}]**

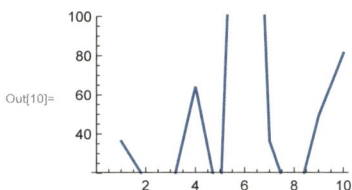

Out[10]=

모든 종류의 그래픽에 대해 범위를 지정할 수 있다. GeoListPlot 함수와 GeoGraphics 함수는 GeoRange 옵션을 이용하여 그래프에 나타낼 지역을 지정할 수 있다.

GeoListPlot 함수의 기본 옵션으로 프랑스를 그리면, 거의 프랑스만을 포함하는 지도를 생성한다.

In[11]:= **GeoListPlot[**  **]**

Out[11]=

유럽이 전부 나타나도록 범위를 지정해 보자.

In[12]:= **GeoListPlot[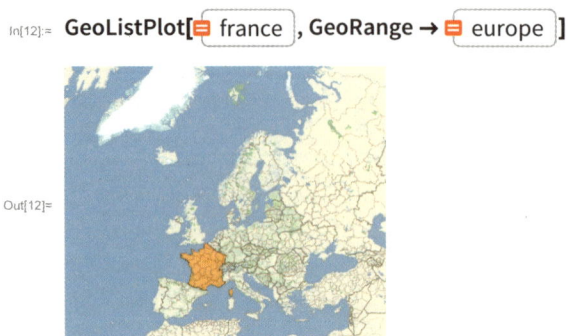**

Out[12]=

전 세계가 나타나도록 지정하려면 GeoRange → All을 사용한다.

In[13]:= **GeoListPlot[**

Out[13]=

GeoListPlot 함수는 이 밖에도 많은 옵션을 제공한다. 예를 들어, GeoBackground 옵션은 사용할 배경을 지정하고, GeoLabels 옵션은 라벨을 지정하며, Joined는 점을 연결해 준다.

입체 지도를 배경으로 지정하여 지형의 높낮이를 나타내 보자.

In[14]:= **GeoListPlot[france , GeoRange → europe , GeoBackground → "ReliefMap"]**

Out[14]=

지리적 객체에 자동으로 라벨을 붙여보면,

In[15]:= **GeoListPlot[{🔲 paris , 🔲 new york , 🔲 sydney }, GeoLabels → Automatic]**

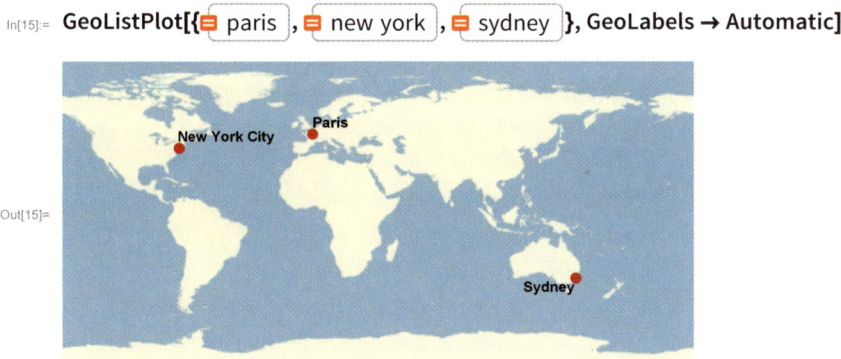

Out[15]=

이 지점들을 연결해 보자.

In[16]:= **GeoListPlot[{🔲 los angeles , 🔲 chicago , 🔲 new york city }, Joined → True]**

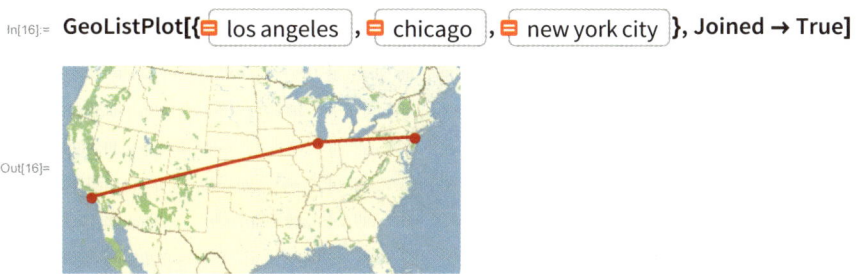

Out[16]=

ListLinePlot 함수에서 사용자가 설정할 수 있는 옵션은 57개나 되며 GeoListPlot의 옵션은 54개에 이른다. 이들 옵션이 모두 다른 것은 아니고 몇몇 옵션은 모든 그래픽 관련 함수에 공통으로 쓰인다. 예를 들어, AspectRatio 옵션은 종횡비를 지정하여 그래픽의 전반적인 모양을 결정한다.

종횡비를 1/3로 설정하면, 그래프의 높이가 너비의 1/3이 된다.

In[17]:= **ListLinePlot[RandomInteger[10, 10], AspectRatio → 1/3]**

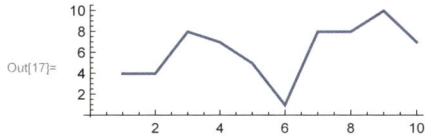

Out[17]=

ImageSize 옵션은 전체 그래픽의 크기를 지정할 때 사용한다.

'매우 작은' 크기의 원을 그려 보자.

In[18]:= **Graphics[Circle[ ], ImageSize → Tiny]**

Out[18]= ◯

이미지의 크기를 5부터 50까지 늘려가며 원을 그려 보자.

In[19]:= **Table[Graphics[Circle[ ]], ImageSize → n], {n, 5, 50, 5}]**

Out[19]=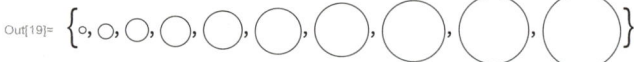

옵션을 제공하는 함수가 Graphics만 있는 것은 아니다. 다른 많은 함수 역시 옵션을 제공하며, 일례로 Style도 많은 옵션을 지원한다.

텍스트에 칠판(Chalkboard) 글꼴을 사용하도록 옵션을 지정해 보자.

In[20]:= **Style["text in a different font", 20, FontFamily → "Chalkboard"]**

Out[20]= **text in a different font**

출력의 세부사항을 옵션으로 조정하는 것은 흔히 있는 일이다. WordCloud를 예로 들어 보자.

단어의 방향이 제멋대로인 워드 클라우드를 만들어 보자.

In[21]:= **WordCloud[DeleteStopwords[WikipediaData["computer"]],**
      WordOrientation → "Random"]

Out[21]=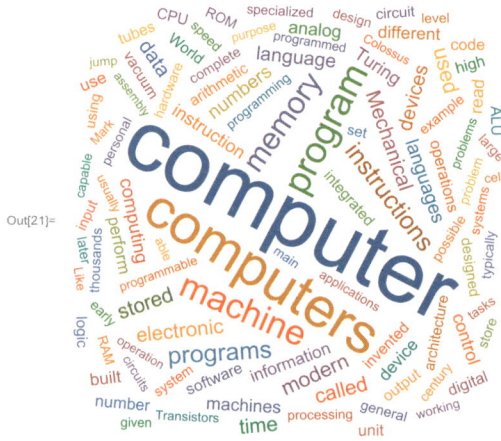

Grid도 많은 옵션을 제공한다. 그중 Frame 옵션은 테두리를 표시할지의 여부와 테두리의 형식을 제어할 때 사용한다.

각 항목마다 테두리를 두른 곱셈표를 만들어 보자.

In[22]:= **Grid[Table[i ∗ j, {i, 5}, {j, 5}], Frame → All]**

Out[22]=

1	2	3	4	5
2	4	6	8	10
3	6	9	12	15
4	8	12	16	20
5	10	15	20	25

Grid도 Graphics 처럼 Background 옵션을 지원한다.

In[23]:= **Grid[Table[i * j, {i, 5}, {j, 5}], Frame → All, Background → LightYellow]**

Out[23]=

1	2	3	4	5
2	4	6	8	10
3	6	9	12	15
4	8	12	16	20
5	10	15	20	25

용어

PlotTheme	그래프의 테마(예, "Web", "Detailed" 등)
Filling	그래프의 채울 부분을 지정(Axis, Bottom 등)
PlotRange	그래프에 포함할 값의 범위(All 등)
GeoRange	포함할 지리적 범위(All, 특정 국가 등)
GeoBackground	배경 지도("ReliefMap", "OutlineMap" 등)
GeoLabels	지도에 넣을 라벨(예, Automatic)
Joined	점의 연결 여부True, False)
Background	배경색
AspectRatio	넓이에 대한 높이의 비율
ImageSize	화소로 크기 지정
Frame	테두리의 표시 여부(True, All 등)
FontFamily	사용할 폰트 집합(예, "Helvetica")
WordOrientation	워드 클라우드에서 단어의 배치 방식

연습문제

20.1 웹(web)에 적합한 테마를 적용하여 Range[10]을 그래프에 점으로 표시하여라.

20.2 Range[10]을 그래프에 점으로 표시하고, 각 점과 축(axis) 사이를 채워라.

20.3 배경을 노란색으로 칠한 그래프에 Range[10]을 점으로 표시하여라.

20.4 세계 지도를 그리고, 호주(Australia)를 강조하여라.

20.5 인도양(Indian Ocean)의 지도를 그리고, 마다가스카르(Madagascar)를 강조하여라.

20.6 GeoGraphics를 사용하여 지형(relief map)이 드러나는 남아메리카(South America)의 지도를 생성하여라.

20.7   유럽(Europe)의 지도를 생성하고, 프랑스(France), 핀란드(Finland), 그리스(Greece)에 강조 표시와 라벨을 달아라.

20.8   12×12 곱셈표를 검은색 배경에 흰색 글씨의 격자로 나타내어라.

20.9   0부터 40까지의 무작위 정수를 이미지의 크기로 하는 원반 100개를 나열하여라.

20.10   크기를 30으로, 종횡비를 1부터 10까지 지정하여 정오각형(regular pentagon)의 이미지 10개를 나열하여라.

20.11   원(circle)의 크기를 5부터 500까지 변화시킬 수 있는 Manipulate을 만들어라.

20.12   임의의 색상으로 이루어진 10×10 격자를 생성하되, 모든 원소에 테두리를 둘러라.

20.13   로마 숫자로 1부터 100까지의 자연수를 나타내는 모든 문자열들의 길이를 선그래프로 그려라. 그래프의 범위는 로마 숫자로 1,000까지의 자연수를 나타내는 모든 문자열들의 길이가 다 표시될 수 있도록 정한다.

Q&A

특정 함수의 옵션 목록을 보려면 어떻게 하나요?
문서 센터를 이용하세요. 또는 Options[WordCloud]와 같은 입력을 사용해서 목록을 볼 수도 있습니다. 옵션 명의 일부를 타자하면 자동완성 기능이 입력한 글자로 시작하는 옵션들을 보여줍니다.

특정 옵션에 사용할 수 있는 값을 어떻게 알 수 있나요?
문서 센터에서 해당 옵션을 찾아보거나, 옵션 입력 시 →를 타자하면 사용할 수 있는 값을 확인할 수 있습니다.

opt → *value*는 어떤 의미인가요?
Rule[*opt*, *value*]란 내부 형식으로 '규칙'을 표현합니다. 규칙은 Wolfram 언어의 여러 곳에서 사용됩니다. *a* → *b*는 보통 '*a*가 *b*가 되다' 또는 '*a* 화살표 *b*'로 읽습니다.

옵션의 값으로 문자열을 쓰는 경우가 있던데요?
사실 몇몇 표준 옵션값(Automatic, None, All 등)만 예외적으로 기호를 사용합니다. 옵션의 설정값은 일반적으로 문자열입니다.

옵션의 기본값을 변경할 수 있나요?
네. SetOptions를 이용해서 바꿀 수 있습니다. 하지만, 변경한 사실을 잊지 않도록 주의해야 합니다.

기술 노트

- 많은 옵션의 값으로 순수 함수(26장 참고)를 사용할 수 있다. ColorFunction → (Hue[#/4]&)에서 보듯이 괄호를 올바른 위치에 두어야 올바른 결과를 얻을 수 있다.

- FontFamily 옵션에 사용할 수 있는 글꼴의 목록을 보려면 $FontFamilies를 이용한다.

더 살펴보기

Wolfram 언어의 그래픽 옵션(wolfr.am/eiwl-20-more)

Wolfram 언어의 서식 옵션(wolfr.am/eiwl-20-more2)

21 | 그래프 및 네트워크

그래프는 웹 페이지들이 어떻게 연결되어 있는지, 우리가 어떻게 사회 관계망을 형성하고 있는지 등과 같이, 여러 개체들 사이의 연결 관계를 보여주는 방법이다.

먼저 1은 2에, 2는 3에, 3은 4에 연결되는 매우 간단한 그래프를 살펴보자. 각각의 연결은 →(->를 입력)로 표현한다.

매우 간단한 연결 그래프를 그려 보자.

In[1]:= **Graph[{1 → 2, 2 → 3, 3 → 4}]**

Out[1]=

모든 '꼭짓점'에 자동으로 라벨을 지정해 보자.

In[2]:= **Graph[{1 → 2, 2 → 3, 3 → 4}, VertexLabels → All]**

Out[2]=

추가로 4를 1에 연결하면, 닫힌 곡선이 만들어진다.

다른 연결을 추가하여 닫힌 곡선을 만들어 보자.

In[3]:= **Graph[{1 → 2, 2 → 3, 3 → 4, 4 → 1}, VertexLabels → All]**

Out[3]=

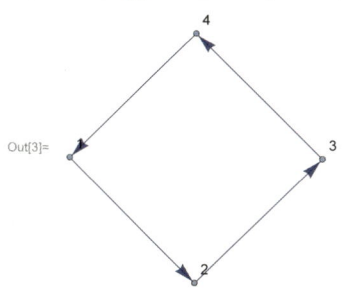

2를 자기 자신에 연결하는 것을 포함한 두 개의 연결(3→1, 2→2)을 추가해 보자.

In[4]:= **Graph[{1 → 2, 2 → 3, 3 → 4, 4 → 1, 3 → 1, 2 → 2}, VertexLabels → All]**

Out[4]=

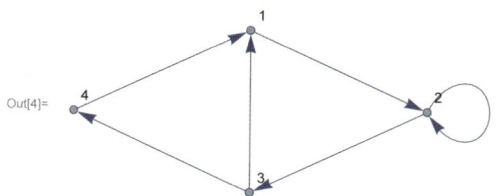

연결의 개수를 늘리면, Wolfram 언어는 그래프의 꼭짓점 혹은 노드의 배치 방법을 다르게 한다. 여기서 중요한 것은 꼭짓점의 연결 방법이다. 별도로 지정하지 않은 경우, Wolfram 언어는 가능한 한 그래프를 풀어헤쳐서 이해하기 쉽도록 그래프를 배치한다.

레이아웃을 다르게 지정하는 옵션들을 살펴보자. 예를 들어, 위의 예제와 연결은 같지만, 꼭짓점들은 다르게 배치된 그래프를 보자.

동일한 그래프의 다른 레이아웃을 살펴보자. 연결을 추적하여 확인해 보면,

In[5]:= **Graph[{1 → 2, 2 → 3, 3 → 4, 4 → 1, 3 → 1, 2 → 2},**
　　　　　　VertexLabels → All, GraphLayout → "RadialDrawing"]

Out[5]=
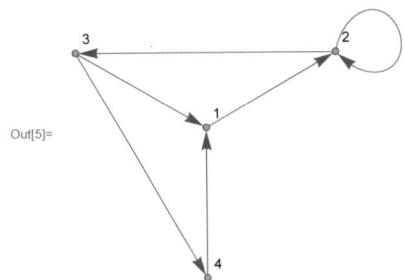

그래프에 연산도 적용할 수 있다. 아래의 예와 같이 4에서 2까지의 최단 경로를 찾아보자.

그래프에서 4에서 2까지의 최단 경로는 1을 통과한다.

In[6]:= **FindShortestPath[Graph[{1 → 2, 2 → 3, 3 → 4, 4 → 1, 3 → 1, 2 → 2}], 4, 2]**

Out[6]= {4, 1, 2}

이제 다른 그래프를 만들어 보자. 이번에는 세 개의 노드를 각 노드끼리 모두 연결해 보자.

먼저 세 개의 객체 사이에 가능한 모든 연결의 배열을 만들어 보자.

In[7]:= **Table[i → j, {i, 3}, {j, 3}]**

Out[7]= {{1 → 1, 1 → 2, 1 → 3}, {2 → 1, 2 → 2, 2 → 3}, {3 → 1, 3 → 2, 3 → 3}}

이 결과는 리스트의 리스트로 나타난다. 하지만 **Graph**는 단지 하나의 연결 리스트만 있으면 충분하므로 **Flatten**을 사용하여 하위 리스트를 '해체(flatten)' 한다.

Flatten은 위치에 상관없이 모든 하위 리스트를 '해체'한다.

In[8]:= **Flatten[{{a, b}, 1, 2, 3, {x, y, {z}}}]**

Out[8]= {a, b, 1, 2, 3, x, y, z}

연결들의 배열로부터 하위 리스트가 '해체'된 리스트를 얻어보자.

In[9]:= **Flatten[Table[i → j, {i, 3}, {j, 3}]]**

Out[9]= {1 → 1, 1 → 2, 1 → 3, 2 → 1, 2 → 2, 2 → 3, 3 → 1, 3 → 2, 3 → 3}

이러한 연결들의 그래프를 나타내 보자.

In[10]:= **Graph[Flatten[Table[i → j, {i, 3}, {j, 3}]], VertexLabels → All]**

Out[10]=
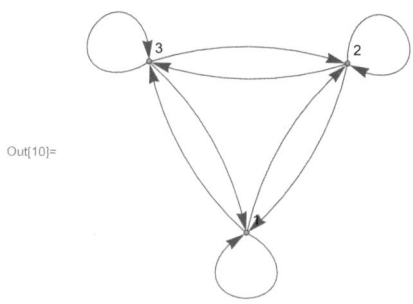

6개의 노드가 완전히 연결된 그래프를 생성해 보자.

In[11]:= **Graph[Flatten[Table[i → j, {i, 6}, {j, 6}]]]**

Out[11]=
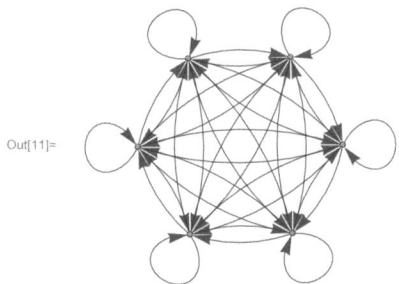

연결 방향이 중요하지 않으면 화살표를 생략한다.

'무향' 그래프를 그려 보자.

In[12]:= **UndirectedGraph[Flatten[Table[i → j, {i, 6}, {j, 6}]]]**

Out[12]=
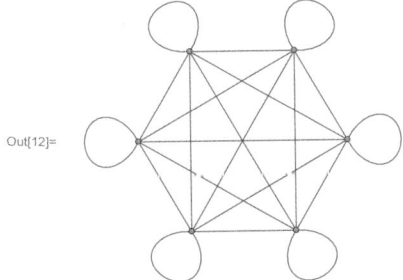

이제 무작위 연결 그래프를 작성해 보자. 무작위로 선택한 노드 사이를 20번 연결한 그래프를 그려 보자.

20개의 연결을 그래프로 나타내 보자. 여기서 각 노드는 0부터 10까지의 무작위 정수로 이루어져 있다.

In[13]:= **Graph[Table[RandomInteger[10] → RandomInteger[10], 20], VertexLabels → All]**

Out[13]=

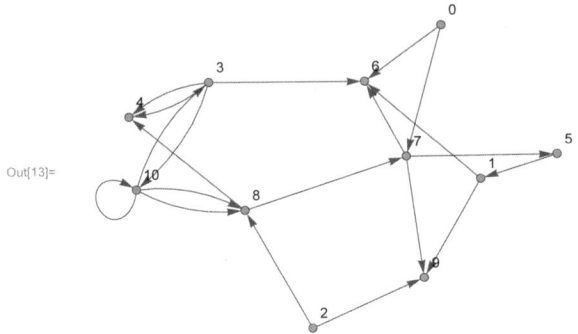

무작위 수를 다르게 생성하면 다른 그래프를 얻을 수 있다. 다음의 서로 다른 6개의 그래프를 살펴보자.

무작위로 생성한 6개의 그래프를 보면,

In[14]:= **Table[Graph[Table[RandomInteger[10] → RandomInteger[10], 20]], 6]**

Out[14]=

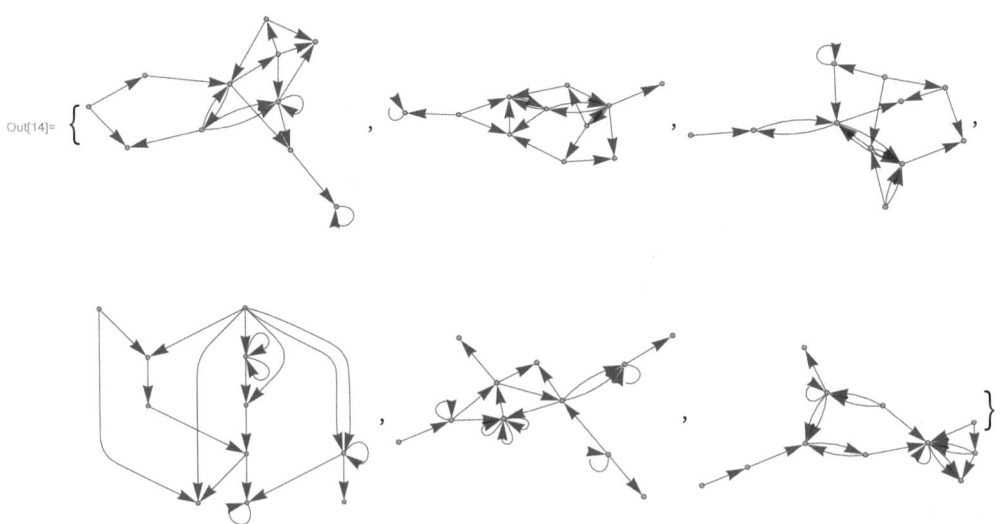

그래프에 대한 다양한 분석이 가능하다. 예를 들어 서로 밀접하게 연결되어 있는 노드 간의 인접도를 파악하여, 그래프를 긴밀도가 높은 노드의 '커뮤니티'로 나눌 수 있다. 무작위 그래프에 '커뮤니티'를 적용해 보자.

노드의 '커뮤니티'를 모아 그래프에 나타내 보자.

In[15]:= **CommunityGraphPlot[** 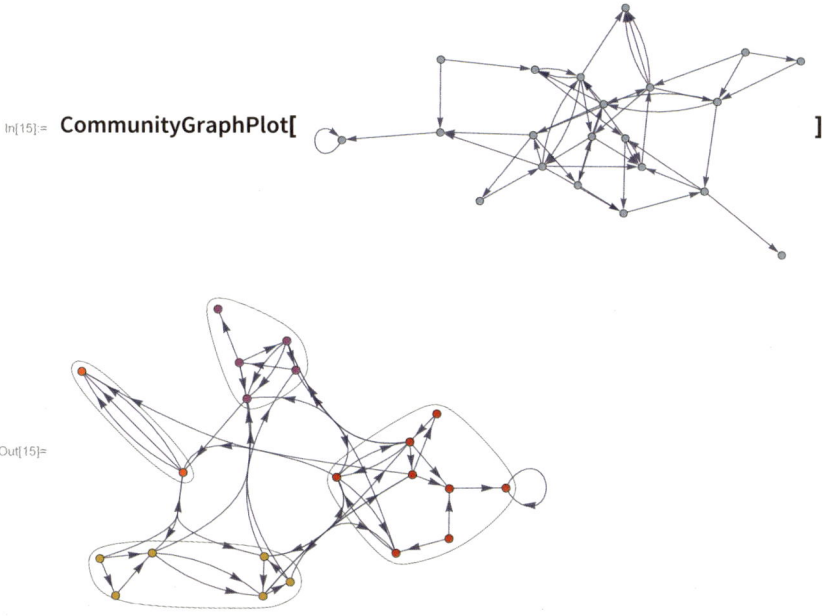 **]**

Out[15]=

그 결과 연결은 원본 그래프와 동일하지만, 노드는 '커뮤니티 구조'가 잘 드러나도록 정렬된 그래프가 얻어진다.

용어

Graph[{$i \rightarrow j$, ...}]	그래프 또는 연결망
UndirectedGraph[{$i \rightarrow j$, ...}]	무향 그래프
VertexLabels	포함할 꼭짓점 라벨에 대한 옵션(예: All)
FindShortestPath[$graph$, a, b]	한 노드에서 다른 노드까지의 최단 경로 찾기
CommunityGraphPlot[$list$]	'커뮤니티'로 배열된 그래프 표시
Flatten[$list$]	하위 리스트의 해체

연습 문제

21.1 3개의 노드를 연결하여 닫힌 곡선을 만들어라.

21.2 4개의 노드가 모두 연결된 완전 그래프를 만들어라.

21.3 노드의 개수가 2부터 10개까지 변하는 무향 완전 그래프들을 나열하여라.

21.4 Table과 Flatten을 사용하여 {1, 2, 1, 2, 1, 2}를 구하여라.

21.5 1부터 100까지 모든 정수의 각 자리 숫자를 연결한 결과(즉 ..., 8, 9, 1, 0, 1, 1, 1, 2, ...)를 선그래프로 나타내어라.

21.6 꼭짓점 i가 꼭짓점 i+1에 연결되는 50개의 노드를 그래프로 나타내어라.

21.7 노드 4개의 그래프를 만들되, 노드 i가 Max[i, j]에 연결되도록 하여라.

21.8 노드 i가 j−i에 연결하는 그래프를 만들어라. 단, i와 j는 1부터 5까지의 자연수로 한다.

21.9 노드 100개를 가진 그래프를 만들어라. 단, 각 노드는 무작위로 선택된 노드로 연결된다.

21.10 1부터 100까지의 모든 정수에 대한 노드가 1부터 100까지의 무작위로 선택된 노드 두 개로 연결되는 그래프를 만들어라.

21.11 그래프 {1→2, 2→3, 3→4, 4→1, 3→1, 2→2}에 대해, 출발 노드는 행으로, 도착 노드는 열로 하여 두 노드 사이의 최단 경로를 나타내는 격자를 만들어라.

Q&A

'그래프'와 '네트워크'의 차이점은 무엇인가요?
차이점은 없습니다. '그래프'는 수학 및 기타 공식적인 영역에서 더 흔하게 사용되며, '네트워크'는 더 많은 분야에서 빈번히 사용되고 있는 동일한 의미를 지닌 다른 용어라 할 수 있습니다.

그래프의 꼭짓점과 변은 무엇인가요?
꼭짓점은 그래프의 점 또는 노드이며, 변은 꼭짓점을 연결하는 것입니다. 그래프는 매우 다양한 영역에서 사용되고 있으므로 같은 일을 나타내는 다른 이름이 사용되는 경우가 꽤 있습니다.

i → j는 어떻게 이해하면 되나요?
이는 Rule[i, j]입니다. Wolfram 언어에서 규칙은 옵션 설정 등 다양한 상황에 사용됩니다.

페이스북 친구의 그래프를 만들 수 있나요?
네. SocialMediaData["Facebook", "FriendNetwork"]를 사용하면 됩니다. 하지만 페이스북 설정에서 사전에 허가한 친구만을 포함하므로 주의하기 바랍니다(44장 참조).

Wolfram 언어는 어떤 크기의 그래프까지 처리할 수 있나요?
사용하는 컴퓨터의 메모리 용량에 따라 취급 크기도 달라집니다. 수만에서 수십만 개의 노드를 포함하는 그래프는 문제없이 처리할 수 있습니다.

노드와 변의 속성을 지정할 수 있나요?
네. Property[node, VertexStyle → Red] 또는 Property[edge, EdgeWeight → 20] 등, 노드 및 변의 Graph 리스트를 제공하는 방식으로 지정 가능하며 또한 Graph에 전체 옵션을 제공할 수도 있습니다.

기 술 노 트

- 문자열, 이미지, 그래픽 등과 같이 그래프도 Wolfram 언어의 일급 객체이다.

- **<->**를 사용하여 그래프에 무방향 변을 입력할 수 있다. **<->**는 ↔로 표시된다.

- CompleteGraph[*n*]은 *n*개의 꼭짓점들이 완전히 연결된 그래프를 제공한다. 이 밖의 특수 그래프로는 KaryTree, ButterflyGraph, HypercubeGraph 등이 있다.

- 무작위 그래프(무작위 연결, 무작위 연결 개수, 척도 없는 네트워크 등)를 만드는 다양한 방법이 있다. RandomGraph[{100, 200}]는 노드 100개와 변 200개로 이루어진 무작위 그래프를 생성한다.

- AdjacencyMatrix[*graph*]는 그래프의 인접행렬을 제공한다. AdjacencyGraph[*matrix*]는 인접행렬로부터 그래프를 구성한다.

- PlanarGraph[*graph*]는 가능한 한 그래프의 변들이 교차하지 않도록 그래프를 배치한다.

더 살 펴 보 기

Wolfram 언어의 그래프와 네트워크(wolfr.am/eiwl-21-more)

22 | 기계 학습

지금까지는 **Wolfram** 언어를 작동시키려고 하는 경우, 정확한 지시 사항을 코드로 작성하는 방법을 살펴보았다. 그러나 **Wolfram** 언어에서는 기계 학습이라는 개념을 사용하여, 훈련 예제를 통해 무엇을 해야 하는지 스스로 학습할 수 있도록 설정하는 것 또한 가능하다.

그럼 **Wolfram** 언어가 훈련하는 방법을 알아보자. 우선, 방대한 양의 예제를 통해 이미 훈련된 몇 가지 내장함수를 살펴보자.

LanguageIdentify는 주어진 텍스트가 어떤 언어에 속하는지를 식별한다.

각 어구가 속하는 언어를 식별해 보자.

In[1]:= **LanguageIdentify[{ "thank you", "merci", "dar las gracias", "感謝", "благодарить"}]**

Out[1]= { English , French , Spanish , Chinese , Russian }

Wolfram 언어는 주어진 이미지가 무엇인지 식별해 내는 고도의 '인공지능' 작업도 할 수 있다.

이미지가 무엇인지 식별해 보자.

In[2]:= **ImageIdentify[**  **]**

Out[2]= cheetah

일반적 함수의 하나로서 다양한 종류의 분류를 이미 습득한 Classify 함수를 살펴보자. Classify 함수는 텍스트의 '감정'을 분류한다.

활기찬 문장은 긍정적 감정 상태로 분류되며,

In[3]:= **Classify["Sentiment", "I'm so excited to be programming"]**

Out[3]= Positive

우울한 문장은 부정적 감정 상태로 분류된다.

In[4]:= **Classify["Sentiment", "math can be really hard"]**

Out[4]= Negative

사용자가 Classify 함수를 훈련시킬 수도 있다. 손으로 쓴 숫자가 0인지 1인지를 분류하는 간단한 예를 살펴보자. 사용자가 Classify에 손으로 쓴 숫자의 훈련 예제 집합을 제공한 다음 수기로 특정 필기 숫자를 입력하면, Classify는 그 숫자가 0과 1중 무엇인지를 판단하여 알려준다.

훈련 예제를 제공하면 Classify는 손으로 쓴 0을 정확히 0으로 식별한다.

In[5]:= Classify[{◯ → 0, / → 1, ◯ → 0, / → 1, \ → 1, �)→ 0, ◯ → 0, / → 1, / → 1,
◯ → 0, ◯ → 0, ◯ → 0, (→ 1, ◯ → 0, / → 1, ◯ → 0, \ → 1, (→ 1, / → 1},

◯]

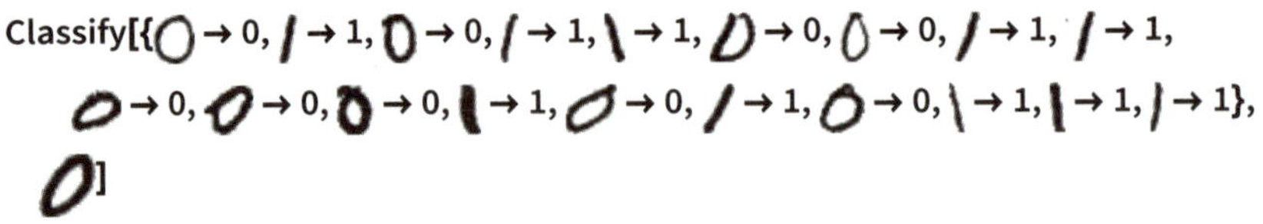

Out[5]= 0

Classify의 작동 방식에 대한 이해를 위해 알아두면 유용한 Nearest 함수에 관해 얘기해 보자. 이 함수는 주어진 요소와 가장 가까운 요소를 리스트에서 찾는다.

리스트 내에서 22에 가장 가까운 수를 찾아보자.

In[6]:= **Nearest[{10, 20, 30, 40, 50, 60, 70, 80}, 22]**

Out[6]= {20}

22에 가장 가까운 세 개의 수를 찾으면,

In[7]:= **Nearest[{10, 20, 30, 40, 50, 60, 70, 80}, 22, 3]**

Out[7]= {20, 30, 10}

Nearest는 가장 가까운 색도 찾을 수 있다.

리스트에서 주어진 색에 가장 가까운 세 개의 색을 찾으면,

In[8]:= **Nearest[{■, ■, ■, ■, ■, ■, ■, ■, ■, ■, ■, ■, ■, ■, ■, ■}, ■, 3]**

Out[8]= {■, ■, ■}

Nearest는 단어에도 적용될 수 있다.

단어 리스트에서 "good"에 가장 가까운 10개의 단어를 찾아보자.

In[9]:= **Nearest[WordList[ ], "good", 10]**

Out[9]= {good, food, goad, god, gold, goo, goody, goof, goon, goop}

이미지에도 유사성의 개념을 적용할 수 있다. 비록 이 개념만으로 전부를 설명하기는 어렵지만, 이미지의 유사성은 ImageIdentify에서 매우 유용하게 사용된다.

그리고 여기에 관계된 또 다른 것으로 문자 인식(광학 문자 인식 혹은 OCR)을 들수 있다. 문자 인식을 사용하여 단어를 흐릿하게 만들어 보자.

단어 "hello"의 이미지를 만들고 이를 흐릿하게 하면,

In[10]:= **Blur[Rasterize[Style["hello", 30]], 3]**

Out[10]= **hello**

TextRecognize는 이미지에서 문자열을 인식할 수 있다.

이미지 속의 문자를 인식하면,

In[11]:= **TextRecognize[hello]**

Out[11]= hello

문자가 너무 흐려지면, 사람이 파악하기 어렵듯이 TextRecognize도 인식하기가 어렵다.

문자를 점점 더 흐리게 나타내 보자.

In[12]:= **Table[Blur[Rasterize[Style["hello", 15]], r], {r, 0, 4}]**

Out[12]= {**hello**, **hello**, **hello**, hello, hello}

문자가 점점 흐려질수록 TextRecognize의 인식 오류가 늘어나며 결국에는 인식을 포기한다.

In[13]:= **Table[TextRecognize[Blur[Rasterize[Style["hello", 15]], r]], {r, 0, 4}]**

Out[13]= {hello, hello, hella, , }

치타의 이미지를 점점 흐리게 해 보자. 이미지에도 앞에서 살펴본 것처럼 문자와 비슷한 일이 일어난다. 선명한 이미지의 경우, ImageIdentify는 정확하게 치타로 인식하지만 매우 흐린 이미지의 경우 ImageIdentify는 사자와 비슷하다고 인식하기 시작하고 결국에는 사람으로 추측한다.

치타의 이미지를 점점 흐리게 만들어 보자.

In[14]:= **Table[Blur[, r], {r, 0, 22, 2}]**

이미지가 너무 흐려지면, ImageIdentify는 더 이상 이미지를 치타로 인식하지 않는다.

In[15]:= **Table[ImageIdentify[Blur[** **, r]], {r, 0, 22, 2}]**

Out[15]= { cheetah , cheetah , cheetah , cheetah , lion , red wolf , domestic dog ,

musteline mammal , domestic dog , person , person , person }

ImageIdentify는 판별하고자 하는 이미지에 가장 근접하는 이미지로 인식한 것을 결과로 제공한다. 가장 비슷한 이미지로 인식한 것으로부터 시작하여 가능성이 있는 이미지들을 리스트로 얻을 수 있다. 다음은 모든 카테고리에 대해 가장 비슷한 이미지로 인식한 10개의 결과를 가져온 것이다.

ImageIdentify는 주어진 이미지가 치타일 것이라고 인식하지만, 사자나 개 등도 비슷하다고 인식한다.

In[16]:= **ImageIdentify[** **, All, 10]**

Out[16]= { lion , red wolf , cheetah , wildcat , domestic dog ,

striped hyena , pine marten , mountain lion , working dog , lynx }

이미지가 너무 흐려지면, ImageIdentify는 주어진 이미지가 무엇인지에 대해 터무니 없는 결과를 제공한다.

In[17]:= **ImageIdentify[** **, All, 10]**

Out[17]= { person , domestic dog , edible fruit , hunting dog , cat ,

berry , terrier , wildcat , working dog , soft-finned fish }

기계 학습에서는 '이것은 치타이다', '이것은 사자이다'와 같이 명시적으로 훈련을 시킨다. 하지만 특정 훈련없이 사물의 카테고리를 자동으로 선택하길 원할 수도 있다.

사물의 집합, 예를 들어 다양한 색의 나열에서 유사한 것들끼리 묶어서 나타내는 예를 하나 보자. 이 작업은 FindClusters를 사용하여 수행할 수 있다.

리스트를 사용해 유사한 색끼리 클러스터로 묶어 보자.

In[18]:= **FindClusters[{■, ■, ■, ■, ■, ■, ■, ■, ■, ■, ■, ■, ■, ■, ■, ■, ■, ■, ■, ■}]**

Out[18]= {{■, ■, ■, ■, ■, ■, ■, ■}, {■, ■, ■, ■, ■, ■, ■}, {■, ■, ■, ■, ■}, {■, ■}}

각각의 색을 리스트에서 가장 유사한 세 개의 색과 연결하여 그래프를 만들면 다른 관점에서 리스트를 관찰할 수 있다. 아래의 예에서는 연결되지 않은 세 개의 부분 그래프가 생성된다.

'색 공간'에서의 근접성에 근거한 연결 그래프를 만들어 보자.

In[19]:= **NearestNeighborGraph[**

{■, ■}, 3, VertexLabels → All]

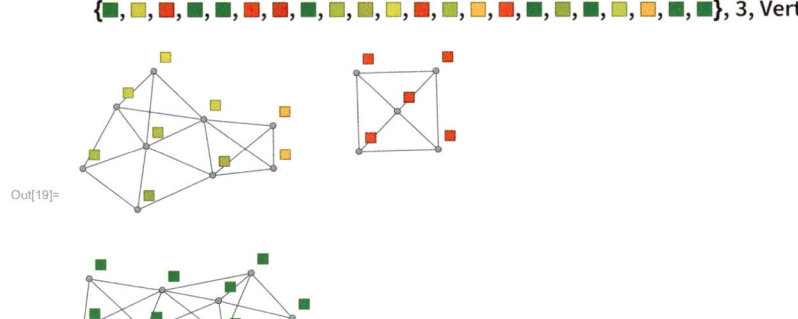

Out[19]=

덴드로그램은 가까운 것들에 대한 전체 계층 구조를 보여주는 나무와 같은 그래프를 그린다.

주변 색을 연속적으로 묶어 나타내 보자.

In[20]:= **Dendrogram[{■, ■}]**

Out[20]=

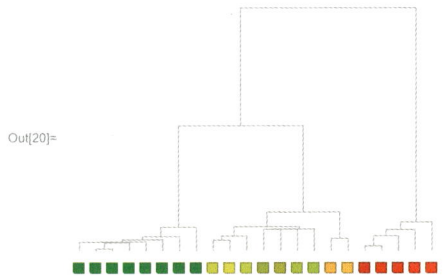

색이나 동물의 이미지 등 어떤 사물을 비교할 때, 우리가 그것을 구분할 수 있게 해주는 그 사물만이 가진 명확한 특징을 확인하여 인식할 수 있다. 예를 들어, 색에 대해서는 색이 얼마나 밝은지 혹은 빨간색을 얼마나 포함하고 있는지의 특징을 확인하여 인식할 수 있으며, 동물 이미지에 대해서는 동물의 털이 어떻게 생겼는지 귀가 얼마나 뾰족한지의 특징을 통해 인식한다.

Wolfram 언어에서 FeatureSpacePlot은 객체의 묶음을 관찰하고, 해당 객체를 특정할 수 있는 '가장 최선'의 특징을 찾은 다음, 이들의 값을 사용하여 그래프를 그린다.

FeatureSpacePlot은 사용되는 특징이 무엇인지 명시하지 않으며 실제로 설명하기도 상당히 어렵다. 하지만, FeatureSpacePlot은 비슷한 특징을 가진 객체들끼리 묶어 주변에 위치시켜 정렬한다.

FeatureSpacePlot은 유사한 색들을 서로의 주변에 위치시킨다.

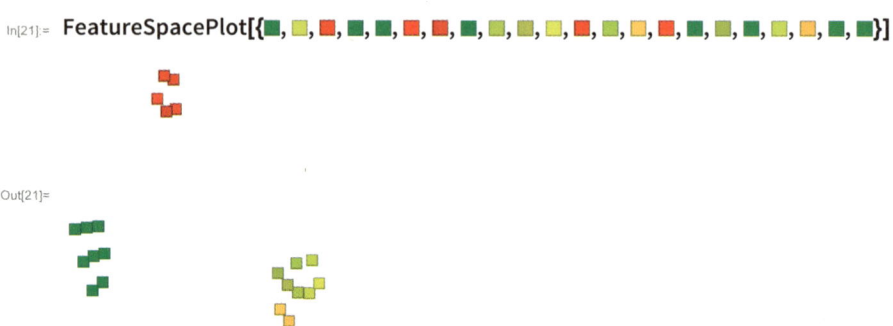

In[21]:= **FeatureSpacePlot[{■, ■}]**

Out[21]=

예를 들어, 100가지 색을 모두 무작위로 뽑는다고 가정하면 FeatureSpacePlot은 비슷한 색으로 간주되는 색끼리 가까이 다시 배치한다.

FeatureSpacePlot을 이용하여 100개의 무작위 색을 펼쳐 보자.

In[22]:= **FeatureSpacePlot[RandomColor[100]]**

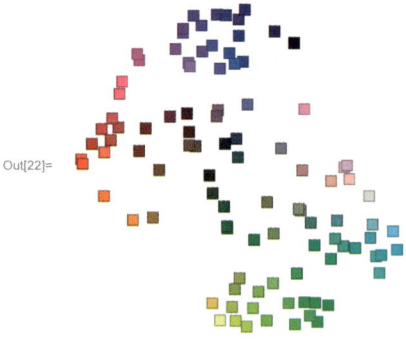

Out[22]=

알파벳의 이미지로 비슷한 시도를 해보자.

알파벳들을 래스터화하여 이미지를 만들어 보자.

In[23]:= **Table[Rasterize[FromLetterNumber[n]], {n, 26}]**

Out[23]= {a, b, c, d, e, f, g, h, i, j, k, l, m, n, o, p, q, r, s, t, u, v, w, x, y, z}

FeatureSpacePlot은 이미지의 시각적 특징을 사용하여 배치한다. 그러므로, y와 v, 그리고 e와 c처럼 이미지의 시각적 특징이 비슷한 알파벳끼리 서로 가까이 배치한다.

In[24]:= **FeatureSpacePlot[Table[Rasterize[FromLetterNumber[n]], {n, 26}]]**

Out[24]=

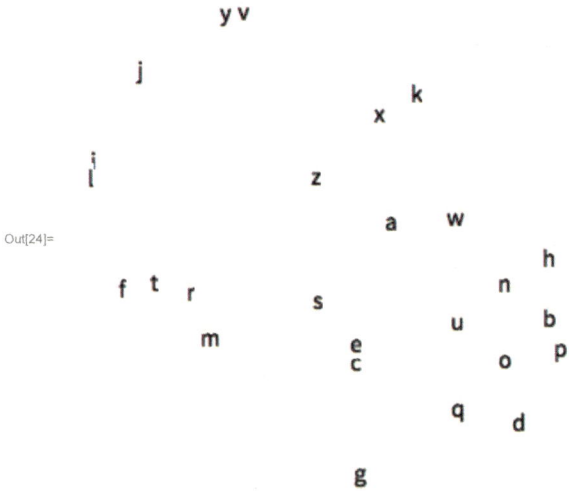

다음은 고양이, 차 그리고 의자의 이미지를 살펴보자. 위의 예에서처럼 서로 비슷한 것끼리 배치되는 것을 볼 수 있다. FeatureSpacePlot은 서로 다른 사물들을 즉시 분류한다.

FeatureSpacePlot은 서로 다른 사물의 이미지를 멀리 떨어뜨려 배치한다.

In[25]:= **FeatureSpacePlot[{**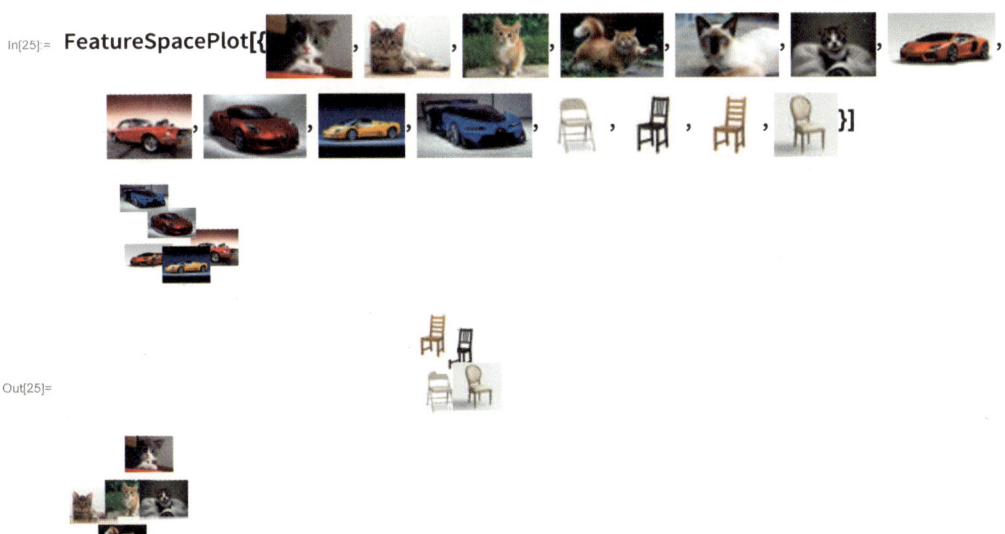

Out[25]=

용어

LanguageIdentify[*text*]	텍스트가 속하는 언어 식별하기
ImageIdentify[*image*]	어떤 이미지인지 식별하기
TextRecognize[*text*]	이미지에서 텍스트 인식하기(OCR)
Classify[*training, data*]	훈련 예제에 따라 데이터 분류하기
Nearest[*list, item*]	*list*에서 *item*에 가장 가까운 원소 찾기
FindClusters[*list*]	유사 항목 클러스터 찾기
NearestNeighborGraph[*list, n*]	*list*의 원소를 가장 가까운 *n*개의 인접 원소와 연결하기
Dendrogram[*list*]	리스트 원소들의 구조를 계층적으로 나타내기
FeatureSpacePlot[*list*]	'특징 공간'에서 *list*의 원소 그리기

연습 문제

22.1 "ajatella"란 단어가 어느 언어에 속하는지 식별하여라.

22.2 ⌜ctrl⌟ ⌜=⌟ 를 사용하여 호랑이 이미지를 얻고, **ImageIdentify**를 적용하여라.

22.3 호랑이 이미지를 1에서 5까지 점차 흐릿하게 한 이미지 식별 리스트를 만들어라.

22.4 "I'm so happy to be here"의 감정 상태를 분류하여라.

22.5 "happy"에 가장 가까운 10개의 영어 단어를 **WordList**[]에서 찾아라.

22.6 1부터 1,000까지의 무작위 정수 20개를 생성하고, 이 중 100에 가장 가까운 3개의 수를 찾아라.

22.7 무작위로 선택한 10개의 색을 나열하고, 이 중 빨간색(**Red**)에 가장 가까운 5개의 색을 찾아라.

22.8 첫 100개의 제곱수 중에서 2,000에 가장 가까운 것을 찾아라.

22.9 브라질 국기에 가장 유사한 3개의 유럽 국기를 찾아라.

22.10 **Table**[**Hue**[h], {h, 0, 1, .05}]에서 각 색에 가장 유사한 두 개의 색이 이웃한 그래프를 만들어라.

22.11 0부터 100까지의 정수에서 무작위로 40개를 뽑은 후, 각 정수가 가장 가까운 두 개의 정수에 이웃한 그래프를 만들어라.

22.12 아시아 국가의 국기를 유사한 국기끼리 묶은 클러스터를 찾아라.

22.13 모든 영어 알파벳의 래스터(비트맵) 이미지를 만든 다음, 각 이미지가 유사한 두 개의 이미지에 이웃한 그래프를 만들어라.

22.14 크기 50으로 래스터(비티맵)화된 "hello"를 1에서 10 사이의 값으로 흐리게 한 다음, **TextRecognize**를 사용하여 인식한 결과를 나열하여라.

22.15 첫 10 개의 알파벳 문자의 이미지에 대한 덴드로그램을 만들어라.

22.16 알파벳 대문자에 대한 특징 공간을 나타내어라.

Q&A

이 책에 나타나는 결과와 다른 결과를 얻는 이유는 무엇인가요?

Wolfram 언어가 지속적으로 기계 학습 기능의 훈련을 시행하고 있기 때문입니다. 더 좋은 결과를 내놓을 수 있도록 끊임없이 노력하고 있습니다. TextRecognize의 경우, 결과는 사용된 글꼴과 컴퓨터의 랜더링 및 래스터화하는 방법에 따라 달라질 수 있습니다.

ImageIdentify는 내부적으로 어떻게 동작하나요?

ImageIdentify는 두뇌의 동작 방법과 유사하게 설계된 인공 신경망을 기반으로 합니다. 수백만 가지에 이르는 예제 이미지 학습을 통해 이미지 구별법을 점진적으로 익히게 됩니다. '스무 고개'와 같은 방식을 사용하여 학습을 통해 익힌 이미지 구별법을 충분히 이용함으로써 ImageIdentify가 특정 이미지가 무엇인지 판단할 수 있게 됩니다.

ImageIdentify는 얼마나 많은 이미지 종류를 인식할 수 있나요?

적어도 10,000개 이상을 인식할 수 있으며, 보통 사람들이 인식하는 수준을 넘어섭니다(영어에는 apple, bird, cat처럼 단어 자체가 그 단어의 이미지를 품고 있는 5,000여 개의 '그림 명사'가 있습니다).

ImageIdentify가 잘못된 답을 하는 이유는 무엇인가요?

ImageIdentify에 지금까지 훈련한 어떤 것과도 유사성을 찾을 수 없는 이미지를 입력하였을 경우 잘못된 답을 반환합니다. 이런 실수는 배가 바다색과 같은 파란색을 배경으로 가지고 있지 않은 경우처럼 일반적이지 않은 색다른 설정이나 환경에 있는 개체에 관한 질문을 처리 할 때 발생합니다. ImageIdentify는 어떤 것이든 일치하는 항목을 찾으려고 시도하지만 이러한 실수가 오히려 Wolfram 언어를 '인간답게' 보이게 합니다.

ImageIdentify에게 다른 식별 결과로 할당할 확률을 물어볼 수 있나요?

네. 모든 카테고리에서 상위 10개의 식별 결과에 대한 확률을 찾으려면 ImageIdentify[*image*, All, 10, "Probability"]를 사용합니다.

Classify가 제대로 작동하기 위해서는 일반적으로 얼마나 많은 예제가 필요한가요?

Classify가 이미 잘 알고 있는 일반적인 분야의 경우 백 개 정도의 적은 예제로도 분류가 가능할 수 있지만, 새로운 분야에 대해서는 좋은 결과를 얻기 위해 수백만 개의 예제가 필요할 수도 있습니다.

Nearest는 색의 근접도를 어떻게 알아내나요?

인간의 색채 지각 모델에 근거한 ColorDistance를 사용하여 색 간의 거리를 인지합니다.

Nearest는 가장 인접한 단어를 어떻게 결정하나요?

EditDistance가 가장 작은 것을 살펴봄으로써 결정합니다. 즉 삽입, 삭제, 치환이 최소일수록 서로 인접함을 나타냅니다.

단일 그래프가 여러 개의 단절된 부분을 포함할 수 있나요?

물론입니다. 이 장에 소개된 마지막 그래프가 그 한 가지 예입니다.

FeatureSpacePlot은 어떤 특징을 사용하나요?

대답하기 쉽지 않은 질문입니다. 이미지와 같이 동일한 일반적 유형의 다른 어러 많은 것들을 보았음에도 불구하고 사물의 모음을 얻으면 그것들을 구별하기 위한 특징들을 배우게 됩니다.

기술 노트

- Wolfram 언어는 클라우드에 최신 기계 학습 분류 기능을 저장한다. 하지만 데스크톱에서도 사용이 가능하며, 자신의 컴퓨터에서 구동할 경우 자동으로 다운로드되어 사용된다.

- BarcodeImage와 BarcodeRecognize는 일반 텍스트 대신 바코드와 QR 코드로 작동한다.

- ImageIdentify는 imageidentify.com 웹사이트의 핵심 역할을 하고 있다.

- 만일 Classify에게 훈련 예제를 제공하면, 그것은 나중에 다른 데이터에도 적용할 수 있는 ClassifierFunction을 생성한다. 이것이 Classify를 실전에서 사용하는 방식이다.

- ResourceData["MNIST"]를 사용하여 손으로 쓴 숫자의 표준 훈련 세트를 얻을 수 있다.

- Classify는 다양한 방법(로지스틱 회귀(*logistic regression*), 나이브 베이즈(*naive Bayes*), 랜덤 포레스트(*random forests*), 서포트 벡터 머신(*support vector machines*), 그리고 인공 신경망(*neural networks*)) 중 자동으로 분류 방법을 선택한다.

- FindClusters는 자율 기계 학습을 한다. 이것은 컴퓨터가 데이터에 대한 사전 정보 없이 데이터를 살펴본다는 의미이며, Classify는 훈련 예제가 주어지는 지도 기계 학습을 한다.

- Dendrogram은 계층적 클러스터링을 수행하며 생물정보학, 역사언어학과 같은 분야의 진화 계통 나무를 재구성하는데 사용될 수 있다.

- FeatureSpacePlot은 다양한 매개 변수로 표현되는 데이터를 가져와 차원 축소를 수행하고, 이러한 매개 변수를 '계획'하여 2차원으로 그릴 수 있는 좋은 방법을 찾는다.

- Rasterize /@ Alphabet[]는 래스터화된 이미지의 리스트를 만드는 더 좋은 방법이지만, /@에 대해서는 25장에서 다룰 예정이다.

- FeatureExtraction은 FeatureSpacePlot에 의해 사용된 특징 벡터를 얻게 해준다.

- FeatureNearest는 실제 제공된 데이터를 살펴보고 어떤 점들이 유사한지를 판단한다는 점을 제외하면 Nearest와 비슷하다. 이미지 검색 기능을 구축하는 것과 같은 작업을 수행한다.

- Wolfram 언어에서 NetChain, NetGraph, NetTrain과 같은 함수를 이용하여 자신만의 신경망을 구축하여 훈련할 수 있다. NetModel는 사전에 구축된 신경망으로 접근하도록 해 준다.

더 살펴보기

Wolfram 언어의 기계 학습(wolfr.am/eiwl-22-more)

23 | 수에 관해 더 살펴보기

Wolfram 언어는 정수에 관한 계산에 대해서는 정확한 답을 내놓는다. 분수에 관한 계산에 대해서도 마찬가지이다.

1/2+1/3을 입력하면 분수로 된 정확한 답을 준다.

In[1]:= **1/2+1/3**

Out[1]= $\dfrac{5}{6}$

수치 혹은 소수점이 들어 있는 십진수 형태의 근사값을 원할 경우, ("numerical"을 뜻하는) N 함수를 사용하여 구할 수 있다.

수치 근삿값을 구해 보자.

In[2]:= **N[1/2+1/3]**

Out[2]= 0.833333

입력에 소수점이 들어있는 경우, Wolfram 언어는 자동으로 근삿값을 답으로 준다.

소수점이 들어 있는 십진수는 결과를 근삿값으로 주게 한다.

In[3]:= **1.8/2+1/3**

Out[3]= 1.23333

수의 끝에 소수점만 달아도 된다.

In[4]:= **1/2.+1/3**

Out[4]= 0.833333

Wolfram 언어는 사용 중인 컴퓨터의 메모리가 허용하는 한 어떤 크기의 숫자도 다룰 수 있다.

2의 1,000 제곱을 구해 보자.

In[5]:= **2^1000**

Out[5]= 10 715 086 071 862 673 209 484 250 490 600 018 105 614 048 117 055 336 074 437 503 883 703 510
511 249 361 224 931 983 788 156 958 581 275 946 729 175 531 468 251 871 452 856 923 140 435
984 577 574 698 574 803 934 567 774 824 230 985 421 074 605 062 371 141 877 954 182 153 046
474 983 581 941 267 398 767 559 165 543 946 077 062 914 571 196 477 686 542 167 660 429 831
652 624 386 837 205 668 069 376

수치 근삿값을 구하면,

In[6]:= **N[2^1000]**

Out[6]= 1.07151×10^{301}

위 근사 표현은 과학적 표기법에 의한 것이다. 입력을 과학적 표기법으로 하려면 *^을 사용한다.

과학적 표기법으로 수를 입력해 보자.

In[7]:= **2.7*^6**

Out[7]= 2.7×10^{6}

자주 사용되는 π와 같은 수는 **Wolfram** 언어에 내장되어 있다.

π의 근삿값을 구해 보자.

In[8]:= **N[Pi]**

Out[8]= 3.14159

Wolfram 언어는 임의의 정밀도로 계산할 수 있다. 예를 들어, 원한다면 π를 수백만 자리까지도 구할 수 있다.

π를 250자리까지 구해 보자.

In[9]:= **N[Pi, 250]**

Out[9]= 3.141592653589793238462643383279502884197169399375105820974944592307816406286`.
2089986280348253421170679821480865132823066470938446095505822317253594408128`.
4811174502841027019385211055596446229489549303819644288109756659334461284 75`.
648233786783165271201909

Wolfram 언어에는 정수를 다루는 많은 함수가 존재한다. 또한, 소수점이 달린 근사치와 같은 실수를 다루는 다양한 함수도 함께 갖추고 있다. 한 가지 예로 **RandomReal** 함수는 무작위 실수를 반환한다.

0부터 10까지의 실수 중에서 무작위로 하나를 생성해 보자.

In[10]:= **RandomReal[10]**

Out[10]= 2.08658

실수 5개를 무작위로 생성해 보자.

In[11]:= **Table[RandomReal[10], 5]**

Out[11]= {4.15071, 4.81048, 8.82945, 9.84995, 9.08313}

실수 5개를 무작위로 생성하는 다른 방법을 살펴보자.

In[12]:= **RandomReal[10, 5]**

Out[12]= {6.47318, 3.29181, 3.57615, 8.11204, 3.38286}

20에서 30까지의 실수를 무작위로 구하면,

In[13]:= **RandomReal[{20, 30}, 5]**

Out[13]= {24.1202, 20.1288, 20.393, 25.6455, 20.9268}

Wolfram 언어는 기본적인 것에서부터 고도로 복잡한 것에 이르기까지 광범위한 내용의 수학을 다룰 수 있는 함수들을 많이 내장하고 있다.

100번째 소수를 구해 보자.

In[14]:= **Prime[100]**

Out[14]= 541

100만 번째 소수를 구하면,

In[15]:= **Prime[1 000 000]**

Out[15]= 15 485 863

첫 50개의 소수를 그래프로 나타내면,

In[16]:= **ListPlot[Table[Prime[n], {n, 50}]]**

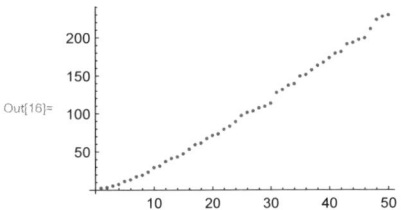

Out[16]=

실제로 많이 사용되는 함수로 Sqrt(제곱근), Log10(상용로그), Log(자연로그)의 세 가지를 들 수 있다.

16의 제곱근은 4이다.

In[17]:= **Sqrt[16]**

Out[17]= 4

수치 근사를 요청하지 않으면 정확한 답을 얻는다.

In[18]:= **Sqrt[200]**

Out[18]= $10\sqrt{2}$

N은 수치 근삿값을 준다.

In[19]:= **N[Sqrt[200]]**

Out[19]= **14.1421**

로그는 넓은 범위에 걸쳐 크기가 변하는 수를 다루는 데 유용하다. 행성의 질량을 그래프로 나타내 보자. ListPlot으로는 목성보다 앞에 있는 행성에 대해 아무것도 알 수 없지만 ListLogPlot은 상대적 크기를 훨씬 더 명확하게 보여준다.

행성 질량의 일반적인 ListPlot을 만들어 보자.

In[20]:= **ListPlot[** planets **["Mass"]]**

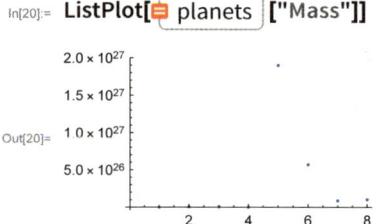

로그 배율 그래프를 그리면,

In[21]:= **ListLogPlot[** planets **["Mass"]]**

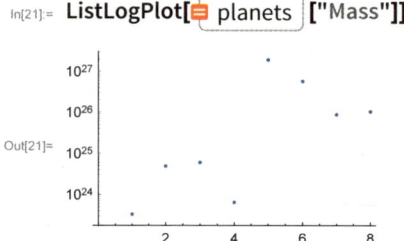

일반적인 프로그래밍에 자주 사용되는 함수 몇 가지를 더 살펴보자. 첫 번째로 수의 절댓값 또는 양의 부분을 구하는 Abs를 알아보자.

사실상 Abs는 음의 기호를 제거한다.

In[22]:= **{Abs[3], Abs[−3]}**

Out[22]= {3, 3}

자주 사용되는 또 다른 함수로 반올림을 해주는 Round가 있다.

Round 함수는 반올림을 해준다.

In[23]:= **{Round[3.2], Round[3.4], Round[3.6], Round[3.9]}**

Out[23]= {3, 3, 4, 4}

매우 유용한 다른 함수로 Mod가 있다. 예를 들어 한 시간을 분 단위로 센다고 가정해 보자. 60에 도달하면 다시 0부터 시작되어야 하는데, Mod를 사용하면 이를 쉽게 수행할 수 있다.

60으로 나눈 나머지로 이루어진 수열을 만들어 보자.

In[24]:= **{Mod[50, 60], Mod[55, 60], Mod[60, 60], Mod[65, 60], Mod[70, 60]}**

Out[24]= {50, 55, 0, 5, 10}

용어

N[*expr***]**	수치 근사
Pi	숫자 π(원주율)≈3.14
Sqrt[*x***]**	제곱근
Log10[*x***]**	상용로그
Log[*x***]**	자연로그(ln)
Abs[*x***]**	절대값(음의 부호 제거)
Round[*x***]**	반올림
Prime[*n***]**	n번째 소수
Mod[*x***, ***n***]**	법 n에 대한 x('시계 산술')
RandomReal[*max***]**	0부터 max 까지의 범위에서 고른 무작위 실수
RandomReal[*max***, ***n***]**	n개의 무작위 실수 리스트
ListLogPlot[*data***]**	로그 배율 그래프

연습 문제

23.1 $\sqrt{2}$ 를 500자리의 정밀도로 구하여라.

23.2 0부터 1까지의 실수 중 무작위로 10개를 생성하여라.

23.3 0부터 1까지의 무작위 실수를 x와 y의 좌표로 하는 점 200개를 그래프로 나타내어라.

23.4 0부터 2π까지의 무작위 실수 1,000개와 AnglePath를 이용하여 경로를 만들어라.

23.5 n이 0부터 30까지의 정수일 때, Mod[n^2, 10]를 나열하여라.

23.6 n이 1부터 100까지의 자연수일 때, Mod[n^n, 10]의 선그래프를 그려라.

23.7 π의 첫 10차까지의 거듭제곱을 반올림하여 나열하여라.

23.8 n이 0부터 99까지의 수일 때, Mod[n^2, 100]을 연결하는 그래프를 그려라.

23.9 중심의 좌표는 0부터 10까지의 무작위 실수, 반지름의 길이는 0부터 2까지의 무작위 실수로 주어지는 무작위 색의 원 50개를 그려라.

23.10 n이 2부터 1,000까지 증가할 때, n번째 소수를 n*log(n)으로 나눈 값을 그래프로 나타내어라.

23.11 첫 100개의 소수에 대해, 연속한 소수의 차이를 선그래프로 나타내어라.

23.12 0초부터 0.5초까지의 무작위 지속 시간을 가지는 가온 다(C)음을 20개 생성하여라.

23.13 50까지 증가하는 i와 j에 대해 Mod[i, j]의 배열 그래프를 그려라.

23.14 n이 2부터 10까지 증가할 때, 50까지의 자연수 x와 y에 대해 법 n에 대한 x^y의 배열 그래프를 나열하여라.

Q&A

Wolfram 언어에는 어떤 수학 함수들이 내장되어 있나요?
수학 교과 과정의 Sin, Cos, ArcTan, Exp는 물론이고, GCD, Factorial, Fibonacci 등의 함수가 있습니다. 물리학, 공학, 고등 수학 분야의 Gamma(감마 함수), BesselJ(베셀 함수), EllipticK(타원 적분), Zeta(리만 제타 함수), PrimePi, EulerPhi 등의 함수도 있습니다. 그리고, 통계학 분야의 Erf, NormalDistribution, ChiSquareDistribution 등 통틀어 수백여 개의 수학 함수가 들어 있습니다.

수의 정밀도란 무엇인가요?
십진법으로 표현되었을 때의 자릿수를 의미합니다. N[100/3, 5]는 33.333을 주는데, 이는 다섯 자리 정밀도를 의미합니다. 즉, 100/3은 정확한 수이고, N[100/3, 5]은 그것을 다섯 자리로 근사한 값입니다.

길이가 긴 숫자의 각 줄 끝에 있는 ∵은 무엇을 의미하나요?
영어의 붙임표(–)와 같이 숫자가 다음 행에 계속 이어짐을 의미합니다.

10진수가 아닌 수를 처리할 수 있나요?
네. 16^^ffa5로 16진수를 나타낼 수 있으며, IntegerDigits[655, 16]을 사용하여 자리 숫자를 구합니다.

Wolfram 언어가 복소수를 다룰 수 있나요?
물론입니다. 기호 I(대문자 "i")는 -1의 제곱근을 표현합니다.

N[1.5/7, 100]이 100자리 숫자를 주지 않는 이유는 무엇인가요?
1.5는 100자리보다 훨씬 낮은 자리의 정밀도를 갖는 근삿값이기 때문입니다. N[15/70, 100]같은 경우는 100자리 정밀도의 수를 줍니다.

기술 노트

- Wolfram 언어는 '임의의 정밀도 계산'을 수행한다. 이것은 원하는 만큼의 자리를 사용할 수 있음을 의미한다.

- N을 사용하여 특정 정밀도의 숫자를 생성할 때, Wolfram 언어는 정밀도가 계산에 어떻게 영향을 받는지 자동으로 추적한다. 그러므로 사용자는 따로 반올림 오차에 대한 분석을 하지 않아도 된다.

- 1.5와 같은 수를 입력하면, 사용 중인 컴퓨터의 '기계 정밀도'(대부분 약 16 자리 숫자)로 인식된다. 100 자리 숫자 정밀도를 지정하는 경우 1.5`100을 입력한다.

- Wolfram 언어는 4, 2/3, Pi와 같은 정확한 입력의 경우 정확한 결과로 나타내지만, 2.3과 같은 근삿값을 의미하는 입력이 있거나, N을 사용한 경우에는 수치 근삿값으로 나타난다.

- 수치 근삿값은 대단위 계산 실행에 중요한 역할을 한다.

- **PrimeQ**는 수가 소수인지 아닌지 여부를 판정하며(28장 참조), **FactorInteger**는 정수의 소인수와 그 지수를 찾아 준다.

- **RandomReal**은 균등분포만을 따르지는 않는다. 예를 들어, **RandomReal[NormalDistribution[ ]]**은 정규 분포를 반환한다.

- **Round**는 반올림, **Floor**는 내림, **Ceiling**은 올림한다.

- **RealDigits**는 실수에 대해 **IntegerDigits**에 같은 역할을 한다.

더 살펴보기

Wolfram 언어의 여러가지 수(wolfr.am/eiwl-23-more)

Wolfram 언어의 수학 관련 함수(wolfr.am/eiwl-23-more2)

24 | 다양한 시각화 형태

앞에서 ListPlot과 ListLinePlot을 사용하여 데이터 리스트를 그래프로 나타내는 방법을 알아보았다. 여러 데이터 세트를 동시에 하나의 그래프에 나타내려면 이들을 하나의 리스트에 넣으면 된다.

두 개의 데이터 세트를 동시에 나타내 보자.

In[1]:= **ListLinePlot[{{1, 3, 4, 3, 1, 2}, {2, 2, 4, 5, 7, 6, 8}}]**

Out[1]=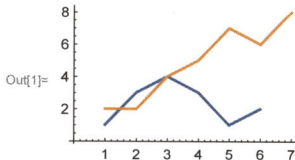

PlotStyle 옵션을 사용하면 각 데이터 세트의 스타일을 지정할 수 있다.

In[2]:= **ListLinePlot[{{1, 3, 4, 3, 1, 2}, {2, 2, 4, 5, 7, 6, 8}}, PlotStyle → {Red, Dotted}]**

Out[2]=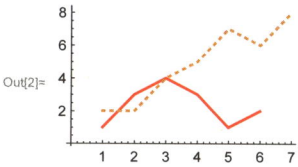

Mesh 옵션은 실제 데이터에 해당하는 점을 표시한다.

In[3]:= **ListLinePlot[{{1, 3, 4, 3, 1, 2}, {2, 2, 4, 5, 7, 6, 8}}, Mesh → All, MeshStyle → Red]**

Out[3]=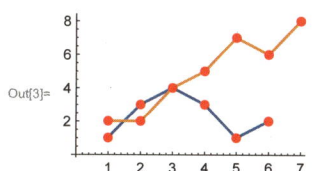

Histogram 함수는 리스트에 있는 일련의 값을 단순 나열할 때도 사용할 수 있지만, 다른 값이 얼마나 자주 나타나는지 알고 싶은 경우에도 활용할 수 있다.

WordList의 첫 30개 영어 단어의 길이를 살펴보자.

In[4]:= **StringLength[Take[WordList[ ], 30]]**

Out[4]= {1, 3, 8, 5, 6, 5, 7, 7, 9, 11, 5, 9, 5, 7, 9, 5, 9, 8, 4, 6, 5, 5, 10, 11, 12, 8, 10, 7, 9, 6}

다음의 히스토그램은 WordList에 있는 첫 200개 단어에 대한 글자 수의 분포를 보여준다.

In[5]:= **Histogram[StringLength[Take[WordList[ ], 200]]]**

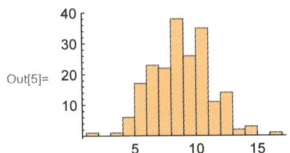

Out[5]=

WordList의 모든 단어를 대상으로 하면 좀 더 매끄러운 결과를 볼 수 있다.

In[6]:= **Histogram[StringLength[WordList[ ]]]**

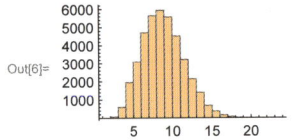

Out[6]=

데이터를 3차원으로 시각화할 수도 있다. GeoElevationData는 지형의 높이를 리스트로 반환하는데, ListPlot3D를 이용하면 이 데이터를 이용하여 3차원 그래프를 만들 수 있다.

에베레스트 산 근방의 고도에 대한 리스트를 구하고, 이를 3차원 그래프로 그려 보자.

In[7]:= **ListPlot3D[GeoElevationData[GeoDisk[▤ mount everest , ▤ 2 miles]]]**

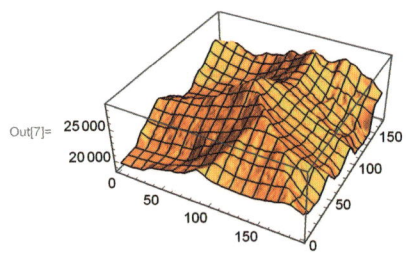

Out[7]=

메시 없이 나타내 보자.

In[8]:= **ListPlot3D[**
GeoElevationData[GeoDisk[▤ mount everest , ▤ 2 miles]], MeshStyle → None]

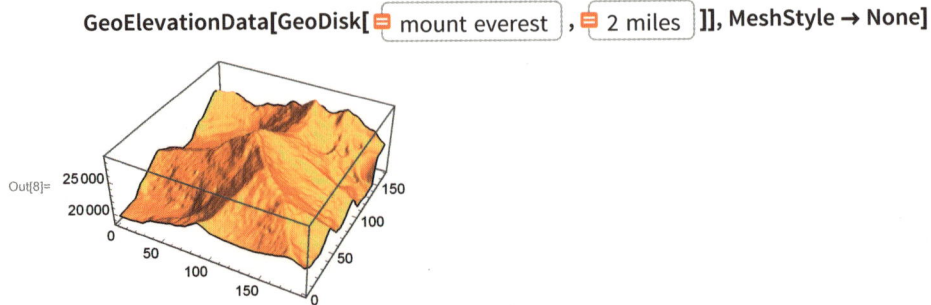

Out[8]=

또 다른 시각화 방법으로 등고선 그래프가 있다. 등고선 그래프는 위에서 내려다보았을 때, 같은 고도의 구간을 선으로 구분해서 그린 등치선도이다.

연속된 고도의 구간을 등치선으로 구분한 등고선 그래프를 그려 보자.

In[9]:= **ListContourPlot[GeoElevationData[GeoDisk[** ▤ mount everest , ▤ 2 miles **]]]**

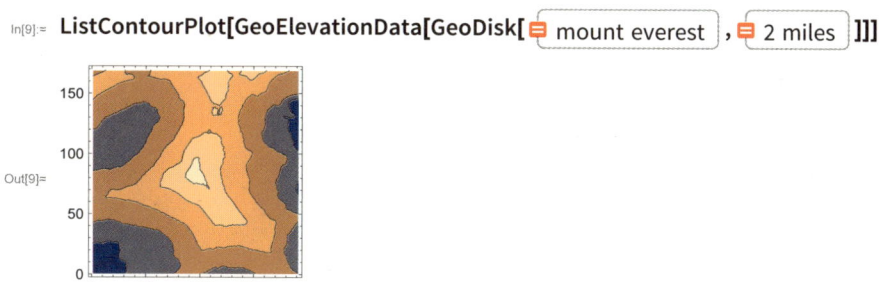

Out[9]=

대량의 데이터를 다룰 때는 고도에 따라 색을 달리 표현하는 기복도와 같이 좀 더 간단한 시각화 방법이 더욱 효과적이다.

에베레스트 산 100마일 근방 지형의 기복도를 그려 보자.

In[10]:= **ReliefPlot[GeoElevationData[GeoDisk[** ▤ mount everest , ▤ 100 miles **]]]**

Out[10]=

용어

ListLinePlot[{$list_1$, $list_2$, ...**}]**	복수의 리스트를 동시에 그래프로 그리기
Histogram[$list$**]**	히스토그램 그리기
ListPlot3D[$array$**]**	리스트를 3차원 그래프로 그리기
ListContourPlot[$array$**]**	리스트를 등고선 그래프로 그리기
ReliefPlot[$array$**]**	기복도 그리기
GeoElevationData[$region$**]**	$region$의 측지 고도 배열
PlotStyle	각 데이터 세트의 스타일 옵션
Mesh	메시 점 또는 선의 표시 여부
MeshStyle	메시 스타일 옵션

연 습 문 제

24.1   첫 10개의 제곱수, 세제곱수, 네제곱수로 된 그래프를 그려라.

24.2   처음 20개의 소수들을 빨간색 점으로 표시하고, 그 점들을 선으로 연결한 후, 그 선과 수평축 사이를 색으로 채워 나타내어라.

24.3   후지 산(Fuji-san) 근방 20마일의 지형을 3차원 그래프로 그려라.

24.4   후지 산 근방 100마일의 지형을 기복도로 그려라.

24.5   i와 j가 100 이하의 자연수일 때, Mod[i, j]를 높이로 하여 3차원 그래프를 그려라.

24.6   첫 10,000개의 연속한 소수들의 차를 구하고, 이를 히스토그램으로 나타내어라.

24.7   10,000 이하 자연수들의 제곱에 대해 가장 높은 자리 숫자의 빈도를 히스토그램으로 나타내어라(벤포드의 법칙).

24.8   1,000 이하의 모든 자연수를 로마 숫자로 나타내었을 때 각 문자열의 길이의 빈도를 히스토그램으로 나타내어라.

24.9   영문 위키백과의 컴퓨터(computers)에 대한 문서에 포함된 문장의 길이의 빈도를 히스토그램으로 나타내어라.

24.10   다섯 개의 히스토그램으로 이루어진 리스트를 생성하여라. 이들 히스토그램은 n이 1부터 5까지 변화할 때, 100 이하 무작위 실수 n개의 합 10,000개의 빈도수를 나타낸다(중심 극한정리의 시각화).

24.11   크기 200인 문자 "W"를 이진화한 이미지 데이터를 높이로 하여 3차원 그래프를 생성하여라.

Q&A

다른 시각화 방법에는 무엇이 있나요?
ListStepPlot, ListStreamPlot, BubbleChart, BarChart3D, SmoothHistogram, BoxWhiskerChart, AngularGauge, VerticalGauge 등 다수의 함수가 있습니다.

따로따로 만든 그래프를 하나로 결합하려면 어떻게 하나요?
여러 그래프를 하나의 좌표축에 그리는 경우 Show를 사용하며, GraphicsGrid(37장 참조) 등을 사용하면 그래프를 나란히 위치시킬 수 있습니다.

히스토그램에서 구간을 어떻게 지정하나요?
Histogram[*list*, *n*]은 *n*개의 구간을 사용합니다. Histogram[*list*, {*xmin*, *xmax*, *dx*}]은 *xmin*에서 *xmax*까지의 구간의 폭을 *dx*로 하여 히스토그램을 생성합니다.

막대그래프와 히스토그램의 차이가 무엇인가요?
막대그래프는 데이터 값을 직접 표현한 것인 반면, 히스토그램은 어떤 데이터 값의 출현 빈도수를 나타냅니다. 막대그래프에서 각 막대의 높이는 하나의 데이터 값을 의미하지만, 히스토그램에서 각 막대의 높이는 *x* 범위 내에서 나타나는 데이터 값의 총 횟수를 뜻합니다.

3차원 지형 그래프에서 등고선을 어떻게 그리나요?
MeshFunctions → (♯3 &)을 사용하세요. (♯3 &)은 세 번째(*z*) 좌표를 사용하여 메시를 만드는 **순수 함수**(26장 참조)입니다.

각각의 등고선 높이는 어떻게 알 수 있나요?
ContourLabels → All을 사용하면 모든 등고선에 라벨을 붙일 수 있습니다.

기술 노트

- Wolfram 언어는 시각화 함수에서 많은 값들을 자동으로 선택한다. 옵션을 사용하여 이 값들을 변경할 수 있다.

- ListLinePlot과 같은 함수는 데이터에 직접 Style을 삽입하여 PlotStyle을 이용하는 것과 같은 효과를 낼 수 있다.

- GeoElevationData는 지구로부터 약 40미터의 해상도까지 데이터를 측정한다.

더 살펴보기

Wolfram 언어의 데이터 시각화(wolfr.am/eiwl-24-more)

25 | 함수를 적용하는 방법

f[x]라는 입력은 '함수 f를 x에 적용한다'는 의미이다. 이것을 Wolfram 언어로 표현하는 또 다른 방법은 f@x이다.

f@x와 f[x]는 같은 의미를 가진다.

In[1]:= **f@x**

Out[1]= f[x]

합성함수를 나타낼 때, @를 사용하면 편리하다.

In[2]:= **f@g@h@x**

Out[2]= f[g[h[x]]]

괄호를 사용하지 않으면 코드를 입력하기도 쉽고, 읽기도 편하다.

In[3]:= **ColorNegate@EdgeDetect@**

Out[3]=

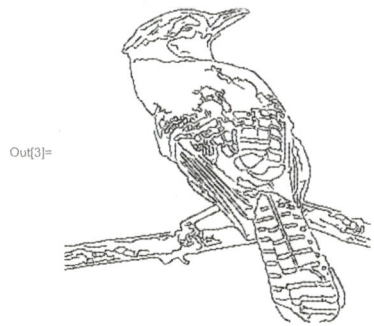

Wolfram 언어로 f[x]를 나타내는 세 번째 방법은 x // f와 같이 함수를 변수 뒤에 쓰는 것이다.

함수 f를 변수 x '뒤에' 적용해 보자.

In[4]:= **x // f**

Out[4]= f[x]

이 방법을 사용하여 합성함수를 다음과 같이 나타낼 수 있다.

In[5]:= **x // f // g // h**

Out[5]= h[g[f[x]]]

여러 함수를 순서대로 적용해 보자.

In[6]:=  // EdgeDetect // ColorNegate

Out[6]=

흔히 //와 N(수치 근삿값)을 함께 사용하여 '후위 형식'을 적용한다.

수치 근삿값을 '후위 형식'으로 적용하면,

In[7]:= **2 Pi^3+1 // N**

Out[7]= 63.0126

'각각의 원소에 적용하라'는 의미를 지닌 /@는 Wolfram 언어에서 매우 자주 사용되는 유용한 기호이다.

리스트의 각 원소마다 f를 각각 적용해 보자.

In[8]:= **f /@ {1, 2, 3}**

Out[8]= {f[1], f[2], f[3]}

일반적으로 f는 전체 리스트에 적용된다.

In[9]:= **f[{1, 2, 3}]**

Out[9]= f[{1, 2, 3}]

Framed는 어떤 대상에 테두리를 두르는 함수이다.

x에 테두리를 둘러 보자.

In[10]:= **Framed[x]**

Out[10]= x

Framed를 적용하여 리스트 전체에 테두리를 두를 수 있다.

전체 리스트에 Framed를 적용해 보자.

In[11]:= **Framed[{x, y, z}]**

Out[11]= {x, y, z}

@ 역시 같은 기능을 수행한다.

In[12]:= **Framed@{x, y, z}**

Out[12]= $\boxed{\{x, y, z\}}$

이제 나열된 원소에 각각 Framed를 적용하기 위해 /@를 사용해 보자.

In[13]:= **Framed/@{x, y, z}**

Out[13]= $\{\boxed{x}, \boxed{y}, \boxed{z}\}$

/@는 다른 함수에도 마찬가지로 적용 가능하다. 예를 들어, 나열된 원소에 개별적으로 Hue 함수를 적용할 수 있다.

/@를 사용하여 나열된 원소에 Hue 함수를 각각 적용해 보자.

In[14]:= **Hue/@{0.1, 0.2, 0.3, 0.4}**

Out[14]= {■, ■, ■, ■}

/@가 어떻게 작용하는지 살펴보자.

In[15]:= **{Hue[0.1], Hue[0.2], Hue[0.3], Hue[0.4]}**

Out[15]= {■, ■, ■, ■}

Range에 대해서도 마찬가지인데, 이 경우 결과는 리스트의 리스트가 된다.

/@는 Range 함수를 각 원소에 적용하여 리스트의 리스트를 생성한다.

In[16]:= **Range/@{3, 2, 5, 6, 7}**

Out[16]= {{1, 2, 3}, {1, 2}, {1, 2, 3, 4, 5}, {1, 2, 3, 4, 5, 6}, {1, 2, 3, 4, 5, 6, 7}}

같은 일을 하도록 Range 함수를 각각에 적용하여 작성하면 아래와 같다.

In[17]:= **{Range[3], Range[2], Range[5], Range[6], Range[7]}**

Out[17]= {{1, 2, 3}, {1, 2}, {1, 2, 3, 4, 5}, {1, 2, 3, 4, 5, 6}, {1, 2, 3, 4, 5, 6, 7}}

리스트의 리스트가 주어졌을 때, /@는 각 부분 나열에 별도의 작업을 적용할 때 사용된다.

PieChart를 리스트 안에 있는 각각의 리스트에 적용해 보자.

In[18]:= **PieChart/@{{1, 1, 1, 1, 1, 1, 1}, {1, 1, 1, 4, 4, 4}, {1, 2, 1, 2, 1, 2}}**

Out[18]= { 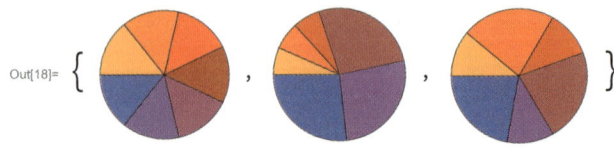 }

다른 많은 함수에도 같은 방식을 사용할 수 있다.

Length를 각각의 부분 리스트에 적용하여 그 길이를 구해 보자.

In[19]:= **Length/@{{a, a}, {a, a, b, c}, {a, a, b, b, b, b}, {a, a, a}, {c, c}}**

Out[19]= {2, 4, 6, 3, 2}

Length를 전체 리스트에 적용하여 부분 리스트의 총수를 구해 보자.

In[20]:= **Length@{{a, a}, {a, a, b, c}, {a, a, b, b, b, b}, {a, a, a}, {c, c}}**

Out[20]= 5

Reverse를 각 부분 리스트에 적용하여 역순으로 나열된 세 개의 리스트를 구해 보자.

In[21]:= **Reverse/@{{a, b, c}, {x, y, z}, {1, 2, 3, 4}}**

Out[21]= {{c, b, a}, {z, y, x}, {4, 3, 2, 1}}

Reverse를 전체 리스트에 적용하여 부분 리스트의 순서를 뒤집어 보자.

In[22]:= **Reverse@{{a, b, c}, {x, y, z}, {1, 2, 3, 4}}**

Out[22]= {{1, 2, 3, 4}, {x, y, z}, {a, b, c}}

언제나 그렇듯이, @를 사용하는 것은 []를 사용하는 것과 같다.

In[23]:= **Reverse[{{a, b, c}, {x, y, z}, {1, 2, 3, 4}}]**

Out[23]= {{1, 2, 3, 4}, {x, y, z}, {a, b, c}}

일부 함수는 나열된 인수를 받아서 각 원소에 자동으로 함수를 적용(나열성)할 수 있다.

N은 나열성을 갖는 함수이므로, 나열된 각 원소에 적용하기 위해 /@를 사용할 필요가 없다.

In[24]:= **N[{1/3, 1/4, 1/5, 1/6}]**

Out[24]= {0.333333, 0.25, 0.2, 0.166667}

Prime에 대해서도 마찬가지다.

In[25]:= **Prime[{10, 100, 1000, 10 000}]**

Out[25]= {29, 541, 7919, 104 729}

Graphics와 같은 함수는 나열성 함수가 아니다.

아래는 세 개의 개체를 하나의 그래픽으로 출력한다.

In[26]:= **Graphics[{Circle[ ], RegularPolygon[7], Style[RegularPolygon[3], Orange]}]**

Out[26]=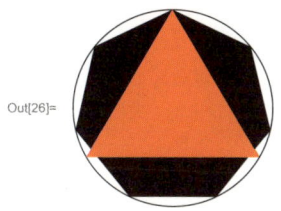

세 개의 각 개체에 Graphics를 적용하여 세 개의 다른 그래픽을 출력해 보자.

In[27]:= **Graphics /@ {Circle[ ], RegularPolygon[7], Style[RegularPolygon[3], Orange]}**

Out[27]=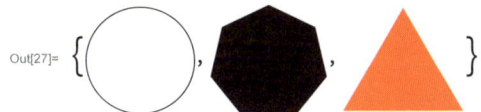

f/@ {1, 2, 3}을 입력하면 Wolfram 언어는 이를 Map[f, {1, 2, 3}]으로 해석한다. f/@ x는 일반적으로 'x의 f에 의한 대응'으로 해석된다.

f/@ {1, 2, 3}이 뜻하는 것을 알아보자.

In[28]:= **Map[f, {1, 2, 3}]**

Out[28]= {f[1], f[2], f[3]}

용어

$f @ x$	$f[x]$
$x \mathbin{/\!/} f$	$f[x]$
$f \mathbin{/@} \{a, b, c\}$	f를 리스트의 각 원소에 적용
Map[f, $\{a, b, c\}$]	/@의 대체 가능한 표현
Framed[$expr$]	어떤 개체 주위에 테두리 두르기

연 습 문 제

25.1 /@와 Range를 사용하여 Table[f[n], {n, 5}]를 실행한 것과 같은 결과를 생성하여라.

25.2 /@를 두 번 사용하여 Table[f[g[n]], {n, 10}]을 생성하여라.

25.3 //를 사용하여 a[b[c[d[x]]]]를 생성하여라.

25.4 각 영어 알파벳에 테두리를 둘러 나열하여라.

25.5 각 행성의 색상을 반전시킨 결과를 나열하여라.

25.6 /@를 사용하여 G5 각 나라의 지도를 나열하여라.

25.7 유럽 각 나라의 국기를 흑백이미지로 변환하고, 이들의 이미지를 콜라주로 만들어라.

25.8 각 행성의 이미지에 대하여 주요 색을 세로로 나열하여라.

25.9 단어 "wolfram"에 사용된 문자에 대해 문자 번호의 합을 구하여라. 단, 문자 번호는 LetterNumber로 구할 수 있다.

Q&A

f[x] 대신 f@x를 항상 사용하지 않는 이유는 무엇인가요?
f@x와 f[x]는 동일하게 취급하지만, f[1+1]은 f@(1+1)을 의미하고, 이 경우 f[1+1]이 더 간단하고 이해하기 쉽기 때문입니다.

/@를 왜 Map이라 하나요?
이것은 수학에서 유래되었습니다. 집합 {1, 2, 3}이 주어졌을 때, f/@{1, 2, 3}은 한 집합에서 다른 집합으로의 대응으로 해석됩니다.

"//"와 "/@"는 어떻게 읽나요?
일반적으로 '빗금 빗금'과 '빗금 골뱅이'라고 읽습니다.

@, // 또는 /@를 어떤 경우에 괄호와 함께 쓰나요?
다른 연산자의 **우선순위** 및 **결합**에 의해 결정됩니다. @는 + 보다 더 단단하게 결합하기 때문에 f@1+1은 f@(1+1) 또는 f[1+1]이 아닌 f[1]+1을 의미합니다. 반면 //는 + 보다 결합력이 약하기 때문에 1/2+1/3//N은 (1/2+1/3)//N을 뜻합니다. 노트북에서 마우스를 반복하여 클릭하면 이들이 어떻게 묶여 있는지 볼 수 있습니다.

기 술 노 트

- 상당수의 함수는 '나열성'을 가지고 있어 자동으로 나열된 원소에 적용된다.

- Range는 나열성을 가지는 함수로, Range[{3, 4, 5}]는 Range /@ {3, 4, 5}와 같다.

더 살 펴 보 기

Wolfram 언어의 함수형 프로그래밍(wolfr.am/eiwl-25-more)

26 | 순수 익명 함수

지금까지 살펴본 Wolfram 언어의 수많은 예를 통해 우리는 이제 좀 더 높은 수준으로 나아가, 순수 함수(또는 순수 익명 함수)라는 매우 중요한 개념을 다룰 준비가 되었다.

순수 함수를 사용하면 지금까지 해왔던 작업을 더욱 간단하면서도 우아한 방법으로 처리할 수 있으며, 이제까지와는 차원이 다른 Wolfram 언어의 힘을 실감할 수 있게 된다.

간단한 예부터 시작해 보자. 주어진 리스트의 각 이미지에 Blur 함수를 적용하고 싶다고 가정하면, 이것은 /@를 사용하여 간단히 해결할 수 있다.

Blur 함수를 리스트의 각 이미지에 적용해 보자.

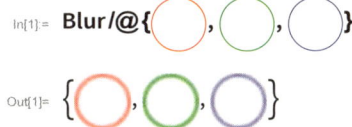

여기서 Blur 함수에 매개변수 5를 포함시키고 싶다면 어떻게 해야 할까? 답은 순수 함수를 이용하는 것이다.

순수 함수를 사용하여 매개변수를 포함시켜 보자.

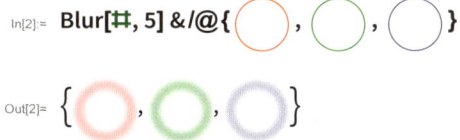

원래의 Blur 함수를 순수 함수 형태로 다시 쓰면,

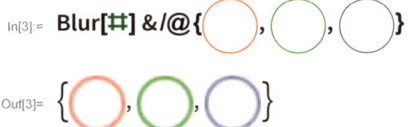

♯은 각 원소가 투입되는 '슬롯'이다. &는 바로 앞에 순수 함수가 있음을 말해준다.

Blur[♯, 5] & /@ …을 전개해 보자.

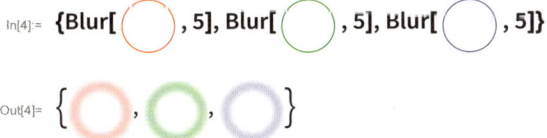

다른 예를 몇 가지 더 살펴보자. 순수 함수를 적용할 때, 슬롯은 언제나 각 원소를 투입할 위치를 표시한다.

각 문자열을 90°씩 회전시켜 보자.

In[5]:= **Rotate[#, 90 Degree] &/@{"one", "two", "three"}**

Out[5]= {one, two, three}

한 문자열을 여러 각도로 회전시켜 보자.

In[6]:= **Rotate["hello", #] &/@{30 °, 90 °, 180 °, 220 °}**

Out[6]= {hello, hello, olləɥ, olləɥ}

문자를 다양한 색으로 나열해 보자.

In[7]:= **Style["hello", 20, #] &/@{Red, Orange, Blue, Purple}**

Out[7]= {hello, hello, hello, hello}

이번엔 다양한 크기의 원을 만들어 보자.

In[8]:= **Graphics[Circle[ ], ImageSize → #] &/@{20, 40, 30, 50, 10}**

Out[8]= {○, ◯, ○, ◯, ○}

어떤 주어진 색과 그것의 반전 색을 세로로 나열한 다음 테두리로 두른 것들을 리스트로 나타내 보자.

In[9]:= **Framed[Column[{#, ColorNegate[#]}]] &/@{Red, Green, Blue, Purple, Orange}**

Out[9]= {▣, ▣, ▣, ▣, ▣}

세 개의 영문 위키백과 문서의 길이를 계산하면,

In[10]:= **StringLength[WikipediaData[#]] &/@{"apple", "peach", "pear"}**

Out[10]= {31 045, 24 153, 11 115}

주제와 각 결과를 짝지어 보자.

In[11]:= **{#, StringLength[WikipediaData[#]]} &/@{"apple", "peach", "pear"}**

Out[11]= {{apple, 31 045}, {peach, 24 153}, {pear, 11 115}}

위의 결과를 격자로 나타내 보자.

In[12]:= **Grid[{#, StringLength[WikipediaData[#]]} &/@{"apple", "peach", "pear"}]**

Out[12]=
   apple 31 045
   peach 24 153
    pear   11 115

자리 숫자를 나열하고, 각 원소에 순수 함수를 적용해 보자.

In[13]:= **Style[#, Hue[#/10], 5*#] &/@IntegerDigits[2^100]**

Out[13]= {,, 2, 6, 7, 6, 5,, 6,,,, 2, 2, 8, 2, 2, 9, 4,,,, 4, 9, 6, 7,,, 3, 2,,, 5, 3, 7, 6}

순수 함수를 {6, 8, 9}에 적용할 때 수행되는 작업은 다음과 같이 나타낼 수 있다.

In[14]:= **{Style[6, Hue[6/10], 5*6], Style[8, Hue[8/10], 5*8], Style[9, Hue[9/10], 5*9]}**

Out[14]= {6, 8, 9}

지금까지 순수 함수의 실제 사용 예를 몇 가지 살펴보았다. 이제 적용 과정을 개략적으로 알아보자.

순수 함수를 리스트의 각 원소에 적용해 보자.

In[15]:= **f[#, x] &/@{a, b, c, d, e}**

Out[15]= {f[a, x], f[b, x], f[c, x], f[d, x], f[e, x]}

아주 간단한 예를 살펴보자.

In[16]:= **f[#] &/@{a, b, c, d, e}**

Out[16]= {f[a], f[b], f[c], f[d], f[e]}

이것은 다음 표현과 동일하다.

In[17]:= **f/@{a, b, c, d, e}**

Out[17]= {f[a], f[b], f[c], f[d], f[e]}

순수 함수는 원하는 위치에, 원하는 만큼의 슬롯을 넣을 수 있다. 순수 함수가 적용되는 원소로 모든 슬롯이 채워진다.

다소 복잡한 순수 함수를 적용해 보자.

In[18]:= **f[#, {x, #}, {#, #}] &/@{a, b, c}**

Out[18]= {f[a, {x, a}, {a, a}], f[b, {x, b}, {b, b}], f[c, {x, c}, {c, c}]}

세로로 나타내면 좀 더 읽기 쉬워진다.

In[19]:= **f[♯, {x, ♯}, {♯, ♯}] &/@{a, b, c} // Column**

Out[19]= f[a, {x, a}, {a, a}]
f[b, {x, b}, {b, b}]
f[c, {x, c}, {c, c}]

이제 순수 함수가 실제로 어떻게 작용하는지에 대해 토론할 준비가 되었다. 함수 f를 x에 적용할 때, f[x]라 쓴다. 종종 우리는 f 대신 특별히 이름 붙여진 함수, 예를 들어 Blur를 Blur[x] 등과 같이 사용할 것이다.

여기서 중요한 것은 f를 순수 함수로 대체할 수 있다는 것이다. 그러면 어디에 이것을 적용하든 순수 함수의 슬롯에는 그 순수 함수를 적용하는 대상이 삽입된다.

슬롯 ♯이 x로 채워지도록 순수 함수를 x에 적용해 보자.

In[20]:= **f[♯, a] & [x]**

Out[20]= f[x, a]

같은 의미가 되도록 [...] 대신 @를 쓴 표현을 살펴보자.

In[21]:= **f[♯, a] & @ x**

Out[21]= f[x, a]

이제 우리는 /@가 어떤 일을 하는지 이해할 수 있다. 이것은 순수 함수를 리스트의 각 원소에 적용한다.

In[22]:= **f[♯, a] &/@{x, y, z}**

Out[22]= {f[x, a], f[y, a], f[z, a]}

이것을 좀 더 명시적으로 쓰면,

In[23]:= **{f[♯, a] & @ x, f[♯, a] & @ y, f[♯, a] & @ z}**

Out[23]= {f[x, a], f[y, a], f[z, a]}

이것이 유용한 첫 번째 이유는 무엇보다도 이것이 순수 함수가 /@를 사용하여 수행하는 모든 작업을 위한 기반이 되고 있기 때문이다. 또한, 순수 함수는 그 자체로도 유용하게 쓰이는데, 예를 들어 반복을 피하기 위한 방법이 되기도 한다.

세 개의 ♯ 을 포함하는 순수 함수의 예를 살펴보자.

순수 함수를 Blend[{Red, Yellow}]에 적용하면,

In[24]:= **Column[{♯, ColorNegate[♯], ♯}] & [Blend[{Red, Yellow}]]**

Out[24]=

순수 함수를 사용하지 않으면 다음과 같이 표현된다.

In[25]:= **Column[{Blend[{Red, Yellow}], ColorNegate[Blend[{Red, Yellow}]], Blend[{Red, Yellow}]}]**

Out[25]=

Wolfram 언어에서 순수 함수는 다른 모든 함수와 똑같이 작동한다. 하지만 그 자체만으로는 아무 기능도 하지 않는다.

순수 함수를 입력하면 아무런 변경없이 그대로 출력된다.

In[26]:= **f[♯, 2] &**

Out[26]= **f[♯1, 2] &**

하지만 이 순수 함수를 함수 Map(/@)에 적용하면 이 순수 함수는 계산에 사용된다.

Map은 순수 함수를 계산에 사용한다.

In[27]:= **Map[f[♯, 2] &, {a, b, c, d, e}]**

Out[27]= **{f[a, 2], f[b, 2], f[c, 2], f[d, 2], f[e, 2]}**

다음 몇 개의 장에 걸쳐 순수 함수의 사용법에 대해 더욱 많이 살펴볼 것이다.

용어

code **&**	순수 함수
♯	순수 함수 안의 슬롯

연습 문제

26.1 Range와 순수 함수를 사용하여 처음 20개 제곱수를 나열하여라.

26.2 노란색, 초록색, 그리고 파란색을 각각 빨간색과 섞은 결과를 나열하여라.

26.3 세로로 나열한 각 영어 알파벳 대소 문자에 테두리를 둘러 나열하여라.

26.4 영어 알파벳의 글자색과 바탕색, 그리고 테두리의 색을 무작위로 선택하여 나열하여라.

26.5 G5 국가와 그 국기를 테두리를 두른 격자로 된 표에 배치하여라.

26.6 영문 위키백과의 apple, peach, pear에 대한 문서에서 워드 클라우드를 만들어 나열하여라.

26.7 영문 위키백과의 apple, peach, pear에 대한 문서에서 단어 길이의 히스토그램을 만들어 나열하여라.

26.8 중앙아메리카의 각 나라를 차례로 강조한 지도를 만들어 나열하여라.

Q&A

왜 '순수 함수'라고 부르나요?

유일하게 하는 일이 인수에 적용할 함수의 역할뿐이기 때문입니다. 순수 함수는 예를 들어 Blur 등의 함수와 달리 이름으로 언급될 수 없으므로 종종 익명 함수라고도 합니다. 두 의미를 모두 전달하기 위해 '순수 익명 함수'라고 부르기도 합니다.

&는 왜 필요한가요?

&(앰퍼샌드)는 그 직전에 오는 것이 순수 함수의 이름이 아닌 '본체'임을 가리킵니다. f/@{1, 2, 3}은 {f[1], f[2], f[3]}을 나타내며, f & /@{1, 2, 3}은 {f, f, f}를 나타냅니다.

f[♯, 1] &는 어떻게 해석되나요?

Function[f[♯, 1]]로 해석됩니다. 여기서 Function은 때로 '함수의 함수'로 불립니다.

기 술 노 트

- 순수 함수는 함수형 프로그래밍의 특징이다. 그것은 1930년대 수학 논리학에 사용된 이후, 주로 람다 식으로 불린다. 혼란스럽게도 '순수 함수'는 때로 부작용(다시 말해, 변수에 값을 할당하지 않는 것 등)이 없는 함수를 뜻하기도 한다.

- Table[f[x], {x, {a, b, c}}]는 실제로 f/@{a, b, c}와 동일하게 작동한다. 특히 순수 함수에 관해 설명하고 싶지 않을 때 사용하면 매우 유용하다.

- 여러 개의 &를 중첩해서 사용할 때 괄호를 삽입해야 하는 경우도 있으므로 주의해야 한다. 또한 다른 함수 사이에서 사용되는 ♯과의 혼동을 피하고자 ♯^2 & 대신 Function[x, x^2]로 쓰는 것과 같이, Function을 이름이 붙은 변수와 같이 사용하기도 한다.

- Function[x, x^2]를 x ⟼ x^2로 쓰면 더 보기 좋은 코드를 만들 수 있다. ⟼를 \[Function] 또는 [esc] fn [esc] 로 입력할 수 있다. x ⟼ x^2와 같은 형식은 'x는 x^2에 매핑된다' 또는 'x는 x^2이 된다'에 대한 기본 수학 표기법과 일치한다.

- 옵션은 종종 순수 함수가 될 수 있다. ColorFunction → (Hue[♯/4] &)처럼 순수 함수 전체를 괄호로 묶는 것이 중요하다. 이렇게 하지 않으면 예상대로 해석되지 않을 것이다.

더 살 펴 보 기

Wolfram 언어의 함수형 프로그래밍(wolfr.am/eiwl-26-more)

27 | 함수 반복 적용하기

f[x]는 f를 x에 적용한다. f[f[x]]는 f를 f[x]에 적용한다. 즉 f를 중첩한다. 함수를 반복 적용하거나 중첩하고자 하는 상황은 흔히 발생한다.

f를 4번까지 중첩하는 과정을 나열해 보자.

In[1]:= **NestList[f, x, 4]**

Out[1]= {x, f[x], f[f[x]], f[f[f[x]]], f[f[f[f[x]]]]}

Framed를 이용하면 어떻게 작동하는지 보다 명백하게 알 수 있다.

In[2]:= **NestList[Framed, x, 5]**

Out[2]=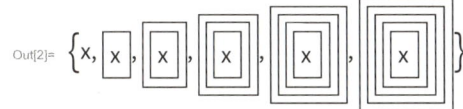

중첩되어 가는 과정을 단계별로 보고 싶다면 NestList를, 최종 결과만 보고 싶다면 Nest를 이용한다.

다음은 5번 중첩한 최종 결과만을 돌려준다.

In[3]:= **Nest[Framed, x, 5]**

Out[3]=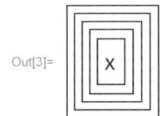

이미지에 **EdgeDetect**를 중첩하여 적용하면 먼저 윤곽선을 찾은 후, 윤곽선의 윤곽선 검출을 계속해 나간다.

이미지에서 윤곽선 검출을 중첩하여 수행해 보자.

In[4]:= **NestList[EdgeDetect,**  **, 6]**

Out[4]=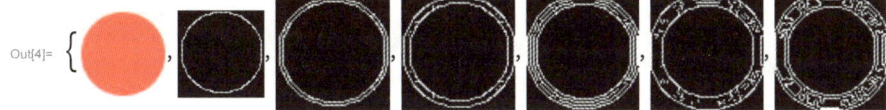

각 단계의 윤곽선 검출과 색 반전에 순수함수를 이용해 보자.

In[5]:= **NestList[ColorNegate[EdgeDetect[#]] &,** 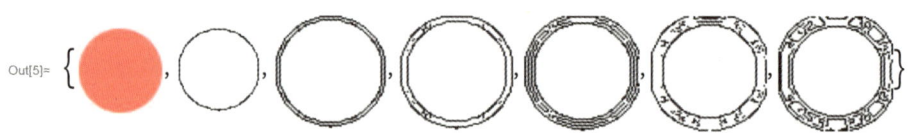 **, 6]**

빨간색에 계속 중첩하여 노란색을 섞으면 점점 노란색에 근접해 간다.

각 단계마다 노란색을 점점 더 많이 혼합해 보자.

In[6]:= **NestList[Blend[{#, Yellow}] &, Red, 20]**

Out[6]= {■, ■}

어떤 수에 1을 더하는 함수를 반복 적용하면, 1씩 커지는 정수의 수열을 얻을 수 있다.

1을 중첩하여 더해가면, 연속한 정수를 얻을 수 있다.

In[7]:= **NestList[# + 1 &, 1, 15]**

Out[7]= {1, 2, 3, 4, 5, 6, 7, 8, 9, 10, 11, 12, 13, 14, 15, 16}

2를 중첩하여 곱하면, 2의 거듭제곱을 얻을 수 있다.

결과는 매번 두 배로 증가하여, 2의 거듭제곱 리스트를 얻을 수 있다.

In[8]:= **NestList[2 * # &, 1, 15]**

Out[8]= {1, 2, 4, 8, 16, 32, 64, 128, 256, 512, 1024, 2048, 4096, 8192, 16 384, 32 768}

제곱을 중첩하면 곧 큰 숫자로 이어지며,

In[9]:= **NestList[# ^ 2 &, 2, 6]**

Out[9]= {2, 4, 16, 256, 65 536, 4 294 967 296, 18 446 744 073 709 551 616}

제곱근의 중복도 만들 수 있다.

제곱근을 중첩하여 사용해 보자.

In[10]:= **NestList[Sqrt[1 + #] &, 1, 5]**

Out[10]= $\left\{ 1, \sqrt{2}, \sqrt{1+\sqrt{2}}, \sqrt{1+\sqrt{1+\sqrt{2}}}, \right.$

$$\left. \sqrt{1+\sqrt{1+\sqrt{1+\sqrt{2}}}}, \sqrt{1+\sqrt{1+\sqrt{1+\sqrt{1+\sqrt{2}}}}} \right\}$$

그 결과를 십진수로 나타내면, 그 값은 빠르게 황금비로 수렴한다.

In[11]:= **NestList[Sqrt[1+#] &, 1, 10] // N**

Out[11]= {1., 1.41421, 1.55377, 1.59805, 1.61185, 1.61612, 1.61744, 1.61785, 1.61798, 1.61802, 1.61803}

RandomChoice는 주어진 리스트에서 한 원소를 무작위로 선택한다. +1 또는 −1을 더하는 순수 함수를 만들 때 이를 이용할 수 있다.

0에서 시작하여 각 단계에서 무작위로 1을 더하거나 빼 보자.

In[12]:= **NestList[# + RandomChoice[{+1, −1}] &, 0, 20]**

Out[12]= {0, 1, 0, −1, −2, −3, −4, −5, −6, −5, −6, −5, −4, −5, −4, −3, −4, −3, −2, −1, −2}

이는 500단계의 '확률보행'을 생성한다.

In[13]:= **ListLinePlot[NestList[# + RandomChoice[{+1, −1}] &, 0, 500]]**

Out[13]=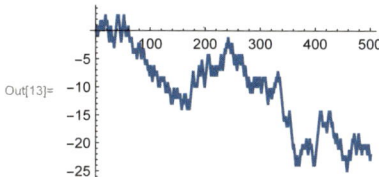

지금까지 우리는 **NestList**를 반복 사용하여 함수를 연쇄적으로 적용하였다. 또한 이를 함수 자체가 중첩되도록 하는 재귀적인 방법으로도 사용할 수 있다.

다음은 f라는 함수를 연쇄적으로 적용한다.

In[14]:= **NestList[f[#] &, x, 3]**

Out[14]= {x, f[x], f[f[x]], f[f[f[x]]]}

f를 응용한 패턴은 좀 더 복잡하다.

In[15]:= **NestList[f[#, #] &, x, 3]**

Out[15]= {x, f[x, x], f[f[x, x], f[x, x]], f[f[f[x, x], f[x, x]], f[f[x, x], f[x, x]]]}

테두리를 추가하면 진행 상황을 좀 더 쉽게 볼 수 있으며,

In[16]:= **NestList[Framed[f[#, #]] &, x, 3]**

Out[16]=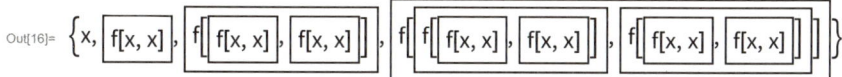

결과를 세로로 나타내면 함수 적용의 중첩된 패턴을 볼 수 있다.

각 단계에서 두 개씩 묶어 테두리를 두르는 재귀적인 방법을 살펴보자.

In[17]:= **NestList[Framed[Column[{♯, ♯}]] &, x, 3]**

Out[17]=
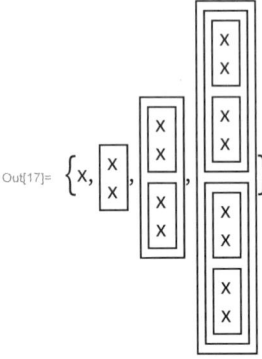

재귀적으로 중첩된 격자를 만들어 보면,

In[18]:= **NestList[Framed[Grid[{{♯, ♯}, {♯, ♯}}]] &, x, 3]**

Out[18]=
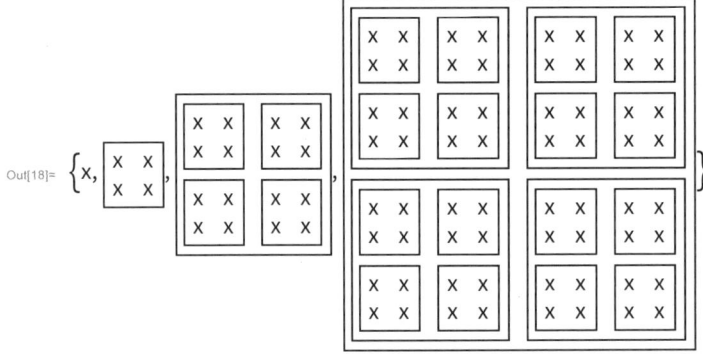

프랙털 구조의 시작 부분을 만들어 보자.

In[19]:= **NestList[Framed[Grid[{{0, ♯}, {♯, ♯}}]] &, x, 3]**

Out[19]=
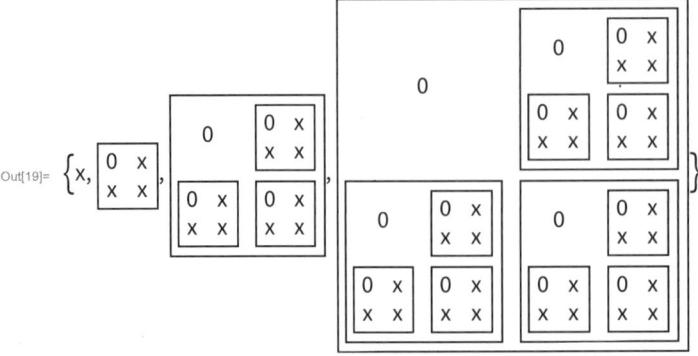

매우 정교한 재귀 구조를 간단하게 만들어 볼 수 있다.

In[20]:= **NestList[Flatten[{♯, Rotate[♯, 90 °], Rotate[♯, 270 °]}] &, "R", 4]**

Out[20]= (재귀 구조 다이어그램)

재귀의 결과가 항상 복잡한 것은 아니다. {1, 2, 1}로부터 {0, 1, 2, 1} + {1, 2, 1, 0}을 얻는 것과 같이, 주어진 리스트 앞에 0을 덧붙인 것과 뒤에 0을 덧붙인 것을 더하여 새로운 리스트를 얻는 과정을 {1}에 반복하여 적용해 보자.

리스트의 앞과 뒤에 0을 붙여 두 개의 리스트를 만든 후, 이들 리스트를 더하면,

In[21]:= **NestList[Join[{0}, ♯] + Join[♯, {0}] &, {1}, 5]**

Out[21]= {{1}, {1, 1}, {1, 2, 1}, {1, 3, 3, 1}, {1, 4, 6, 4, 1}, {1, 5, 10, 10, 5, 1}}

결과를 격자로 나타내면, 파스칼 삼각형이 나타난다.

In[22]:= **NestList[Join[{0}, ♯] + Join[♯, {0}] &, {1}, 8] // Grid**

Out[22]=
```
1
1  1
1  2   1
1  3   3   1
1  4   6   4   1
1  5  10  10   5   1
1  6  15  20  15   6   1
1  7  21  35  35  21   7   1
1  8  28  56  70  56  28   8   1
```

NestList를 이용한 재귀의 또 다른 예를 살펴보자.

f와 g 두 함수를 이용하여 재귀 구조를 만들어 보자.

In[23]:= **NestList[{f[#], g[#]} &, x, 3]**

Out[23]= {x, {f[x], g[x]}, {f[{f[x], g[x]}], g[{f[x], g[x]}]},

{f[{f[{f[x], g[x]}], g[{f[x], g[x]}]}], g[{f[{f[x], g[x]}], g[{f[x], g[x]}]}]}}

결과가 세로로 배열되어 있더라도 생성된 구조를 이해하는 것은 여전히 어렵다.

재귀 구조를 세로로 배열해 보자.

In[24]:= **NestList[Column[{f[#], g[#]}] &, x, 3]**

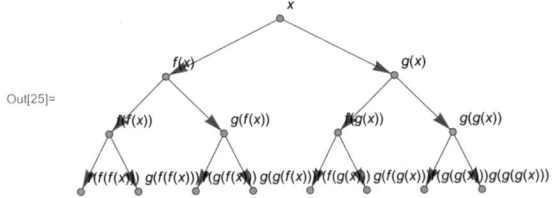

NestGraph는 리스트가 아닌 그래프를 만든다는 것을 제외하면 기본적으로 NestList와 같다. NestGraph는 특정 노드가 어떤 노드에 연결되는지를 결정하는 함수를 반복적으로 적용하며, 결과로 노드 트리를 생성하여 상황을 보다 명확하게 보여준다.

x에 함수를 중복 적용해가면서 얻은 노드 리스트들을 연결해 보자.

In[25]:= **NestGraph[{f[#], g[#]} &, x, 3, VertexLabels → All]**

Out[25]=

다른 트리 구조를 만들기 위해 반복적으로 숫자 함수를 적용해 보자.

In[26]:= **NestGraph[{2 #, 2 # + 1} &, 0, 4, VertexLabels → All]**

Out[26]=

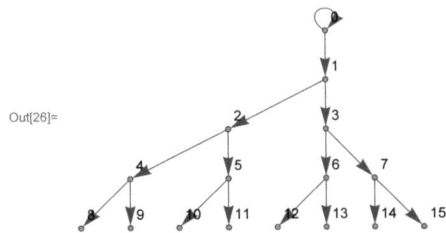

NestGraph를 이용하여 네트워크를 효과적으로 '확장(crawl)'할 수 있다. 예를 들어, 어떤 국가에 대해서도 접경 국가의 리스트를 제공하는 함수를 반복적으로 적용할 수 있다. 이를 통해 국경을 접하는 국가끼리 연결하는 네트워크를 구할 수 있다. 우선 스위스에 적용해 보자.

스위스에서 두 단계 '확장(crawl)'하여 각 국가와 국경을 접하는 모든 국가를 연결해 보자.

In[27]:= **NestGraph[#["BorderingCountries"] &, ⊟ switzerland , 2, VertexLabels → All]**

Out[27]=

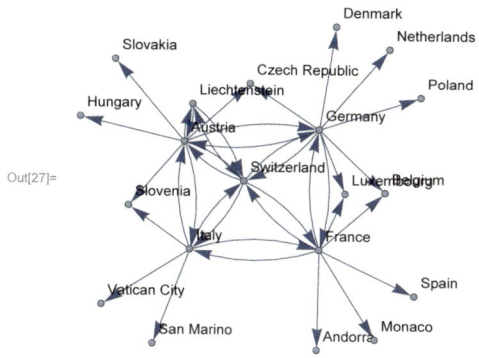

또 다른 예를 살펴보자. "hello"라는 단어에서 시작하여, 각 단어를 일반적인 단어의 리스트에서 Nearest가 가장 가깝다고 판단하는 세 단어에 연속적으로 연결해 보자.

한 글자 차이의 가까운 주변 단어로 네트워크를 만들어 보자.

In[28]:= **NestGraph[Nearest[WordList[], #, 3] &, "hello", 4, VertexLabels → All]**

Out[28]=

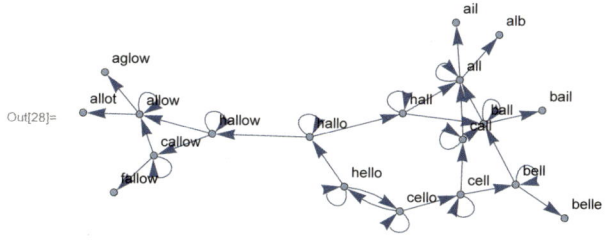

용어

NestList[f, x, n]	f를 x에 n번까지 중첩 적용한 리스트 생성
Nest[f, x, n]	f를 x에 n번까지 중첩 적용한 결과 제공
NestGraph[f, x, n]	f를 x에 중첩 적용한 그래프 생성

연 습 문 제

27.1 크기 30의 "X"를 래스터화한 이미지로 시작하여 Blur를 10회까지 중첩하여 적용하는 과정을 나열하여라.

27.2 x로 시작하여 Framed 를 10회 중첩 적용하여 나열하여라. 단, 매회 무작위로 배경색이 적용되도록 하여라.

27.3 크기 50의 "A"로 시작하여 테두리를 두르고 무작위로 회전시키는 과정을 5번 중복하여 나열하여라.

27.4 0.2에서 시작하여 로지스틱 사상 $4\#(1-\#)\&$을 100번 반복한 선그래프를 만들어라.

27.5 1에서 시작하여 $1+1/\#\&$을 30번 반복 적용한 값을 적당한 자리까지 십진법으로 나타내어라.

27.6 1로 시작하는 3의 거듭제곱 11개를 나열하여라.

27.7 1.0에 함수 $(\#+2/\#)/2\&$를 5번 중첩한 리스트를 만든 후, 모든 원소에서 $\sqrt{2}$ 를 뺀 값들을 나열하여라. ($(\#+2/\#)/2\&$는 뉴턴 방법으로 $\sqrt{2}$ 를 구할 때 사용하는 함수이다.)

27.8 {0, 0}에서 시작하여 매 단계 -1과 +1 사이의 무작위 숫자 쌍을 좌표에 더하는 과정을 1,000번 반복하여 만들어지는 2차원 확률보행 그래픽을 만들어라.

27.9 주어진 리스트의 앞뒤에 0을 붙인 것을 법 2로 더하여 새로운 리스트를 얻는 과정을 {1}에 50번 중첩하여 법 2에 대한 파스칼 삼각형을 만들어라.

27.10 0에서 시작하여 n과 $n+1$, 2 n의 노드를 연결하는 것을 10번 중첩한 그래프를 만들어라.

27.11 미국에서 시작하여 국경이 맞닿은 4개 국가를 찾는 과정을 4회 중첩하여 얻은 그래프를 만들어라.

Q&A

반복(iteration)과 재귀(recursion)의 차이는 무엇인가요?

한 가지 일을 반복하면 이를 반복이라고 하고, 어떤 작업의 결과를 가져와 같은 작업에 적용하는 것을 재귀라고 합니다. 간단한 재귀의 경우는 단순한 반복이기 때문에 다소 혼란스러울 수 있습니다. NestList는 항상 재귀를 수행하지만, 함수에서 하나의 슬롯만 나타난다면 재귀는 반복으로 '전개'할 수 있습니다.

중첩, 재귀, 프랙털은 어떤 관계인가요?

이들은 매우 밀접한 관련이 있습니다. 정의는 그것을 정확하게 나타내고 있지 않지만, 프랙털은 기본적으로 어떤 중첩이나 재귀 구조의 일부 유형을 나타내는 기하적 형태입니다.

파스칼의 삼각형이 무엇인가요?

이것은 초등 수학에서 논의된 매우 일반적인 구조입니다. 이 정의는 Wolfram 언어 코드와 매우 유사한 것으로, 각 행의 각 숫자는 바로 위에 있는 숫자와 그 오른쪽의 숫자의 합으로 계산됩니다. 각 행은 $(1+x)\wedge n$을 전개했을 때 나타나는 계수들로 이루어집니다.

NestGraph는 웹 크롤러 같은 것인가요?

개념적으로는 같습니다. 웹 페이지에서 시작하여 그 페이지에 링크된 페이지를 방문한 다음, 이 과정을 재귀적으로 수행하는 것이라 설명할 수 있습니다. 이에 대한 예시는 44장에서 다루어집니다.

접경국 그래프에서 양방향 화살표가 있는 나라와 없는 나라가 있는 이유는 무엇인가요?

만약 NestGraph가 충분한 단계를 실행하게 되면 A가 B, B가 A를 경계로 하므로 모든 국가가 양방향 화살표를 가지게 됩니다. 하지만 여기서는 2단계에서 중지되므로 반대 방향의 화살표가 아직 연결되지 않은 상태입니다.

NestList[2 ∗ ♯ &, 1, 15]와 같이 NestList를 사용하는 이유는 무엇인가요?

꼭 사용할 필요는 없습니다. Power를 사용하여 Table[2^n, {n, 0, 15}]로 나타낼 수도 있습니다. 하지만, NestList[2 + ♯ &, 0, 15]가 Table[2 ∗ n, {n, 0, 15}]인 것처럼, Plus를 연속해서 적용하면 Times가 되고 Times를 연속해서 적용하면 Power가 되는 것을 확인하는 것도 멋진 일입니다.

변화가 더이상 나타나지 않을 때까지 함수를 계속 적용할 수 있는 방법이 있나요?

네. FixedPoint 또는 FixedPointList를 사용해 보세요(41장 참조).

기 술 노 트

■ 가까운 단어 예제는 모든 단어에 처음부터 Nearest를 사용하는 것이 아니라 먼저 NearestFunction을 계산한 다음 이를 반복적으로 사용하여 새로운 단어를 처음부터 계산하지 않고 효율적으로 만들 수 있다. 이는 22장에서 다룬 NearestNeighborGraph와도 밀접한 관련이 있다.

더 살 펴 보 기

Wolfram 언어의 함수형 반복(wolfr.am/eiwl-27-more)

28 | 테스트와 조건문

2+2는 4와 같을까? **Wolfram** 언어로 알아보자.

2+2가 4와 같은지 테스트해 보자.

In[1]:= **2 + 2 == 4**

Out[1]= True

예상한 바와 같이 2+2가 4와 같은지를 테스트하면 True를 반환한다.

>을 사용하여 2×2가 5보다 큰지 아닌지도 알아낼 수 있다.

2×2가 5보다 크지 않다는 것을 테스트를 통해 알 수 있다.

In[2]:= **2 * 2 > 5**

Out[2]= False

If 함수를 이용하면 테스트의 결과가 **True**일 때와 **False**일 때, 각각 다른 출력값을 고를 수 있다.

테스트의 결과가 True이므로, If의 결과는 x가 된다.

In[3]:= **If[2 + 2 == 4, x, y]**

Out[3]= x

순수 함수를 **/@**와 함께 사용하면, 리스트의 모든 원소에 If를 적용할 수 있다.

원소가 4보다 작다면 x를 출력하고, 그렇지 않다면 y를 출력해 보자.

In[4]:= **If[# < 4, x, y] &/@ {1, 2, 3, 4, 5, 6, 7}**

Out[4]= {x, x, x, y, y, y, y}

또한 **≤**을 사용하여 작거나 같음을 테스트할 수 있으며, 이 기호는 **<=**를 입력하여 표현할 수 있다.

원소가 4보다 작거나 같다면 x를 출력하고, 그렇지 않다면 y를 출력해 보자.

In[5]:= **If[# ≤ 4, x, y] &/@ {1, 2, 3, 4, 5, 6, 7}**

Out[5]= {x, x, x, x, y, y, y}

다음은 4와 같은 경우에만 원소 x를 출력한다.

In[6]:= **If[# == 4, x, y] &/@ {1, 2, 3, 4, 5, 6, 7}**

Out[6]= {y, y, y, x, y, y, y}

≠를 사용하여 두 가지가 같은지의 여부를 테스트할 수 있으며, 이 기호는 !=를 입력하여 표현한다.

원소가 4와 같다면 x를 출력하고, 그렇지 않다면 y를 출력해 보자.

In[7]:= **If[♯ ≠ 4, x, y] &/@{1, 2, 3, 4, 5, 6, 7}**

Out[7]= {x, x, x, y, x, x, x}

리스트에서 테스트를 만족하는 원소만를 골라야 할 때가 자주 있다. Select 함수에 테스트를 순수 함수로 주면 테스트를 수행할 수 있다.

리스트에서 3보다 큰 원소를 선택해 보자.

In[8]:= **Select[{1, 2, 3, 4, 5, 6, 7}, ♯ > 3 &]**

Out[8]= {4, 5, 6, 7}

2부터 5까지의 원소를 선택해 보자.

In[9]:= **Select[{1, 2, 3, 4, 5, 6, 7}, 2 ≤ ♯ ≤ 5 &]**

Out[9]= {2, 3, 4, 5}

<, > 및 == 등을 사용한 크기 비교 이외에도 Wolfram 언어에는 다양한 종류의 테스트가 포함되어 있다. 예를 들어, EvenQ와 OddQ는 숫자가 짝수인지 홀수인지를 판정한다('Q'는 질문 함수를 가리킨다).

4의 짝수 여부를 판정해 보자.

In[10]:= **EvenQ[4]**

Out[10]= True

리스트에서 짝수를 골라 보자.

In[11]:= **Select[{1, 2, 3, 4, 5, 6, 7, 8, 9}, EvenQ[♯] &]**

Out[11]= {2, 4, 6, 8}

이 경우, 순수 함수 형태를 갖출 필요는 없다.

In[12]:= **Select[{1, 2, 3, 4, 5, 6, 7, 8, 9}, EvenQ]**

Out[12]= {2, 4, 6, 8}

IntegerQ 함수는 대상의 정수 여부를 테스트하며, PrimeQ 함수는 주어진 수의 소수 여부를 테스트한다.

소수를 선택해 보자.

In[13]:= **Select[{1, 2, 3, 4, 5, 6, 7, 8, 9, 10}, PrimeQ]**

Out[13]= {2, 3, 5, 7}

때로는 테스트를 조합하여 사용해야 할 경우도 있다. 이때 **&&**는 and를, **||**은 or를, 그리고 **!**는 not을 나타낸다.

리스트에서 2보다 큰 짝수를 선택해 보자.

In[14]:= **Select[{1, 2, 3, 4, 5, 6, 7}, EvenQ[#] && # > 2 &]**

Out[14]= {4, 6}

4보다 크거나 짝수인 원소를 선택하면,

In[15]:= **Select[{1, 2, 3, 4, 5, 6, 7}, EvenQ[#] || # > 4 &]**

Out[15]= {2, 4, 5, 6, 7}

4보다 크지 않고, 짝수도 아닌 원소를 선택하면,

In[16]:= **Select[{1, 2, 3, 4, 5, 6, 7}, ! (EvenQ[#] || # > 4) &]**

Out[16]= {1, 3}

다양한 종류의 질문을 하는 'Q 함수'는 이 밖에도 많이 있다. LetterQ는 문자열이 글자로 구성되어 있는지를 테스트한다.

문자 사이의 공백은 문자가 아니며, "!" 또한 문자가 아니다.

In[17]:= **{LetterQ["a"], LetterQ["bc"], LetterQ["a b"], LetterQ["!"]}**

Out[17]= {True, True, False, False}

문자열을 문자 리스트로 변환한 다음 어떤 것이 글자인지 테스트해 보자.

In[18]:= **LetterQ /@ Characters["30 is the best!"]**

Out[18]= {False, False, False, True, True, False, True, True, True, False, True, True, True, True, False}

문자 중에서 글자를 선택해 보자.

In[19]:= **Select[Characters["30 is the best!"], LetterQ]**

Out[19]= {i, s, t, h, e, b, e, s, t}

문자이면서 알파벳에서 10번째보다 뒤에 위치하는 것만 골라 보자.

In[20]:= **Select[Characters["30 is the best!"], LetterQ[#] && LetterNumber[#] > 10 &]**

Out[20]= {s, t, s, t}

Select 함수를 사용하여, 순서를 뒤집어도 같은 단어가 되는 회문 구조의 영어 단어를 찾을 수 있다.

In[21]:= **Select[WordList[ ], StringReverse[#] == # &]**

Out[21]= {a, aha, bib, bob, boob, civic, dad, deed, dud, ere, eve, ewe, eye, gag, gig, huh, kayak, kook, level, ma'am, madam, minim, mom, mum, nan, non, noon, nun, oho, pap, peep, pep, pip, poop, pop, pup, radar, refer, rotor, sis, tat, tenet, toot, tot, tut, wow}

MemberQ 함수는 어떤 것이 리스트의 원소인지 아닌지를 테스트한다.

5는 리스트 {1, 3, 5, 7}에 속해 있다.

In[22]:= **MemberQ[{1, 3, 5, 7}, 5]**

Out[22]= True

100까지의 자연수 중에서 자리 숫자에 2를 포함하는 수를 선택해 보자.

In[23]:= **Select[Range[100], MemberQ[IntegerDigits[#], 2] &]**

Out[23]= {2, 12, 20, 21, 22, 23, 24, 25, 26, 27, 28, 29, 32, 42, 52, 62, 72, 82, 92}

ImageInstanceQ는 기계학습을 기반으로 한 함수인데, 주어진 이미지가 고양이와 같은 특정 종류의 것인지 테스트한다.

이미지가 고양인지 테스트해 보자.

In[24]:= **ImageInstanceQ[**  **]**

Out[24]= True

고양이 이미지를 선택해 보자.

In[25]:= **Select[{**  **},**

 ImageInstanceQ[#, 🗒 cat] &]

Out[25]= {  }

Select 함수를 지리적으로 사용한 예를 보자. 리스트에서 샌프란시스코로부터 3,000마일 이내에 있는 도시를 찾아보자.

샌프란시스코에서 3,000마일 이내에 있는 도시를 선택해보면,

In[26]:= **Select[{ 🗒 london , 🗒 nyc , 🗒 tokyo , 🗒 chicago },**

 GeoDistance[#, 🗒 san francisco] < 🗒 3000 miles &]

Out[26]= { New York City , Chicago }

용 어

$a == b$	등가 테스트
$a < b$	보다 작은지에 대한 테스트
$a > b$	보다 큰지에 대한 테스트
$a \leq b$	이하에 대한 테스트
$a \geq b$	이상에 대한 테스트
If[$test, u, v$]	$test$의 결과가 **True**일 때 u를, **False**일 때 v를 출력
Select[$list, f$]	f를 참이 되게 하는 원소 선택
EvenQ[x]	짝수 여부 테스트
OddQ[x]	홀수 여부 테스트
IntegerQ[x]	정수 여부 테스트
PrimeQ[x]	소수 여부 테스트
LetterQ[$string$]	문자만으로 구성되었는지 테스트
MemberQ[$list, x$]	x가 $list$의 멤버 인지 테스트
ImageInstanceQ[$image, category$]	$image$가 $category$의 예가 되는지 테스트

연 습 문 제

28.1 123^321이 456^123 보다 큰지를 테스트하여라.

28.2 100까지의 자연수 중에서 자리 숫자의 합이 5보다 작은 수를 나열하여라.

28.3 20까지의 자연수를 나열하고, 소수를 빨간색으로 표시하여라.

28.4 WordList[ ]에서 시작과 끝이 "p"인 영어 단어를 선택하여라.

28.5 첫 100개의 소수 중에서 가장 낮은 자리 숫자가 3보다 작은 소수만을 나열하여라.

28.6 100까지의 자연수를 로마 숫자로 나타내었을 때 "I"를 포함하지 않는 수를 나열하여라.

28.7 1,000까지의 자연수를 로마 숫자로 나타내었을 때 회문인 것을 골라 나열하여라.

28.8 100까지의 자연수의 영문 이름 중에서 첫 글자와 마지막 글자가 같은 것들을 찾아라.

28.9 영문 위키백과의 단어(words)에 대한 문서에서 문자의 개수가 15자보다 큰 단어를 나열하여라.

28.10 1,000에서 시삭하여 짝수는 2로 니눅고, 홀수는 3 †† + 1 & 를 계산하는 작업을 200번 반복하여라 (콜라츠 문제).

28.11 영문 위키백과의 컴퓨터(computers)에 대한 문서에서 5글자로 된 영어 단어를 이용해 워드 클라우드를 만들어라.

28.12 WordList[]에서 처음 세 글자와 끝의 세 글자가 대칭을 이루고 있지만, 전체 단어는 회문 구조를 가지지 않는 영어 단어를 나열하여라.

28.13 LetterNumber의 값이 100이고, 10개의 글자로 이루어진 영어 단어를 WordList[]에서 모두 찾아라.

Q&A

= 대신 ==를 사용하여 상등을 테스트하는 이유는 무엇인가요?
=는 Wolfram 언어에서 다른 것을 의미하기 때문입니다. =는 변수의 값을 할당하기 위해 사용되는데 만약 ==의 자리에 =를 넣는 실수를 한다면 매우 낯선 결과를 얻게 됩니다. 이런 혼동을 피하기 위해 ==은 종종 '이중 등호'라고 읽습니다.

왜 and 를 &가 아닌 &&로 쓰나요?
&는 Wolfram 언어에서 순수 함수의 끝을 나타낼 때 쓰이는 등 다른 것을 의미하기 때문입니다.

==, >, && 등은 어떻게 해석하나요?
==는 Equal, ≠(!=)는 Unequal, >는 Greater, ≥는 GreaterEqual, <는 Less, &&는 And, ||은 Or, 그리고 !은 Not으로 해석합니다.

&&, || 등은 괄호를 함께 사용해야 하나요?
산술 연산과 마찬가지로 계산의 순서가 있습니다. &&는 ×와 같고, ||은 +, !은 −와 동등한 순서로 작동합니다. 그러므로 !p && q는 (not p) and q를 뜻하고, !(p && q)는 not (p and q)를 뜻합니다.

"Q" 함수의 특별한 점은 무엇인가요?
이 함수는 대부분의 경우 True 또는 False의 답을 가진 질문을 합니다.

"Q" 함수에는 어떤 것이 있나요?
NumberQ, StringContainsQ, BusinessDayQ 그리고 ConnectedGraphQ 등이 있습니다.

특정 특성을 보유한 현실 세계의 개체를 찾을 때, Select보다 더 좋은 방법이 있나요?
Entity["Country", "Population" → GreaterThan[10^7 people]] 등을 활용하여 '암시적 개체'를 찾은 후, EntityList를 활용하여 개체의 명시적 리스트를 얻을 수 있습니다.

기 술 노 트

- 전산학에서는 1,800년대 중반 불 대수를 착안해 낸 George Boole의 이름을 따서 True와 False를 불리언(Boolean)이라고 부른다. &&, || 등을 포함하는 표현은 불 표현이라고 한다.
- Wolfram 언어에서 True와 False는 기호이며, 다른 컴퓨터 언어에서처럼 0과 1로 표시되지 않는다.
- If는 종종 조건문으로 불린다. If[*test*, *then*, *else*]에서 *then*과 *else*는 *test* 조건이 충족되지 않는 한 계산되지 않는다.
- PalindromeQ는 문자열이 회문인지를 테스트한다.
- Wolfram 언어에서 x는 무엇이든 표현할 수 있는 기호(33장 참조)이다. 따라서 x == 1은 단지 방정식이며, 이대로는 True 또는 False가 아니다. x === 1('삼중 등호')은 x가 1과 같은지를 테스트하는데, 이 둘이 같지 않으므로 False를 얻게 된다.

더 살펴보기

Wolfram 언어의 표현식 테스트 함수(wolfr.am/eiwl-28-more)

Wolfram 언어의 불 연산(wolfr.am/eiwl-28-more2)

29 | 순수 함수에 관해 더 살펴보기

Table을 사용한 리스트와 배열 생성법을 앞장에서 알아보았다. 이번 장에서는 순수 함수와 Array를 이용하여 이를 수행하는 방법을 알아보자.

함수 f를 사용하여 10개의 원소로 구성된 리스트를 만들어 보자.

In[1]:= **Array[f, 10]**

Out[1]= {f[1], f[2], f[3], f[4], f[5], f[6], f[7], f[8], f[9], f[10]}

순수 함수를 이용하여 첫 10개의 제곱수로 이루어진 리스트를 만들어 보자.

In[2]:= **Array[#^2 &, 10]**

Out[2]= {1, 4, 9, 16, 25, 36, 49, 64, 81, 100}

Table을 사용해도 같은 결과를 얻을 수 있지만, 변수 n을 도입해야 한다.

In[3]:= **Table[n^2, {n, 10}]**

Out[3]= {1, 4, 9, 16, 25, 36, 49, 64, 81, 100}

Array[f, 4]는 원소가 4개인 단일 리스트를 만든다. Array[f, {3, 4}]는 3×4 배열(리스트의 리스트)을 생성한다.

길이가 4인 리스트 3개로 이루어진 리스트를 만들어 보자.

In[4]:= **Array[f, {3, 4}]**

Out[4]= {{f[1, 1], f[1, 2], f[1, 3], f[1, 4]}, {f[2, 1], f[2, 2], f[2, 3], f[2, 4]}, {f[3, 1], f[3, 2], f[3, 3], f[3, 4]}}

격자를 사용하여 표현해 보자.

In[5]:= **Array[f, {3, 4}] // Grid**

Out[5]=
```
f[1, 1]  f[1, 2]  f[1, 3]  f[1, 4]
f[2, 1]  f[2, 2]  f[2, 3]  f[2, 4]
f[3, 1]  f[3, 2]  f[3, 3]  f[3, 4]
```

만약 Times를 함수로 쓰면, Array는 곱셈표를 만든다.

In[6]:= **Grid[Array[Times, {5, 5}]]**

Out[6]=
```
1   2   3   4   5
2   4   6   8   10
3   6   9   12  15
4   8   12  16  20
5   10  15  20  25
```

만약 Times 대신 순수 함수를 사용하면 어떻게 될까? Times[3, 4]를 계산한다고 가정하면, Times가 두 개의 인수에 적용됨을 뜻한다. Times[3, 4, 5]의 경우에는 Times가 세 개의 인수에 적용되는 식이다. 순수 함수에서 #1은 첫 번째 인수를 나타내고, #2는 두 번째 인수를 나타내 준다.

#1은 첫 번째 인수를 나타내고, #2는 두 번째 인수를 나타낸다.

In[7]:= **f[#1, #2] &[55, 66]**

Out[7]= f[55, 66]

어떤 상황에서도 #1은 첫 번째 인수를, #2는 두 번째 인수를 집어낸다.

In[8]:= **f[#2, #1, {#2, #2, #1}] &[55, 66]**

Out[8]= f[66, 55, {66, 66, 55}]

이제 Array 안의 함수에 #1과 #2를 사용할 수 있다.

순수 함수를 이용하여 곱셈표를 만들어 보자.

In[9]:= **Array[#1 ∗ #2 &, {5, 5}] // Grid**

Out[9]=
```
1   2   3   4   5
2   4   6   8   10
3   6   9   12  15
4   8   12  16  20
5   10  15  20  25
```

두 수가 같을 때는 x를 내놓는 다른 순수 함수를 사용하도록 바꿔보자.

In[10]:= **Array[If[#1 == #2, x, #1 ∗ #2] &, {5, 5}] // Grid**

Out[10]=
```
x   2   3   4   5
2   x   6   8   10
3   6   x   12  15
4   8   12  x   20
5   10  15  20  x
```

Table을 이용하여 동일한 계산을 할 수 있다.

In[11]:= **Table[If[i == j, x, i ∗ j], {i, 5}, {j, 5}] // Grid**

Out[11]=
```
x   2   3   4   5
2   x   6   8   10
3   6   x   12  15
4   8   12  x   20
5   10  15  20  x
```

지금까지 인수를 여러 개 가지는 순수 함수에 대해 알아보았으므로 이제 FoldList에 대해 이야기해 보자. FoldList는 NestList의 인수를 2개로 확장하여 일반화한 것이라 생각할 수 있다.

NestList는 f와 같은 단일 함수를 취하고 이를 연속적으로 중첩한다.

In[12]:= **NestList[f, x, 5]**

Out[12]= {x, f[x], f[f[x]], f[f[f[x]]], f[f[f[f[x]]]], f[f[f[f[f[x]]]]]}

사용하는 함수가 Framed이면 훨씬 이해하기 쉬워진다.

In[13]:= **NestList[Framed, x, 5]**

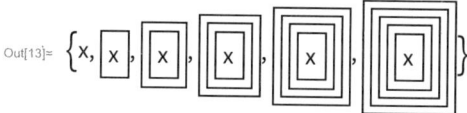

NestList는 이전에 얻은 결과에 연속적으로 함수를 적용한다. FoldList도 매번 새로운 원소를 '섞어 넣는' 것을 제외하면 앞의 함수와 동일하게 동작한다.

FoldList에 추상함수 f를 사용해 보자.

In[14]:= **FoldList[f, x, {1, 2, 3, 4, 5}]**

Out[14]= {x, f[x, 1], f[f[x, 1], 2], f[f[f[x, 1], 2], 3], f[f[f[f[x, 1], 2], 3], 4], f[f[f[f[f[x, 1], 2], 3], 4], 5]}

Framed를 추가하면 어떤 일이 일어나는지 더 쉽게 볼 수 있다.

In[15]:= **FoldList[Framed[f[#1, #2]] &, x, {1, 2, 3, 4, 5}]**

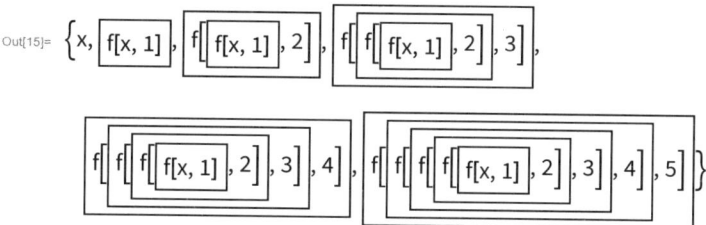

처음에는 복잡하고 이해하기 어려울 수 있으며, 어떻게 유용하게 쓰일지 상상하기 어려울 수도 있다. 그러나 실제로 FoldList는 굉장히 유용하고, 실제 프로그래밍에서 놀라울 정도로 흔히 사용되고 있다.

FoldList는 점진적인 누적을 원할 때 사용하기 적합하다. 점진적으로 숫자를 추가하는 간단한 예부터 시작해 보자.

각 단계에서 FoldList는 새로운 요소(#2)를 지금까지의 결과(#1)에 적용하여 리스트에 누적시킨다.

In[16]:= **FoldList[#1 + #2 &, 0, {1, 1, 1, 2, 0, 0}]**

Out[16]= {0, 1, 2, 3, 5, 5, 5}

이 과정을 계산해 보자.

In[17]:= {0, 0 + 1, (0 + 1) + 1, ((0 + 1) + 1) + 1, (((0 + 1) + 1) + 1) + 2,
((((0 + 1) + 1) + 1) + 2) + 0, (((((0 + 1) + 1) + 1) + 2) + 0) + 0}

Out[17]= {0, 1, 2, 3, 5, 5, 5}

또는 다음과 같이 계산할 수 있다.

In[18]:= **{0, 0 + 1, 0 + 1 + 1, 0 + 1 + 1 + 1, 0 + 1 + 1 + 1 + 2, 0 + 1 + 1 + 1 + 2 + 0, 0 + 1 + 1 + 1 + 2 + 0 + 0}**

Out[18]= {0, 1, 2, 3, 5, 5, 5}

기호를 사용하면 어떤 일이 일어나는지 더 쉽게 볼 수 있다.

In[19]:= **FoldList[#1 + #2 &, 0, {a, b, c, d, e}]**

Out[19]= {0, a, a+b, a+b+c, a+b+c+d, a+b+c+d+e}

물론, 이 예제는 단순하므로 순수 함수를 사용하지 않아도 된다.

In[20]:= **FoldList[Plus, 0, {a, b, c, d, e}]**

Out[20]= {0, a, a+b, a+b+c, a+b+c+d, a+b+c+d+e}

FoldList의 전통적인 사용법은 각 자리 숫자를 연속적으로 '누적 적용'하여 리스트의 수를 재구성하는 것이다.

주어진 자리 숫자를 높은 자리부터 배치하여 이를 연속적으로 누적 적용하여 수를 구성해 보자.

In[21]:= **FoldList[10 #1 + #2 &, {8, 7, 6, 1, 2, 3, 9, 8, 7}]**

Out[21]= {8, 87, 876, 8761, 87612, 876123, 8761239, 87612398, 876123987}

마지막으로 FoldList를 이용하여 리스트에서 이미지를 여러 번 결합하는 ImageAdd를 점진적으로 '누적 적용' 시켜보자.

리스트에서 이미지를 ImageAdd로 결합하도록 점진적으로 '누적 적용' 시켜보자.

In[22]:= **FoldList[ImageAdd,**

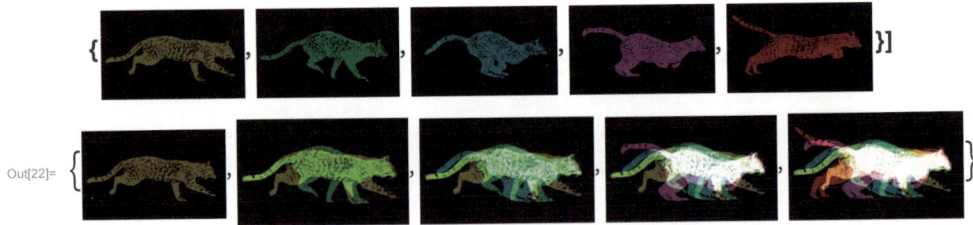

처음에는 FoldList의 개념을 이해하기 쉽지 않다. 그러나 사용에 익숙해 진다면, Wolfram 언어로 수행할 수 있는 최상의 추상적 개념의 하나인 매우 강력한 함수적 프로그래밍 기법을 습득하게 될 것이다.

용어

Array[f, n]	함수를 적용하여 배열 만들기
Array[f, {m, n}]	2차원 배열 만들기
FoldList[f, x, $list$]	리스트의 원소에 함수를 연속적으로 누적 적용하기

연 습 문 제

29.1 Prime과 Array를 이용하여 첫 100개의 소수를 생성하여라.

29.2 Prime과 Array를 이용하여 첫 100개의 소수에 대한 연속된 차이를 찾아라.

29.3 Array와 Grid를 이용하여 10x10 덧셈표를 만들어라.

29.4 FoldList, Times와 Range를 이용하여 10까지 자연수를 순차적으로 곱하여라(계승 만들기).

29.5 FoldList와 Array를 이용하여 첫 10개의 소수를 순차적으로 곱하여라.

29.6 정삼각형부터 정팔각형까지 불투명도 0.2의 이미지를 생성하고, FoldList와 ImageAdd를 이용하여 차례대로 결합하여라.

Q&A

♯이 단독으로 의미하는 것은 무엇인가요?
그것은 ♯1과 동등한 의미를 가집니다. 즉 함수의 첫 번째 인수로 채워질 슬롯입니다.

♯1은 어떻게 읽나요?
순수 함수의 역할을 반영하여 '슬롯 1'로 읽거나, 쓰는 법을 반영하여('#'은 보통 '해시'라고 불린다) '해시 1'로 읽기도 합니다.

순수 함수의 인자에 이름을 붙일 수 있나요?
네. Function[{x, y}, x + y] 등과 같이 이름을 붙일 수 있습니다. 코드의 가독성 향상을 위해 바람직한 방법이 될 수도 있고, 순수 함수가 중첩된 경우 필요하기도 합니다.

Array를 사용하여 더 깊이 중첩된 구조를 만들 수 있나요?
네. 원하는 만큼 중첩할 수 있습니다. 리스트의 리스트의 리스트...의 형태로 원하는 만큼 중첩이 가능합니다.

함수형 프로그래밍이 무엇인가요?
함수형 프로그래밍이란 모든 것이 함수 평가와 함수의 조합에 기반을 둔 프로그래밍을 의미합니다. 이 책에서 지금까지 살펴본 프로그래밍 스타일은 모두 함수형 프로그래밍에 속합니다. 38장에서는 절차에 따라 변수의 값을 점진적으로 변화시켜 나가는 **절차적 프로그래밍**에 대해 살펴보겠습니다.

기 술 노 트

- Nest가 NestList의 마지막 요소를 제공하듯, Fold는 FoldList의 마지막 요소를 제공한다.
- FromDigits는 숫자로 이루어진 리스트에 대하여 실질적으로 FoldList를 적절히 사용하는 것과 같은 과정을 거쳐 결과를 만들어낸다.
- Accumulate[*list*]는 FoldList[Plus, *list*]와 동일하다.
- Array, FoldList, NestList 등은 소위 고차 함수라는 것인데, 이는 함수를 인자로 받는 함수를 말한다(수학에서는 이런 함수를 범함수 또는 함수자라고 한다).
- ♯♯ 등을 사용하여 한 번에 여러 개의 인수를 취하는 순수 함수를 설정할 수 있다.
- ListAnimate를 사용하여 이미지 리스트에 애니메이션을 적용하고 Image3D를 사용히어 3차원으로 리스트를 표시할 수 있다.

더 살 펴 보 기

Wolfram 언어의 함수형 프로그래밍(wolfr.am/eiwl-29-more)

30 | 리스트 재배열

어떤 계산의 결과로 주어진 리스트를 다른 계산에 사용하기 전에 다듬어야 하는 경우는 빈번히 일어난다. 예를 들어 순서쌍들의 리스트를, 리스트들의 쌍으로 변환하거나 그 반대로 작업을 해야 하는 경우가 있다.

순서쌍들의 리스트를 전치하여 리스트의 쌍을 만들어 보자.

In[1]:= **Transpose[{{1, 2}, {3, 4}, {5, 6}, {7, 8}, {9, 10}}]**

Out[1]= {{1, 3, 5, 7, 9}, {2, 4, 6, 8, 10}}

위와 반대로 리스트의 쌍을 순서쌍들의 리스트로 전치해 보자.

In[2]:= **Transpose[{{1, 3, 5, 7, 9}, {2, 4, 6, 8, 10}}]**

Out[2]= {{1, 2}, {3, 4}, {5, 6}, {7, 8}, {9, 10}}

Thread는 관계 연산에 가까우며, Graph에 대한 입력을 생성할 때 유용하다.

Thread의 전형적인 사용법을 살펴보자.

In[3]:= **Thread[{1, 3, 5, 7, 9} → {2, 4, 6, 8, 10}]**

Out[3]= {1 → 2, 3 → 4, 5 → 6, 7 → 8, 9 → 10}

Partition은 리스트를 지정된 크기의 블록으로 분할한다.

12개의 원소로 된 리스트를 크기 3의 블록으로 분할해 보자.

In[4]:= **Partition[Range[12], 3]**

Out[4]= {{1, 2, 3}, {4, 5, 6}, {7, 8, 9}, {10, 11, 12}}

문장을 문자열로 바꾼 후 분할하여 격자에 나타내 보자.

In[5]:= **Grid[Partition[Characters["An array of text made in the Wolfram Language"], 9],**
Frame → All]

Out[5]=

A	n		a	r	r	a	y	
o	f		t	e	x	t		m
a	d	e		i	n		t	h
e		W	o	l	f	r	a	m
	L	a	n	g	u	a	g	e

다시 말해, Partition은 별도로 지정하지 않는 한 리스트가 겹치는 경우가 없도록 블록으로 분할한다. 그러나 특정 오프셋이 있는 블록으로 리스트를 분할하도록 지정할 수도 있다.

리스트를 오프셋이 1이고 크기가 3인 블록으로 분할해 보자.

In[6]:= **Partition[Range[10], 3, 1]**

Out[6]= {{1, 2, 3}, {2, 3, 4}, {3, 4, 5}, {4, 5, 6}, {5, 6, 7}, {6, 7, 8}, {7, 8, 9}, {8, 9, 10}}

문자열 리스트를 오프셋이 1이고 크기가 12인 블록으로 분할해 보자.

In[7]:= **Grid[Partition[Characters["Wolfram Language"], 12, 1], Frame → All]**

Out[7]=

W	o	l	f	r	a	m		L	a	n	g
o	l	f	r	a	m		L	a	n	g	u
l	f	r	a	m		L	a	n	g	u	a
f	r	a	m		L	a	n	g	u	a	g
r	a	m		L	a	n	g	u	a	g	e

위의 실행을 이번에는 오프셋 2로 바꾸어 보자.

In[8]:= **Grid[Partition[Characters["Wolfram Language"], 12, 2], Frame → All]**

Out[8]=

W	o	l	f	r	a	m		L	a	n	g
l	f	r	a	m		L	a	n	g	u	a
r	a	m		L	a	n	g	u	a	g	e

Partition은 리스트를 하위 리스트로 분할하며, Flatten은 하위 리스트를 '해제'하여 부드럽게 만든다.

20까지의 자연수로 이루어진 리스트에서 각 수를 그 수의 자리 숫자들로 이루어진 리스트로 바꾸어 보자.

In[9]:= **IntegerDigits /@ Range[20]**

Out[9]= {{1}, {2}, {3}, {4}, {5}, {6}, {7}, {8}, {9}, {1, 0}, {1, 1},
{1, 2}, {1, 3}, {1, 4}, {1, 5}, {1, 6}, {1, 7}, {1, 8}, {1, 9}, {2, 0}}

위의 결과의 하위 리스트를 해제해 보자.

In[10]:= **Flatten[IntegerDigits /@ Range[20]]**

Out[10]= {1, 2, 3, 4, 5, 6, 7, 8, 9, 1, 0, 1, 1, 1, 2, 1, 3, 1, 4, 1, 5, 1, 6, 1, 7, 1, 8, 1, 9, 2, 0}

위의 결과를 그래프에 표시해 보자.

In[11]:= **ListLinePlot[Flatten[IntegerDigits /@ Range[20]]]**

Out[11]=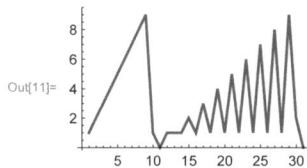

Flatten은 일반적으로 모든 레벨의 하위 리스트를 해제한다. 그러나 단 한 레벨의 하위 리스트를 해제하고 싶은 경우도 종종 있다. 다음은 각 원소 자체가 리스트가 되는 4×4 테이블을 만든다.

리스트의 리스트의 리스트를 만들어 보자.

In[12]:= **Table[IntegerDigits[i ^ j], {i, 4}, {j, 4}]**

Out[12]= {{{1}, {1}, {1}, {1}}, {{2}, {4}, {8}, {1, 6}}, {{3}, {9}, {2, 7}, {8, 1}}, {{4}, {1, 6}, {6, 4}, {2, 5, 6}}}

하위 리스트를 전부 해제해 보자.

In[13]:= **Flatten[Table[IntegerDigits[i ^ j], {i, 4}, {j, 4}]]**

Out[13]= {1, 1, 1, 1, 2, 4, 8, 1, 6, 3, 9, 2, 7, 8, 1, 4, 1, 6, 6, 4, 2, 5, 6}

한 레벨만 하위 리스트를 해제해 보자.

In[14]:= **Flatten[Table[IntegerDigits[i ^ j], {i, 4}, {j, 4}], 1]**

Out[14]= {{1}, {1}, {1}, {1}, {2}, {4}, {8}, {1, 6}, {3}, {9}, {2, 7}, {8, 1}, {4}, {1, 6}, {6, 4}, {2, 5, 6}}

ArrayFlatten은 **Flatten**을 일반화한 형태로, 원소를 배열로 가지는 배열에서 하위 리스트를 해제시켜 재배치된 배열로 나타내 준다.

다음은 이해하기 어려울 만큼 깊게 중첩된 구조를 생성한다.

In[15]:= **NestList[{{♯, 0}, {♯, ♯}} &, {{1}}, 2]**

Out[15]= {{{1}}, {{{{1}}, 0}, {{{1}}, {{1}}}},

　　{{{{{{1}}, 0}, {{{1}}, {{1}}}}, 0}, {{{{{1}}, 0}, {{{1}}, {{1}}}}, {{{{1}}, 0}, {{{1}}, {{1}}}}}}}

ArrayFlatten을 사용하여 이해하기 쉬운 구조로 바꿀 수 있다.

In[16]:= **NestList[ArrayFlatten[{{♯, 0}, {♯, ♯}}] &, {{1}}, 2]**

Out[16]= {{{1}}, {{1, 0}, {1, 1}}, {{1, 0, 0, 0}, {1, 1, 0, 0}, {1, 0, 1, 0}, {1, 1, 1, 1}}}

ArrayPlot을 사용하면 진행 상황을 쉽게 볼 수 있다.

In[17]:= **ArrayPlot /@ NestList[ArrayFlatten[{{♯, 0}, {♯, ♯}}] &, {{1}}, 4]**

Out[17]=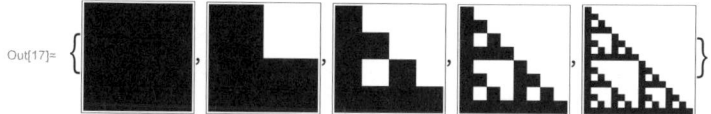

8단계의 중첩으로 프랙털 시에르핀스키 패턴을 생성해 보자.

In[18]:= **ArrayPlot[Nest[ArrayFlatten[{{♯, 0}, {♯, ♯}}] &, {{1}}, 8]]**

Out[18]=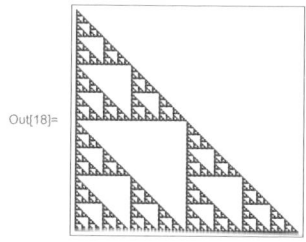

리스트를 재배열하는 다양한 방법이 존재한다. 예를 들어, **Split**은 주어진 리스트를 인접한 동일 원소들을 묶은 리스트들로 분할한다.

리스트를 연속되는 동일한 원소들의 리스트 순서로 분할해 보자.

In[19]:= **Split[{1, 1, 1, 2, 2, 1, 1, 3, 1, 1, 1, 2}]**

Out[19]= {{1, 1, 1}, {2, 2}, {1, 1}, {3}, {1, 1, 1}, {2}}

반면, Gather는 동일한 원소가 등장할 때마다 원소를 모아준다.

리스트의 동일한 원소를 하나로 모아 보자.

In[20]:= **Gather[{1, 1, 1, 2, 2, 1, 1, 3, 1, 1, 1, 2}]**

Out[20]= {{1, 1, 1, 1, 1, 1, 1, 1}, {2, 2, 2}, {3}}

GatherBy는 함수를 적용한 결과에 따라 원소를 모은다. 여기에서는 LetterQ를 사용하여 문자와 문자 이외의 것을 따로 모은다.

문자와 문자 이외의 것으로 나누어 모아 보자.

In[21]:= **GatherBy[Characters["It's true that 2+2 is equal to 4!"], LetterQ]**

Out[21]= {{I, t, s, t, r, u, e, t, h, a, t, i, s, e, q, u, a, l, t, o}, {', , , , 2, +, 2, , , , , , 4, !}}

SortBy는 함수를 적용한 결과에 따라 정렬한다.

Sort는 일반적으로 짧은 리스트부터 긴 리스트의 순서로 정렬한다.

In[22]:= **Sort[Table[IntegerDigits[2^n], {n, 10}]]**

Out[22]= {{2}, {4}, {8}, {1, 6}, {3, 2}, {6, 4}, {1, 2, 8}, {2, 5, 6}, {5, 1, 2}, {1, 0, 2, 4}}

다음의 SortBy는 각 리스트의 첫 번째 원소 크기에 따라 순서대로 정렬한다.

In[23]:= **SortBy[Table[IntegerDigits[2^n], {n, 10}], First]**

Out[23]= {{1, 6}, {1, 2, 8}, {1, 0, 2, 4}, {2}, {2, 5, 6}, {3, 2}, {4}, {5, 1, 2}, {6, 4}, {8}}

Sort는 정렬 순서에 따라 리스트를 나열하고, Union은 순서대로 나열하지만 중복되는 요소를 삭제한다.

서로 다른 원소들을 모두 찾아보자.

In[24]:= **Union[{1, 9, 5, 3, 1, 4, 3, 1, 3, 3, 5, 3, 9}]**

Out[24]= {1, 3, 4, 5, 9}

Union을 사용하여 여러 리스트의 '합집합'을 찾을 수 있다.

다음의 여러 리스트에서 서로 다른 원소들을 모두 찾아보자.

In[25]:= **Union[{2, 1, 3, 7, 9}, {4, 5, 1, 2, 3, 3}, {3, 1, 2, 8, 5}]**

Out[25]= {1, 2, 3, 4, 5, 7, 8, 9}

모든 리스트에 공통적인 원소를 찾아보자.

In[26]:= **Intersection[{2, 1, 3, 7, 9}, {4, 5, 1, 2, 3, 3}, {3, 1, 2, 8}]**

Out[26]= {1, 2, 3}

두 리스트를 비교하여 첫 번째 리스트에만 있는 원소를 찾아보자.

In[27]:= **Complement[{4, 5, 1, 2, 3, 3}, {3, 1, 2, 8}]**

Out[27]= {4, 5}

영어, 스웨덴어, 터키어에서 사용되는 알파벳을 알아보자.

In[28]:= **Union[Alphabet["English"], Alphabet["Swedish"], Alphabet["Turkish"]]**

Out[28]= {ğ, ş, a, å, ä, b, c, ç, d, e, f, g, h, i, ı, j, k, l, m, n, o, ö, p, q, r, s, t, u, ü, v, w, x, y, z}

스웨덴어 알파벳 중 영어 알파벳이 아닌 것 들을 찾아보자.

In[29]:= **Complement[Alphabet["Swedish"], Alphabet["English"]]**

Out[29]= {å, ä, ö}

리스트의 원소들 사이에 다른 원소를 삽입하는 함수 Riffle을 살펴보자.

리스트의 원소 사이에 x를 삽입해 보자.

In[30]:= **Riffle[{1, 2, 3, 4, 5}, x]**

Out[30]= {1, x, 2, x, 3, x, 4, x, 5}

--를 리스트의 각 문자 사이에 삽입해 보자.

In[31]:= **Riffle[Characters["WOLFRAM"], "--"]**

Out[31]= {W, --, O, --, L, --, F, --, R, --, A, --, M}

위의 결과를 문자열로 연결해 보자.

In[32]:= **StringJoin[Riffle[Characters["WOLFRAM"], "--"]]**

Out[32]= W--O--L--F--R--A--M

Partition과 같은 함수를 사용하면 리스트를 하위 리스트로 나눌 수 있다. 때로는 사용 가능한 원소의 집합으로부터 시작하여, 그것으로부터 리스트를 구성하는 경우가 있다.

Permutations는 주어진 리스트를 재배열하여 만들어 낼 수 있는 모든 순열을 준다.

3개의 원소 리스트에서 가능한 정렬 순서인 3! = 3*2*1 = 6개의 리스트를 생성해 보자.

In[33]:= **Permutations[{Red, Green, Blue}]**

Out[33]= {{■, ■, ■}, {■, ■, ■}, {■, ■, ■}, {■, ■, ■}, {■, ■, ■}, {■, ■, ■}}

3개의 원소 리스트에서 가능한 2^3 = 8개의 부분 집합을 생성해 보자.

In[34]:= **Subsets[{Red, Green, Blue}]**

Out[34]= {{}, {■}, {■}, {■}, {■, ■}, {■, ■}, {■, ■}, {■, ■, ■}}

Tuples는 주어진 리스트와 주어진 수에 대하여 가능한 모든 중복 순열을 생성한다.

빨간색과 초록색의 모든 가능한 3가지 조합의 리스트를 생성하면,

In[35]:= **Tuples[{Red, Green}, 3]**

Out[35]= {{■, ■, ■}, {■, ■, ■}, {■, ■, ■}, {■, ■, ■}, {■, ■, ■}, {■, ■, ■}, {■, ■, ■}, {■, ■, ■}}

RandomChoice를 사용하면 원소들의 리스트에서 무작위로 원소를 선택할 수 있다.

리스트에서 하나를 무작위로 선택해 보자.

In[36]:= **RandomChoice[{Red, Green, Blue}]**

Out[36]= ■

이번에는 20번의 무작위 선택으로 뽑힌 원소들을 리스트로 작성해 보자.

In[37]:= **RandomChoice[{Red, Green, Blue}, 20]**

Out[37]= {■, ■, ■, ■, ■, ■, ■, ■, ■, ■, ■, ■, ■, ■, ■, ■, ■, ■, ■, ■}

3번의 무작위 선택을 5번 시행했을 때 뽑힌 원소들을 리스트로 작성해 보자.

In[38]:= **RandomChoice[{Red, Green, Blue}, {5, 3}]**

Out[38]= {{■, ■, ■}, {■, ■, ■}, {■, ■, ■}, {■, ■, ■}, {■, ■, ■}}

RandomSample은 주어진 리스트에서 지정된 수만큼의 원소를 무작위로 중복되지 않게 추출한다.

1에서 100까지 자연수에서 20개의 원소를 무작위로 중복되지 않게 선택해 보자.

In[39]:= **RandomSample[Range[100], 20]**

Out[39]= {82, 3, 93, 92, 39, 45, 63, 32, 79, 75, 34, 1, 11, 59, 98, 67, 38, 44, 28, 76}

얼마나 많은 원소를 선택할지 지정하지 않으면 전체 리스트의 개수만큼 반환한다.

In[40]:= **RandomSample[Range[10]]**

Out[40]= {2, 5, 1, 7, 4, 6, 3, 8, 9, 10}

용어

Transpose[_list_**]**	행렬의 전치
Thread[_list_₁ → _list_₂**]**	두 리스트의 원소들끼리 대응
Partition[_list_, _n_**]**	크기 n의 블록으로 분할
Flatten[_list_**]**	모든 하위 리스트 해제
Flatten[_list_, _k_**]**	k 레벨의 하위 리스트 해제
ArrayFlatten[_list_**]**	배열의 배열 해제
Split[_list_**]**	인접한 동일 원소의 리스트로 분할
Gather[_list_**]**	동일 원소들의 리스트로 수집
GatherBy[_list_, _f_**]**	f를 적용한 결과에 따라 수집
SortBy[_list_, _f_**]**	f를 적용한 결과에 따라 정렬
Riffle[_list_, _x_**]**	_list_의 원소 사이에 x를 삽입
Union[_list_**]**	_list_ 내의 원소들이 중복되지 않도록 정렬
Union[_list_₁, _list_₂, ...**]**	_list_들에 합을 적용하여 정렬
Intersection[_list_₁, _list_₂, ...**]**	모든 리스트에 나타나는 원소
Complement[_list_₁, _list_₂**]**	_list_₁에만 있고 _list_₂에는 없는 원소
Permutations[_list_**]**	가능한 모든 순열
Subsets[_list_**]**	가능한 모든 부분 집합
Tuples[_list_, _n_**]**	가능한 모든 중복 순열
RandomChoice[_list_**]**	_list_에서의 무작위 선택
RandomChoice[_list_, _n_**]**	n개의 무작위 선택
RandomSample[_list_, _n_**]**	반복되지 않도록 무작위 샘플 n개 선택
RandomSample[_list_**]**	_list_에서의 _list_의 개수만큼 무작위로 선택

연 습 문 제

30.1 Thread를 사용하여 각 영어 알파벳이 자신의 순서를 나타내는 수에 대응되는 규칙의 리스트를 만들어라.

30.2 영어 알파벳의 첫 24문자의 4×6 격자를 만들어라.

30.3 2^1000의 자리 숫자를 격자로 만드는데, 행의 개수를 50개로 하며 각 숫자 주위에 테두리를 둘러 나타내어라.

30.4 영문 위키백과의 컴퓨터(computers)에 대한 문서에 포함된 첫 400자를 격자로 나타내는데 행의 개수를 20개로 하며 문자 주위에 테두리를 둘러 나타내어라.

30.5 0부터 200까지의 정수로 이루어진 리스트에서 각 정수의 자리 숫자들의 수열로 치환한 리스트(챔퍼나운 수열)을 선그래프로 나타내어라.

30.6 텍스트에서 프랙털의 시에르핀스키 패턴의 '멩거 스폰지' 아날로그 4 단계를 만들어라. 단, {{♯, ♯, ♯}, {♯, 0, ♯}, {♯, ♯, ♯}} 형태의 '커널'을 사용하여라.

30.7 1부터 20까지의 자연수 x와 y를 이용하여 $\{x, y, Sqrt[x^2+y^2]\}$를 만들고 이 중 $Sqrt[x^2+y^2]$가 정수인 것을 모두 찾아라.

30.8 n이 1부터 100까지 변할 때 각 n에 대하여, 2^n에서 동일한 자리 숫자가 연달아 나오는 횟수 중 가장 큰 값을 구하여 나열하여라.

30.9 100까지의 자연수에 대한 영어 이름들을 첫 문자에 따라 분류하여라.

30.10 WordList[ ]의 첫 50개의 영어 단어를 마지막 문자에 따라 정렬하여라.

30.11 첫 20개의 제곱수를 가장 높은 자리 숫자에 따라 정렬한 리스트를 만들어라.

30.12 1에서 20까지의 자연수를 영어 이름 길이에 따라 정렬하여라.

30.13 WordList[ ]에서 20개의 영어 단어 무작위 샘플을 선택하여 길이 별로 분류하여라.

30.14 우크라이나어 알파벳 중 러시아어 알파벳이 아닌 것을 찾아라.

30.15 Intersection을 사용하여 첫 100개의 제곱수의 집합과 세제곱수의 집합 모두에 속하는 수를 찾아라.

30.16 북대서양 조약기구(NATO)와 G8 회원국의 리스트를 찾아라.

30.17 1에서 4까지의 수의 가능한 모든 순열을 세로로 나타내는 격자를 만들어라.

30.18 "hello"에 포함된 문자의 순서를 바꾸어 구할 수 있는 모든 문자열 리스트를 만들어라.

30.19 {0,1}에서 중복을 허용하여 다섯 개를 뽑아 만든 모든 순열을 배열로 구성하여 그려라.

30.20 무작위로 5개의 영어 알파벳을 뽑아 만들어지는 문자열 10개를 만들어라.

30.21 Flatten[Table[{i, j, k}, {i, 2}, {j, 2}, {k, 2}], 2]의 더 단순한 형식을 찾아라.

Q&A

Partition을 할 때, 나뉘는 개수가 완벽하게 맞지 않을 경우 어떻게 하나요?

별도의 지시가 없는 경우, 완전한 블록만 포함하며 불완전한 블록에 나타나는 원소는 삭제됩니다. 그러나 예제 Partition[*list*, UpTo[4]]의 경우 리스트의 길이를 4로 만들어 블록을 구성하는데, 마지막 블록은 필요에 따라 더 짧게 구성할 수 있습니다.

기 술 노 트

- Transpose는 행과 열을 바꾸는 것으로 간주한다.

- ArrayFlatten은 하위 리스트를 해체하여 배열의 배열을 단일 배열로 나타내거나 행렬의 행렬을 단일 행렬로 나타낸다.

- DeleteDuplicates[*list*]은 원소를 재정렬하지 않는다는 점을 제외하고 Union[*list*]과 동일한 작업을 수행한다.

더 살 펴 보 기

Wolfram 언어의 리스트 재배열 및 재구성(wolfr.am/eiwl-30-more)

31 | 리스트의 원소

Part를 사용하면 리스트의 원소를 추출할 수 있다.

리스트에서 두 번째 원소를 추출해 보자.

In[1]:= **Part[{a, b, c, d, e, f, g}, 2]**

Out[1]= b

[[...]]는 Part를 대체하여 사용할 수 있는 표기이다.

리스트에서 두 번째 원소를 [[2]]를 사용하여 추출해 보자.

In[2]:= **{a, b, c, d, e, f, g}[[2]]**

Out[2]= b

리스트의 끝에서부터 순서를 표시할 때에 음수를 쓴다.

In[3]:= **{a, b, c, d, e, f, g}[[−2]]**

Out[3]= f

리스트를 이용하면 여러 개의 원소를 추출하는 것도 가능하다.

2, 4, 5번째 원소를 추출해 보자.

In[4]:= **{a, b, c, d, e, f, g}[[{2, 4, 5}]]**

Out[4]= {b, d, e}

;;를 사용하여 일정한 범위에 있는 원소들을 추출할 수도 있다.

2번째부터 5번째까지의 원소를 추출해 보자.

In[5]:= **{a, b, c, d, e, f, g}[[2 ;; 5]]**

Out[5]= {b, c, d, e}

리스트에서 첫 4개의 원소를 추출해 보자.

In[6]:= **Take[{a, b, c, d, e, f, g}, 4]**

Out[6]= {a, b, c, d}

리스트에서 마지막 2개의 원소를 추출해 보자.

In[7]:= **Take[{a, b, c, d, e, f, g}, −2]**

Out[7]= {f, g}

리스트에서 마지막 2개의 원소를 제거해 보자.

In[8]:= **Drop[{a, b, c, d, e, f, g}, −2]**

Out[8]= {a, b, c, d, e}

이제 리스트의 리스트, 즉 배열에 대해 알아보자. 각 하위 리스트는 배열의 행처럼 동작한다.

In[9]:= **{{a, b, c}, {d, e, f}, {g, h, i}} // Grid**

Out[9]=
a b c
d e f
g h i

배열의 두 번째 행에 해당하는 두 번째 하위 리스트를 선택해 보자.

In[10]:= **{{a, b, c}, {d, e, f}, {g, h, i}}[[2]]**

Out[10]= {d, e, f}

이번에는 2행에서 첫 번째 원소를 선택해 보자.

In[11]:= **{{a, b, c}, {d, e, f}, {g, h, i}}[[2, 1]]**

Out[11]= d

배열에서 열을 선택하는 것은 유용한 방법 중 하나이다.

모든 행에서 첫 번째 원소를 추출, 즉 첫 번째 열을 선택해 보자.

In[12]:= **{{a, b, c}, {d, e, f}, {g, h, i}}[[All, 1]]**

Out[12]= {a, d, g}

함수 Position은 특정 원소의 위치를 리스트로 나타내 준다.

여기에 한 개의 d가 있고, 그것의 위치는 2, 1임을 알 수 있다.

In[13]:= **Position[{{a, b, c}, {d, e, f}, {g, h, i}}, d]**

Out[13]= {{2, 1}}

x의 모든 위치를 리스트로 나타내 보자.

In[14]:= **Position[{{x, y, x}, {y, y, x}, {x, y, y}, {x, x, y}}, x]**

Out[14]= {{1, 1}, {1, 3}, {2, 3}, {3, 1}, {4, 1}, {4, 2}}

다음 문자열에서 "a"의 위치를 알아보자.

In[15]:= **Position[Characters["The Wolfram Language"], "a"]**

Out[15]= {{10}, {14}, {18}}

2^500을 십진법으로 나타냈을 때 가장 높은 자리부터 몇 번째 위치에 0이 있는지 찾아보자.

In[16]:= **Flatten[Position[IntegerDigits[2 ^ 500], 0]]**

Out[16]= {7, 9, 19, 20, 44, 47, 50, 65, 75, 88, 89, 96, 103, 115, 116, 119, 120, 137}

ReplacePart 함수를 사용하면 리스트의 일부를 대체할 수 있다.

3번째 원소를 x로 대체해 보자.

In[17]:= **ReplacePart[{a, b, c, d, e, f, g}, 3 → x]**

Out[17]= {a, b, x, d, e, f, g}

두 개의 원소를 한 번에 대체해 보자.

In[18]:= **ReplacePart[{a, b, c, d, e, f, g}, {3 → x, 5 → y}]**

Out[18]= {a, b, x, d, y, f, g}

다음 문자열에서 그 위치가 무작위로 선택된 1부터 20까지의 정수 5개에 해당하는 문자들을 "--"로 대체해 보자.

In[19]:= **ReplacePart[Characters["The Wolfram Language"],**
Table[RandomInteger[{1, 20}] → "--", 5]]

Out[19]= {T, h, e, , W, --, l, f, r, a, m, --, --, --, n, g, u, a, g, --}

리스트의 특정 원소를 지우고 싶은 경우, 그 원소를 Nothing으로 대체하는 방법이 있다.

Nothing은 자동으로 사라진다.

In[20]:= **{1, 2, Nothing, 4, 5, Nothing}**

Out[20]= {1, 2, 4, 5}

첫 번째 자리와 세 번째 자리의 원소를 Nothing으로 대체해 보자.

In[21]:= **ReplacePart[{a, b, c, d, e, f, g}, {1 → Nothing, 3 → Nothing}]**

Out[21]= {b, d, e, f, g}

50개의 무작위 영어 단어 샘플에서, 길이가 다섯 자를 초과하는 단어는 삭제하고 남은 단어에 대해서는 문자의 순서를 거꾸로 뒤집어 보자.

In[22]:= **If[StringLength[#] > 5, Nothing, StringReverse[#]] &/@ RandomSample[WordList[ ], 50]**

Out[22]= {yllud, yciuj, poons, tsioh}

Take 함수는 리스트 내의 지정된 수의 원소를 그 위치에 근거하여 추출한다. **TakeLargest**와 **TakeSmallest**는 원소를 그 크기에 따라 추출한다.

리스트에서 최대 원소 5개를 추출하면,

In[23]:= **TakeLargest[Range[20], 5]**

Out[23]= {20, 19, 18, 17, 16}

TakeLargestBy와 TakeSmallestBy는 함수를 적용한 후 판단하여 출력한다.

100개의 자연수를 로마 숫자로 나타내었을 때 가장 긴 문자열 길이를 갖는 다섯 개를 출력해 보자.

In[24]:= **TakeLargestBy[Array[RomanNumeral, 100], StringLength, 5]**

Out[24]= {LXXXVIII, LXXXIII, XXXVIII, LXXVIII, LXXXVII}

용어

Part[$list$, n**]**	리스트의 n번째 원소
$list$**[[**n**]]**	리스트의 n번째 원소의 단축 표기
$list$**[[{**n_1, n_2, ...**}]]**	리스트의 n_1, n_2, ...번째 원소
$list$**[[**n_1 ;; n_2**]]**	n_1번째부터 n_2번째까지의 원소
$list$**[[**m, n**]]**	배열의 m번째 행의 n번째 열의 요소
$list$**[[All,** n**]]**	n번째 열의 원소
Take[$list$, n**]**	리스트의 처음 n개의 원소 추출
TakeLargest[$list$, n**]**	리스트의 가장 큰 원소부터 n개 추출
TakeSmallest[$list$, n**]**	리스트의 가장 작은 원소부터 n개 추출
TakeLargestBy[$list$, f, n**]**	f를 적용하여 가장 큰 원소부터 추출
TakeSmallestBy[$list$, f, n**]**	f를 적용하여 가장 작은 원소부터 추출
Position[$list$, x**]**	$list$에서 x의 모든 위치
ReplacePart[$list$, $n \rightarrow x$**]**	$list$에서 n번째 원소를 x로 대체
Nothing	자동으로 삭제되는 리스트 원소

연습 문제

31.1 2^{1000}의 모든 자리 숫자에서 마지막 5개를 찾아라.

31.2 10번째부터 20번째까지의 영어 알파벳을 골라내어라.

31.3 짝수 번째 위치에 있는 영어 알파벳을 나열하여라.

31.4 12의 거듭 제곱수 중 첫 100개에 대하여 가장 낮은 자리 숫자에서부터 두 번째에 해당하는 자리 숫자를 뽑아서 만든 리스트를 선그래프로 나타내어라.

31.5 처음 20개의 제곱수와 세제곱수의 리스트를 결합하고, 결합한 리스트에서 가장 작은 원소 10개를 찾아라.

31.6 영문 위키백과의 컴퓨터(computers)에 대한 문서에 포함된 소프트웨어(software)라는 단어의 위치를 찾아라.

31.7 WordList[]의 영어 단어에서 문자 "e"가 나타나는 위치의 히스토그램을 만들어라.

31.8 처음 100개의 세제곱수의 리스트를 만들고 원소의 위치가 제곱수에 해당하는 것은 Red로 대체하여라.

31.9 첫 100개의 소수를 나열한 후, 가장 높은 자리 숫자가 5보다 작은 소수들을 삭제하여라.

31.10 Range[10]에서 원소를 무작위로 하나씩 제거해 나갈 때 얻어지는 리스트들로 격자를 만들어라.

31.11 WordList[]에서 가장 긴 10개의 영어 단어를 찾아라.

31.12 100까지의 자연수에 대한 영문 이름 중 가장 긴 5개를 찾아라.

31.13 100까지의 자연수에 대한 영문 이름 중 "e"를 가장 많이 가지는 5개를 찾아라.

Q&A

list[[_n_]]을 어떻게 읽나요?
일반적으로 '리스트 파트 _n_(_list_ part _n_)' 또는 '리스트 서브 _n_(_list_ sub _n_)'이라 읽습니다. 두 번째 형식 ('sub'는 'subscript'의 줄임말)은 수학에서 벡터의 원소를 뽑아오는 것에 기인합니다.

존재하지 않는 리스트의 일부를 물으면 어떻게 되나요?
메시지가 나타나며, 입력은 연산 되지 않고 그대로 출력됩니다.

리스트에서 특정 원소가 나타나는 첫 번째 위치를 얻을 수 있나요?
물론입니다. FirstPosition을 이용하세요.

기 술 노 트

- First와 Last는 각각 [[1]] 그리고 [[−1]]과 같다.

- 부분을 지정할 때, 1 ;; −1은 All과 동일하다.

더 살펴보기

Wolfram 언어의 리스트 원소(wolfr.am/eiwl-31-more)

32 | 패턴

패턴은 **Wolfram** 언어에 있어서 기본적인 개념이다. 패턴 _은(공백, 'blank'라 읽으며) 무엇이든 나타낼 수 있다.

MatchQ는 어떤 것이 패턴과 일치하는지를 테스트한다.

{a, x, b}는 패턴 {_, x, _}과 일치한다.

In[1]:= **MatchQ[{a, x, b}, {_, x, _}]**

Out[1]= True

{a, b, c}는 x가 가운데 있지 않고, b가 가운데 있기 때문에 패턴 {_, x, _}과 일치하지 않는다.

In[2]:= **MatchQ[{a, b, c}, {_, x, _}]**

Out[2]= False

두 개의 요소를 가지는 리스트는 패턴 {_, _}과 일치한다.

In[3]:= **MatchQ[{a, a}, {_, _}]**

Out[3]= True

세 개의 요소를 가지는 리스트는 패턴 {_, _}과 일치하지 않는다.

In[4]:= **MatchQ[{a, a, a}, {_, _}]**

Out[4]= False

MatchQ는 한번에 하나의 패턴에 대해 테스트한다. Cases는 특정 패턴과 일치하는 리스트의 모든 원소의 경우(Cases)를 선택할 수 있다.

패턴 {_, _}과 일치하는 모든 원소를 찾아보자.

In[5]:= **Cases[{{a, a}, {b, a}, {a, b, c}, {b, b}, {c, a}, {b, b, b}}, {_, _}]**

Out[5]= {{a, a}, {b, a}, {b, b}, {c, a}}

패턴 {b, _}과 일치하는 모든 원소를 찾아보자. 여기서 패턴 {b, _}은 b 다음에 어떤 원소든 올 수 있는 경우를 의미한다.

In[6]:= **Cases[{{a, a}, {b, a}, {a, b, c}, {b, b}, {c, a}, {b, b, b}}, {b, _}]**

Out[6]= {{b, a}, {b, b}}

각 요소가 패턴 {b, _}과 일치하는지 테스트해 보자.

In[7]:= **MatchQ[#, {b, _}] &/@{{a, a}, {b, a}, {a, b, c}, {b, b}, {c, a}, {b, b, b}}**

Out[7]= {False, True, False, True, False, False}

Select를 이용하여 일치하는 것을 선택하면 Cases를 이용한 것과 동일한 결과를 얻는다.

In[8]:= **Select[{{a, a}, {b, a}, {a, b, c}, {b, b}, {c, a}, {b, b, b}}, MatchQ[♯, {b, _}] &]**

Out[8]= {{b, a}, {b, b}}

패턴에서 **a | b**는 'a 또는 b'를 의미한다.

a 또는 b와 그 뒤에 오는 원소로 구성된 대상을 찾아보자.

In[9]:= **Cases[{{a, a}, {b, a}, {a, b, c}, {b, b}, {c, a}, {b, b, b}}, {a | b, _}]**

Out[9]= {{a, a}, {b, a}, {b, b}}

리스트를 만든 다음 특정 패턴과 일치하는 원소를 선택하는 또 다른 예제를 살펴보자.

범위 내의 수들에 대한 모든 자리 숫자를 리스트로 만들어 보자.

In[10]:= **IntegerDigits[Range[100, 500, 55]]**

Out[10]= {{1, 0, 0}, {1, 5, 5}, {2, 1, 0}, {2, 6, 5}, {3, 2, 0}, {3, 7, 5}, {4, 3, 0}, {4, 8, 5}}

위의 리스트에서 마지막 원소가 5인 경우를 찾아보자.

In[11]:= **Cases[IntegerDigits[Range[100, 500, 55]], {_, _, 5}]**

Out[11]= {{1, 5, 5}, {2, 6, 5}, {3, 7, 5}, {4, 8, 5}}

위의 리스트에서 가운데 원소가 1 또는 2인 경우를 찾아보자.

In[12]:= **Cases[IntegerDigits[Range[100, 500, 55]], {_, 1 | 2, _}]**

Out[12]= {{2, 1, 0}, {3, 2, 0}}

__ (이중 공백, 'double blank') 표기는 임의의 연속을 의미한다.

임의의 연속하는 원소가 있고 마지막에 b가 따라 나오는 경우를 찾아보자.

In[13]:= **Cases[{{a, a}, {b, a}, {a, b, c}, {b, b}, {c, a}, {b, b, b}}, {__, b}]**

Out[13]= {{b, b}, {b, b, b}}

마지막 원소가 a 또는 b거나, 첫 원소가 c인 경우를 찾아보자.

In[14]:= **Cases[{{a, a}, {b, a}, {a, b, c}, {b, b}, {c, a}, {b, b, b}}, {__, a | b} | {c, __}]**

Out[14]= {{a, a}, {b, a}, {b, b}, {c, a}, {b, b, b}}

패턴은 리스트에만 국한되지 않고 어떤 것이든 포함할 수 있다.

패턴 f[_]과 일치하는 경우를 찾아보자.

In[15]:= **Cases[{f[1], g[2, 3], {a, b, c}, f[x], f[x, x]}, f[_]]**

Out[15]= {f[1], f[x]}

패턴의 다양한 용도 중 하나로 치환의 정의를 들 수 있다. /.(빗금 온점, 'slash dot')은 치환을 수행한다.

리스트에서 b를 Red로 치환해 보자.

In[16]:= **{a, b, a, a, b, b, a, b} /. b → Red**

Out[16]= {a, ■, a, a, ■, ■, a, ■}

이번에는 1로 시작하고 2개의 원소로 구성된 모든 리스트를 치환해 보자.

In[17]:= **{{1, a}, {1, b}, {1, a, b}, {2, b, c}, {2, b}} /. {1, _} → Red**

Out[17]= {■, ■, {1, a, b}, {2, b, c}, {2, b}}

치환할 항목을 리스트로 나타낼 수도 있다.

In[18]:= **{{1, a}, {1, b}, {1, a, b}, {2, b, c}, {2, b}} /. {{1, _} → Red, {__, b} → Yellow}**

Out[18]= {■, ■, ■, {2, b, c}, ■}

'공백' 패턴인 _에는 무엇이든 대응된다. 예를 들어 {_, _}은 두 개의 원소로 구성된 리스트의 형태를 취하는 것이라면 어떤 것에라도 대응한다. 그렇다면 두 원소가 같은 경우로 한정하고 싶다면 어떻게 해야 할까? 이 경우 {x_, x_}과 같은 패턴을 사용하면 된다.

{_, _}은 두 원소의 동일 여부와 관계없이 무엇이든 두 개의 원소로 이루어진 리스트에 대응한다.

In[19]:= **Cases[{{a, a, a}, {a, a}, {a, b}, {a, c}, {b, a}, {b, b}, {c}, {a}, {b}}, {_, _}]**

Out[19]= {{a, a}, {a, b}, {a, c}, {b, a}, {b, b}}

{x_, x_}은 같은 두 원소를 가지는 리스트에만 대응된다.

In[20]:= **Cases[{{a, a, a}, {a, a}, {a, b}, {a, c}, {b, a}, {b, b}, {c}, {a}, {b}}, {x_, x_}]**

Out[20]= {{a, a}, {b, b}}

x_은 기명 패턴의 한 예이다. 기명 패턴은 치환하려고 하는 대상의 일부를 지칭하는 방법을 제시하기에 치환에 있어 특히 중요하다.

기명 패턴 x_을 치환에 사용해 보자.

In[21]:= **{{1, ■}, {1, ■}, {1, ■, ■}, {2, ■, ■}, {2, ■}} /. {1, x_} → {x, x, Yellow, x, x}**

Out[21]= {{■, ■, ■, ■, ■}, {■, ■, ■, ■, ■}, {1, ■, ■}, {2, ■, ■}, {2, ■}}

$a{\rightarrow}b$ 형식은 일반적으로 규칙이라 한다. x_이 규칙의 좌변에 있는 경우, 우변의 x는 x_과 일치하는 것을 지칭한다.

규칙의 우변에 x를 사용하여 x_과 일치하는 것을 지칭해 보자.

In[22]:= **{f[1], g[2], f[2], f[6], g[3]} /. f[x_] → x + 10**

Out[22]= {11, g[2], 12, 16, g[3]}

규칙은 Cases 함수의 내부에서도 사용할 수 있다.

리스트에서 f[x_]에 대응하는 원소를 찾아, 이를 x + 10으로 치환해 보자.

In[23]:= **Cases[{f[1], g[2], f[2], f[6], g[3]}, f[x_] → x + 10]**

Out[23]= {11, 12, 16}

Wolfram 언어에서 기명 패턴이 함수 정의에 얼마나 중요한 역할을 하는지 38장에서 알아볼 것이다.

용어

_	임의의 패턴('공백')
__	임의의 연속 패턴('이중 공백')
*x_*	*x*의 기명 패턴
a | *b*	*a* 또는 *b*에 대응하는 패턴
MatchQ[*expr*, *pattern***]**	*expr*가 패턴에 일치하는지에 대한 테스트
Cases[*list*, *pattern***]**	리스트에서 패턴의 대상 찾기
lhs → *rhs*	*lhs*를 *rhs*로 변환하는 규칙
expr /. *lhs* → *rhs*	*expr*의 *lhs*를 *rhs*로 치환

연습 문제

32.1 IntegerDigits[Range[1000]]에서 1로 시작하고 9로 끝나는 리스트를 모두 찾아라.

32.2 IntegerDigits[Range[1000]]에서 세 개의 동일한 원소로 이루어진 리스트를 모두 찾아라.

32.3 첫 1,000개의 제곱수에 대한 자리 숫자들을 나열하고, 이 중에서 9로 시작하고 0이나 1로 끝나는 리스트를 모두 찾아라.

32.4 IntegerDigits[Range[100]]에서 모든 0은 회색(Gray)으로, 그리고 모든 9는 주황색(Orange)으로 바꾸어라.

32.5 2^1000의 자리 숫자들로 이루어진 리스트에서 0을 모두 빨간색(Red)으로 바꾸어라.

32.6 "The Wolfram Language"의 문자를 리스트로 나타내고, 이 리스트에서 모음(a, e, i, o, u)을 제거하여라.

32.7 Select[IntegerDigits[2 ^ 1000], ♯ == 0 || ♯ == 1 &]의 더 단순한 형식을 찾아라.

32.8 Select[IntegerDigits[Range[100, 999]], First[♯] == Last[♯] &]의 더 단순한 형식을 찾아라.

Q&A

패턴 변수(x _) 등의 이름이 중요한가요?

그렇지 않습니다. 주어진 패턴 안에서 일관성만 유지하면 됩니다. 서로 다른 패턴은 다른 목적으로 동일한 이름을 재사용할 수 있으며, 해당 이름이 패턴 외부에서 나타나도 상관없습니다.

패턴 정의에 사용할 수 있는 다른 방법은 무엇인가요?

41장에서 자세히 살펴볼 예정입니다.

|와 ||의 차이가 무엇인가요?

p | q는 p 또는 q에 대응하는 패턴 구문이며, p || q는 p 또는 q가 참(True)인지의 여부를 검정하는 논리 구문입니다.

a|b를 어떻게 읽나요?

'a 또는 b' 혹은 'a 수직선 막대 b'라고 읽으면 됩니다.

/.는 어떻게 해석되나요?

이것은 ReplaceAll 함수입니다. Replace는 표현 전체를 치환하고, ReplaceList는 특정 패턴과 일치하는 모든 경우를 찾아 치환한 결과를 나열합니다.

/.이 여러 개의 치환 규칙을 가지고 있을 때는 어느 것이 사용되나요?

첫 번째 것부터 적용합니다. 치환이 표현의 다중 레벨에 적용되는 경우, /.은 가장 바깥쪽 레벨에 치환을 적용합니다.

기술 노트

- 문자열에 대한 패턴은 42장에서 설명한다.

- Wolfram 언어의 패턴 일치는 x + y와 y + x 또는 x + (y + z)와 (x + y) + z의 등가성을 고려한다. 41장을 참고하자.

- *lhs* → *rhs* 작성 시, *lhs*는 '좌변'을, *rhs*는 '우변'을 의미한다.

- 패턴은 x_에서 x와 같은 이름을 패턴의 범위에만 국한한다는 의미에서 범위 지정 구문이다.

- 흔한 경우는 아니지만, /. 뒤에 0과 같은 숫자가 오는 경우에는 나눗셈과의 혼동을 피하기 위해 빈칸을 넣어야 한다.

더 살펴보기

Wolfram 언어의 패턴(wolfr.am/eiwl-32-more)

33 | 표현과 표현의 구조

지금까지 리스트, 그래픽, 순수 함수 등 Wolfram 언어에서 사용되는 여러 가지를 살펴보았다. 이제 Wolfram 언어의 본질로 좀 더 들어가 보자. 앞서 살펴본 것뿐만 아니라 실제로 Wolfram 언어가 취급하는 모든 것이 궁극적으로는 동일한 방식으로 구성되어 있으며, 이런 모든 것을 기호 표현이라 일컫는다.

기호 표현은 구조를 표현하는 매우 일반적인 방법이며, 잠재적으로 그 구조와 관련된 의미를 내포하고 있다. 기호 표현의 간단한 예로 f[x, y]를 보자. 이 기호 표현은 그 자체로는 특별한 의미를 가지지 않으며, Wolfram 언어에 이를 입력하면 평가되지 않고 그대로 반환된다.

f[x, y]는 특정 의미가 부여되지 않은 기호 표현이다.

In[1]:= **f[x, y]**

Out[1]= f[x, y]

{x, y, z}도 역시 기호 표현이다. 내부적으로는 List[x, y, z]의 의미를 가지지만, {x, y, z}로 표시된다.

List[x, y, z]는 기호 표현이며 {x, y, z}로 표시된다.

In[2]:= **List[x, y, z]**

Out[2]= {x, y, z}

기호 표현은 종종 중첩되기도 한다.

In[3]:= **List[List[a, b], List[c, d]]**

Out[3]= {{a, b}, {c, d}}

FullForm은 기호 표현의 내부 형식을 보여준다.

In[4]:= **FullForm[{{a, b}, {c, d}}]**

Out[4]//FullForm= List[List[a, b], List[c, d]]

Graphics[Circle[{0, 0}]]도 또 다른 기호 표현이며, 원을 그림으로 표시해준다. FullForm을 이용하면 다시 내부 형식을 볼 수 있다.

다음은 원을 그리는 기호 표현이다.

In[5]:= **Graphics[Circle[{0, 0}]]**

Out[5]=

FullForm은 내부의 기호 표현 구조를 보여준다.

In[6]:= **FullForm[**  **]**

Out[6]//FullForm= Graphics[Circle[List[0, 0]]]

기호 표현은 입출력을 특별한 방법으로 표시할 뿐만 아니라, 실제로 결과 제공을 위해 평가되는 일이 종종 있다.

평가 결과를 반환하는 기호 표현을 보자.

In[7]:= **Plus[2, 2]**

Out[7]= 4

리스트의 원소는 평가되지만, 리스트 자체는 기호로 남아 있다.

In[8]:= **{Plus[3, 3], Times[3, 3], Power[3, 3]}**

Out[8]= {6, 9, 27}

이 리스트의 기호 표현 구조를 살펴보자.

In[9]:= **{Plus[3, 3], Times[3, 3], Power[3, 3]} // FullForm**

Out[9]//FullForm= List[6, 9, 27]

이제 평가가 이루어지는 기호 표현을 살펴보자.

In[10]:= **Blur[** 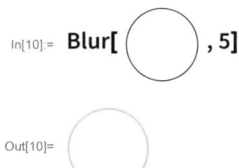 **, 5]**

Out[10]=

위의 기호 표현을 다음과 같이 작성할 수도 있다.

In[11]:= **Blur[Graphics[Circle[{0, 0}]], 5]**

Out[11]=

기호 표현의 가장 기본적인 구성요소는 무엇일까? 바로 물질의 구성 요소의 이름에서 따온 원자를 들 수 있다. 원자의 주요 종류로는 수, 문자열, 기호가 있다.

x, y, f, Plus, Graphics, Table 등은 모두 기호이다. 모든 기호는 각각의 고유한 이름을 가지고 있으며 어떤 것은 의미를 가지고 있고, 어떤 것은 연산과 관련되기도 하며, 다른 함수가 사용할 수 있는 구조를 정의하는 데 쓰이기도 한다. 기호가 이러한 조건 중 하나를 꼭 충족할 필요는 없지만, 기호에는 반드시 이름이 부여되어야 한다.

Wolfram 언어를 정의하는 중요한 특징은 기호를 연산이나 수와 연계하여 평가하지 않고, 순수하게 '상징적' 기호로 취급할 수 있다는 것이다.

Wolfram 언어에서 x는 다른 무엇으로 평가되지 않고 x로 남을 수 있다.

In[12]:= **X**

Out[12]= **X**

x는 평가되지 않지만, 대수학의 법칙에 따라 덧셈이 적용된다.

In[13]:= **x+x+x+2y+y+x**

Out[13]= **4x+3y**

x, y, f와 같은 기호가 주어지면 무수히 많은 표현을 구축할 수 있다. 일단, f[x], f[y], f[x, y]를 만들어 볼 수 있으며, 이를 이용하여 f[f[x]], f[x, f[x, y]]를 만들거나 또는 x[x][y, f[x]]와 같이 만들 수도 있다.

일반적으로 각 표현은 나무 형식으로 나타낼 수 있으며, 이 때 '나뭇잎'은 원자를 의미한다. TreeForm을 사용하여 표현을 트리 구조로 표시할 수 있다.

트리 구조로 표현을 나타내 보자.

In[14]:= **TreeForm[{f[x, f[x, y]], {x, y, f[1]}}]**

Out[14]//TreeForm=

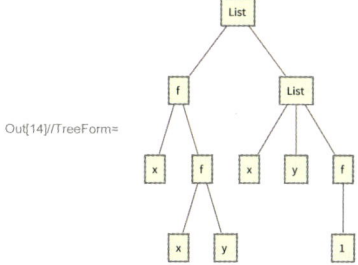

그래픽 표현을 트리 구조로 나타내 보자.

In[15]:= **TreeForm[Graphics[{Circle[{0, 0}], Hue[0.5], Disk[{1, 1}]}]]**

Out[15]//TreeForm=

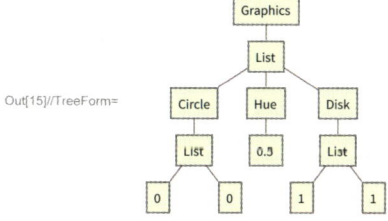

표현은 궁극적으로 매우 일정한 구조를 가지므로, 여기에 적용되는 Wolfram 언어의 연산 역시 매우 일정한 방식으로 수행된다.

예를 들어, 모든 표현은 리스트와 마찬가지로 부분이 있으며 [[...]]을 이용하여 일부를 추출할 수 있다.

다음은 리스트에서 두 번째 요소를 추출하는 것으로 {x, y, z}[[2]]와 같은 의미이다.

In[16]:= **List[x, y, z][[2]]**

Out[16]= y

다음 표현에서도 같은 방법으로 부분을 추출해 보면,

In[17]:= **f[x, y, z][[2]]**

Out[17]= y

그래픽 표현에서 원을 추출해 보자.

In[18]:= **Graphics[Circle[{0, 0}]][[1]]**

Out[18]= Circle[{0, 0}]

이번에는 원의 중심 좌표를 추출해 보자.

In[19]:= **Graphics[Circle[{0, 0}]][[1, 1]]**

Out[19]= {0, 0}

아래도 역시 같은 결과를 얻는다.

In[20]:= **[[1, 1]]**

Out[20]= {0, 0}

f[x, y]에서 f는 표현의 헤드라고 하며, x와 y는 인수라고 한다. Head 함수는 표현에서 헤드에 해당하는 부분을 추출한다.

리스트의 헤드는 List이며,

In[21]:= **Head[{x, y, z}]**

Out[21]= List

표현의 모든 부분에는 헤드가 있으며, 심지어 원자에도 헤드가 있다.

정수의 헤드는 Integer이며,

In[22]:= **Head[1234]**

Out[22]= Integer

근사 실수의 헤드는 Real이고,

In[23]:= **Head[12.45]**

Out[23]= Real

문자열의 헤드는 String이다.

In[24]:= **Head["hello"]**

Out[24]= String

기호도 역시 Symbol이라는 헤드가 있다.

In[25]:= **Head[x]**

Out[25]= Symbol

패턴을 이용하면 특정 헤드로 시작하는 표현에 대응하도록 할 수 있다. _Integer는 임의의 정수를, _String은 임의의 문자열을 나타낸다.

_Integer는 헤드가 Integer인 객체에만 일치하는 패턴이며,

In[26]:= **Cases[{x, y, 3, 4, z, 6, 7}, _Integer]**

Out[26]= {3, 4, 6, 7}

특정 헤드를 겨냥한 패턴에 이름을 부여할 수도 있다.

In[27]:= **Cases[{99, x, y, z, 101, 102}, n_Integer → {n, n}]**

Out[27]= {{99, 99}, {101, 101}, {102, 102}}

Wolfram 언어에서 볼 수 있는 헤드의 대부분은 단일 기호이다. 그러나 더 복잡한 형태의 헤드를 가지는 경우도 있다. 순수 함수가 이러한 경우의 하나인데, 순수 함수를 적용하면 순수 함수는 헤드로 나타난다.

순수 함수의 완전 형식을 보자(♯은 Slot[1]이다).

In[28]:= **FullForm[♯^2 &]**

Out[28]//FullForm= Function[Power[Slot[1], 2]]

순수 함수를 적용할 때, 순수 함수는 헤드가 된다.

In[29]:= **Function[Power[Slot[1], 2]] [1000]**

Out[29]= 1 000 000

Wolfram 언어 프로그래밍에 익숙해질수록 복잡한 형태의 헤드를 더욱 더 많이 접하게 된다. 실제로 이미 논의한 많은 함수가 헤드로 표현하는 연산자 형식을 가지고 있으며, 이러한 방식의 사용은 프로그램을 더욱 강력하고 고급스럽게 만든다.

여기서는 Select가 헤드를 표현한다.

In[30]:= **Select[# > 4 &][{1, 2.2, 3, 4.5, 5, 6, 7.5, 8}]**

Out[30]= {4.5, 5, 6, 7.5, 8}

여기서는 Cases와 Select 모두 헤드를 표현한다.

In[31]:= **Cases[_Integer] @ Select[# > 4 &] @ {1, 2.2, 3, 4.5, 5, 6, 7.5, 8}**

Out[31]= {5, 6, 8}

지금까지 사용해 온 리스트의 구조에 관한 연산은 임의의 표현에 대해서도 완전히 동일하게 작동한다.

Length는 표현의 헤드에 상관없이 단지 인수의 개수를 셈한다.

In[32]:= **Length[f[x, y, z]]**

Out[32]= 3

/@도 역시 표현의 헤드에 상관없이 인수에 함수를 적용한다.

In[33]:= **f /@ g[x, y, z]**

Out[33]= g[f[x], f[y], f[z]]

많은 함수가 결과로 리스트를 생성하므로, 결국엔 리스트를 다른 함수로 대체해야 하더라도 구조를 만들 땐 리스트로 구축하는 것이 편리하다.

@@은 효과적으로 리스트의 헤드를 f로 대체해 준다.

In[34]:= **f @@ {x, y, z}**

Out[34]= f[x, y, z]

다음은 Plus[1, 1, 1, 1]로 대체된 다음, 평가가 이루어진다.

In[35]:= **Plus @@ {1, 1, 1, 1}**

Out[35]= 4

리스트를 규칙으로 변환하면,

In[36]:= **#1 → #2 & @@ {x, y}**

Out[36]= x → y

명시적 순수 함수를 사용하지 않는 더 간단한 표현 방법을 알아보자.

In[37]:= **Rule @@ {x, y}**

Out[37]= x → y

리스트의 리스트에서 내부 리스트를 어떤 함수로 대체하는 상황은 정말 자주 발생한다. 이때 **@@** 및 **/@**을 사용하여 작업을 수행할 수도 있지만, **@@@**은 한층 편리하고 직접적인 방법을 제공한다.

내부 리스트를 f로 대체해 보자.

In[38]:= **f@@@{{1, 2, 3}, {4, 5, 6}}**

Out[38]= {f[1, 2, 3], f[4, 5, 6]}

내부 리스트를 규칙으로 바꾸어 보자.

In[39]:= **Rule@@@{{1, 10}, {2, 20}, {3, 30}}**

Out[39]= {1 → 10, 2 → 20, 3 → 30}

다음의 순서쌍으로부터 **@@@**을 사용하여 그래프를 구축하는 예를 살펴보자.

문자 쌍의 리스트를 생성해 보자.

In[40]:= **Partition[Characters["antidisestablishmentarianism"], 2, 1]**

Out[40]= {{a, n}, {n, t}, {t, i}, {i, d}, {d, i}, {i, s}, {s, e}, {e, s}, {s, t}, {t, a}, {a, b}, {b, l}, {l, i}, {i, s}, {s, h}, {h, m}, {m, e}, {e, n}, {n, t}, {t, a}, {a, r}, {r, i}, {i, a}, {a, n}, {n, i}, {i, s}, {s, m}}

이를 규칙의 리스트로 바꾸면,

In[41]:= **Rule@@@Partition[Characters["antidisestablishmentarianism"], 2, 1]**

Out[41]= {a → n, n → t, t → i, i → d, d → i, i → s, s → e, e → s, s → t, t → a, a → b, b → l, l → i, i → s, s → h, h → m, m → e, e → n, n → t, t → a, a → r, r → i, i → a, a → n, n → i, i → s, s → m}

문자가 서로 연결된 방식을 보여주는 전환 그래프를 만들어 보자.

In[42]:= **Graph[Rule@@@Partition[Characters["antidisestablishmentarianism"], 2, 1],**
VertexLabels → All]

Out[42]=

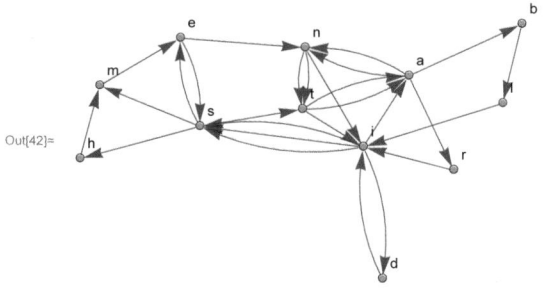

용 어

FullForm[*expr*]	완전한 내부 형식 표시
TreeForm[*expr*]	트리 구조 표시
Head[*expr*]	표현의 헤드 출력
_ *head*	특정 헤드를 가진 임의의 표현과 일치
f **@@** *list*	*list*의 헤드를 *f*로 치환
f **@@@** {*list₁*, *list₂*, ...}	*list₁*, *list₂*, ... 의 헤드를 *f*로 치환

연 습 문 제

33.1   ListPlot의 출력값의 헤드를 찾아라.

33.2   @@을 사용하여 첫 100개의 자연수를 곱하여라.

33.3   @@@과 Tuples를 이용하여 {f[a, a], f[a, b], f[b, a], f[b, b]}를 생성하여라.

33.4   x에서 시작하여 ♯^♯&을 4번 연이어 적용해가는 결과를 나열하되, 각 단계를 트리 구조로 나타내어라.

33.5   자연수 i와 j가 1부터 20까지 변할 때, i^2/(j^2+1)이 만드는 정수의 집합을 구하여라.

33.6   Table[Mod[n^2+n, 100], {n, 100}]을 이용하여 연속적인 숫자 쌍을 연결하는 그래프를 만들어라.

33.7   영문 위키백과의 컴퓨터(computer)에 대한 문서에 포함된 처음 200개 단어에 대해 뒤따르는 단어 간의 관계를 보여주는 그래프를 생성하여라.

33.8   f @@ ♯& /@ {{1, 2}, {7, 2}, {5, 4}}의 더 단순한 형식을 찾아라.

Q&A

@@과 @@@은 어떻게 해석되나요?
f @@ *expr*은 Apply[*f*, *expr*]이며, *f* @@@ *expr*는 Apply[*f*, *expr*, {1}]을 의미합니다. 이는 '더블 앳'과 '트리플 앳'으로 읽습니다.

Wolfram 언어의 모든 표현은 트리 구조로 되어있나요?
구조적 단계에서 보면 그렇습니다. 그러나 값이 할당된 변수가 있는 경우(38장 참조)라면, 유향 그래프에 더 가깝습니다. 물론 Graph를 사용하면 모든 그래프를 Wolfram 언어로 표현할 수 있습니다.

기 술 노 트

- 기호적 언어의 기본 개념은 1930년대 이전의 수리논리에 관한 연구로부터 유래되었다. 하지만 Wolfram 언어 이외의 통상적인 컴퓨터 언어에서 실제로 구현되는 경우는 드물다.

- Wolfram 언어 표현은 XML과 일부분 유사하다(둘 사이의 변환도 가능). 그러나 XML 표현과 달리 Wolfram 언어 표현은 평가를 통해 자동으로 구조를 바꿀 수 있다.

- 표현에 적용하기 위해 설정된 Select[f]와 같은 것은 수학에서 사용되는 연산자와 유사하다 하여 연산자 형식으로 불린다. Select[$expr$, f] 대신 Select[f][$expr$]를 사용하는 것은 종종 논리학자 해스켈 커리(Haskell Curry)의 이름을 따 커링이라 부른다.

- x와 같은 기호는 대수적 변수 또는 '미지수'를 나타내는 데 사용되며, 이는 Wolfram 언어로 여러 종류의 수학을 수행하는데 핵심이 되는 것이다.

- LeafCount는 표현 트리의 나뭇잎에 있는 모든 원자의 수를 반환하며, ByteCount는 표현을 저장하는데 필요한 바이트 수를 구한다.

더 살 펴 보 기

Wolfram 언어의 표현(wolfr.am/eiwl-33-more)

34 | 연관

연관(Association)은 리스트를 일반화한 것이라 할 수 있으며, 연관의 모든 원소는 키(key)와 값의 쌍으로 이루어져 있다. 연관을 생성하는 가장 일반적인 함수로는 Counts가 있다.

Counts는 각 원소의 출현 횟수를 구하여 연관으로 결과를 출력한다.

In[1]:= **Counts[{a, a, b, c, a, a, b, c, c, a, a}]**

Out[1]= **<| a → 6, b → 2, c → 3 |>**

[...]을 사용하여 특정 키와 연관된 값을 얻을 수 있다.

연관에서 c와 관련된 값을 찾아보자.

In[2]:= **<| a → 6, b → 2, c → 3 |>[c]**

Out[2]= 3

리스트에 적용되는 연산은 일반적으로 연관에도 동일하게 적용될 수 있다. 다만 키에는 적용되지 않고 값에만 적용된다.

연관의 각 값에 500을 더해 보자.

In[3]:= **<| a → 6, b → 2, c → 3 |> +500**

Out[3]= **<| a → 506, b → 502, c → 503 |>**

/@은 연관의 각 값에 함수를 적용한다.

In[4]:= **f /@ <| a → 6, b → 2, c → 3 |>**

Out[4]= **<| a → f[6], b → f[2], c → f[3] |>**

Total은 값의 총합을 나타낸다.

In[5]:= **Total[<| a → 6, b → 2, c → 3 |>]**

Out[5]= 11

Sort는 값을 기준으로 정렬하며,

In[6]:= **Sort[<| a → 6, b → 2, c → 3 |>]**

Out[6]= **<| b → 2, c → 3, a → 6 |>**

KeySort는 키를 기준으로 정렬한다.

In[7]:= **KeySort[<| c → 1, b → 2, a → 4 |>]**

Out[7]= **<| a → 4, b → 2, c → 1 |>**

함수 Keys와 Values는 각각 연관의 키와 값을 추출한다.

연관에서 키의 리스트를 구해 보자.

In[8]:= **Keys[<| a → 6, b → 2, c → 3 |>]**

Out[8]= {a, b, c}

연관에서 값의 리스트를 구해 보자.

In[9]:= **Values[<| a → 6, b → 2, c → 3 |>]**

Out[9]= {6, 2, 3}

Normal은 연관을 규칙으로 이루어진 리스트로 변환하며, **Association**은 규칙으로 이루어진 리스트를 연관으로 변환한다.

In[10]:= **Normal[<| a → 6, b → 2, c → 3 |>]**

Out[10]= {a → 6, b → 2, c → 3}

In[11]:= **Association[{a → 6, b → 2, c → 3}]**

Out[11]= <| a → 6, b → 2, c → 3 |>

LetterCounts는 문자열에 각 알파벳이 몇 번 나오는지 계산한다.

영문 위키백과의 컴퓨터(computers)에 대한 문서에서 각 알파벳이 몇 번 나오는지 세어 보자.

In[12]:= **LetterCounts[WikipediaData["computers"]]**

Out[12]= <| e → 4833, t → 3528, a → 3207, o → 3059, r → 2907, i → 2818, n → 2747, s → 2475, c → 1800,
l → 1673, m → 1494, h → 1473, u → 1357, d → 1329, p → 1153, g → 818, f → 766,
y → 594, b → 545, w → 456, v → 391, k → 174, T → 150, A → 110, I → 101, C → 84,
M → 82, x → 77, S → 68, P → 64, q → 58, U → 55, B → 45, H → 43, E → 42, R → 41,
L → 41, z → 38, O → 38, D → 37, W → 30, N → 29, F → 28, j → 25, G → 23, J → 17,
K → 14, V → 10, Z → 8, Q → 4, ū → 4, ī → 4, ö → 2, ā → 2, Y → 1, X → 1, é → 1, â → 1 |>

KeyTake는 주어진 리스트의 원소를 키로 가지는 연관의 원소들을 뽑아낸다. 아래 예제를 통해 연관에서 키가 알파벳 소문자인 원소들을 뽑아내는 예를 살펴보자.

연관에서 키가 알파벳 소문자로 나타나는 원소만 선택해 보자.

In[13]:= **KeyTake[LetterCounts[WikipediaData["computers"]], Alphabet[]]**

Out[13]= <| a → 3207, b → 545, c → 1800, d → 1329, e → 4833, f → 766, g → 818, h → 1473,
i → 2818, j → 25, k → 174, l → 1673, m → 1494, n → 2747, o → 3059, p → 1153, q → 58,
r → 2907, s → 2475, t → 3528, u → 1357, v → 391, w → 456, x → 77, y → 594, z → 38 |>

BarChart는 연관을 그래프로 나타낸다. ChartLabels → Automatic 옵션을 사용하면 키를 라벨로 사용한다.

각 알파벳이 몇 번 나오는지 막대그래프로 나타내 보자. 'e'가 가장 많이 사용되는 알파벳임을 알 수 있다.

In[14]:= **BarChart[KeyTake[LetterCounts[WikipediaData["computers"]], Alphabet[]],**
         ChartLabels → Automatic]

Out[14]=

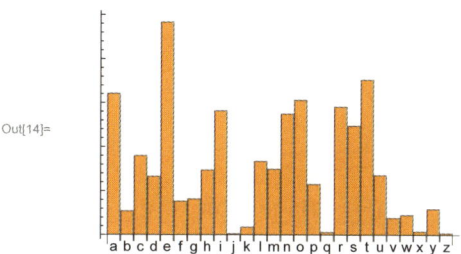

이제, 순수 함수를 연관에 직접 적용하는 방법을 알아보자.

순수 함수를 연관에 적용해 보자.

In[15]:= **f[#["apples"], #["oranges"]] &[<| "apples" → 10, "oranges" → 12, "pears" → 4 |>]**

Out[15]= f[10, 12]

문자열로 이루어진 키는 매우 일반적이며, **Wolfram** 언어는 순수 함수로 문자열의 키를 다루는 특별한 방법을 제공한다. 이는 바로 #key를 사용하여 키가 "key"인 원소의 값을 찾는 것이다.

키가 문자열인 원소의 값을 구하는 더 간단한 코드를 작성해 보자.

In[16]:= **f[#apples, #oranges] &[<| "apples" → 10, "oranges" → 12, "pears" → 4 |>]**

Out[16]= f[10, 12]

더욱 현실적인 예제를 살펴보자. 문자 출현 빈도수에서 키 'e'에 해당하는 값을 추출하고, 순수 함수를 이용하여 이 값을 총 빈도수로 나누어 보자. N은 결과를 소수로 표현한다.

영문 위키백과의 컴퓨터(computers)에 대한 문서에 포함된 알파벳 'e'의 비율을 계산해 보자.

In[17]:= **#e / Total[#] & @LetterCounts[WikipediaData["computers"]] // N**

Out[17]= 0.11795

용 어

<| key_1 → $value_1$, key_2 → $value_2$, ... |>	연관
Association[$rules$]	규칙의 리스트를 연관으로 변환
$assoc$[key]	연관의 원소 추출
Keys[$assoc$]	연관의 키로 이루어진 리스트
Values[$assoc$]	연관의 값으로 이루어진 리스트
Normal[$assoc$]	연관을 규칙의 리스트로 변환
KeySort[$assoc$]	연관을 키에 따라 정렬하기
KeyTake[$assoc$, $keys$]	특정 키를 가진 원소 가져오기
♯ key	키가 "key"인 원소에 대한 함수 슬롯
Counts[$list$]	각 원소에 대한 출현 횟수의 연관
LetterCounts[$string$]	각 알파벳에 대한 출현 횟수의 연관

연 습 문 제

34.1 3^100의 각 자리 숫자에 대한 0부터 9까지의 출현 횟수를 순서대로 나열하여라.

34.2 2^1000의 각 자리 숫자에 대한 0부터 9까지의 출현 횟수를 막대그래프로 표시하여라.

34.3 WordList[ ]의 각 영어 단어에서 첫 번째 알파벳에 대한 출현 횟수를 구하여 막대그래프로 표시하여라.

34.4 WordList[ ]의 각 영어 단어의 첫 번째 알파벳 중, 출현 빈도가 가장 높은 5개를 찾아 그 알파벳과 출현 빈도를 연관으로 나타내어라.

34.5 영문 위키백과의 컴퓨터(computers)에 대한 문서에 포함된 "q"와 "u"가 나타나는 횟수의 비를 구하여라.

34.6 ExampleData[{"Text", "AliceInWonderland"}]에서 가장 많이 사용된 단어 10개를 찾아라.

Q&A

연관은 왜 '연관'이라 불리나요?
이는 키와 값을 **연관**시키기 때문입니다. 동일한 개념으로 사용되는 다른 이름은 연관 배열, 사전, 해시맵, 구조체, 키-값의 매핑 및 기호 인덱스 리스트가 있습니다.

연관은 어떻게 입력하나요?
<\|(< 입력 후 \|를 입력)로 시작하여 –>를 차례로 사용하여 →를 입력합니다. 또는 Association[a –> 1, b –> 2]를 사용하여 연관을 입력할 수 있습니다.

연관에서 동일한 키를 가지는 서로 다른 원소들이 있을 수 있나요?
아니요. 연관에서 키는 항상 고유합니다.

연관에 없는 키를 요청하면 어떻게 되나요?

일반적으로 Missing[...]이 나타납니다. 그러나 Lookup을 사용하여 키를 찾을 때, 해당 키가 없으면 어떤 출력을 해야 하는지 지정할 수 있습니다.

연관의 키에 대한 연산은 어떻게 하나요?

KeyMap을 사용하거나, KeySelect나 KeyDrop 등의 함수를 사용합니다. AssociationMap은 키에 함수를 매핑하여 연관을 만듭니다.

여러 연관을 어떻게 하나로 결합하나요?

Merge를 사용합니다. 여러 개의 연관에서 동일한 키가 발생할 경우, 어떻게 처리할지를 설명하는 함수를 제공해야 합니다.

리스트의 일부를 추출하는 것과 같이 [[...]]를 사용하여 연관의 일부를 추출할 수 있나요?

assoc[[Key[*key*]]]로 명시한다면 가능합니다. 예를 들어, *assoc*[[2]]는 키에 상관없이 *assoc*의 두 번째 요소를 추출합니다. *assoc*[[*key*]]는 assoc[*key*]와 동일하게 동작하는 특별한 경우입니다.

순수 함수에서 연관의 키가 문자열이 아닌 경우 어떤 일이 발생하나요?

♯*key*는 사용할 수 없으며, ♯[*key*]로 명시하여 사용해야 합니다.

기 술 노 트

- 리스트에 적용할 수 있는 대부분의 함수는 연관에도 효과적으로 적용할 수 있다. 리스트에 대해 스레드로 처리하는 함수는 연관에 대해서도 동일하게 적용할 수 있다.

- 연관은 관계형 데이터베이스의 리스트와 비슷하며, **JoinAcross**는 데이터베이스 결합과 유사하게 동작한다.

더 살 펴 보 기

Wolfram 언어의 연관(wolfr.am/eiwl-34-more)

35 | 자연어 이해

16장에서 `ctrl =` 를 사용하여 자연어를 입력하는 방법을 알아보았다. 이 장에서는 자연어를 이해하는 함수를 설정하는 방법에 대해 살펴보자.

이를 위해서는 Interpreter가 핵심 역할을 수행한다. Interpreter에 얻고자 하는 것의 유형을 전달하면, 제공된 임의의 문자열을 취해 Interpreter는 사용자가 원하는 방향으로 해석하려 시도한다.

문자열 "nyc"를 도시로 해석한다.

In[1]:= **Interpreter["City"]["nyc"]**

Out[1]= New York City

"The big apple"은 뉴욕시의 별명이다.

In[2]:= **Interpreter["City"]["the big apple"]**

Out[2]= New York City

문자열 "hot pink"를 색으로 해석한다.

In[3]:= **Interpreter["Color"]["hot pink"]**

Out[3]= ■

Interpreter는 자연어를 연산 가능한 Wolfram 언어 표현으로 변환한다. 다음의 화폐 관련 예를 살펴보자.

다양한 화폐를 해석할 수 있다.

In[4]:= **Interpreter["CurrencyAmount"][**
   {"4.25 dollars", "34 russian rubles", "5 euros", "85 cents"}]

Out[4]= { $4.25 , руб34 , €5 , 85¢ }

현재 환율로 환산하여 총합을 구해보자.

In[5]:= **Total[{ $4.25 , руб34 , €5 , 85¢ }]**

Out[5]= $11.07

위치와 관련된 예제를 살펴보자.

Interpreter는 백악관의 지리적 좌표를 제공한다.

In[6]:= **Interpreter["Location"]["White House"]**

Out[6]= GeoPosition[{38.8977, −77.0366}]

도로명 주소를 해석하여 지리적 좌표를 얻을 수 있다.

In[7]:= **Interpreter["Location"]["1600 Pennsylvania Avenue, Washington, DC"]**

Out[7]= GeoPosition[{38.8977, −77.0366}]

Interpreter는 수백 가지의 다양한 유형의 객체를 처리한다.

대학의 이름("U of I"는 지리적 좌표에 따라 결정됨)을 해석해 보면,

In[8]:= **Interpreter["University"][{"Harvard", "Stanford", "U of I"}]**

Out[8]= { Harvard University , Stanford University ,
University of Illinois at Urbana-Champaign }

화학 물질의 이름을 해석해 보자.

In[9]:= **Interpreter["Chemical"][{"H2O", "aspirin", "CO2", "wolfram"}]**

Out[9]= { water , aspirin , carbon dioxide , tungsten }

동물의 이름을 해석하여 해당 이미지를 얻어 보자.

In[10]:= **EntityValue[Interpreter["Animal"][{"cheetah", "tiger", "elephant"}], "Image"]**

Out[10]= {  ,  ,  }

Interpreter는 문자열 전체를 해석하는 반면, TextCases는 문자열에서 사용자가 명시한 유형을 선택하려 시도한다.

텍스트에서 명사를 선택해 보자.

In[11]:= **TextCases["A sentence is a linguistic construct", "Noun"]**

Out[11]= {sentence, construct}

텍스트에서 화폐를 선택해 보자.

In[12]:= **TextCases["Choose between $5, €5 and ¥5000", "CurrencyAmount"]**

Out[12]= {$5, €5, ¥5000}

TextCases를 사용하면 텍스트에서 특정한 단어를 선택할 수 있다. 다음의 위키 백과 문서에서 국가명을 선택해 보자.

영문 위키백과의 유럽 연합(EU)에 대한 문서에서 회원국들의 이름으로 이루어진 워드 클라우드를 생성해 보자.

In[13]:= **WordCloud[TextCases[WikipediaData["EU"], "Country"]]**

Out[13]=

TextStructure는 텍스트의 전체 구조를 보여준다.

문장을 문법 단위로 구문 분석하는 방법을 알아보자.

In[14]:= **TextStructure["You can do so much with the Wolfram Language."]**

You	can	do	so	much	with	the	Wolfram	Language	.
Pronoun	Verb	Verb	Adverb	Adverb	Preposition	Determiner	Proper Noun	Proper Noun	Punctuation

Out[14]=

- Noun Phrase
- Adverb Phrase
- Noun Phrase
- Prepositional Phrase
- Verb Phrase
- Verb Phrase
- Sentence

위 구문 분석을 그래프로 표시해 보자.

In[15]:= **TextStructure["You can do so much with the Wolfram Language.", "ConstituentGraphs"]**

Out[15]=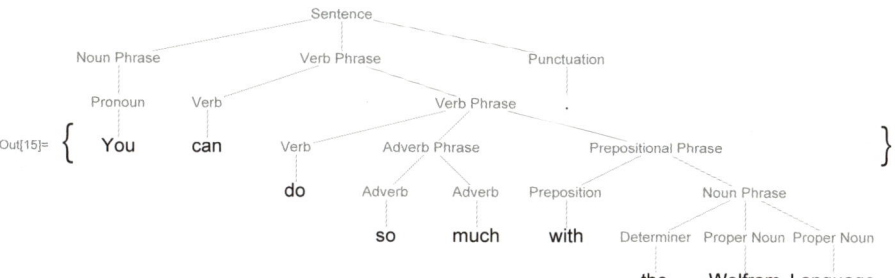

WordList[]는 일반적인 단어의 리스트를 제공한다. WordList["Noun"] 등은 특정 품사로 사용되는 단어의 리스트를 제공한다.

영어에서 사용되는 일반적인 동사 첫 20개를 구해 보자.

In[16]:= **Take[WordList["Verb"], 20]**

Out[16]= {aah, abandon, abase, abash, abate, abbreviate, abdicate, abduct, abet, abhor, abide, abjure, ablate, abnegate, abolish, abominate, abort, abound, abrade, abridge}

단어의 속성에 대해 쉽게 연구할 수 있다. 일반적인 단어 리스트에서 명사, 동사 그리고 형용사의 길이 분포를 비교하는 히스토그램을 보자.

일반적인 명사, 동사 그리고 형용사의 길이에 대한 히스토그램을 만들어 보자.

In[17]:= **Histogram[StringLength[WordList[#]]] &/@{"Noun", "Verb", "Adjective"}**

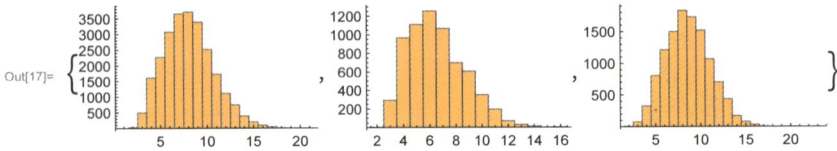

지금까지 영어에 대해서만 살펴 보았지만, **Wolfram** 언어는 영어 이외의 언어에 대해서도 잘 이해한다. 예를 들어, WordTranslation는 단어 간의 번역을 제공한다.

"hello"를 프랑스어로 번역해 보자.

In[18]:= **WordTranslation["hello", "French"]**

Out[18]= {bonjour, hello, holà, ohé}

이번에는 한국어로 번역해 보자.

In[19]:= **WordTranslation["hello", "Korean"]**

Out[19]= {여보세요, 안녕하세요}

"hello"를 한국어로 번역하고 한국어 발음을 영어로 음역해 보자.

In[20]:= **Transliterate[WordTranslation["hello", "Korean"]]**

Out[20]= {yeoboseyo, annyeonghaseyo}

WordTranslation 함수의 언어 옵션에 **All**을 입력하면 다른 여러나라 언어와 비교할 수 있다. 여러 언어로 번역한 것을 연관으로 결과를 출력하며, 전 세계에서 사용되는 빈도가 감소하는 순서로 나열한다.

"hello"를 전 세계에서 사용 빈도가 높은 5개의 언어로 번역해 보자.

In[21]:= **Take[WordTranslation["hello", All], 5]**

Out[21]= ⟨ | Mandarin | → {表示問候的叫聲},

| Hindi | → {हलो , नमस्ते }, | Spanish | → {buenos días, hola},

| Russian | → {привет, приветствие, Здравствуйте}, | Indonesian | → {halo} | ⟩

전 세계 사용 빈도 상위 100개의 언어에 대해 "**hello**"의 번역을 실행하여 해당 언어로 번역된 첫 번째 문자를 살펴보자. 다음은 언어 사용 빈도 상위 100개 언어 중에서 "h"가 "**hello**"라는 단어의 보편적인 시작임을 보여주는 워드 클라우드이다.

사용 빈도 상위 100개의 언어에 대하여, 단어 "hello"를 의미하는 첫 번째 문자에 대한 워드 클라우드를 만들어 보자.

In[22]:= WordCloud[Values[StringTake[First[#], 1] &/@ Take[WordTranslation["hello", All], 100]]]

Out[22]=

용어

Interpreter["*type*"]	자연어 해석을 위한 함수
TextCases["*text*", "*type*"]	*text*에서 주어진 유형의 객체 찾기
TextStructure["*text*"]	*text*의 문법 구조 분석
WordTranslation["*word*", "*language*"]	다른 언어로 단어 번역

연습 문제

35.1 Interpreter를 사용하여 에펠 탑(eiffel tower)의 지리적 좌표를 찾아라.

35.2 Interpreter를 사용하여 "U of T"라고 불리는 대학을 찾아라.

35.3 Interpreter를 사용하여 C2H4, C2H6, C3H8로 불리는 화학 물질을 찾아라.

35.4 Interpreter를 사용하여 "20140108"를 날짜로 해석하여라.

35.5 "U of X"(X는 임의의 영어 알파벳)로 불릴 수 있는 대학을 찾아라.

35.6 영화 제목으로 해석할 수 있는 미국의 주도명을 구하여라(CommonName을 사용하여 개체 이름을 문자열로 가져온다).

35.7 문자 l, i, m 및 a로 이름이 나타내어질 수 있는 도시를 찾아라.

35.8 영문 위키백과의 화약(gunpowder)에 대한 문서에 포함된 국가명을 찾아 워드 클라우드를 만들어라.

35.9 "She sells seashells by the sea shore."에서 명사를 모두 찾아라.

35.10 TextCases를 사용하여 영문 위키백과의 컴퓨터(computers)에 대한 문서의 첫 1,000글자 안에 포함된 명사, 동사, 형용사의 개수를 구하여라.

35.11 영문 위키백과의 컴퓨터에 대한 문서에 포함된 첫 번째 문장의 문법 구조를 찾아라.

35.12 ExampleData[{"Text", "AliceInWonderland"}]에서 출현 빈도가 가장 높은 10개의 명사를 구하여라.

35.13 영문 위키백과의 언어(language)에 대한 문서에 포함된 첫 번째 문장의 텍스트 구조를 커뮤니티 그래프로 나타내어라.

35.14 WordList를 사용해 찾은 영어 단어의 명사, 동사, 형용사 그리고 부사의 수를 나열하여라.

35.15 숫자 2부터 10까지를 프랑스어로 번역하여 나열하여라.

Q&A

인터프리터 유형에는 어떤 것이 있나요?

모두 열거하기엔 너무 많습니다. 문서 센터에서 확인하거나 $InterpreterTypes를 실행하면 가능한 유형을 모두 볼 수 있습니다.

Interpreter는 네트워크 연결을 해야 하나요?

날짜 또는 기본 통화처럼 간단한 해석의 경우에는 네트워크 연결이 필요하지 않지만, 완전한 자연어 입력에 대해서는 네트워크 연결을 필요로 합니다.

사용자가 "4 dollars"를 입력하면, Interpreter는 그것이 미국 달러를 가리키는 것인지 아니면 또 다른 달러를 가리키는 것인지 어떻게 알 수 있나요?

사용하는 컴퓨터의 지리적 위치를 확인하여 어떤 종류의 달러를 의미하는지를 파악합니다.

Interpreter는 모호한 자연어를 처리할 수 있나요?

Wolfram 언어에서 표현할 수 있는 것은 원칙적으로 Interpreter가 해석할 수 있습니다. Interpreter["SemanticExpression"]은 어떤 입력에 대해서도 그것이 나타내는 의미있는 Wolfram 언어 표현을 찾을 때까지 입력의 의미를 이해하려고 노력합니다. 기본적으로 Interpreter는 Wolfram|Alpha가 행하는 첫 단계와 동일한 작업을 수행하고 있습니다.

나만의 해석을 추가할 수 있나요?

네, 가능합니다. GrammarRules는 원하는 기존의 인터프리터를 사용하여 자신만의 문법을 구축할 수 있게 해줍니다.

단어의 의미를 찾을 수 있습니까?

WordDefinition은 단어의 사전적 정의를 제공합니다.

단어의 품사가 무엇인지 찾을 수 있나요?

PartOfSpeech는 단어에 대응되는 **모든** 품사를 알려줍니다. 예를 들어, "fish"의 경우, 명사와 동사 모두를 품사로 제공합니다. 문장에서 해당 단어가 사용되는 방식에 따라 정확히 해석하고 알려주는 함수가 TextStructure의 역할입니다.

단어뿐만 아니라 전체 문장도 번역할 수 있나요?

TextTranslation은 외부 서비스를 호출하여 일부 언어의 번역을 수행합니다.

WordTranslation은 어떤 언어를 다룰 수 있나요?

수백 개의 가장 흔히 사용되는 언어의 수많은 단어를 번역할 수 있습니다. 그리고 수천 개의 언어에 대해 적어도 몇가지 단어는 번역할 수 있습니다. LanguageData는 10,000개 이상의 언어에 대한 정보를 제공합니다.

기술 노트

- TextStructure는 완전한 문법적 텍스트를 필요로 하지만, Interpreter는 여러 가지 기술을 이용하기 때문에 일부만 주어진 텍스트도 처리할 수 있다.
- `ctrl` `=` 를 사용하면 모호한 입력을 대화식으로 체크하면서 해결할 수 있다. Interpreter의 경우, AmbiguityFunction 옵션을 사용한 프로그래밍 방식으로 모호한 입력을 처리해야 한다.

더 살펴보기

Wolfram 언어의 자연어 인터프리터(wolfr.am/eiwl-35-more)

36 | 웹사이트와 앱 작성

Wolfram 언어는 사용자가 작성한 것을 쉽게 웹에 올릴 수 있게 해준다.

그래픽을 하나 만들어 보자.

```
In[1]:= GeoGraphics[GeoRange → All, GeoProjection → "Albers"]
```

Out[1]=

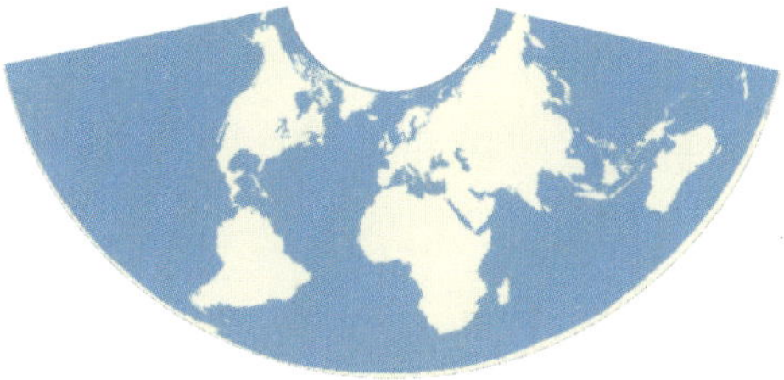

클라우드로 배포해 보자.

```
In[2]:= CloudDeploy[GeoGraphics[GeoRange → All, GeoProjection → "Albers"]]

Out[2]= CloudObject[https://www.wolframcloud.com/objects/9e1f3855-df3f-4d63-96f0-49c6bcd14138]
```

별도로 위치를 지정하지 않으면 CloudDeploy는 고유한 주소를 가지는 새로운 웹 페이지를 생성한다. 해당 웹 페이지로 이동하면 아래와 같은 그래픽을 볼 수 있다.

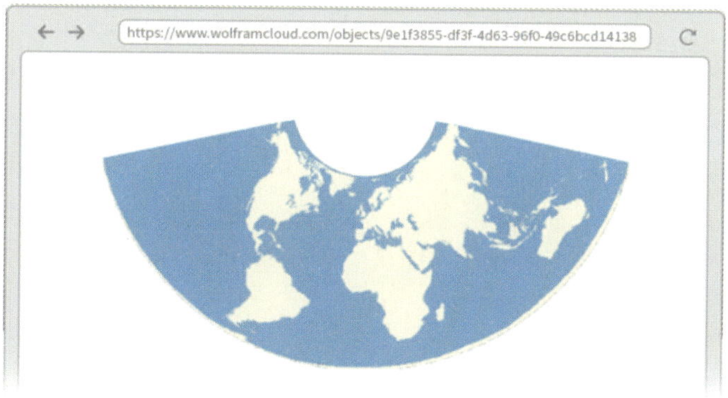

사용자가 Wolfram Cloud에 대한 적절한 접근 권한을 가지고 있는 경우, 직접 만든 웹 페이지를 전 세계에 공개할 수 있다.

작성한 것을 누구나 볼 수 있도록 권한을 설정하여 Wolfram Cloud로 배포해 보자.

```
In[3]:= CloudDeploy[Graphics[{Red, Disk[]}], Permissions → "Public"]

Out[3]= CloudObject[https://www.wolframcloud.com/objects/b76ab315-ee3a-4400-bed8-66c3c9b07c22]
```

웹주소(URL)를 아는 누구나 생성된 웹 페이지를 방문하여 작성된 내용을 볼 수 있다. URLShorten은 다른 사람에게 웹사이트 주소를 쉽게 전달할 수 있도록 단축된 URL을 생성한다.

생성된 웹 페이지의 단축 URL을 작성해 보자.

In[4]:= **URLShorten[CloudDeploy[Graphics[{Red, Disk[ ]}], Permissions → "Public"]]**

Out[4]= https://wolfr.am/7vm~o2zC

Manipulate와 같은 대화형 콘텐츠 역시 웹으로 배포할 수 있다.

In[5]:= **CloudDeploy[Manipulate[**
Graphics[Table[Circle[{0, 0}, r], {r, min, max}]], {min, 1, 30, 1}, {max, 1, 30, 1}]]

Out[5]= CloudObject[https://www.wolframcloud.com/objects/f113bc73-f933-4dc2-8359-7198c178a06b]

이제 대화형 슬라이더 등을 포함하는 웹 페이지를 생성해 보자. 슬라이더 등은 모든 표준 웹 브라우저에서 사용할 수 있다. 하지만 웹 페이지는 인터넷을 통해 통신하기 때문에 컴퓨터에서 직접 실행하는 것보다 속도가 느리다.

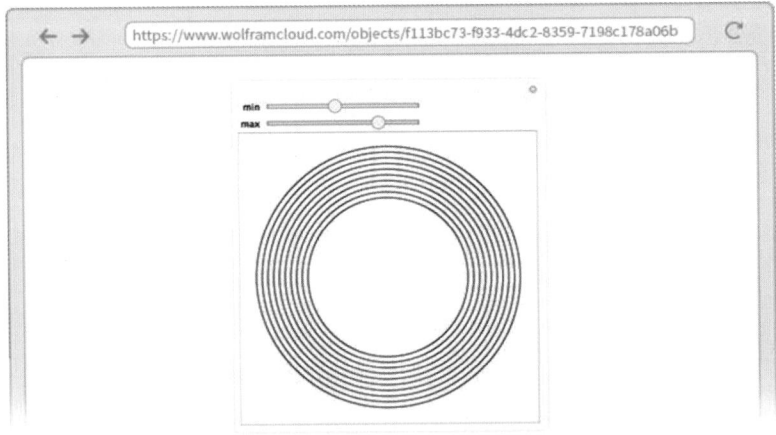

CloudDeploy는 일반적으로 가능한 모든 연산을 수행한 다음, 그 결과를 웹에 올린다. 예를 들어, **CloudDeploy[Now]**는 처음 클라우드에 게시된 시각을 나타내는 웹 페이지를 생성한다. 만약 페이지로 이동할 때마다 현재 시각을 표시하는 웹 페이지를 만들고 싶다면 **CloudDeploy[Delayed[Now]]**를 사용한다.

Delayed를 사용하여 웹 페이지가 호출될 때마다 시각이 업데이트되는 시계를 만들어 보자.

In[6]:= **CloudDeploy[Delayed[ClockGauge[Now]]]**

Out[8]= CloudObject[https://www.wolframcloud.com/objects/94aaf4ad-daea-4fe5-a50f-97b146a8b6ff]

이제 웹 페이지를 방문할 때마다 Wolfram Cloud의 시계가 재생성되어 웹 페이지에 나타나게 된다.

업데이트 간격을 지정하여 '실시간 대시보드'를 만들 수 있다.

작성한 웹 페이지가 2초마다 자동으로 업데이트되도록 설정해 보자.

In[7]:= **CloudDeploy[Delayed[ClockGauge[Now], UpdateInterval → 2]]**

Out[7]= CloudObject[https://www.wolframcloud.com/objects/88e8fb8a–6d50–4474–b52a–6458a9aacca1]

지금까지 웹 페이지에 대해 살펴보았다. 위에 열거한 모든 연산은 모바일 장치에서도 동일하게 작동하며, Wolfram Cloud 앱을 통해서도 결과를 볼 수 있나.

그렇다면 웹이나 모바일 장치에서 작동하는 앱은 어떻게 만들까? Wolfram 언어에서는 양식에 기반을 둔 앱을 쉽게 설정할 수 있다.

기본 아이디어는 양식의 구조와 수행될 동작 둘 다를 정의하는 FormFunction을 작성하는 것이다.

name이라는 입력 필드에 동물 이름이 입력되면 이미지를 생성하고 클라우드에 배포하는 양식을 설정해 보자.

동물의 이름을 받아들이는 입력 필드 하나를 가지는 양식 기반 앱을 설정해 보자.

In[8]:= **CloudDeploy[FormFunction[{"name" → "Animal"}, #name["Image"] &]]**

Out[8]= CloudObject[https://www.wolframcloud.com/objects/6925826b–776e–429a–bb0a–629be4594f35]

생성된 웹주소로 이동하면 다음과 같은 양식이 나타난다.

양식을 제출하면 다음과 같이 호랑이 사진이 나타난다.

대화형 Manipulate를 포함하여 양식은 무엇이든 생성할 수 있다.

Manipulate를 생성하는 양식을 작성해 보자.

In[9]:= **CloudDeploy[FormFunction[{"name" → "Animal"},**
　　　Manipulate[Rotate[#name["Image"], θ], {θ, 0, 360 °}] &]]

Out[9]= CloudObject[https://www.wolframcloud.com/objects/0870f086–37b1–4e3c–b078–510b9e95938b]

양식에는 필드를 원하는 개수만큼 설정할 수 있으며, 각 필드에 대해서는 Interpreter와 동일한 사양을 사용하여 어떤 유형의 입력을 허용할 것인지 설정할 수 있다.

입력으로 숫자를 허용하는 두 개의 입력 필드를 가진 양식을 작성하여 배포해 보자.

In[10]:= **CloudDeploy[FormFunction[{"x" → "Number", "y" → "Number"}, #x + #y &]]**

Out[10]= CloudObject[https://www.wolframcloud.com/objects/464eeeff–c7a0–4f93–b132–6721302a6048]

이 양식에 숫자 이외의 것을 입력하면, 오류가 발생한다.

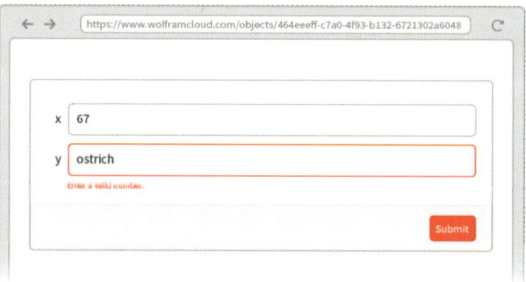

입력 필드는 문자열("String"), 정수("Integer"), 날짜("Date") 등 수백 가지의 다양한 종류를 입력할 수 있도록 설정할 수 있다.

"Animal" 또는 "City"와 같은 '실세계 정보' 유형의 입력을 받아들이도록 설정한 경우, 자동으로 입력 양식에 ✳가 표시된 스마트 필드가 설정되며, 자연어 이해 기능을 사용하여 필드에 입력된 내용을 해석한다. 그러나 보다 추상적인 수와 같은 유형의 입력인 경우, "Number", "SemanticNumber", "ComputedNumber" 중 하나를 선택하여 설정할 수 있다.

"Number"는 71과 같이 수를 명시적으로 허용하는 반면, "SemanticNumber"는 'seventy-one'과 같이 자연어로 표기된 수도 허용한다. "ComputedNumber"는 '20th prime number'(20번째 소수)와 같이 연산이 필요한 숫자 또한 허용한다.

자연어로 명시된 숫자의 입력을 허용하도록 작성해 보자.

In[11]:= **CloudDeploy[**

FormFunction[{"x" → "SemanticNumber", "y" → "SemanticNumber"}, #x + #y &]]

Out[11]= CloudObject[https://www.wolframcloud.com/objects/662dc9bd–89ff–4c58–85c9–43ae1276082b]

자연어로 명시된 숫자의 입력을 허용했기 때문에 'Seventy-one'은 문제없이 작동하지만, 소수를 찾는 연산은 수를 명시적으로 입력해야 한다.

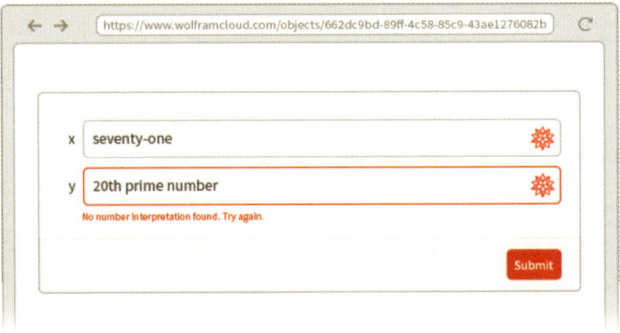

"Image"와 같이 입력 유형을 지정하면, 모바일 장치의 카메라나 사진첩에 직접 접근하여 이미지를 얻을 수 있는 특정한 제어 기능을 사용할 수 있다.

이미지의 윤곽선을 검출하는 앱을 배포해 보자.

In[12]:= **CloudDeploy[FormFunction[{"photo" → "Image"}, EdgeDetect[#photo] &]]**

Out[12]= CloudObject[https://www.wolframcloud.com/objects/727c12b9−6e42−496f−aa1d−0c5630c0fc5c]

모바일 장치의 카메라에서 이미지를 얻을 수 있다.

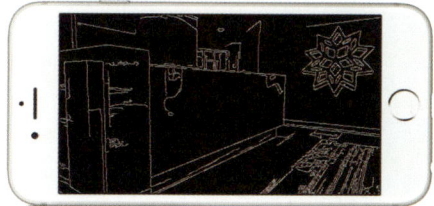

FormFunction을 사용하면 '일회성' 양식을 설정할 수 있다. 양식을 입력하고 제출(**Submit**) 버튼을 누르면 결과를 확인할 수 있다. 만약 또 다른 결과를 얻고 싶다면, 양식으로 돌아가 다시 입력한 후 제출 버튼을 눌러야 한다. **FormPage**를 사용하면 **Wolfram|Alpha** 또는 다른 검색 엔진처럼 양식과 결과를 함께 보여주는 페이지를 설정할 수 있다.

도시의 지도를 보여주는 양식 페이지를 만들어 보자.

In[13]:=   **CloudDeploy[FormPage[{"city" → "City"}, GeoGraphics[#city] &]]**

Out[13]=   CloudObject[https://www.wolframcloud.com/objects/0330658f−294c−43be−9d1f−3b7c1c455624]

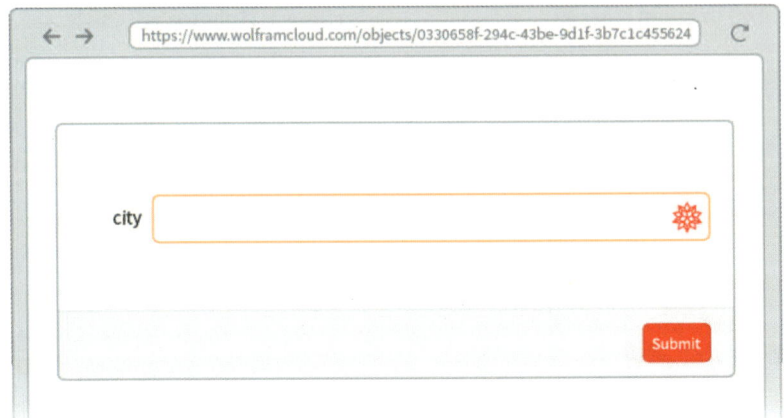

필드의 입력을 변경하고 다시 제출하면 새로운 결과를 얻을 수 있다.

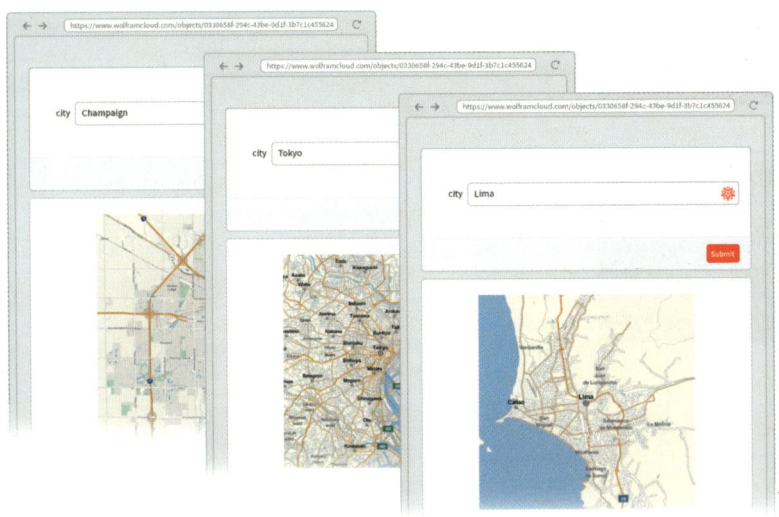

용어

CloudDeploy[*expr*]	클라우드로 배포
Delayed[*expr*]	요청 전까지 연산을 수행하지 않음
FormFunction[*form*, *function*]	배포 가능한 양식의 표시
FormPage[*form*, *function*]	배포 가능한 양식과 결과 페이지의 표시
URLShorten[*url*]	웹 URL의 단축 버전 작성

연 습 문 제

36.1 현 위치를 나타내는 지도를 웹으로 배포하여라.

36.2 사용자의 현 위치를 추측하여 나타내는 지도를 웹으로 배포하여라.

36.3 방문할 때마다 0에서 1,000까지의 새로운 무작위 수가 크기 100으로 표시되는 웹사이트를 만들어라.

36.4 수 x를 입력하면 x^x를 결과로 출력하는 양식을 웹에 배포하여라.

36.5 두 수 x와 y를 입력하면 x^y를 연산하여 결과로 출력하는 양식을 웹에 배포하여라.

36.6 영문 위키백과 문서의 주제를 선정하여, 그 페이지에 대한 스톱 워드(불용어)를 제외한 워드 클라우드를 결과로 출력하는 양식을 웹에 배포하여라.

36.7 입력된 문자열의 역순인 문자열(크기 50)을 출력하는 작업을 반복 수행하는 양식 페이지를 웹에 배포하여라.

36.8 자연수 n을 입력하면 임의 색상의 정 n각형을 생성하는 작업을 반복 수행하는 양식 페이지를 웹에 배포하여라.

36.9 위치와 숫자 n을 입력하면 그 위치에 가장 가까운 n개의 화산이 그려진 지도를 출력하는 양식 페이지를 웹에 배포하여라.

Q&A

웹주소의 길이가 긴 이유는 무엇인가요?

웹주소는 UUID(universally unique identifier 보편적 고유 식별자)로서, 서로 다른 웹 페이지에 대해 동일한 주소가 생성될 가능성을 최대한 낮추기 위해 길게 만들어집니다.

클라우드로 특정 형식을 배포할 수 있나요?

ExportForm을 사용하여 양식을 작성하거나, FormFunction 양식 안에서 파일 형식을 지정할 수 있습니다. 자주 사용되는 형식으로 "GIF", "PNG", "JPEG", "SVG", "PDF", "HTMLFragment" 등이 있습니다. ExportForm의 '양식'은 '파일에 채워지는 양식'이 아니라, '결과 파일의 양식 또는 유형'입니다.

CloudDeploy가 생성한 웹 페이지를 어떻게 삽입할 수 있나요?

EmbedCode를 사용하여 필요한 HTML을 생성합니다.

양식의 입력 필드 라벨은 어떻게 지정하나요?

{"s", "Enter a string here"} → "String"과 같이 지정합니다. 기본적으로 입력 필드에 표시되는 라벨은, 필드에 해당하는 변수에 사용되는 이름으로, 입력 필드의 라벨은 그래픽 등을 포함하여 사용자가 원하는 어떤 것이든 사용할 수 있습니다.

양식에서 입력 필드에 대한 초깃값 또는 기본값은 어떻게 지정하나요?

"n" → "Integer" → 100과 같이 지정합니다.

양식에서 특정 필드에 입력할 수 있는 값은 어떻게 제한하나요?

Restricted를 사용합니다. 예를 들어, Restricted["Number", {0, 10}]은 0과 10 사이의 수로의 제한을 나타내며, Restricted["Location", ▤ italy]는 이탈리아 내의 위시로 제한합니다.

양식의 스타일은 어떻게 지정하나요?

먼저, FormTheme 등의 옵션을 사용할 수 있습니다. 더 많은 스타일링을 적용하고 싶은 경우 FormFunction 작성 시 FormObject를 사용하여 더욱 자세한 스타일을 제공할 수 있습니다. 노트북에 나타나는 머리말이나 텍스트 또는 스타일을 포함할 수 있습니다.

양식에 체크 박스, 슬라이더 등을 포함할 수 있나요?

네, 포함할 수 있습니다. 양식은 체크 박스, 라디오 버튼, 팝업 메뉴, 슬라이더, 색상 선택기를 포함하여 Manipulate와 동일한 제어를 사용할 수 있습니다.

확장 가능한 다중 페이지 양식을 생성할 수 있나요?

네. 입력 필드의 규격(사양)에는 RepeatingElement 및 CompoundElement 등의 구조가 포함될 수 있습니다. 또한, 양식은 즉시 생성된 페이지들을 포함한 여러 페이지의 리스트로 구성될 수 있습니다. 논리가 복잡해지면 FormFunction 대신 AskFunction의 사용을 권장합니다.

클라우드로 배포할 때, 실제 연산은 어디에서 수행하나요?

클라우드에서 수행됩니다. 좀 더 정확히는 전 세계의 중앙 집중식 위치에 존재하는 컴퓨터에서 이루어집니다.

모바일 앱은 어떻게 만드나요?

클라우드로 배포하면 Wolfram Cloud 앱에 접근할 수 있는 모바일 앱이 즉시 생성됩니다. IconRules를 사용하여 앱에 사용자 정의 아이콘을 지정할 수 있습니다.

API는 무엇인가요?

APIFunction은 URL 쿼리에서 변수를 정해 호출하도록 하는 웹 API를 생성한다는 점을 제외하면 FormFunction과 매우 유사하게 작동합니다. EmbedCode는 APIFunction을 이용하여 수많은 외부 프로그래밍 언어 및 프로그래밍 환경에서 API를 호출하는 코드를 생성할 수 있습니다.

기 술 노 트

- Hyperlink["*url*"] 혹은 Hyperlink[*label*, "*url*"]는 웹에 배포할 하이퍼링크를 나타낸다. 여기서 label은 이미지를 포함하여 어떤 것이든 가능하다. GalleryView를 사용하면 하이퍼링크 배열을 만들 수 있다.

- 3차원 그래픽은 기본적으로 회전 및 확대, 축소가 가능하도록 배포된다.

- AutoRefreshed는 웹 페이지를 예정된 일정에 따라 자동으로 업데이트한다. 따라서 페이지가 요청되었을 때 사용할 준비가 완료된 상태이다.

- 클라우드로 배포하는 대상에 접근할 수 있는 사람과 해당 클라우드에서 수행할 수 있는 작업에 대한 세부적인 권한을 지정할 수 있다. $Permissions로 설정하면 기본 사용 권한으로 지정할 수 있다.

더 살 펴 보 기

Wolfram 언어의 웹사이트와 앱 작성(wolfr.am/eiwl-36-more)

37 | 디스플레이와 화면 배치

25장에서 Framed 함수를 사용하여 화면에 표시할 객체에 테두리를 두르는 방법을 살펴보았다.

수를 하나 생성해서 테두리를 둘러 보자.

In[1]:= **Framed[2 ^ 100]**

Out[1]= 　1 267 650 600 228 229 401 496 703 205 376

Framed 함수도 다양한 옵션을 제공한다.

배경색과 테두리의 스타일을 지정해 보면,

In[2]:= **Framed[2 ^ 100, Background → LightYellow, FrameStyle → LightGray]**

Out[2]= 　1 267 650 600 228 229 401 496 703 205 376

Labeled를 이용하여 라벨을 달 수 있다.

테두리를 두른 수에 라벨을 달아 보자.

In[3]:= **Labeled[Framed[2 ^ 100], "a big number"]**

Out[3]= 　1 267 650 600 228 229 401 496 703 205 376

　　a big number

노란색 배경의 수에 라벨을 달아 보자.

In[4]:= **Labeled[Style[2 ^ 100, Background → Yellow], "a big number"]**

Out[4]= 1 267 650 600 228 229 401 496 703 205 376

　　a big number

라벨의 스타일을 지정할 수도 있다.

In[5]:= **Labeled[Style[2 ^ 100, Background → Yellow], Style["a big number", Italic, Orange]]**

Out[5]= 1 267 650 600 228 229 401 496 703 205 376

　　a big number

그래픽에도 Labeled 함수를 사용할 수 있다.

원그래프를 그리고 일부 구역에 라벨을 달아 보자.

In[6]:= **PieChart[**
 {Labeled[1, "one"], Labeled[2, "two"], Labeled[3, Red], Labeled[4, Orange], 2, 2}]

Out[6]=

그래프의 각 점에 라벨을 달아 보면,

In[7]:= **ListPlot[**
 {Labeled[1, "one"], Labeled[2, "two"], Labeled[3, Pink], Labeled[4, Yellow], 5, 6, 7}]

Out[7]=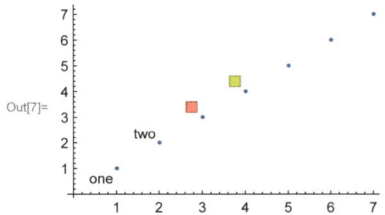

첫 20개의 소수에 라벨을 달아 그래프에 나타내 보면,

In[8]:= **ListPlot[Table[Labeled[Prime[n], Prime[n]], {n, 15}]]**

Out[8]=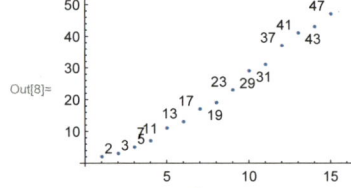

Labeled 함수는 라벨을 가리키는 대상의 바로 옆에 위치시킨다. 라벨을 사용하는 대신 '설명하는' 대상을 가리키는 작은 선을 사용할 수도 있다. Labeled 함수 대신 Callout 함수를 사용하여 이를 수행할 수 있다.

Callout 함수는 '설명선'을 생성한다.

In[9]:= **ListPlot[Table[Callout[Prime[n], Prime[n]], {n, 15}]]**

Out[9]=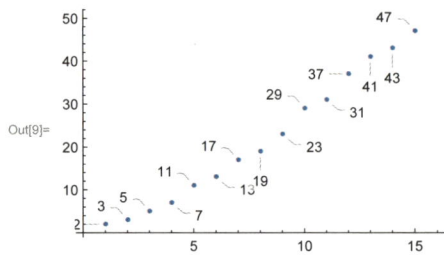

그래프에 다양한 방식의 주석을 달 수 있다. Style을 이용하면 스타일을 직접 바꿀 수 있으며, Tooltip을 이용해서 마우스 포인터의 위치에 따라 나타나는 말풍선을 만들 수도 있다. Legended를 이용하여 그래프의 옆에 범례를 나타낼 수도 있다.

원그래프에서 처음 3개 구역의 스타일을 지정해 보자.

In[10]:= **PieChart[{Style[3, Red], Style[2, Green], Style[1, Yellow], 1, 2}]**

Out[10]=

원그래프의 각 구역을 단어와 색상으로 구분하여 범례로 나타내 보자.

In[11]:= **PieChart[{Legended[1, "one"], Legended[2, "two"],**
  Legended[3, Pink], Legended[4, Yellow], 2, 2}]

Out[11]=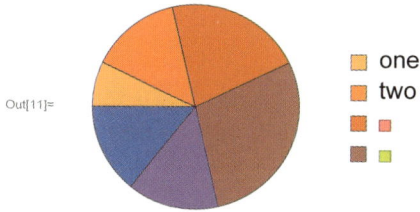

웹용 테마는 좀 더 밝은 색을 사용한다.

In[12]:= **PieChart[{1, 2, 3, 4, 2, 2}, PlotTheme → "Web"]**

Out[12]=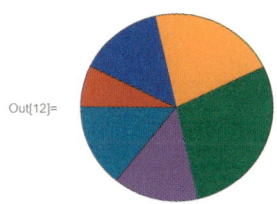

Wolfram 언어가 자동으로 주석 방식을 선택하도록 하려면, 규칙(→)을 사용하여 주석을 간단히 달 수 있다.

ListPlot은 규칙으로 주어진 주석을 설명선으로 표현한다.

In[13]:= **ListPlot[{1 → "one", 2 → "two", 3 → Pink, 4 → Yellow, 5, 6, 7}]**

Out[13]=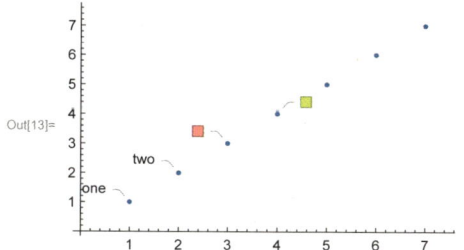

PieChart에서 문자열은 라벨로, 색은 스타일로 해석한다.

In[14]:= **PieChart[{1 → "one", 2 → "two", 3 → Blue, 4 → Red}]**

Out[14]=

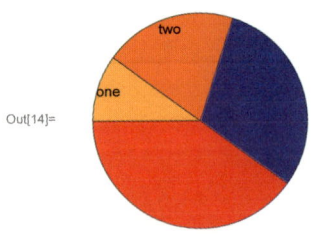

다양한 객체를 엮어 함께 보여줘야 하는 경우도 종종 있다. 이럴 때는 Row, Column, Grid 등을 이용하면 편리하다.

색 리스트를 가로로 나타내 보자.

In[15]:= **Row[{Yellow, Pink, Cyan}]**

Out[15]=

이번에는 색 리스트를 세로로 나타내 보자.

In[16]:= **Column[{Yellow, Pink, Cyan}]**

Out[16]=

GraphicsRow, GraphicsColumn, GraphicsGrid를 이용하면 결과로 나온 배열의 크기를 마우스로 조절할 수 있다.

무작위로 구역을 나눈 원그래프를 3행 6열로 배치하고, 마우스를 이용해서 크기를 조정해 보자.

In[17]:= **GraphicsGrid[Table[PieChart[RandomReal[10, 5]], 3, 6]]**

Out[17]=

모든 원그래프 주위로 테두리를 둘러 보자.

In[18]:= **GraphicsGrid[Table[PieChart[RandomReal[10, 5]], 3, 6], Frame → All]**

Out[18]=

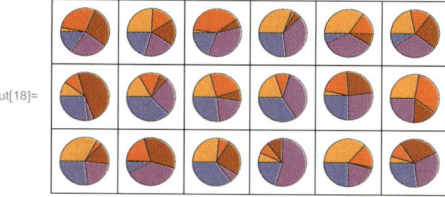

용어

Framed[*expr*]	테두리 두르기
Labeled[*expr*, *lab*]	라벨 붙이기
Callout[*expr*, *lab*]	콜아웃 추가
Tooltip[*expr*, *lab*]	상호작용하는 말풍선 추가
Legended[*expr*, *lab*]	범례 추가
Row[{*expr*$_1$, *expr*$_2$, …}]	가로로 나열
Column[{*expr*$_1$, *expr*$_2$, …}]	세로로 나열
GraphicsRow[{*expr*$_1$, *expr*$_2$, …}]	크기를 조절할 수 있는 가로 정렬
GraphicsColumn[{*expr*$_1$, *expr*$_2$, …}]	크기를 조절할 수 있는 세로 정렬
GraphicsGrid[*array*]	크기를 조절할 수 있는 격자 정렬

연습 문제

37.1 100까지의 자연수로 이루어진 리스트를 생성하고, 이 중에서 짝수는 노란색(yellow), 홀수는 밝은 회색(light gray)으로 배경을 칠하여라.

37.2 100까지의 자연수로 이루어진 리스트를 만들고 소수에 테두리를 둘러 표시하여라.

37.3 100까지의 자연수로 이루어진 리스트를 만들고, 이 중 소수에 대해서는 테두리를 두름과 동시에 4로 나눈 나머지를 밝은 회색의 라벨로 달아라.

37.4 임의의 색상으로 그린 원반으로 이루어진 3×6 GraphicsGrid를 생성하여라.

37.5 G5 경제선진국의 국내 총생산(GDP)을 원그래프로 나타내고, 원그래프의 각 구역에 해당 국가명을 라벨로 달아라.

37.6 G5 경제선진국의 인구(population)를 원그래프로 나타내고, 원그래프의 각 구역에 해당하는 국가명을 범례(legend)로 보여라.

37.7 원그래프로 이루어진 5×5 GraphicsGrid를 생성하여라. 각각의 원그래프는 2^n의 각 자리 숫자에 나타나는 수의 상대 도수를 표현하며, n은 1부터 시작한다.

37.8 영문 위키백과의 G5 국가에 대한 문서로부터 워드 클라우드를 생성하고, 이를 GraphicsRow로 나타내어라.

Q&A

Framed가 그리는 테두리의 모서리를 둥글게 할 수 있나요?

네. RoundingRadius → 0.2와 같이 옵션을 사용해 보세요.

어떤 것을 라벨로 달 수 있나요?

무엇이든 가능합니다. 텍스트나 그래픽, 심지어 노트북 전체를 라벨로 사용할 수 있습니다.

아랫부분 이외의 위치에 라벨이 오도록 Labeled를 설정할 수 있나요?

네.Labeled[*expr*, *label*, Left]나 Labeled[*expr*, *label*, Right]로 라벨의 위치를 지정할 수 있습니다.

범례의 위치는 어떻게 지정하나요?

Placed를 사용하세요.

움직이거나 상호 작용하도록 시각화할 수 있나요?

네. ListAnimate는 리스트로부터 동영상을 생성합니다. Tooltip부터 Manipulate까지 모두 동적 시각화에 사용할 수 있습니다.

기 술 노 트

- Wolfram 언어는 되도록 그래프를 가리지 않는 위치에 라벨을 위치시킨다.

- Show[*graphic*, ImageSize → *width*], Show[*graphic*, ImageSize → {*width*, *height*}], 혹은 ImageSize → Tiny 와 같은 표현을 사용하여 그래픽의 크기를 조절할 수 있다.

- PlotTheme → "BlackBackground"는 저시력자에게 도움이 될 수 있다. PlotTheme → "Monochrome"은 무채색만 사용한다.

- ListPlot, PieChart 등은 연관(<| ... |>)을 자동으로 처리한다. 적절한 경우에는 키를 좌표로 취하고, 그렇지 않은 경우 연관으로 둔다.

- LineLegend, BarLegend 등의 다양한 범례가 제공된다.

더 살 펴 보 기

Wolfram 언어의 라벨과 주석(wolfr.am/eiwl-37-more)

38 | 이름 붙이기

Wolfram 언어를 이용한 간략한 실험을 진행하는 경우 **%**를 사용하여 바로 직전에 실행한 계산 결과를 참조하면 편리하다.

간단한 계산을 예로 들어 보자.

In[1]:= **Range[10]**

Out[1]= {1, 2, 3, 4, 5, 6, 7, 8, 9, 10}

%는 바로 이전 계산 결과를 돌려준다.

In[2]:= **%**

Out[2]= {1, 2, 3, 4, 5, 6, 7, 8, 9, 10}

가장 최근 결과를 제곱해 보면,

In[3]:= **%^2**

Out[3]= {1, 4, 9, 16, 25, 36, 49, 64, 81, 100}

나중에 결과를 참조하고자 하는 경우를 대비해서, 결과에 이름을 할당할 수 있다. 예를 들어, thing = Range[10]이라고 하면 Range[10]의 결과에 thing 이라는 이름을 할당하라는 뜻이다.

Range[10]의 결과에 thing이라는 이름을 할당해 보자.

In[4]:= **thing = Range[10]**

Out[4]= {1, 2, 3, 4, 5, 6, 7, 8, 9, 10}

이제 thing이라는 입력은 모두 Range[10]의 결괏값으로 대체된다.

In[5]:= **thing**

Out[5]= {1, 2, 3, 4, 5, 6, 7, 8, 9, 10}

thing의 값을 제곱해 보자.

In[6]:= **thing^2**

Out[6]= {1, 4, 9, 16, 25, 36, 49, 64, 81, 100}

굳이 결과를 화면에 표시하지 않고도 계산값에 이름을 할당할 수 있다. 계산 결과를 화면에 표시하지 않으려면, 입력의 끝에 ;(세미콜론)을 붙이면 된다.

백만 개의 원소로 이루어진 리스트에 이름을 할당하되, 이 리스트가 화면에 표시되지 않도록 실행해 보자.

In[7]:= **millionlist = Range[1 000 000];**

리스트를 이루는 모든 원소의 총합을 구하면,

In[8]:= **Total[millionlist]**

Out[8]= 500 000 500 000

이름을 한 번 할당하면 명시적으로 이를 해제하기 전까지 유지된다.

x에 42를 할당해 보자.

In[9]:= **x = 42**

Out[9]= 42

아래 입력의 결과가 {x, y, z}라고 생각했을지도 모르겠지만, x는 42로 할당되어 있으므로,

In[10]:= **{x, y, z}**

Out[10]= {42, y, z}

할당을 해제하고 싶다면, **Clear** 함수를 이용한다.

x에 할당된 값을 삭제해 보자.

In[11]:= **Clear[x]**

이제, x도 y나 z와 똑같이 취급되며, 다른 값으로 대체되지 않는다.

In[12]:= **{x, y, z}**

Out[12]= {x, y, z}

x = 42와 같이 x를 전역 변수로 할당하는 것은 해당 세션의 모든 부분에 (사용자가 x의 변수 할당을 해제하기 전까지) 영향을 미치기 때문에 잠재적 위험이 크다. 모듈 안에서 x에 지역적인 값을 임시로 할당하는 것이 보다 안전하고 유용한 방법이다.

Module 내부에서 지역적으로 x의 값에 Range[10]을 설정해 보자.

In[13]:= **Module[{x = Range[10]}, x ^ 2]**

Out[13]= {1, 4, 9, 16, 25, 36, 49, 64, 81, 100}

모듈 외부에서는 여전히 x에 할당된 값이 없다.

In[14]:= **x**

Out[14]= x

모듈 안에서 사용할 수 있는 지역 변수의 개수에는 제한이 없다.

지역 변수 x와 n을 정의한 다음, 할당한 값을 이용해서 x^n을 계산해 보자.

In[15]:= **Module[{x = Range[10], n = 2}, x ^ n]**

Out[15]= {1, 4, 9, 16, 25, 36, 49, 64, 81, 100}

이 책에서 주로 따르고 있는 함수적 프로그래밍 방식은, 일련의 함수를 차례대로 적용하여 연산을 수행하는 형식을 취한다. 이는 Wolfram 언어에 적합한 매우 강력하고 직접적인 프로그래밍 방식이다.

하지만 일단 변수를 정의하면, 한 함수의 결과를 바로 다음 함수에 넘기는 대신에 나중에 사용할 수 있도록 변수에 저장하는 방식의 처리를 할 수 있게 된다. 이러한 절차적 프로그래밍은 컴퓨터의 초창기 때부터 저수준 언어에서 사용되는 방식이다.

Wolfram 언어에서 여전히 절차적 프로그래밍을 유용하게 사용할 수 있지만, 이후에 다룰 패턴 기반 프로그래밍과 같은 함수형 프로그래밍으로 대부분 대체할 수 있다.

차례대로 실행될 일련의 동작을 열거하려면, 세미콜론(;)을 사용하여 하나하나를 구분하기만 하면 된다. 또한, 입력 끝에 세미콜론을 다는 것은 결국 아무 동작도 하지 않을 것을 지정하는 것과 같으므로, 결과를 표시하지 않는 효과를 준다.

일련의 작업을 차례대로 수행하고, 마지막 작업이 만들어낸 결과를 출력해 보자.

In[16]:= **x = Range[10]; y = x ^ 2; y = y + 10 000**

Out[16]= {10 001, 10 004, 10 009, 10 016, 10 025, 10 036, 10 049, 10 064, 10 081, 10 100}

위의 작업은 전역 변수 x와 y를 정의한다. 계속 진행하기에 앞서 이들을 해제하자.

In[17]:= **Clear[x, y]**

세미콜론을 이용하면, Module 내부에서 일련의 작업을 수행할 수 있다.

아래 명령은 x와 y를 지역 변수로 한정하면서 일련의 작업을 수행한다.

In[18]:= **Module[{x, y}, x = Range[10]; y = x ^ 2; y = y + 10 000]**

Out[18]= {10 001, 10 004, 10 009, 10 016, 10 025, 10 036, 10 049, 10 064, 10 081, 10 100}

초깃값을 갖는 지역 변수와 갖지 않는 지역 변수를 혼용할 수 있다.

In[19]:= **Module[{x, y, n = 2}, x = Range[10]; y = x ^ n; y = y + 10 000]**

Out[19]= {10 001, 10 004, 10 009, 10 016, 10 025, 10 036, 10 049, 10 064, 10 081, 10 100}

모듈을 중첩해서 사용할 수도 있는데, 커다란 규모의 프로그램을 만들 때 코드의 서로 다른 부분을 분리하고자 한다면 유용하게 쓸 수 있다.

용어

%	가장 최근에 계산한 결과
$x = value$	값의 할당
Clear[x]	값의 제거
Module[{$x = value$}, ...]	임시 변수 설정
$expr$;	계산을 수행하되, 결과를 표시하지 않음
$expr_1$; $expr_2$; ...	일련의 계산을 수행

연습 문제

38.1 Module을 사용해서 x가 Range[10]일 때 x^2 + x를 계산하여라.

38.2 Module을 사용하여 100까지의 임의의 자연수로 이루어진 난수 10개를 생성하고, 원래 리스트 및 그 목록에 Sort, Max, Total 함수를 적용한 결과를 세로로 나타내어라.

38.3 Module을 사용하여 기린 사진(picture ofagiraffe)에 Blur, EdgeDetect, ColorNegate 함수를 각각 적용하고, 사진 원본과 이들 함수의 결과를 이어 붙인 이미지 콜라주를 생성하여라.

38.4 Module 안에서 r = Range[10]으로 설정하고, r과 r의 역순 그리고 다시 r과 r의 역순을 이어 붙인 결과를 선그래프로 그려라.

38.5 {Range[10] + 1, Range[10] − 1, Reverse[Range[10]]}의 더 단순한 형식을 찾아라.

38.6 Module[{u = 10}, Join[{u}, Table[u = Mod[17 u + 2, 11], 20]]]의 더 단순한 형식을 찾아라.

38.7 영어 알파벳의 자음과 모음(aeiou)이 번갈아가며 나타나는 5개의 글자로 이루어진 무작위 문자열 10개를 만들어라.

Q&A

38장에 와서야 변수 할당을 소개하는 이유는 무엇인가요?
지금까지 살펴본 것처럼, Wolfram 언어의 세상에서는 변수 할당의 도입 없이도 꽤나 먼 여정을 올 수 있었습니다. 더욱이 변수 없이 만든 프로그램이 훨씬 깔끔한 경향이 있습니다.

어떤 것에라도 이름을 할당할 수 있나요?
네. 그래픽, 배열, 이미지, 순수 함수 등 어떤 것에라도 가능합니다.

x=4는 어떻게 소리내어 읽나요?
'x는 4와 같다' 또는 드물게 'x를 4에 할당한다' 또는 'x의 값을 4로 한다'라고 읽을 수 있습니다.

전역 변수의 이름을 짓는 좋은 방법을 알려주세요.
자동완성기능이 입력을 도와주므로, 길이가 길어지는 것을 걱정하지 말고 구체적이고 명확한 이름의 사용을 권장합니다. '약식' 이름의 경우, 소문자로 시작하는 이름을 사용하세요. 조금 더 신중하게 지은 이름이라면, 내장함수처럼 대문자로 시작하는 이름을 고려해 보세요.

%는 바로 이전 결과를 반환합니다. 그 이전의 결과는 어떻게 얻을 수 있나요?

%%는 마지막에서 하나 이전의 결과를, %%%는 마지막에서 두 번째 앞의 결과를 반환합니다. % n은 Out[n] 꼬리표가 달린 줄의 결과를 반환합니다.

여러 개의 변수를 한 번에 할당할 수 있나요?

네. x = y = 6은 x와 y 모두를 6에 할당합니다. {x, y} = {3, 4}는 x를 3에 y를 4에 할당합니다. {x, y} = {y, x}는 x와 y의 값을 뒤바꿉니다.

변수가 값을 할당받지 못한 채로 Module 수행 후 결과를 얻게되면 어떤 일이 벌어지나요?

한번 시도해 보세요. 해당 이름이 부여된 새로운 변수를 얻게 됩니다.

Do와 For 같은 절차적 프로그래밍의 구성요소는 어떻습니까?

Wolfram 언어에도 그러한 함수가 있습니다. Do는 가끔 쓸모가 있는데, 특히 변수를 할당한다든지 데이터를 내보내는 것과 같은 부수적인 작용이 목적인 경우가 그렇습니다. 반면 For는 거의 항상 좋지 않은 선택이며, 대부분은 Table과 같은 함수적 구성요소를 사용하여 더욱 깔끔한 코드로 대체할 수 있습니다.

기 술 노 트

- x = 2 + 2의 결과는 4이지만, x를 결과에 할당하는 부작용이 발생한다.

- 순수 함수형 프로그래밍에서 계산이 유발하는 유일한 영향은 결과를 반환하는 것이다. 따라서 결과를 기호에 할당하면 사실상 이 계산을 은닉할 수 있다.

- x =.를 Clear[x] 대신 사용할 수 있다.

- Module은 유효 범위를 어휘적으로 한정한다. 즉, 변수 이름의 범위를 한정한다는 뜻이다. Block은 유효 범위를 동적으로 한정한다. 즉, 변수의 이름이 아닌 값의 범위를 한정한다는 뜻이다. 이 둘은 상황에 따라 모두 유용하게 사용된다. Table은 Block을 사용한다.

- x ++는 x = x + 1과 같고, x += n은 x = x + n과 같다. AppendTo[x, n]은 x = Append[x, n] 또는 x = Join[x, {n}]과 같다.

39 | 즉시값과 지연값

Wolfram 언어에서 값을 할당하는 방법으로 즉시 할당(=)과 지연 할당(:=)의 두 가지가 있다.

즉시 할당에서는 할당이 이루어지는 즉시 값이 계산되며 그 이후로 다시 계산이 이루어지지 않는다. 지연 할당에서는 할당이 이루어질 때 값이 계산되지 않고 값을 호출할 때마다 계산이 이루어진다.

간단한 예로, value = RandomColor[]와 value := RandomColor[]의 차이를 살펴보자.

무작위 색상을 즉시 할당(=)하면, 임의의 색이 바로 생성된다.

In[1]:= **value = RandomColor[ ]**

Out[1]= ▪

따라서 **value**를 호출할 때마다, 같은 색이 반환된다.

In[2]:= **value**

Out[2]= ▪

무작위 색을 지연 할당(:=)하면, 색이 바로 생성되지 않는다.

In[3]:= **value := RandomColor[ ]**

value를 호출할 때마다 RandomColor[]가 계산되고, 매번 새로운 색이 생성된다.

In[4]:= **value**

Out[4]= ▪

따라서 반환되는 색은 매번 다를 수 있다.

In[5]:= **value**

Out[5]= ▪

값을 정의할 시점에서 아직 준비되지 않은 것이 있는 경우 :=를 사용하는 것이 일반적이다.

아래의 예처럼 n에 값이 할당되어 있지 않다고 하더라도 circles에 지연 할당을 할 수 있다.

In[6]:= **circles := Graphics[Table[Circle[{x, 0}, x/2], {x, n}]]**

n에 값을 할당하면,

In[7]:= **n = 6**

Out[7]= 6

n에 할당된 값을 사용하여 이제 circles를 호출 할 수 있다.

In[8]:= **circles**

Out[8]=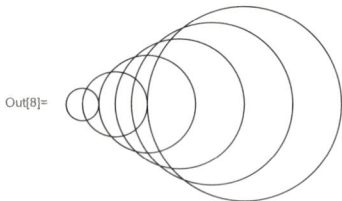

지연 할당이란 개념은 웹 페이지의 배치에서 소개한 Delayed의 구조와 매우 유사하다. 지연 할당은 실제로 필요할 때까지 계산을 수행하지 않는다. 마찬가지로 CloudDeploy를 Delayed와 함께 사용하면 사용자가 요청을 하는 시점에서야 웹 페이지의 내용을 계산한다.

지연 규칙이란 개념도 있다. $x \to rhs$는 rhs를 바로 계산한다. 하지만, $x :\to rhs$ (:>으로 입력)와 같은 지연 규칙을 사용하면 요청받을 때마다 rhs를 매번 다시 계산한다.

아래의 즉시 규칙은 RandomReal[]의 값을 바로 계산한다.

In[9]:= **x → RandomReal[]**

Out[9]= **x → 0.522293**

x를 네 번 교체하면, 모두 같은 값을 얻게 된다.

In[10]:= **{x, x, x, x} /. x → RandomReal[]**

Out[10]= **{0.821639, 0.821639, 0.821639, 0.821639}**

아래의 지연 규칙에서는 RandomReal[]의 계산을 미뤄둔다.

In[11]:= **x :→ RandomReal[]**

Out[11]= **x :→ RandomReal[]**

x를 대체할 때마다 RandomReal[]을 매번 다시 계산하므로 네 개의 다른 값을 얻게 된다.

In[12]:= **{x, x, x, x} /. x :→ RandomReal[]**

Out[12]= **{0.536115, 0.84214, 0.242933, 0.514131}**

용어

$x := value$	지연 할당으로 x를 요청할 때마다 평가
$x :\to value$	지연 규칙으로 x가 나타날 때마다 평가(:>으로 입력)

연 습 문 제

39.1 0에서 100까지의 정수 중에서 무작위로 하나를 고른 후, {x, x + 1, x + 2, x ^ 2}의 x를 교체하여라.

39.2 {x, x + 1, x + 2, x ^ 2}에 나오는 각각의 x를 매번 0에서 100까지의 무작위 정수 중에서 하나를 골라 교체하여라.

Q&A

:=만을 사용하지 않는 이유는 무엇인가요?

불필요한 계산을 줄이기 위해서입니다. 한 번만 계산하고, 결과를 계속 재사용하는 편이 훨씬 효율적입니다.

:=와 :>는 어떻게 소리내어 읽나요?

:=는 보통 '쌍점 등호'로 읽으며, '지연 할당'이라 읽기도 합니다. :>는 보통 '쌍점 닫는 홑화살괄호'라 읽으며 '지연 규칙'이라 읽어도 됩니다.

x에 값을 할당하지 않은 상태로, x = x + 1을 평가하면 어떻게 되나요?

무한 반복이 시작되고, 결국은 시스템이 이를 중단시킵니다. x = {x}도 같은 상황을 일으킵니다.

입력은 In[n] :=로 표시하고, 출력은 Out[n] =로 표시하는 특별한 이유가 있나요?

입력은 In[n]으로 할당되고, 출력은 Out[n]으로 할당된다는 것을 나타냅니다. 입력의 :=은 할당이 지연되어, 사용자가 In[n]을 호출할 때 계산이 이루어진다는 것을 뜻합니다.

기 술 노 트

- Wolfram 언어에서는 결과를 계산하는 과정을 가리켜, 어떤 값을 구한다는 의미에서 평가라고 부른다.

- Wolfram 언어는 평가 과정을 제어하는 많은 방법을 제공한다. 일례로 Hold 함수가 있는데, 인자로 받은 표현의 평가를 유보한다. 이를 해제하려면 ReleaseHold 함수를 이용한다.

- x = y의 내부 형식은 Set[x, y]이다. x := y는 SetDelayed[x, y]이고, x :→ y는 RuleDelayed[x, y]이다.

40 | 함수 정의하기

지금까지 살펴본 것처럼, Wolfram 언어가 제공하는 내장 함수만으로 매우 다양한 일을 할 수 있다. 하지만, 스스로 함수를 정의할 수 있다면 더욱 많은 일을 할 수 있다. Wolfram 언어는 이를 위한 매우 유연한 방법을 제공한다.

일반적이면서도 간단한 예로 함수의 정의를 시작해 보자.

임의의 인수를 받는 pinks라는 함수를 정의해 보자.

In[1]:= **pinks[n_] := Table[Pink, n]**

정의한 함수를 사용해 보면,

In[2]:= **pinks[5]**

Out[2]= {🟥, 🟥, 🟥, 🟥, 🟥}

In[3]:= **pinks[10]**

Out[3]= {🟥, 🟥, 🟥, 🟥, 🟥, 🟥, 🟥, 🟥, 🟥, 🟥}

이 함수 정의는 어떻게 동작하는 것일까? 기본 개념은 :=를 이용해서 pinks[$n\_$] 패턴에 대응하는 값을 정의하는 것이다. 사용자가 pinks[5]를 문의하면 pinks[$n\_$] 패턴이 이와 일치하게 되고, 이 패턴에 대해 사용자가 정의한 값이 사용된다.

이것은 Wolfram 언어의 함수 정의 기능의 시작에 불과하다. Wolfram 언어에서는 무엇이든 정의할 수 있다.

다음과 같은 표현의 리스트를 살펴보자.

In[4]:= **{f[Red], f[Yellow], f[Green], f[Orange], f[Magenta]}**

Out[4]= {f[🟥], f[🟨], f[🟩], f[🟧], f[🟪]}

f[Red]와 f[Green]의 값을 정의해 보면,

In[5]:= **f[Red] = 1000; f[Green] = 2000;**

이제 f[Red]와 f[Green]은 위에서 정의한 값으로 교체된다. 그 외엔 기존의 표현이 그대로 사용된다.

In[6]:= **{f[Red], f[Yellow], f[Green], f[Orange], f[Blue]}**

Out[6]= {1000, f[🟨], 2000, f[🟧], f[🟦]}

이제 f[$x\_$] 패턴에 대한 정의를 추가해 보자. f[Red]와 f[Green]의 정의를 적용할 수 없는 경우 이 패턴이 적용된다.

임의의 인수를 받는 f의 값을 정의해 보자.

In[7]:= **f[x_] := Framed[Column[{x, ColorNegate[x]}]]**

특수한 경우를 제외하고, 방금 정의한 일반적인 정의가 적용된다.

In[8]:= **{f[Red], f[Yellow], f[Green], f[Orange], f[Blue]}**

Out[8]= { 1000, ▢, 2000, ▢, ▢ }

이후에 혼동되지 않도록 f에 대한 정의를 삭제하자.

In[9]:= **Clear[f]**

다른 예로, 컴퓨터 과학 분야의 고전적인 연습문제인 factorial 함수의 정의를 다뤄보자. 우선 factorial[1] = 1을 입력하는 것으로 시작한다. 그런 다음 계승의 다른 값으로부터 factorial[n_]을 재귀적으로 구하는 방법을 정의한다.

factorial을 재귀적으로 정의해 보자.

In[10]:= **factorial[1] = 1; factorial[n_Integer] := n * factorial[n − 1]**

factorial[50]을 구해 보면,

In[11]:= **factorial[50]**

Out[11]= 30 414 093 201 713 378 043 612 608 166 064 768 844 377 641 568 960 512 000 000 000 000

계승은 내장 함수로도 제공되는데, 당연히 같은 결과를 반환한다.

In[12]:= **50 !**

Out[12]= 30 414 093 201 713 378 043 612 608 166 064 768 844 377 641 568 960 512 000 000 000 000

계승 함수를 factorial[1]과 factorial[n_]으로 나누어 정의하는 대신, If를 이용해서 단일 정의로 만들 수 있다. 하지만, 각각의 경우를 개별 정의로 분류하는 편이 읽기에 편하고 이해하기도 쉽다.

If를 이용해서 계승 함수를 정의하면,

In[13]:= **factorial[n_Integer] := If[n == 1, 1, n * factorial[n − 1]]**

특수한 경우마다 이에 대응하는 분기를 만드는 것도 괜찮은 방법이긴 하지만, *function*[*arguments*]와 같은 단순한 형태를 넘어서는 복잡한 패턴을 다룬다면 어떠한 형태에도 대응하는 정의를 사용하는 편이 훨씬 바람직하다.

간단한 예로, plusminus[{x_, y_}]의 정의를 살펴보자.

먼저 패턴에 대한 값을 정의해 보면,

In[14]:= **plusminus[{x_, y_}] := {x + y, x − y}**

이 정의를 사용해 보자.

In[15]:= **plusminus[{4, 1}]**

Out[15]= {5, 3}

우아함과는 거리가 멀지만, 전통적인 *function[argument]*의 형식으로 정의해 보자.

In[16]:= **plusminus[v_] := {v[[1]] + v[[2]], v[[1]] − v[[2]]}**

특정한 구조의 객체에만 적용되도록 함수를 정의하는 일은 매우 자주 접하게 되는 상황이며, 패턴을 이용하면 매우 쉽게 해결할 수 있다. 예를 살펴보자.

일부 원소에 Framed가 적용된 리스트를 살펴보자.

In[17]:= **{a, Framed[b], c, Framed[{d, e}], 100}**

Out[17]= $\{a, \boxed{b}, c, \boxed{\{d, e\}}, 100\}$

테두리를 두른 객체에만 적용되는 함수를 정의해 보자.

In[18]:= **highlight[Framed[x_]] := Style[Labeled[x, "+"], 20, Background → LightYellow]**

리스트의 각 원소에 방금 정의한 highlight 함수를 적용해 보자. 테두리를 두른 객체를 만났을 때만 함수의 정의가 작용한다.

In[19]:= **highlight/@{a, Framed[b], c, Framed[{10, 20}], 100}**

Out[19]= $\{$highlight[a], **b**, highlight[c], **{10, 20}**, highlight[100]$\}$

아래의 정의는 List를 헤드로 하는 모든 객체에 작용한다.

In[20]:= **highlight[list_List] := highlight/@list**

이제 /@을 쓰지 않아도 된다.

In[21]:= **highlight[{a, Framed[b], c, Framed[{10, 20}], 100}]**

Out[21]= $\{$highlight[a], **b**, highlight[c], **{10, 20}**, highlight[100]$\}$

이상의 모든 특수한 경우를 제외한 일반적인 경우에 대한 정의를 해 보자.

In[22]:= **highlight[x_] := Style[Rotate[x, −30 Degree], 20, Orange]**

이제 highlight 함수는 가능하다면 특수한 경우를 먼저 적용한 후, 다른 어떤 것도 적용할 수 없을 때 일반적인 경우를 사용한다.

In[23]:= **highlight[{a, Framed[b], c, Framed[{10, 20}], 100}]**

Out[23]= $\{a, \mathbf{b}, c, \{10, 20\}, 100\}$

연습 문제

주의: 아래의 연습 문제는 함수의 정의를 수반한다. 해당 연습 문제를 마친 후 **Clear** 함수를 이용하여 함수의 정의를 제거하도록 한다.

40.1 전달받은 인수를 제곱하는 함수 **f**를 정의하여라.

40.2 정수(integer)를 받아서 해당 개수의 변으로 이루어진 주황색(orange)의 정다각형(regular polygon) 그림을 만들어 주는 함수 **poly**를 정의하여라.

40.3 원소 두 개로 이루어진 리스트를 받아서 이들의 순서를 뒤바꾸는 함수 **f**를 정의하여라.

40.4 두 개의 인수를 받아서 이 둘의 곱을 이 둘의 합으로 나눈 결과를 돌려주는 함수 **f**를 정의하여라.

40.5 두 개의 인수를 받아서 이들의 합, 차, 비율로 이루어진 리스트를 반환하는 함수 **f**를 정의하여라.

40.6 인수가 짝수이면 **Black**을, 그렇지 않으면 **White**를 반환하는 함수 **evenodd**를 정의하여라. 단, 인수가 0이면 **Red**를 반환하도록 한다.

40.7 인수 세 개를 받아서 첫 번째 인수가 1이면 나머지 두 인수를 더하고, 2면 곱하고, 3이면 거듭제곱하는 함수 **f**를 정의하여라.

40.8 **f[0]**과 **f[1]**은 1이고, **n**이 정수일 때 **f[n]**은 **f[n − 1]**과 **f[n − 2]**의 합인 피보나치 함수 **f**를 정의하여라.

40.9 문자열을 받아서 해당 이름의 동물(animal) 사진(image)을 반환하는 함수 **animal**을 정의하여라.

40.10 문자열과 정수 **n**을 인수로 받아서 **WordList[]**의 영어 단어 중 주어진 문자열로부터 가장 가까운 **n**개의 단어를 반환하는 함수 **nearwords**를 정의하여라.

Q&A

함수의 정의로 쓸 수 있는 패턴에는 어떤 것이 있나요?
헤드 자체가 패턴인 것 역시 포함해서 어떤 패턴이라도 사용 가능합니다.

특정 함수의 정의를 보려면 어떻게 하나요?
?f라고 입력하면 f가 어떻게 정의되었는지 볼 수 있습니다.

이미 정의된 함수를 덮어쓰려면 어떻게 하나요?
같은 패턴으로 새로 정의하면 됩니다. 정의를 지우려면 Clear 함수를 이용하세요.

특정 함수의 정의가 여러 개일 때, 적용되는 순서는 어떻게 되나요?
일반적으로 가장 구체적인 것부터 덜 구체적인 것의 순서로 적용됩니다. 특수성으로 정렬할 수 없는 경우에는 정의된 순서를 따릅니다. 먼저 정의된 것이 우선 적용됩니다. ?f는 f에 대한 정의의 순서를 보여줍니다.

Max나 Plus 같은 내장 함수를 재정의할 수 있나요?
보통은 가능합니다. 하지만 대부분은 먼저 Unprotect[Max] 등을 적용하여 보호를 해제해야 합니다. 이렇게 하면 사용자가 정의한 함수가 내장 함수에 우선하게 됩니다. Plus와 같은 일부 함수는 너무 근본적이어서 시스템이 보호 상태로 잠가 놓습니다. 이러한 경우에도 인수의 특정 구조에 대응하는 '상윗값'을 정의할 수 있습니다.

Wolfram 언어로 객체지향 프로그래밍을 할 수 있나요?

객체지향 프로그래밍을 기호적으로 일반화할 수 있습니다. 주어진 '자료형' t에 대해, f[t[...]]나 g[t[...]]와 같은 정의를 하고 싶다면, t /: f[t[...]] =...의 형태로 t에 연계할 수 있으며, Wolfram 언어에서는 이를 '**t의 상윗값을 정의한다**'고 합니다.

함수 정의에 := 대신에 =를 사용해도 되나요?

가능한 때도 있습니다. f[n _] = n ^ 2은 실제 할당을 받기 전까지는 우변이 평가되지 않기 때문에 문제없이 작동합니다. 하지만, f[n _] = Now와 f[n _] := Now의 결과는 다릅니다. 많은 경우에 우변은 실제로 인수에 할당이 이루어지기 전까지는 의미 있는 평가가 행해질 수 없습니다.

함수 정의를 다른 사람과 공유하려면 어떻게 해야하나요?

단순하게 코드를 보내는 것도 좋은 방법입니다. 클라우드를 이용하는 것도 편리한데, 43장에서 다룰 CloudSave와 CloudGet을 이용하면 됩니다.

기 술 노 트

- 저수준 언어의 함수는 인수가 정수, 실수, 문자열 등의 특정 정적 자료형을 갖도록 요구한다. 일부 언어는 동적 자료형을 지원하는데, 인수로 미리 지정한 자료형 중 하나를 받을 수 있다. Wolfram 언어는 이를 더욱 확장해서 임의의 기호 체계를 인수로 받을 수 있도록 한다.

- 함수 정의에 {x _, y _}와 같은 패턴을 사용해서 함수 인수를 손쉽게 분해할 수 있다.

- 정의를 함수의 헤드와 연계('하윗값')할 수도 있고, 인수의 헤드와 연계('상윗값')할 수도 있으며, 헤드의 헤드와 연계('부분값')할 수도 있다. 상윗값은 객체지향 언어의 메소드를 일반화한 것이라고 볼 수 있다.

- f = (♯ ^ 2 &)와 f[n _] := n ^ 2는 모두 함수를 정의하는 방식으로, 예를 들어 f[10]에 대해 같은 결과를 반환한다. 순수 함수 형태의 정의는 다른 함수 정의와 연결하기에 편리하지만, 인수의 구조를 다루는 데는 불편한 면이 있다.

더 살 펴 보 기

Wolfram 언어의 함수 정의(wolfr.am/eiwl-40-more)

41 | 패턴에 관해 더 살펴보기

패턴은 Wolfram 언어의 내부에 존재하는 온전한 2차 언어이다. 패턴의 중요한 요소 중 일부는 이미 앞에서 살펴보았다.

_ (공백, blank)은 모든 것에 대응한다. x _ (x blank)도 역시 모든 것에 대응하지만, x라는 이름이 붙는다. _h는 h를 헤드로 하는 모든 것을 의미한다. x _ h도 역시 h를 헤드로 하는 모든 것을 의미하며 x라는 이름을 갖는다.

n이라는 이름의 정수를 인수로 취하는 함수를 정의해 보자.

In[1]:= **digitback[n_Integer] := Framed[Reverse[IntegerDigits[n]]]**

이 함수는 정수를 인수로 받는 경우에만 평가를 수행한다.

In[2]:= **{digitback[1234], digitback[6712], digitback[x], digitback[{4, 3, 2}], digitback[2 ^ 32]}**

Out[2]= { $\boxed{\{4, 3, 2, 1\}}$, $\boxed{\{2, 1, 7, 6\}}$, digitback[x], digitback[{4, 3, 2}], $\boxed{\{6, 9, 2, 7, 6, 9, 4, 9, 2, 4\}}$ }

때로는 패턴에 조건을 달아야 할 수도 있다. /; (빗금 세미콜론, slash semi)으로 이러한 기능을 이용할 수 있다. 예를 들어, n _ Integer /; n > 0은 0보다 큰 정수를 뜻한다.

n > 0일 때에만 적용되는 정의를 살펴보자.

In[3]:= **pdigitback[n_Integer /; n > 0] := Framed[Reverse[IntegerDigits[n]]]**

이 정의는 음수에는 적용되지 않는다.

In[4]:= **{pdigitback[1234], pdigitback[−1234], pdigitback[x], pdigitback[2 ^ 40]}**

Out[4]= { $\boxed{\{4, 3, 2, 1\}}$, pdigitback[−1234], pdigitback[x], $\boxed{\{6, 7, 7, 7, 2, 6, 1, 1, 5, 9, 9, 0, 1\}}$ }

/;은 어느 위치에나 넣을 수 있으며, 심지어 전체 정의의 끝에 배치할 수도 있다.

두 가지 다른 상황에 각각 대응하는 함수 check를 정의해 보자.

In[5]:= **check[x_, y_] := Red /; x > y**

In[6]:= **check[x_, y_] := Green /; x ≤ y**

check 함수를 적용해 보면 아래와 같다.

In[7]:= **{check[1, 2], check[2, 1], check[3, 4], check[50, 60], check[60, 50]}**

Out[7]= {■, ■, ■, ■, ■}

__ (이중 공백, double blank)은 한 개 이상의 인수에 대응한다. ___ (삼중 공백, triple blank)은 0개 또는 그 이상의 인수에 대응한다.
리스트에서 검은색과 흰색을 순서대로 골라내는 함수를 정의해 보자.
다음은 검은색 다음에 흰색이 오면서 이들의 앞, 뒤, 사이에 임의의 원소가 존재하는 패턴에 대응한다.

In[8]:= **blackwhite[{___, Black, m___, White, ___}] := {1, m, 2, m, 3, m, 4}**

검은색과 흰색 사이에 있는 가장 짧은 배열을 선택해 보자.

In[9]:= blackwhite[{🟧, ⬛, 🟧, 🟨, 🟨, ⬜, 🟪, ⬜}]

Out[9]= {1, 🟧, 🟨, 🟨, 2, 🟧, 🟨, 🟨, 3, 🟧, 🟨, 🟨, 4}

__과 ___은 기본적으로 일치하는 항목 중에서 가장 짧은 것을 선택한다. 가장 긴 일치 항목을 선택하려면 Longest 함수를 이용한다.

검은색과 흰색 사이에 있는 가장 긴 배열을 지칭해 보자.

In[10]:= blackwhitex[{___, Black, Longest[m___], White, ___}] := {1, m, 2, m, 3, m, 4}

이제 m은 마지막에 있는 흰색의 바로 앞 원소까지 가져온다.

In[11]:= blackwhitex[{🟧, ⬛, 🟧, 🟨, 🟨, ⬜, 🟪, ⬜}]

Out[11]= {1, 🟧, 🟨, 🟨, ⬜, 🟪, 2, 🟧, 🟨, 🟨, ⬜, 🟪, 3, 🟧, 🟨, 🟨, ⬜, 🟪, 4}

x | y | z는 x, y 또는 z와 일치한다. x..는 단일 또는 반복되는 x와 일치한다.

bwcut은 연속한 흑백의 열을 효과적으로 솎아낸다.

In[12]:= bwcut[{a___, Longest[(Black | White)..], b___}] := {{a}, Red, {b}}

In[13]:= bwcut[{🟧, 🟧, ⬛, ⬜, ⬜, ⬛, ⬛, 🟨}]

Out[13]= {{🟧, 🟧}, 🟥, {🟨}}

패턴 x_은 사실 x:_의 축약 형식으로서, '무엇이든(즉, _) 일치하는 결과를 골라 x라고 이름을 붙여라.'라는 뜻이다. 더욱 복잡한 패턴에 대해서도 x:과 같은 표현을 사용할 수 있다.

두 개의 쌍으로 이루어진 리스트에 일치하는 패턴을 만들어 m이라 이름을 붙이고, 이를 활용한 예를 살펴보자.

In[14]:= grid22[m : {{_, _}, {_, _}}] := Grid[m, Frame → All]

In[15]:= {grid22[{{a, b}, {c, d}}], grid22[{{12, 34}, {56, 78}}],
      grid22[{123, 456}], grid22[{{1, 2, 3}, {4, 5, 6}}]}

Out[15]= { a b / c d , 12 34 / 56 78 , grid22[{123, 456}], grid22[{{1, 2, 3}, {4, 5, 6}}]}

검은색과 흰색의 배열을 결과에서 다시 쓸 수 있도록 이름을 붙이고, 이를 활용한 예를 살펴보자.

In[16]:= bwcut[{a___, r:Longest[(Black | White)..], b___}] := {{a}, Framed[Length[{r}]], {b}}

In[17]:= bwcut[{🟧, 🟧, ⬛, ⬜, ⬜, ⬛, ⬛, 🟨}]

Out[17]= {{🟧, 🟧}, 5 , {🟨}}

마지막 예로 컴퓨터 과학 분야의 고전적인 정렬 방법을 패턴을 이용해서 구현해 보자. 연속한 두 원소 중에서 순서가 맞지 않는 쌍을 찾아 자리를 맞바꾸는 연산을 반복하여 리스트를 정렬하는 알고리즘으로, 이 알고리즘의 각 단계를 쉽게 패턴으로 나타낼 수 있다.

크기의 순서가 어긋난 첫 번째 원소 쌍을 찾아, 순서에 맞게 정렬해 보자.

In[18]:= **{5, 4, 1, 3, 2} /. {x___, b_, a_, y___} /; b > a → {x, a, b, y}**

Out[18]= {4, 5, 1, 3, 2}

같은 작업을 10번 반복하면, 최종적으로 정렬된 리스트를 얻게 된다.

In[19]:= **NestList[(# /. {x___, b_, a_, y___} /; b > a → {x, a, b, y}) &, {4, 5, 1, 3, 2}, 10]**

Out[19]= {{4, 5, 1, 3, 2}, {4, 1, 5, 3, 2}, {1, 4, 5, 3, 2}, {1, 4, 3, 5, 2}, {1, 3, 4, 5, 2},
    {1, 3, 4, 2, 5}, {1, 3, 2, 4, 5}, {1, 2, 3, 4, 5}, {1, 2, 3, 4, 5}, {1, 2, 3, 4, 5}, {1, 2, 3, 4, 5}}

처음에는 특정 리스트를 정렬하는 데 얼마나 많은 단계가 필요한지 알지 못한다. 이럴 때 가장 좋은 방법은 FixedPointList를 사용하는 것인데, 이 함수는 반복할 횟수를 입력하는 대신 아무 변화가 없는 고정점에 다다를 때까지 실행된다는 점만 제외하면 NestList와 동일하다.

고정점에 이를 때까지 작업을 반복해 보자.

In[20]:= **FixedPointList[(# /. {x___, b_, a_, y___} /; b > a → {x, a, b, y}) &, {4, 5, 1, 3, 2}]**

Out[20]= {{4, 5, 1, 3, 2}, {4, 1, 5, 3, 2}, {1, 4, 5, 3, 2}, {1, 4, 3, 5, 2},
    {1, 3, 4, 5, 2}, {1, 3, 4, 2, 5}, {1, 3, 2, 4, 5}, {1, 2, 3, 4, 5}, {1, 2, 3, 4, 5}}

이 결과를 전치하면, 각각의 자리별로 매 단계에서 위치하는 원소를 구할 수 있다.

In[21]:= **Transpose[%]**

Out[21]= {{4, 4, 1, 1, 1, 1, 1, 1, 1}, {5, 1, 4, 4, 3, 3, 3, 2, 2},
    {1, 5, 5, 3, 4, 4, 2, 3, 3}, {3, 3, 3, 5, 5, 2, 4, 4, 4}, {2, 2, 2, 2, 2, 5, 5, 5, 5}}

ListLinePlot은 각 리스트를 서로 다른 색으로 그려주며, 이를 이용하면 정렬 과정이 어떻게 진행되는지를 한눈에 볼 수 있다.

In[22]:= **ListLinePlot[%]**

Out[22]=

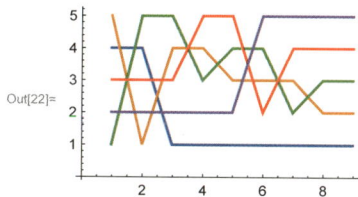

원소의 개수를 20개로 늘려서 정렬 과정을 살펴보자.

In[23]:= **ListLinePlot[Transpose[FixedPointList[**
(♯ /. {x___, b_, a_, y___} /; b > a → {x, a, b, y}) &, RandomSample[Range[20]]]]]

Out[23]=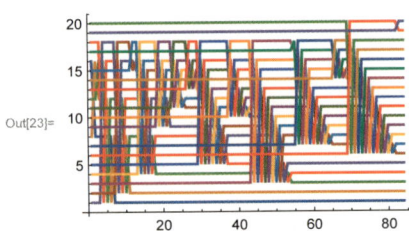

용어

patt /; *cond*	조건이 충족되면 적용되는 패턴
___	0개 또는 그 이상의 원소에 대응하는 패턴('삼중 공백')
patt ..	한 번 이상 반복되는 *patt*의 패턴
Longest[*patt***]**	일치하는 가장 긴 열을 선택하는 패턴
FixedPointList[*f, x***]**	결과가 더 이상 변하지 않을 때까지 *f*를 중첩해서 적용

연습 문제

41.1 첫 100개의 제곱수에 대한 자리 숫자의 리스트 중에서 연속한 자리에서 같은 숫자가 나타나는 것만을 골라라.

41.2 첫 100개의 로마 숫자 중에서 L, I , X가 순서대로 나타나는 것만을 골라라.

41.3 정수로 이루어진 리스트를 받아서 순서를 뒤집어도 원래 리스트와 같은지 판별하는 함수 f를 정의하여라.

41.4 영문 위키백과의 두운법(alliteration)에 대한 문서에서 연달아 나오는 단어의 쌍으로 이루어진 리스트를 생성하고, 이들 쌍 중에 두 단어의 첫 글자가 같은 것만 골라라.

41.5 이번 장에서 소개한 정렬을 이용하여 {4, 5, 1, 3, 2}를 정렬하는 매 단계를 **Grid**를 사용하여 한 줄씩 보여라.

41.6 50개의 원소로 이루어진 리스트를 만들고 이번 장에서 소개한 정렬을 적용하는 과정을 **ArrayPlot**을 이용하여 보여라.

41.7 1.0에서 시작하여 더 이상 변화가 없을 때까지 함수 (♯ + 2/♯)/2 &을 반복해서 적용하여라. 이것은 $\sqrt{2}$ 를 뉴턴 방법으로 구하는 예이다.

41.8 {a, b}의 b가 0이 될 때까지 {b, Mod[a, b]}를 반복 적용하여 최대공약수를 구하는 유클리드 알고리즘을 12 345와 54 321에 적용하여라.

41.9 s[x _][y _][z _] → x[z][y[z]], k[x _][y _] → x와 같은 규칙으로 콤비네이터를 정의하고, 이를 변화가 없을 때까지 s[s][k][s[s[s]][s]][s]에 적용하여 얻어지는 리스트를 구하여라.

41.10 100!의 자리 숫자들로 이루어진 리스트에서 끝 부분에 있는 0을 모두 제거하여라.

41.11 {1, 0}에서 시작해서, 첫 원소가 1이면 {0, 1}을, 0이면 {1, 0, 0}을 덧붙인 후에 맨 앞의 원소 두 개를 제거하는 과정을 200번 반복해서 얻는 배열 순서(태그 시스템)의 길이로 이루어진 리스트를 구하여라.

41.12 {0, 0}에서 시작해서, 첫 원소가 0이면 {2, 1}을, 1이면 {0}을, 2이면 {0, 2, 1, 2}를 덧붙인 후에 맨 앞의 원소 두 개를 제거하는 과정을 200번 반복해서 얻는 배열 순서(태그 시스템)의 길이로 이루어진 리스트를 구하고 이를 선그래프로 그려라.

Q&A

Wolfram 언어에 있는 패턴의 다른 구성 요소에는 어떤 것이 있나요?

Except[*patt*]는 *patt*를 제외한 모든 것과 일치합니다. PatternSequence[*patt*]는 함수에서 인수의 열과 일치합니다. OrderlessPatternSequence[*patt*]은 순서와 무관하게 일치합니다. f[x_ : v]는 v를 기본값으로 정의합니다. 예를 들어, f[]는 이 패턴과 일치하며 이때 x의 값은 v가 됩니다.

패턴이 특정 표현과 일치할 수 있는 모든 방식을 확인할 방법이 있나요?

ReplaceList를 이용하세요. Replace는 가장 우선하여 일치하는 결과를 반환하는 반면, ReplaceList는 일치하는 모든 결과를 반환합니다.

고정점이 존재하지 않는다면 FixedPointList는 어떻게 되나요?

결국은 멈춥니다. 얼마나 많은 단계를 시도할지를 설정하는 옵션이 있습니다. FixedPointList[f, x, n]라고 입력하면 최대 n번까지 시도한 후에 멈추게 됩니다.

기술 노트

- *patt* ..과 같은 반복 패턴을 쓸 때는 소수점과 혼동되지 않도록, 예를 들어 0 .. 처럼, 꼭 공백을 넣도록 한다.

- 함수의 속성은 패턴의 동작 방식에 영향을 준다. 예를 들어, **Plus** 함수에는 Flat과 Orderless 속성이 있다. **Flat** 속성은 a+b+c+d에서 b+c를 먼저 계산할 수 있음을 뜻하며, Orderless는 원소의 순서를 바꿀 수 있다는 것을 뜻하는데, 앞의 예를 통해 보자면 a+c를 먼저 계산할 수 있다는 의미이다(수학적으로 **Flat**은 결합법칙과, 그리고 **Orderless**는 교환법칙과 유사하다).

- 본문에서 다룬 정렬 알고리즘은 보통 거품 정렬로 알려져 있다. 길이 n의 리스트는 일반적으로 n^2 단계를 거친다. Wolfram 언어는 Sort라는 내장 함수를 제공하는데, 훨씬 빠르며 거의 n단계 만에 정렬을 마친다.

더 살펴보기

Wolfram 언어의 패턴(wolfr.am/eiwl-41-more)

42 | 문자열 패턴과 템플릿

문자열 패턴은 표현의 일부가 아닌 문자열에 대해 작동한다는 점을 제외하면 **Wolfram** 언어의 다른 패턴과 매우 유사하게 작동한다. 문자열 패턴에서 _과 같은 패턴구문은 ~~를 사용하여 "abc"와 같은 문자열과 결합된다.

+ 뒤에 한 개의 문자가 따라오는 경우를 모두 추출해 보자.

In[1]:= **StringCases["+string +patterns are +quite +easy", "+" ~~ _]**

Out[1]= {+s, +p, +q, +e}

+ 뒤에 세 개의 문자가 따라오는 경우를 모두 추출해 보자.

In[2]:= **StringCases["+string +patterns are +quite +easy", "+" ~~ _ ~~ _ ~~ _]**

Out[2]= {+str, +pat, +qui, +eas}

각각의 + 뒤에 있는 임의의 단일 문자를 x라 하고, 그 단일 문자에 테두리를 둘러 반환해 보자.

In[3]:= **StringCases["+string +patterns are +quite +easy", "+" ~~ x_ → Framed[x]]**

Out[3]= { s , p , q , e }

문자열 패턴에서 _은 임의의 단일 문자를 나타낸다. __(이중 공백)은 하나 이상의 문자열을 나타내며, ___(삼중 공백)은 0개 혹은 그 이상의 문자열을 나타낸다. __과 ___은 가능한 한 많은 문자열을 취한다.

[와] 사이에 있는 문자열을 테두리를 둘러 추출해 보자.

In[4]:= **StringCases["the [important] word", "[" ~~ x__ ~~ "]" → Framed[x]]**

Out[4]= { important }

__은 보통 가장 긴 문자열인 경우를 찾아낸다.

In[5]:= **StringCases["now [several] important [words]", "[" ~~ x__ ~~ "]" → Framed[x]]**

Out[5]= { several] important [words }

Shortest는 가장 짧은 문자열을 추출한다.

In[6]:= **StringCases["now [several] important [words]", "[" ~~ Shortest[x__] ~~ "]" → Framed[x]]**

Out[6]= { several , words }

StringCases는 문자열에서 특정 패턴의 경우를 추출하며, StringReplace는 그 부분을 교체한다.

문자열에서 문자를 교체해 보자.

In[7]:= **StringReplace["now [several] important [words]", {"[" → "<<", "]" → ">>"}]**

Out[7]= now <<several>> important <<words>>

전체 문자열에서 패턴식과 일치되는 부분에만 ToUpperCase를 적용하여 대문자로 바꾼다.

In[8]:= **StringReplace["now [several] important [words]",**
   "[" ~~ Shortest[x__] ~~ "]" :→ ToUpperCase[x]]

Out[8]= now SEVERAL important WORDS

NestList를 사용하여 문자열을 반복적으로 교체해 보자.

In[9]:= **NestList[StringReplace[#, {"A" → "AB", "B" → "BA"}] &, "A", 5]**

Out[9]= {A, AB, ABBA, ABBABAAB, ABBABAABBAABABBA, ABBABAABBAABABBABAABABBAABBABAAB}

StringMatchQ는 문자열이 패턴과 일치하는지 테스트한다.

단어 리스트에서 a로 시작하여 b로 끝나는 패턴의 단어들을 선택해 보자.

In[10]:= **Select[WordList[ ], StringMatchQ[#, "a" ~~ ___ ~~ "b"] &]**

Out[10]= {absorb, adsorb, adverb, alb, aplomb}

보통 패턴과 같이 문자열 패턴에서도 |와 ..를 사용할 수 있다.

A 또는 B가 반복되는 연속적인 문자열을 추출해 보자.

In[11]:= **StringCases["the AAA and the BBB and the ABABBBABABABA", ("A" | "B")..]**

Out[11]= {AAA, BBB, ABABBBABABABA}

문자열 패턴에서 LetterCharacter는 임의의 문자 요소를, 그리고 DigitCharacter는 숫자 요소를 나타내며, Whitespace는 스페이스 등의 '공백' 문자를 나타낸다.

숫자 문자열을 추출해 보면,

In[12]:= **StringCases["12 and 123 and 4567 and 0x456", DigitCharacter..]**

Out[12]= {12, 123, 4567, 0, 456}

앞뒤에 공백이 있는 숫자의 문자열을 추출해 보자.

In[13]:= **StringCases["12 and 123 and 4567 and 0x456",**
   Whitespace ~~ DigitCharacter.. ~~ Whitespace]

Out[13]= { 123 , 4567 }

문자열과 리스트 사이를 번갈아 가며 조작하는 일은 빈번히 발생하며 번거롭기도 하다. 이런 경우 문자열을 리스트로 변환하여 다루면 좋을 때가 있다. StringSplit을 사용하면 문자열이 분할된 단어 조각들의 리스트를 만들 수 있다.

문자열을 공백을 기준으로 분할하여 단어 조각들의 리스트로 만들 수 있다.

In[14]:= **StringSplit["a string to split"]**

Out[14]= {a, string, to, split}

문자열 패턴을 사용하여 문자열의 분리 위치를 결정한다.

In[15]:= **StringSplit["you+can+split−−at+any−−delimiter", "+" | "−−"]**

Out[15]= {you, can, split, at, any, delimiter}

개행 문자는 문자열 내의 어느 부분에서 새로운 행으로 분할할 것인가를 나타내며, \n으로 표시된다.

개행 문자를 기준으로 분할해 보면,

In[16]:= **StringSplit["first line**
    second line
    third line", "\n"]

Out[16]= {first line, second line, third line}

StringJoin은 문자열 리스트를 결합한다. 그러나 StringRiffle을 사용하면 문자열 사이에 원하는 것을 삽입하여 문자열 리스트를 결합할 수 있다.

문자열 사이에 "−−−"을 번갈아 삽입한 후 문자열을 결합해 보자.

In[17]:= **StringRiffle[{"a", "list", "of", "strings"}, "−−−"]**

Out[17]= a−−−list−−−of−−−strings

문자열 구축 시, 임의의 **Wolfram** 언어 표현은 TextString을 사용하여 문자열로 변환할 수 있다.

TextString은 숫자 및 다른 Wolfram 언어 표현을 문자열로 변환한다.

In[18]:= **StringJoin["two to the ", TextString[50], " is ", TextString[2^50]]**

Out[18]= two to the 50 is 1125899906842624

문자열 템플릿을 사용하면 식에서 문자열을 더욱 간편한 방법으로 생성할 수 있다. 문자열 템플릿은 인수를 삽입할 수 있는 슬롯을 가졌기 때문에 순수 함수와 유사하게 작동한다.

문자열 템플릿에서 ` `` `는 연속적인 인수를 위한 슬롯이다.

In[19]:= **StringTemplate["first `` then ``"][100, 200]**

Out[19]= first 100 then 200

명명된 슬롯은 다음과 같이 연관에서 원소를 추출한다.

In[20]:= **StringTemplate["first: `a`; second `b`; first again `a`"][**
     <| "a" → "AAAA", "b" → "BB BBB" |>]

Out[20]= first: AAAA; second BB BBB; first again AAAA

문자열 템플릿 내에 어떠한 표현도 <*...*>로 묶어서 삽입할 수 있으며, 표현의 값은 템플릿이 실행될 때 동시에 계산된다.

템플릿이 적용된 경우 <*...*>를 평가하며, 인수는 필요하지 않다.

In[21]:= **StringTemplate["2 to the 50 is <* 2^50 *>"][]**

Out[21]= 2 to the 50 is 1125899906842624

템플릿에서 슬롯(` `` `)을 사용하면 편리하다(여기서 ` ` `는 역 인용부호 문자임).

In[22]:= **StringTemplate["`1` to the `2` is <* #1^#2 *>"][2, 50]**

Out[22]= 2 to the 50 is 1125899906842624

템플릿이 실행될 때 템플릿의 표현은 평가된다.

In[23]:= **StringTemplate["the time now is <* Now *>"][]**

Out[23]= the time now is Wed 16 Sep 2015 16:50:43

용어

patt₁ ~~ *patt₂*	문자열 패턴의 열
Shortest[*patt***]**	일치하는 최단열
StringCases[*string, patt***]**	패턴과 일치하는 문자열 내의 경우
StringReplace[*string, patt → val***]**	문자열 내에서 패턴으로 교체
StringMatchQ[*string, patt***]**	문자열이 패턴과 일치하는지의 테스트
LetterCharacter	문자가 일치하는 패턴 구문
DigitCharacter	숫자가 일치하는 패턴 구문
Whitespace	스페이스 등이 일치하는 패턴 구조
\n	개행 문자

StringSplit[*string*]	문자열을 부분 리스트로 분할
StringJoin[{*string₁*, *string₂*, ...}]	문자열을 결합
StringRiffle[{*string₁*, *string₂*, ...}, *m*]	*m*을 사이에 삽입하여 문자열을 결합
TextString[*expr*]	임의의 것에서 텍스트 문자열 작성
StringTemplate[*string*]	적용할 문자열 템플릿 작성
`` ` ``	문자열 템플릿의 슬롯
`<* ... *>`	문자열 템플릿에서 평가하는 식

연습문제

42.1 "1 2 3 4"에서 공백을 "---"으로 교체하여라.

42.2 영문 위키백과의 컴퓨터(computers)에 대한 문서에 포함된 네 자리 숫자(가능한 날짜를 나타냄)로 이루어진 문자열을 뽑아 정렬하여라.

42.3 영문 위키백과의 컴퓨터에 대한 문서에서 "==="으로 시작하여, "==="으로 끝나는 '소제목'을 추출하여라.

42.4 문자열 템플릿을 사용하여 i와 j가 1에서 9까지 증가하는 i + j = ... 형태의 결과를 격자로 만들어라.

42.5 50 이하 자연수의 영문 이름 중 "i"가 "e" 앞에 오는 것을 모두 찾아라.

42.6 영문 위키백과의 컴퓨터에 대한 문서에 포함된 첫 문장에서 두 글자로 이루어진 단어를 모두 대문자화 하여라.

42.7 모든 국가명에서 첫 알파벳을 뽑아내고, 각 알파벳으로 시작하는 국가명의 개수를 나타내는 라벨화된 막대그래프를 만들어라.

42.8 Grid[Table[StringJoin[TextString[i], "^", TextString[j], "=", TextString[i^j]], {i, 5}, {j, 5}]]의 더 단순한 형식을 찾아라.

Q&A

~~는 어떻게 읽나요?
보통 "tilde tilde"(틸데 틸데, 또는 이중 물결표)로 읽고, 이것의 밑바탕이 되는 함수는 StringExpression입니다.

템플릿에 슬롯을 만들려면 ``을 어떻게 입력하나요?
역 인용부호, 혹은 백틱의 쌍을 입력하면 됩니다. 대부분의 경우 키보드의 좌측 상단에 물결표(~, 틸데)와 함께 위치해 있습니다.

자연어를 이해하는 규칙을 작성할 수 있나요?
물론입니다. 여기서는 그 방법에 대해 다루지 않았지만, 핵심 함수는 GrammarRules입니다.

뚜렷한 문자열 형식을 찾을 수 없을 때 TextString은 어떻게 하나요?
최대한 읽을 수 있도록 최선을 다해 문자열로 변환하지만, 문자열로 변환하기 위한 모든 노력이 실패하면, InputForm으로 돌아갑니다.

기 술 노 트

- 문자열에 대한 패턴과 리스트 열에 대한 패턴 사이에는 관련성이 있다. **SequenceCases**는 리스트에 사용되는 것으로서, 문자열에 사용되는 **StringCases**와 유사하다.

- **Overlaps** 옵션은 문자열 매칭에서 중복 허용 여부를 지정한다. 기본값은 함수에 따라 다르다.

- 문자열 패턴은 기본적으로 가장 긴 문자열과 일치시키기 때문에 짧은 문자열을 원하는 경우 **Shortest**로 지정할 필요가 있다. 반면 식의 패턴은 기본적으로 가장 짧은 열에 일치한다.

- 문자열 패턴 구성에는 **Whitespace**, **NumberString**, **WordBoundary**, **StartOfLine**, **EndOfLine**, **StartOfString**과 **EndOfString** 등이 있다.

- **RegularExpression**을 사용하여 Wolfram 언어의 기호적 문자 패턴 어디에서나 $x*$ 와 $[abc][def]$와 같은 정규 표현식을 넣을 수 있다.

- **TextString**은 사람이 읽을 수 있는 간단한 텍스트 버전을 생성하여 그래픽 세부사항 등을 제외시킨다. **ToString[InputForm[**$expr$**]]**은 후속 입력에 사용할 수 있는 완전한 버전을 제공한다.

- **SequenceAlignment** 같은 연산을 사용하여 문자열들을 비교할 수 있다. 이것은 특히 생물 정보학에서 매우 유용하다.

- **FileTemplate**, **XMLTemplate**과 **NotebookTemplate**은 **StringTemplate**이 문자열에 대하여 하는 일과 유사한 작업을 각각 파일, XML(및 HTML) 문서, 노트북에 대하여 수행한다.

- Wolfram 언어는 방대한 파일을 뒤지면서 텍스트를 검색하는 **TextSearch** 함수를 포함하고 있다.

더 살 펴 보 기

Wolfram 언어의 문자열 패턴(wolfr.am/eiwl-42-more)

43 | 저장

Wolfram 언어는 Wolfram Cloud 또는 사용 중인 컴퓨터에 무엇이든 쉽게 저장할 수 있다. 우선 Wolfram Cloud에 대해 알아보자.

Wolfram Cloud에 있어 모든 것은 클라우드 객체로 취급되며, 이것은 UUID (범용 고유 식별자)로 지정된다.

클라우드 객체에는 즉시 UUID가 할당된다.

In[1]:= **CloudObject[ ]**

Out[1]= CloudObject[https://www.wolframcloud.com/objects/388b0fd0-7769-42e4-a992-7d1b9985fe55]

클라우드 객체는 작성되는 즉시 무작위로 생성된 길이가 긴 UUID가 해당 객체에 할당된다. UUID의 장점은 결코 똑같은 UUID가 만들어지지 않을 것이라고 믿어도 된다는 점이다(300조*조*조라는 천문학적인 개수의 Wolfram UUID가 생성 가능하다).

Wolfram 언어 표현을 클라우드에 추가해 보자.

In[2]:= **CloudPut[{**  **}]**

Out[2]= CloudObject[https://www.wolframcloud.com/objects/715b04e7-e589-4ebb-8b88-dde32fe0718b]

클라우드에서 다시 표현을 얻어 보자.

In[3]:= **CloudGet[%]**

Out[3]= {  }

= 및 :=를 사용하여 정의를 작성한 경우, CloudSave를 사용하여 정의를 저장할 수 있다(정의가 다른 정의에 따라 달라지면 이것 또한 저장된다). CloudGet을 사용하여 새로운 세션에 정의를 적용시킬 수 있다.

정의를 작성해 보자.

In[4]:= **colorlist[n_Integer] := RandomColor[n]**

클라우드에 작성된 정의를 저장하고, 나중에 CloudGet을 사용하여 검색할 수 있도록 한다.

In[5]:= **CloudSave[colorlist]**

Out[5]= CloudObject[https://www.wolframcloud.com/objects/b274c11e-88c2-44d9-b805-599dbf7f898e]

CloudPut은 **Wolfram** 언어 표현을 하나씩 저장한다. 그런데 만약 **Wolfram** 언어 내부에서 얻어지거나 혹은 외부 장치나 센서를 통해 얻어지는 표현들을 누적하고 싶다면 어떻게 해야 할까?

Wolfram Data Drop을 사용하면 이러한 작업을 정확하게 수행할 수 있다. 먼저 **Wolfram** 데이터 저장 공간을 작성해 보자. 데이터 저장 공간은 CreateDatabin을 이용하여 생성할 수 있다.

데이터 저장 공간을 만들어 보자.

In[6]:= **bin = CreateDatabin[]**

Out[6]= Databin[]

다양한 외부 장치와 서비스에서뿐만 아니라, **Wolfram** 언어의 DatabinAdd 함수를 사용하여 데이터 저장 공간에 데이터를 추가할 수 있다.

데이터 저장 공간에 항목을 추가해 보자.

In[7]:= **DatabinAdd[bin, {1, 2, 3, 4}]**

Out[7]= Databin[]

동일한 데이터 저장 공간에 다른 항목을 추가해 보자.

In[8]:= **DatabinAdd[bin, {a, b, c}]**

Out[8]= Databin[]

데이터 저장 공간에 저장된 값을 가져와 보자.

In[9]:= **Values[bin]**

Out[9]= {{1, 2, 3, 4}, {a, b, c}}

이제 필자의 책상 위의 작은 센서로 검출한 데이터로 이루어진 데이터 저장 공간을 살펴보자. DateListPlot은 데이터의 시계열을 나타낸다.

짧은 ID를 사용하여 책상 위 센서에 연결된 데이터 저장 공간을 참조해 보자.

In[10]:= **Databin["7m3ujLVf"]**

Out[10]= Databin[]

데이터 저장 공간에서 나온 시계열을 그래프로 나타내 보자.

In[11]:= **DateListPlot[Databin["7m3ujLVf"]]**

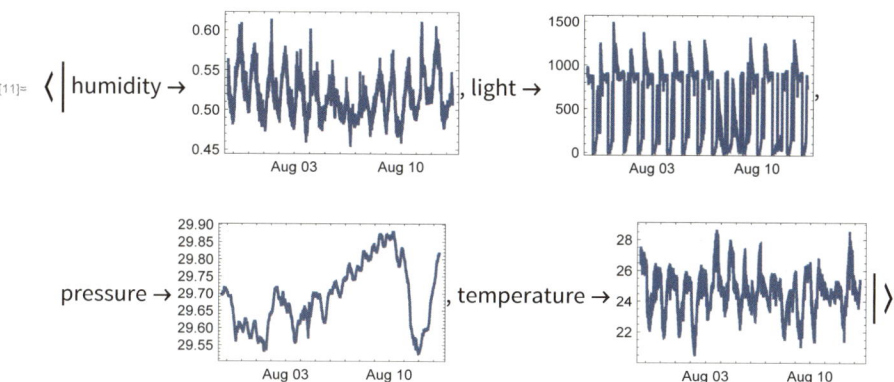

Out[11]=

Wolfram Data Drop은 CloudPut과 CloudSave처럼 데이터를 클라우드에 저장한다. 그러나 클라우드에 연결되어 있지 않은 경우, 클라우드에 저장하는 대신 로컬 컴퓨터에 저장한다. 그리고 로컬 컴퓨터에서 Put, Save 및 Get을 사용하여 파일을 저장하고 불러올 수 있다.

또한 Wolfram 언어는 LocalObject를 사용하면 로컬 컴퓨터에 배정된 로컬 디렉터리에서 자동으로 익명의 로컬 위치를 생성하게 된다.

Put, Save 등을 사용하기 위해 익명의 위치를 생성해 보자.

In[12]:= **LocalObject[]**

Out[12]= LocalObject[file:///Users/sw/Library/Wolfram/Objects/365e034d–9830–4842–8681–75d3714b3d19]

이미지를 해당 위치에 추가해 보자.

In[13]:= **Put[, %]**

Out[13]= LocalObject[file:///Users/sw/Library/Wolfram/Objects/365e034d–9830–4842–8681–75d3714b3d19]

이미지를 다시 추출해 보자.

In[14]:= **Get[%]**

Out[14]=

용어

CloudObject[]	클라우드 객체 생성
CloudPut[*expr*]	클라우드에 추가하기
CloudGet[*obj*]	클라우드에서 꺼내기
CloudSave[*s*]	클라우드에 정의 저장하기
Databin["*id*"]	누적 데이터가 있는 데이터 저장 공간
CreateDatabin[]	새로운 데이터 저장 공간 작성하기
DatabinAdd[*obj*, *value*]	데이터 저장 공간에 무언가를 추가하기
DateListPlot[*data*]	날짜 리스트 플롯 작성하기
LocalObject[]	로컬 객체 작성하기
Put[*expr*, *obj*]	로컬 객체에 추가하기
Get[*obj*]	로컬 객체에서 꺼내기

Q&A

UUID의 문자와 숫자는 무엇을 의미하나요?

이것은 16진법(기수 16)의 숫자들이며, 'a'부터 'f'까지의 영어 알파벳은 16진수의 10부터 15까지를 의미합니다. 각각의 UUID는 32개의 숫자로 구성되므로, $16 \wedge 32 \approx 3 \times 10^{38}$의 서로 다른 UUID가 가능합니다.

가능한 UUID의 개수는 다른 것과 어떻게 비교되나요?

1입방 km의 물에 포함된 원자의 수, 또는 우주에 존재하는 별의 수의 100조 배만큼의 수입니다. 500억 개의 컴퓨터가 각각 10GHz의 속도로 UUID를 생성한다면, 모든 UUID를 다 만들어내는 데 우주의 나이만큼 시간이 걸립니다.

UUID와 단축 ID는 어떤 관계인가요?

URLShorten에 의해 생성된 모든 단축ID는 명확하게 등록되며 인터넷의 도메인 이름처럼 고유성이 보장됩니다. UUID는 중앙 관리 시스템의 등록 없이도 고유성을 충분히 나타낼 수 있도록 주소의 길이를 길게 나타냅니다.

CloudObject, CloudPut 등에서 파일 이름을 지정할 수 있나요?

네, 할 수 있습니다. 파일 이름은 사용 중인 클라우드 내의 홈 디렉터리에 상대적으로 지정됩니다. 또한, 이 파일에는 사용 중인 클라우드 기반 및 사용자 ID를 포함하는 URL이 주어집니다.

다른 사용자가 내 클라우드 객체에 저장된 것에 접근할 수 있나요?

보통은 접근할 수 없습니다. 그러나 Permissions → "Public" 옵션을 설정하면 앞서 36장에서 웹 앱에 대해 논의한 것처럼 누구나 접근 할 수 있습니다. 누구에게 어떠한 권한을 부여할지 사용자가 정확히 정의 할 수 있습니다.

Wolfram 언어를 사용하지 않고 데이터 저장 공간만으로 작업할 수 있나요?

네, 가능합니다. 웹과 기타 다양한 시스템을 사용하여 데이터 저장 공간을 만들고 추가할 수 있습니다.

전체 표현을 얻지 않고 클라우드에서 표현을 조작할 수 있나요?

물론입니다. CreateCloudExpression을 사용하여 클라우드 표현으로 만들면 표현의 일부를 가져오기 및 설정하기 등에 모든 일반적인 방법을 이용할 수 있으며, 표현은 그대로 클라우드에 지속적으로 저장됩니다.

기 술 노 트

- 클라우드에서 작업할 때 Wolfram 노트북 문서는 사용자가(자동 저장하지 않도록 설정되어 있지 않은 한, 반드시) 변경할 때마다 자동으로 저장된다.

- 큰 객체는 **Save**보다 **DumpSave**를 사용하는 것이 더욱 효율적인 저장 방법이지만, 덤프 형식을 사용하여 작성한 파일은 텍스트 파일이 아닌 이진 파일이다.

- **LocalCache[CloudObject[**...**]]**를 사용하여 클라우드 객체를 참조할 수 있지만, 가능한 경우 해당 콘텐츠의 로컬 캐시를 사용하며, 로컬 캐시가 없는 경우 캐시를 생성하여 사용한다.

- 데이터 저장 공간은, 저장 공간 내의 데이터의 단위, 날짜 형식 등의 해석 방향을 지정하는 데이터 시그너처를 포함할 수 있다.

- **x = 3**과 같은 변수 할당은 Wolfram 언어의 세션 동안만 지속된다. 그러나 **PersistentValue["x"] = 3**과 같이 사용하면 단일 컴퓨터에 한정하거나, 자신이 로그인 할 때마다, 혹은 특정 시간 동안 등의 다른 형태의 지속성을 지닌 값으로 저장할 수 있다.

더 살 펴 보 기

Wolfram 언어의 파일(wolfr.am/eiwl-43-more)

Wolfram Data Drop(wolfr.am/eiwl-43-more2)

44 | 가져오기와 내보내기

이 책에서 지금까지 다룬 모든 것은 Wolfram 언어와 Wolfram Knowledgebase의 범주 안에 있다. 하지만 때로는 외부에서 필요한 것을 가져와야 할 때가 있다. 그런데 외부에서 가져온 것은 Wolfram 언어에서 다루던 것과는 달리 깔끔하고 체계적이지 않은 경우가 종종 있으며, 예고없이 변경 될 때도 있다.

첫 번째 예로, 유엔 웹사이트 첫 페이지에서 텍스트를 가져와 보자. Import 함수를 이용하여 이 작업을 수행할 수 있다.

유엔 웹사이트 첫 페이지의 텍스트 버전을 가져오면(현재는 아래 결과와 다를 수 있다),

In[1]:= **Import["http://un.org"]**

Out[1]= عالمك إنها — المتحدة الأمم

联合国，您的世界！

United Nations — It's your world!

Nations Unies — C'est votre monde!

Организация Объединенных Наций — это ваш мир!

Las Naciones Unidas son su mundo

이 결과를 보면 빈 줄이 일부 포함되어 있고(적어도 책을 쓸 당시에 얻은 결과에선), 상단에 알 수 없는 메시지를 포함하고 있다. 먼저 개행 문자를 기준으로 문자열을 분할해 보자.

개행 문자를 기준으로 분할한 문자열의 리스트를 얻어보자.

In[2]:= **StringSplit[Import["http://un.org"], "\n"]**

Out[2]= {المتحدة الأمم — إنها عالمك, 联合国，您的世界！,

United Nations — It's your world!, Nations Unies — C'est votre monde!,

Организация Объединенных Наций — это ваш мир!,

Las Naciones Unidas son su mundo}

각 문자열의 언어를 식별해보자(빈 줄은 영어로 간주한다).

In[3]:= **LanguageIdentify[StringSplit[Import["http://un.org"], "\n"]]**

Out[3]= { Arabic , Chinese , English , French , Russian , Spanish }

Import를 사용하면 폭넓은 다양한 요소를 가져올 수 있다. "Hyperlinks"는 웹 페이지에 나타나는 하이퍼링크를 가져오고 "Images"는 이미지를 가져 온다.

유엔 웹사이트 첫 페이지에 있는 하이퍼링크를 모두 가져와서 나열하면,

In[4]:= **Import["http://un.org", "Hyperlinks"]**

Out[4]= {//www.un.org/ar/index.html, //www.un.org/zh/index.html, //www.un.org/en/index.html,

//www.un.org/fr/index.html, //www.un.org/ru/index.html, //www.un.org/es/index.html}

위키백과 첫 페이지에 있는 이미지를 가져와 보자.

In[5]:= **Import["http://wikipedia.org", "Images"]**

Out[5]= {  }

좀 더 복잡한 예로 필자의 웹사이트의 일부 하이퍼링크를 그래프로 나타내 보았다. 다루기 쉽도록 세 단계까지만 나타내었으며, 각 단계에서 첫 5개의 하이퍼링크만 가져왔다.

필자의 웹사이트 하이퍼링크 그래프 일부를 계산해 보자.

In[6]:= **NestGraph[Take[Import[♯, "Hyperlinks"], 5] &, "http://stephenwolfram.com", 3]**

Out[6]=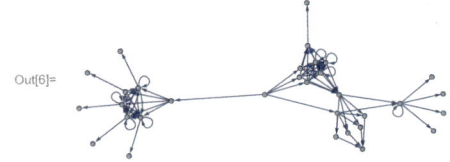

Wolfram 언어는 스프레드시트, 이미지, 사운드, 도형, 데이터베이스, 로그 파일 등 다양한 형식의 데이터를 가져올 수 있다. Import 함수는 파일 확장자 (.png, .xls 등)를 자동으로 확인하여 수행할 작업을 결정한다.

필자의 웹사이트에서 사진을 불러와 보자.

In[7]:= **Import[**
"http://www.stephenwolfram.com/img/homepage/stephen-wolfram-portrait.png"]

Out[7]=

Wolfram 언어는 필자를 성공적으로 인식한다!

In[8]:= **Classify["NotablePerson", %]**

Out[8]= Stephen Wolfram

Import는 웹에서뿐만 아니라, 컴퓨터 시스템이나 Wolfram Cloud에 저장된 파일로부터 가져오기를 수행할 수 있다.

Wolfram 언어를 사용하면 웹 페이지와 파일뿐 아니라, 서비스 및 **API** 역시 처리할 수 있다. 예를 들어 소셜 미디어 서비스에서 데이터 접근 권한을 허용해 두었다면 SocialMediaData 함수를 사용하여 데이터를 가져올 수 있다.

필자의 페이스북 친구들의 네트워크를 예로 살펴보자. 연결 데이터에 대한 접근을
허용한 사람의 데이터만 가져올 수 있다.

In[9]:= **SocialMediaData["Facebook", "FriendNetwork"]**

Out[9]=
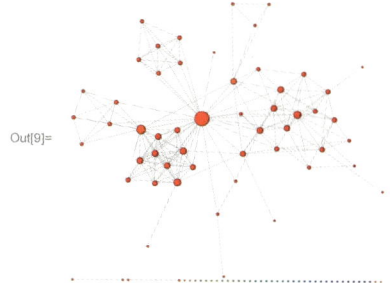

웹 검색은 **Wolfram** 언어가 접근 할 수 있는 또 다른 외부 서비스이다.

'다채로운 색의 새(colorful birds)'를 키워드로 하여 웹에서 이미지를 검색해 보자.

In[10]:= **WebImageSearch["colorful birds"]**

Out[10]=

Thumbnail	PageTitle	PageHyperlink
	Colorful Birds Wallpapers 1024x768	http://free1024wallpapers
	Life is Better with a Cute Outfit: Colorful Birds Wallpapers	http://lifeisbetterwithacute
	Colorful Birds Wallpapers 1024x768	http://free1024wallpapers
	... colorful birds beautiful colorful birds beautiful colorful birds	http://lifeiz4fun.blogspot.c
	these colorful birds were great posers for photography. And they are ...	http://trans-pond.blogspo
	GALLERY FUNNY GAME: Beautiful Colorful Birds gallery	http://galleryfunnygame.b
	AJORBAHMAN'S COLLECTION: COLORFUL BIRDS	http://ajorbahman.blogsp
	The Pate Potpourri: Colorful Birds Make Ava Happy Too!	http://thepatepotpourri.b
	Colorful Birds Wallpapers 1024x768	http://free1024wallpapers
	Cool Daily Pics: Beautiful Colorful Birds	http://cooldailypics.blogsp

섬네일 이미지를 요청해 보자.

In[11]:= **WebImageSearch["colorful birds", "Thumbnails"]**

Out[11]= { 이미지들 }

각기 다른 새 종류로 인식하는지 확인해 보자.

In[12]:= **ImageIdentify /@ %**

Out[12]= { indigo bunting , blue peafowl , mandarin duck ,
european goldfinch , rainbow lorikeet , ring-necked parakeet ,
bluebird , rainbow lorikeet , scrub-bird , rainbow lorikeet }

Wolfram 언어의 중요한 외부 데이터 소스는 Wolfram 데이터 저장소이다. 이 데이터 저장소의 데이터는 여러 곳으로부터 수집된 것이지만 Wolfram 언어로 쉽게 작업할 수 있도록 설정되어 있다.

Wolfram 데이터 저장소를 살펴보면 사용 가능한 데이터에는 어떤 것이 있는지 확인할 수 있다.

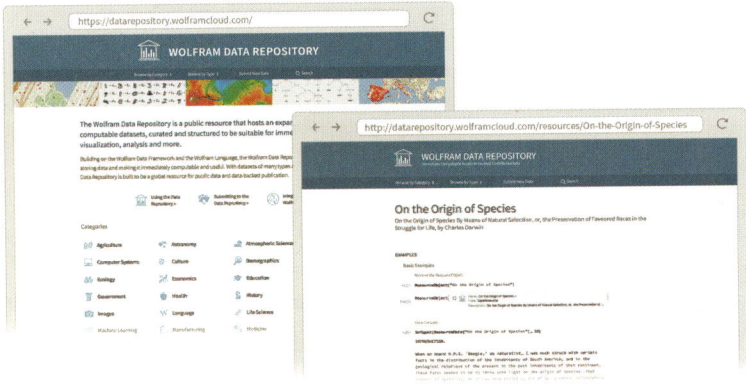

사용을 원하는 데이터를 찾으면 그 데이터를 ResourceData["*name*"]를 사용하여 Wolfram 언어로 가져오기 하면 된다.

다윈의 종의 기원*(On the Origin of Species)* 전문을 가져와 워드 클라우드로 나타내어 보자.

In[13]:= **WordCloud[ResourceData["On the Origin of Species"]]**

Out[13]=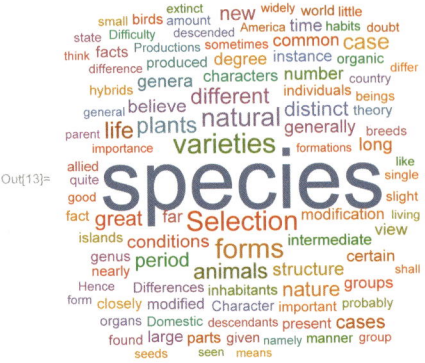

Wolfram 언어로 데이터를 가져오기뿐만 아니라 내보내기도 가능하다. 예를 들어, Wolfram에서 SendMail을 이용하여 이메일 등을 보낼 수 있다.

이메일로 자신에게 메시지를 보내면(아래는 필자가 필자에서 보내는 메일이다),

In[14]:= **SendMail["Hello from the Wolfram Language!"]**

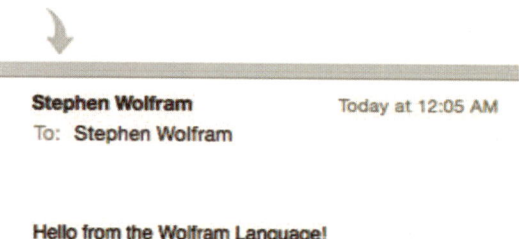

제목이 "Wolf"이고 늑대의 사진이 첨부된 메일을 테스트 계정으로 보내 보자.

In[15]:= **SendMail["test@wolfram.com", {"Wolf", "Here's a wolf...",**  **}]**

외부 프로그램 및 서비스와 연결하여 사용하려면, Wolfram 언어에서 내보내기를 해야 하는 경우가 많다.

원 그림을 PDF 형식으로 클라우드에 내보내 보자.

In[16]:= **CloudExport[Graphics[Circle[ ]], "PDF"]**

Out[16]= CloudObject[https://www.wolframcloud.com/objects/6d93f2de–6597–4d9f–9edb–7cdc342571b8]

Export를 사용하여 로컬 파일로 내보낼 수도 있다.

소수와 소수의 제곱수 리스트를 로컬 스프레드시트 파일로 내보내기 해 보자.

In[17]:= **Export["primepowers.xls", Table[Prime[m] ^ n, {m, 10}, {n, 4}]]**

Out[17]= primepowers.xls

결과 파일 일부를 살펴보자.

	A	B	C	D	E	F
1	2	4	8	16		
2	3	9	27	81		
3	5	25	125	625		
4	7	49	343	2401		
5	11	121	1331	14641		
6	13	169	2197	28561		
7	17	289	4913	83521		
8	19	361	6859	130321		
9	23	529	12167	279841		
10	29	841	24389	707281		
11						
12						

파일의 내용을 다시 Wolfram 언어로 가져오기 해 보자.

In[18]:= **Import["primepowers.xls"]**

Out[18]= {{{2., 4., 8., 16.}, {3., 9., 27., 81.}, {5., 25., 125., 625.}, {7., 49., 343., 2401.},
{11., 121., 1331., 14 641.}, {13., 169., 2197., 28 561.}, {17., 289., 4913., 83 521.},
{19., 361., 6859., 130 321.}, {23., 529., 12 167., 279 841.}, {29., 841., 24 389., 707 281.}}}

Wolfram 언어는 다양한 종류의 수백 가지 파일 형식을 가져오기 및 내보내기 할 수 있다.

3차원 도형을 3차원 출력에 적합한 형태로 내보내면,

In[19]:= **Export["spikey.stl",** ▤ rhombic hexecontehedron **["Image"]]**

Out[19]= spikey.stl

spikey.stl 파일을 3차원 출력한 결과를 보자.

출력에 적합한 3차원 기하를 만드는 것은 상당히 복잡할 수 있다. 함수 Printout3D는 모든 단계를 자동으로 수행하여 3차원 출력 서비스(또는 사용자가 3D 프린터를 가지고 있다면 그 프린터)로 출력에 적합한 기하를 전송한다.

무작위의 구를 여러 개 겹쳐보자.

In[20]:= **Graphics3D[Sphere[RandomReal[5, {30, 3}]]]**

Out[20]=
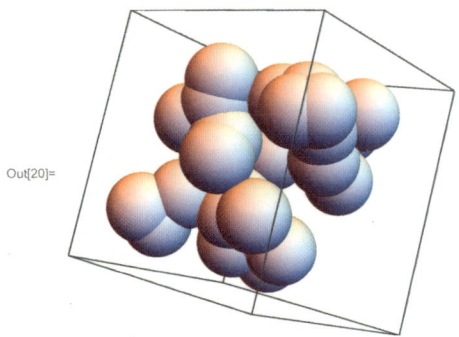

Sculpteo 서비스에 3D 출력을 의뢰해 보자.

In[21]:= **Printout3D[%, "Sculpteo"]**

Out[21]=

Status	Successful
Service	sculpteo
Image	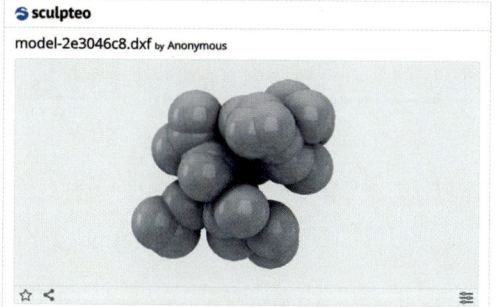
Size	2.1 in × 2.0 in × 2.1 in
Material	Metal (Laser melting)
URL	http://www.sculpteo.com/gallery/design/ext/423MbGJ...
Report	...

용어

Import[*loc*]	외부에서 가져오기
SocialMediaData[...]	소셜 미디어 네트워크에서 데이터 가져오기
WebImageSearch[*"keyword"*]	웹에서 이미지 검색하기
ResourceData[*"name"*]	Wolfram 데이터 저장소로부터 데이터 얻기
SendMail[*expr*]	이메일 보내기
CloudExport[*expr*, *format*]	특정 형식으로 클라우드에 내보내기
Export[*file*, *expr*]	파일로 내보내기
Printout3D[*source*, "*service*"]	*source*를 3D 출력 서비스로 내보내기

연습 문제

44.1 http://google.com에서 이미지를 가져와 보아라.

44.2 http://google.com에서 가져온 이미지의 주요 색을 사용하여 원반을 생성하고, 이를 이어붙여 콜라주를 만들어라.

44.3 http://bbc.co.uk에 나온 글을 이용하여 워드 클라우드를 만들어라.

44.4 http://nps.gov에 나온 이미지를 가지고 이미지 콜라주를 만들어라.

44.5 ImageInstanceQ 함수를 사용하여 https://en.wikipedia.org/wiki/Ostrich에서 새(birds)가 나온 사진을 찾아라.

44.6 "Country"와 함께 TextCases를 사용하여 http://nato.int에서 국가 이름을 찾아 워드 클라우드를 만들어라.

44.7 https://en.wikipedia.org에 있는 하이퍼링크(hyperlinks)의 개수를 찾아라.

44.8 현재 위치의 지도를 자신에게 메일로 보내라.

44.9 현재 달의 위상 아이콘을 자신에게 메일로 보내라.

Q&A

웹사이트 예제를 실행할 때마다 다른 결과를 얻는 이유는 무엇인가요?

웹사이트가 변경되었기 때문입니다. 현재 웹사이트에 게재된 최신 정보를 얻게 되기 때문에 실행할 때마다 다른 결과를 얻을 수 있습니다.

Import를 사용해도 웹 브라우저로 웹 페이지를 방문할 때 표시되는 요소를 불러오지 않는 이유는 무엇인가요?

불러오려는 요소가 웹 페이지의 HTML 소스에 직접 배치되어 있지 않기 때문에 Import가 처리할 수 없는 경우입니다. 추출할 수 없는 요소는 아마도 자바스크립트를 사용하여 동적으로 추가되어 있다고 생각됩니다.

클라우드를 사용하고 있다면 내 컴퓨터로부터 로컬 파일을 가져올 수 있나요?

네. 클라우드 시스템의 업로드 버튼 ⬆ 을 사용하여 자신의 클라우드 파일 시스템으로 로컬 파일을 업로드한 뒤, Import를 사용하면 됩니다.

Import는 어떤 파일 형식을 처리할 수 있나요?

wolfr.am/ref-importexport에서 지원 목록을 보거나, $ImportFormats를 평가하여 알아낼 수 있습니다.

Import와 Export는 사용할 파일 형식을 어떻게 파악하나요?

명시적으로 정해줄 수도 있고, .gif나 .mbox와 같은 파일 확장자로 판별하도록 할 수도 있습니다.

Export는 생성한 파일을 어디에 두나요?

파일 이름을 지정할 때, 디렉터리를 지정하지 않았다면 현재 설정 디렉터리에 저장합니다. SystemOpen을 이용하여 운영 체제가 지정한 파일을 열 수 있으며, DeleteFile을 사용하여 파일을 삭제할 수 있습니다.

API란 무엇인가요?

응용 프로그램 인터페이스입니다. 이는 프로그램이 다른 프로그램에 노출시키는 인터페이스입니다. Wolfram 언어에는 여러 가지 API가 있으며, APIFunction을 사용하여 직접 만들 수도 있습니다.

외부 계정에 대한 연결을 어떻게 허용하나요?

SocialMediaData 또는 ServiceConnect를 사용하게 되면, Wolfram Connection 앱의 해당 서비스 이용허가 여부를 묻는 메시지가 표시됩니다.

기술 노트

- **ImportString**을 사용하면 외부 파일이나 **URL**이 아닌 문자열에서 '가져오기'를 할 수 있다. **ExportString**은 문자열로 '내보내기'를 한다.

- **SendMail**은 사용자가 설정한 메일 서버의 환경 설정 또는 **Wolfram Cloud**의 프록시를 사용한다.

- **Wolfram** 언어는 많은 외부 서비스를 지원한다. 일반적으로 **OAuth**와 같은 메커니즘을 사용하여 서비스를 인증한다.

- 데이터를 보내고 받는 또 다른 방법은 컴퓨터를 센서, 아두이노 등에 직접 연결하는 것이다. **Wolfram** 언어는 **DeviceReadTimeSeries**와 같은 함수를 포함하여 물리 장치와의 직접 연결을 다루기 위한 완전한 프레임워크를 제공한다.

- 컴퓨터에서 로컬로 모두 실행하는 경우, **Wolfram** 언어로 외부 프로그램을 시작하고 **RunProcess**를 사용하여 데이터를 교환 할 수 있다. 간단한 작업의 경우, **Import["!program", ...]**과 같이 프로그램에서 바로 데이터를 교환할 수 있는 데이터 관을 얻을 수 있다.

- **Wolfram** 언어는 비동기식 데이터 읽기와 쓰기를 지원한다. 간단한 경우 **URLSubmit**을 사용할 수 있지만, **ChannelListen** 등을 사용하면 발행-구독 시스템의 완벽한 중개 역할 구성을 설정할 수 있다.

더 살펴보기

Wolfram 언어의 가져오기와 내보내기(wolfr.am/eiwl-44-more)

45 | 데이터 세트

대규모 조직에서는 특히 구조화된 대규모 데이터를 처리하는 일이 전산 업무의 대부분인 경우가 많다. Wolfram 언어는 데이터 세트를 사용하여 구조화된 데이터를 다루는 매우 강력한 방법을 제공한다.

데이터 세트의 간단한 예로 연관 내부에 연관이 존재하는 경우를 살펴보자.

2행 3열로 나타낼 수 있는 간단한 데이터 세트를 만들어 보자.

In[1]:= **data = Dataset[**

<| "a" → <| "x" → 1, "y" → 2, "z" → 3 |>, "b" → <| "x" → 5, "y" → 10, "z" → 7 |> |>]

Out[1]=
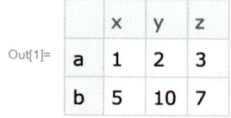

	x	y	z
a	1	2	3
b	5	10	7

Wolfram 언어는 대부분의 데이터 세트를 표 형식으로 나타낸다. 연관에서와 마찬가지로 데이터 세트에서도 역시 특정 부분을 추출할 수 있다.

데이터 세트의 'b 행'과 'z 열'에 해당하는 값을 추출해 보자.

In[2]:= **data["b", "z"]**

Out[2]= 7

먼저 'b 행' 전체를 추출한 다음, 거기서 'z'에 해당하는 값을 가져올 수도 있다.

In[3]:= **data["b"]["z"]**

Out[3]= 7

또한, 데이터 세트의 'b 행' 전체만을 얻을 수도 있으며, 그 결과는 새로운 데이터 세트가 되고 이 경우 읽기 쉽게 열로 표시된다.

원래 데이터 세트의 'b 행'으로부터 새로운 데이터 세트를 생성해 보자.

In[4]:= **data["b"]**

Out[4]=

x	5
y	10
z	7

다음은 모든 '행'에 대해 'z 열'에 해당하는 데이터 세트이다.

모든 행에 대해 'z 열'로 구성된 데이터 세트를 생성해 보자.

In[5]:= **data[All, "z"]**

Out[5]=
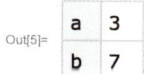

a	3
b	7

데이터 세트의 일부를 추출하는 작업은 시작에 불과하다. 어디서나 부분적 추출이 가능하며, 해당 레벨 전체에 적용할 수 있는 함수를 제공하는 것도 역시 가능하다.

각 행의 모든 열에 Total을 적용하여 각 행의 합계를 얻어 보자.

In[6]:= **data[All, Total]**

Out[6]=

a	6
b	22

Total 대신 f를 사용하면 함수가 각 '행' 연관에 어떻게 적용되었는지 확인할 수 있다.

각 행에 함수 f를 적용해 보자.

In[7]:= **data[All, f]**

Out[7]=

a	f[⟨|"x" → 1, "y" → 2, "z" → 3|⟩]
b	f[⟨|"x" → 5, "y" → 10, "z" → 7|⟩]

각 연관에서 키 x에 해당하는 값과 키 z에 해당하는 값을 더하는 함수를 적용해 보자.

In[8]:= **data[All, #x + #z &]**

Out[8]=

a	4
b	12

어떠한 함수도 사용할 수 있지만, 여기서는 PieChart를 적용해 보자.

In[9]:= **data[All, PieChart]**

Out[9]=

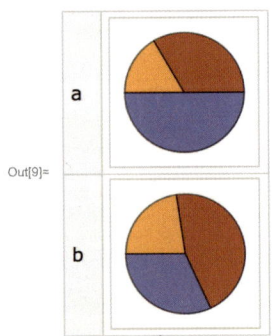

모든 행에 적용할 수 있는 함수도 제공할 수 있다.

이제 각 'z 열'의 값을 추출한 다음, 그 결과로 주어지는 연관에 f를 적용해 보자.

In[10]:= **data[f, "z"]**

Out[10]= f[⟨\| a → 3, b → 7 \|⟩]

f를 모든 열의 합계에 적용해 보자.

In[11]:= **data[f, Total]**

Out[11]= f[⟨\| a → 6, b → 22 \|⟩]

이러한 합계의 최댓값을 구해 보자.

In[12]:= **data[Max, Total]**

Out[12]= 22

쿼리는 항상 '연결'하여 사용할 수 있다. 예를 들어, 먼저 모든 행의 합계를 구한 다음 'b 행'의 결과를 선택하는 것과 같이 쿼리를 연결할 수 있다.

각 행의 합계를 구한 다음 'b 행'의 합계를 선택해 보자.

In[13]:= **data[All, Total]["b"]**

Out[13]= 22

이는 다음 연산의 결과와 같다.

In[14]:= **data["b", Total]**

Out[14]= 22

대규모 데이터 세트를 처리하는 경우 특히, 기준에 따라 그 일부분을 선택하는 것이 일반적이다. Select의 연산자 형식은 이를 수행하는 매우 편리한 방법을 제공한다.

리스트에서 5보다 큰 숫자를 선택해 보자.

In[15]:= **Select[{1, 3, 6, 8, 2, 5, 9, 7}, ♯ > 5 &]**

Out[15]= {6, 8, 9, 7}

Select의 연산자 형식을 사용하면 위와 동일한 답을 얻을 수 있다.

In[16]:= **Select[♯ > 5 &][{1, 3, 6, 8, 2, 5, 9, 7}]**

Out[16]= {6, 8, 9, 7}

Select의 연산자 형식은 데이터 세트에 Select 연산을 실제로 수행하기 위한 함수이다.

'z 열'의 값이 5보다 큰 행만을 선택하여 새로운 데이터 세트를 만들어 보자.

In[17]:= **data[Select[♯z > 5 &]]**

Out[17]=

	x	y	z
b	5	10	7

각 행에 대해 값이 5보다 큰 열을 선택하고 구조는 불규칙한 상태로 남겨둔다.

In[18]:= **data[All, Select[♯ > 5 &]]**

Out[18]=
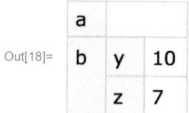

Normal은 데이터 세트를 일반적인 연관의 연관으로 변환한다.

In[19]:= **Normal[%]**

Out[19]= <|a → <| |>, b → <|y → 10, z → 7|> |>

Wolfram 언어의 많은 함수는 연산자 형식을 취한다.

각 원소에 적용된 함수의 값에 따라 정렬해 보자.

In[20]:= **SortBy[{1, 3, 6, 8, 2, 5, 9, 7}, If[EvenQ[#], #, 10+#] &]**

Out[20]= {2, 6, 8, 1, 3, 5, 7, 9}

SortBy는 연산자 형식을 취함을 볼 수 있다.

In[21]:= **SortBy[If[EvenQ[#], #, 10+#] &][{1, 3, 6, 8, 2, 5, 9, 7}]**

Out[21]= {2, 6, 8, 1, 3, 5, 7, 9}

x열의 값과 y열의 값의 차로 행을 정렬해 보자.

In[22]:= **data[SortBy[#x - #y &]]**

Out[22]=

	x	y	z
b	5	10	7
a	1	2	3

위와 같이 행을 정렬한 후 각 행에 대하여 모든 값의 합계를 구해 보자.

In[23]:= **data[SortBy[#x - #y &], Total]**

Out[23]=

b	22
a	6

데이터 세트의 각 원소에 함수를 적용할 수도 있다.

데이터 세트의 각 원소에 f를 적용해 보자.

In[24]:= **data[All, All, f]**

Out[24]=

	x	y	z
a	f[1]	f[2]	f[3]
b	f[5]	f[10]	f[7]

먼저 행을 정렬하고, 각 행에 대하여 원소의 제곱들을 합산해 보자.

In[25]:= **data[SortBy[#x - #y &], Total, #^2 &]**

Out[25]=

b	174
a	14

데이터 세트에는 리스트와 연관이 아무렇게나 섞여 있을 수 있다. 다음은 기명 필드가 있는 레코드의 리스트라 생각할 수 있는 데이터 세트이다.

연관의 리스트에서 형성된 데이터 세트를 살펴보자.

In[26]:= **Dataset[{ <| "x" → 2, "y" → 4, "z" → 6 |> , <| "x" → 11, "y" → 7, "z" → 1 |> }]**

Out[26]=

x	y	z
2	4	6
11	7	1

누락된 항목이 있어도 문제 되지 않는다.

In[27]:= **Dataset[{ <| "x" → 2, "y" → 4, "z" → 6 |> , <| "x" → 11, "y" → 7 |> }]**

Out[27]=

x	2
y	4
3 total ›	
x	11
y	7

이제, 좀 더 현실적인 예제를 살펴보자. 먼저 행성과 달의 특성을 제공하는 데이터 세트를 가져와 보자. 이 데이터 세트는 행성의 질량, 반경 그리고 위성이 특성별로 정리된 계층적 구조로 이루어져 있다. 이때 위성에 대해서도 질량 및 반경과 같은 특성에 대한 데이터가 존재한다. 이러한 전반적 구조는 실제로 매우 일반적으로 사용되고 있다(학생과 성적, 고객과 주문 등이 이에 해당).

클라우드에서 행성과 위성의 계층적 데이터 세트를 구해 보자.

In[28]:= **planets = CloudGet["http://wolfr.am/7FxLgPm5"]**

Out[28]=

	Mass	Radius		Moons	
				Mass	Radius
Mercury	3.30104×10^{23} kg	2439.7 km			
Venus	4.86732×10^{24} kg	6051.9 km			
Earth	5.9721986×10^{24} kg	6371.0088 km	Moon	7.3459×10^{22} kg	1737.5 km
Mars	6.41693×10^{23} kg	3386. km	Deimos	1.5×10^{15} kg	6.2 km
			Phobos	1.072×10^{16} kg	11.1 km
Jupiter	1.89813×10^{27} kg	69911 km	Adrastea	$7. \times 10^{15}$ kg	8.2 km
			Aitne	$4. \times 10^{13}$ kg	1.5 km
			67 total ›		
Saturn	5.68319×10^{26} kg	57316. km	Aegaeon	—	0.25 km
			Aegir	—	3.0 km
			62 total ›		
Uranus	8.68103×10^{25} kg	25266. km	Ariel	1.35×10^{21} kg	578.9 km
			Belinda	3.57×10^{17} kg	40.3 km
			27 total ›		
Neptune	1.02410×10^{26} kg	24553. km	Despina	2.1×10^{18} kg	75. km
			Galatea	3.7×10^{18} kg	88. km
			14 total ›		

모든 행성의 반경을 구해 보자.

In[29]:= **planets[All, "Radius"]**

Out[29]=

Mercury	2439.7 km
Venus	6051.9 km
Earth	6371.0088 km
Mars	3386. km
Jupiter	69911 km
Saturn	57316. km
Uranus	25266. km
Neptune	24553. km

행성 반경의 막대그래프를 그려 보자.

In[30]:= **BarChart[planets[All, "Radius"], ChartLabels → Automatic]**

Out[30]=

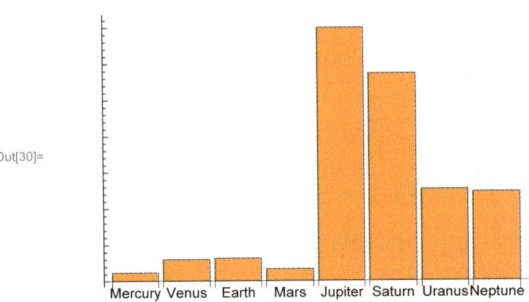

화성의 위성이 궁금하다면, 데이터 세트를 통해 더 많은 것을 알아볼 수 있다.

화성의 위성에 관한 데이터 세트를 구해 보자.

In[31]:= **planets["Mars", "Moons"]**

Out[31]=

	Mass	Radius
Deimos	1.5×10^{15} kg	6.2 km
Phobos	1.072×10^{16} kg	11.1 km

화성의 모든 위성의 반경을 표로 만들어 보자.

In[32]:= **planets["Mars", "Moons", All, "Radius"]**

Out[32]=

Deimos	6.2 km
Phobos	11.1 km

모든 행성의 위성에 대해 특정 계산을 할 수 있다. 먼저, 각 행성이 갖는 위성의 개수를 알아보자.

각 행성이 갖는 위성의 개수에 대한 데이터 세트를 만들어 보자.

In[33]:= **planets[All, "Moons", Length]**

Out[33]=

Mercury	0
Venus	0
Earth	1
Mars	2
Jupiter	67
Saturn	62
Uranus	27
Neptune	14

각 행성의 모든 위성의 총 질량을 구해 보자.

In[34]:= **planets[All, "Moons", Total, "Mass"]**

Out[34]=

Mercury	0
Venus	0
Earth	7.3459×10^{22} kg
Mars	1.22×10^{16} kg
Jupiter	3.9301×10^{23} kg
Saturn	1.4051×10^{23} kg
Uranus	9.14×10^{21} kg
Neptune	2.1487×10^{22} kg

10개가 넘는 위성을 가지는 행성에 대해서만 같은 결과를 추출해 보자.

In[35]:= **planets[Select[Length[♯Moons] > 10 &], "Moons", Total, "Mass"]**

Out[35]=

Jupiter	3.9301×10^{23} kg
Saturn	1.4051×10^{23} kg
Uranus	9.14×10^{21} kg
Neptune	2.1487×10^{22} kg

결과를 원그래프로 나타내 보자.

In[36]:= **PieChart[%, ChartLegends → Automatic]**

Out[36]=

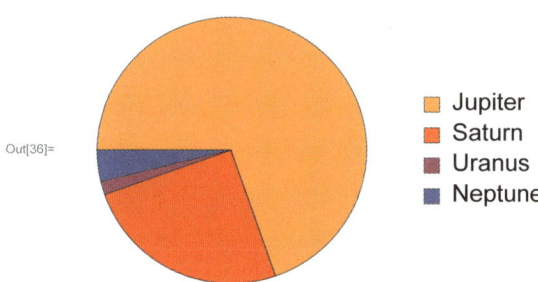

■ Jupiter
■ Saturn
■ Uranus
■ Neptune

지구 질량의 1%를 넘는 위성에 대한 데이터 세트를 얻어 보자.

모든 위성에 대해 지구 질량의 0.01배를 초과하는 위성을 선택해 보자.

In[37]:= **planets[All, "Moons", Select[♯Mass > ▤ .01 earth masses &]]**

Out[37]=

		Mass	Radius
Mercury			
Venus			
Earth	Moon	7.3459×10^{22} kg	1737.5 km
Mars			
Jupiter	Callisto	1.0757×10^{23} kg	2410.3 km
		3 total ›	
Saturn	Titan	1.3452×10^{23} kg	2575.5 km
Uranus			
Neptune			

각 행성에 대한 연관의 결과에서 키의 리스트(위성 이름)를 가져오면,

In[38]:= **planets[All, "Moons", Select[#Mass >** `.01 earth masses` **&]][All, Keys]**

Out[38]=

Mercury	{}
Venus	{}
Earth	{Moon}
Mars	{}
Jupiter	{Callisto, Ganymede, Io}
Saturn	{Titan}
Uranus	{}
Neptune	{}

위의 표(데이터 세트)를 연관으로 나타내 보자.

In[39]:= **Normal[%]**

Out[39]= <| Mercury → {}, Venus → {}, Earth → {Moon}, Mars → {},

Jupiter → {Callisto, Ganymede, Io}, Saturn → {Titan}, Uranus → {}, Neptune → {} |>

Catenate를 이용하여 모든 키를 나열해 보자.

In[40]:= **Catenate[%]**

Out[40]= {Moon, Callisto, Ganymede, Io, Titan}

앞 과정의 모든 연산을 한 줄로 정리해 보자.

In[41]:= **planets[All, "Moons", Select[#Mass >** `.01 earth masses` **&]][Catenate, Keys] // Normal**

Out[41]= {Moon, Callisto, Ganymede, Io, Titan}

또 하나의 예를 살펴보자. 각 위성의 질량에 대한 로그값을 구한 다음, 각 행성에 대한 해당 값을 숫자선 그래프로 그려 보자.

각 행성의 위성에 대한 질량에 로그값을 적용하여 숫자선 그래프를 만들어 보자.

In[42]:= **planets[All, "Moons", NumberLinePlot[Values[#]] &, Log[#Mass/** `1 earth mass` **] &]**

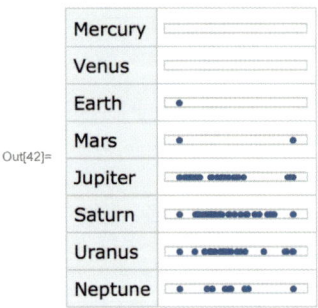

Out[42]=

Mercury	
Venus	
Earth	
Mars	
Jupiter	
Saturn	
Uranus	
Neptune	

다음 예로, 위성들의 이름으로 워드 클라우드를 만들고 각 단어의 크기가 해당 위성의 질량에 비례하도록 만들어 보자. 이를 위해 각 위성의 이름을 질량과 연관시키는 연관이 하나 필요하다.

연관이 주어지면, WordCloud는 연관에서 값에 따라 해당 문자의 크기를 결정한다.

In[43]:= **WordCloud[<| "A" → 5, "B" → 4, "C" → 3, "D" → 2, "E" → 1 |>]**

Out[43]=

Association 함수는 여러 연관을 결합한다.

In[44]:= **Association[<| "a" → 1, "b" → 2 |> , <| "c" → 3 |>]**

Out[44]= **<| a → 1, b → 2, c → 3 |>**

위성의 질량에 따른 워드 클라우드를 생성해 보자.

In[45]:= **planets[WordCloud[Association[Values[#]]] &, "Moons", All, "Mass"]**

Out[45]=

하는 일에 비하면 이 코드는 놀라울 정도로 간단하다. 그런데 @* 또는 /*를 사용하여 조금 더 매끄럽게 만들 수 있다.

이미 앞장에서 f[g[x]]를 f@g@x 혹은 x // g // f로 쓸 수 있는 것을 보았다. 또한 f[g[#]]&[x]로 쓸 수도 있다. 그러나 f[g[#]]&을 간결하게 나타내는 방법이 있을까? 대답은 함수 합성 연산자 @*와 /*를 사용하면 가능하다.

f@*g@*h는 오른쪽에서 왼쪽으로 적용되는 함수의 구성을 나타내며,

In[46]:= **(f@*g@*h)[x]**

Out[46]= f[g[h[x]]]

h/*g/*f는 왼쪽에서 오른쪽으로 적용되는 함수의 구성을 나타낸다.

In[47]:= **(h /* g /* f)[x]**

Out[47]= f[g[h[x]]]

합성 @*를 사용하여 이전 코드를 다시 작성해 보자.

In[48]:= planets[WordCloud @* Association @* Values, "Moons", All, "Mass"]

Out[48]=

이제 우측 합성 /*를 사용한 코드를 살펴보자.

In[49]:= planets[Values /* Association /* WordCloud, "Moons", All, "Mass"]

Out[49]=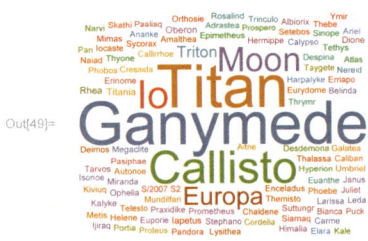

마지막 예로, Wolfram 데이터 저장소에서 가져온 데이터 세트를 하나 더 살펴보자. 데이터 저장소의 대규모 유성에 대한 웹 페이지를 보자.

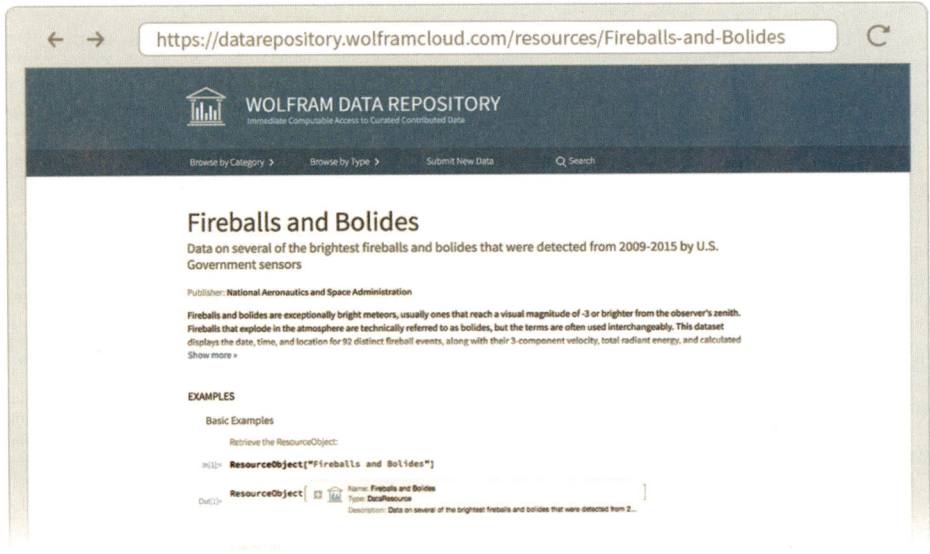

ResourceData를 사용하여 주요 데이터 세트를 얻어 보자.

ResourceData에 이름을 지정하여 데이터 세트를 가져와 보자.

In[50]:= **fireballs = ResourceData["Fireballs and Bolides"]**

Out[50]=

PeakBrightness	Coordinates	NearestCity	Altitude	Velocity	VelocityX
Thu 8 Oct 2009 02:57:00	4.2°S 120.6°E	Bone	19.1 km	19.2 km/s	14 km/s
Sat 21 Nov 2009 20:53:00	22.°S 29.2°E	Kobojango	38 km	32.1 km/s	3 km/s
Sat 25 Dec 2010 23:24:00	38.°N 158.°E	Kurilsk	26 km	18.1 km/s	18 km/s
Sat 21 Apr 2012 16:08:23	15.8°S 174.8°W	Hihifo	—	—	—
Mon 23 Apr 2012 22:01:10	36.2°N 107.4°E	Pingliang	25.2 km	—	—
Fri 4 May 2012 21:54:49	76.7°N 10.6°W	Illoqqortoormiut	—	—	—
Tue 15 May 2012 11:04:17	61.8°S 135.5°W	Owenga	33.3 km	—	−0.8 km/s
Fri 25 May 2012 11:31:24	41.8°S 36.2°W	Grytviken	—	—	—

K < showing 1–8 of **92** > >|

각 행에서 좌표를 추출하고 결과를 그래프로 나타내 보자.

In[51]:= **GeoListPlot[fireballs[All, "Coordinates"]]**

Out[51]=

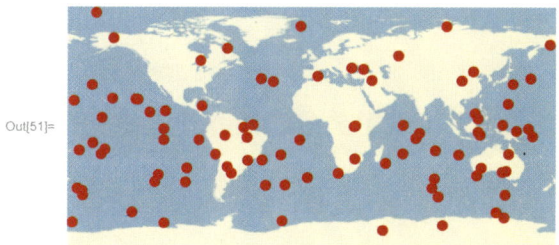

고도에 대한 히스토그램을 그려 보자.

In[52]:= **Histogram[fireballs[All, "Altitude"]]**

Out[52]=

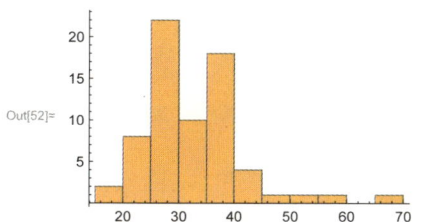

용어

Dataset[_data_**]**	데이터 세트
Normal[_dataset_**]**	데이터 세트를 리스트와 연관으로 변환
Catenate[{_assoc_$_1$, ...**}]**	원소들을 결합하면서 연관을 연결
f **@*** g	함수 합성(x에 적용될 때 $f[g[x]]$)
f **/*** g	우측 합성(x에 적용될 때 $g[f[x]]$)

연 습 문 제

주의: 아래의 연습 문제에서는 다음의 데이터 세트를 사용한다. planets = CloudGet["http : // wolfr.am/7FxLgPm5"].

45.1 위성의 개수에 따라 가중치가 결정되는 행성의 워드 클라우드를 생성하여라.

45.2 각 행성에 대한 위성의 수를 막대그래프로 나타내어라.

45.3 위성의 수에 따라 정렬한 행성 질량의 데이터 세트를 만들어라.

45.4 행성과 행성의 위성에서 가장 큰 질량을 가지는 위성의 질량에 대한 데이터 세트를 만들어라.

45.5 행성 질량 데이터 세트를 만들고, 이때 각 위성의 가장 큰 질량의 크기에 따라 정렬하여라.

45.6 각 행성에 대한 모든 위성의 평균 질량의 데이터 세트를 만들어라.

45.7 각 행성에 대해 지구 질량의 0.0001배보다 큰 위성의 리스트를 작성하여라.

45.8 중앙아메리카 국가에 대한 워드 클라우드를 만들어라. 이때 국가 이름의 크기는 각 국가에 관한 영문 위키백과 문서의 길이에 비례한다.

45.9 Fireballs & Bolides 데이터 세트에서 고도가 가장 높은 것을 찾아라.

45.10 Fireballs & Bolides 데이터 세트에서 5개의 가장 높은 고도의 데이터 세트를 찾아라.

45.11 Fireballs & Bolides 데이터 세트에서 최고 밝기로 연속한 시간의 차이에 대한 히스토그램을 만들어라.

45.12 Fireballs & Bolides 데이터 세트에서 첫 10개 항목에 대하여 가장 가까운 도시에 라벨을 붙여 그래프로 나타내어라.

45.13 Fireballs & Bolides 데이터 세트에서 가장 고도가 높은 10개 항목에 대하여 가장 가까운 도시에 라벨을 붙여 그래프로 나타내어라.

Q&A

데이터 세트에는 어떤 종류의 데이터가 포함될 수 있나요?
어떠한 종류의 데이터도 포함될 수 있습니다. 숫자와 텍스트뿐만 아니라 이미지, 그래프 및 기타 정보를 포함할 수 있으며 특정 행이나 열의 모든 원소가 동일한 유형일 필요는 없습니다.

스프레드시트를 데이터 세트로 변환할 수 있나요?
네. SemanticImport를 사용하면 됩니다.

데이터베이스란 무엇이며 Dataset와 어떤 관련이 있나요?
데이터베이스는 컴퓨터 시스템에 구조화된 데이터를 저장하는 전통적인 방법입니다. 데이터베이스는 보통 데이터의 읽기 및 쓰기를 허용하도록 설정됩니다. Dataset는 데이터베이스에 저장될 수 있는 데이터를 표현하는 방법으로써 Wolfram 언어로 조작하기 쉽습니다.

Dataset의 데이터는 SQL(관계형) 데이터베이스의 데이터와 어떻게 비교되나요?
SQL 데이터베이스는 특정 유형의 행과 열로 정렬된 데이터 표를 엄격하게 따르며, 추가 데이터는 '외부 키'를 통해 연결됩니다. Dataset는 어떤 유형의 데이터도 혼합할 수 있으며, 원하는 수의 중첩 수준을 사용할 수 있고, 임의의 계층 구조를 가질 수 있으므로 NoSQL 데이터베이스와 유사하지만, 언어의 기호적 특성으로 인해 추가적인 연산이 가능합니다.

객체와 값 설정을 위해 데이터 세트를 이용할 수 있나요?
네. 외부 키가 객체이고 내부 키가 그 속성인 연관의 연관 데이터 세트라면, EntityStore 내에서 이를 데이터 세트로 할 수 있으며 어떤 것이든 설정할 수 있습니다.

기 술 노 트

- **Dataset**는 관계형과 계층형의 두 데이터베이스를 모두 일반화하는 새로운 종류의 기호적 데이터베이스 구조를 지원한다.

- **Dataset**에는 이 책에서 논의하지 않은 다양한 추가적 메커니즘과 기능이 있다.

- 데이터 세트에 대한 쿼리로 수행할 수 있는 모든 작업은 리스트와 연관성에서의 **Map**과 **Apply** 같은 함수를 사용하여 수행할 수 있지만, 일반적으로 데이터 세트 쿼리를 사용하면 훨씬 간단하다.

- Wolfram 언어를 SQL 데이터베이스에 직접 연결할 수 있으며 **DatabaseLink**를 사용하여 SQL 구문으로 쿼리를 수행할 수 있다.

더 살 펴 보 기

Wolfram 언어의 구조화된 데이터 세트의 연산(wolfr.am/eiwl-45-more)

46 | 좋은 코드 작성하기

좋은 코드를 작성하는 것은 여러 면에서 좋은 산문을 작성하는 것과 비슷하다. 두 경우 모두 자기 생각을 명확하게 정리하고 그것을 잘 표현할 수 있어야 한다. 대부분은 코드를 작성하는 첫 작업으로 영어 혹은 자신의 모국어로 그 코드가 하는 일에 대해 생각할 것이다. 하지만 Wolfram 언어 사용에 익숙해질수록 코드로 직접 생각하게 되고, 그 코드가 어떤 작업을 수행하는지 기술하는 것보다 프로그램을 직접 입력하는 속도가 더 빠르게 될 것이다.

언어 설계자로서 필자의 목표는 Wolfram 언어로 하려는 일을 가능한 한 쉽게 표현하도록 하는 것이다. Wolfram 언어의 함수는 자연어의 단어가 가진 의미와 매우 유사하며, 적절한 함수 이름 선정에 매우 세심한 노력을 기울였다.

Wolfram 언어는 사용자가 하려는 대부분의 일을 표현하는 Table, NestList, FoldList와 같은 함수를 포함하고 있다. 자연어와 마찬가지로 Wolfram 언어에도 원칙적으로 어떤 것을 표현하는 여러 가지 방법이 있다. 그러나 좋은 코드는 여러 방법 중 가장 직접적이고 간단한 방법을 찾는 것이라 할 수 있다.

Wolfram 언어에서 첫 10개의 제곱수를 나열하려 한다면, Table 함수의 사용을 권한다.

첫 10개의 제곱수를 나열하는 간단하고 좋은 Wolfram 언어 코드를 살펴보자.

```
In[1]:= Table[n^2, {n, 10}]

Out[1]= {1, 4, 9, 16, 25, 36, 49, 64, 81, 100}
```

간단한 Table 함수 이외의 다른 표현을 쓰는 이유는 무엇일까? 대부분 코드 작성 시, '전체 리스트'에 대한 고려를 하지 않고 리스트를 만드는 각 하위 단계에서 출발하기 때문이다. 초창기에는 컴퓨터의 사용환경이 열악했기 때문에, 구성하는 모든 단계를 일일이 작성하는 것 이외의 방법은 없었다.

위의 결과를 단계별로 작성하는 좋지 않은 코드의 예를 살펴보자.

```
In[2]:= Module[{list, i}, list = {}; For[i = 1, i ≤ 10, i++, list = Append[list, i^2]]; list]

Out[2]= {1, 4, 9, 16, 25, 36, 49, 64, 81, 100}
```

그러나 Wolfram 언어의 장점은 우리가 실행하려는 일의 내용을 고차원적으로 표현하게 하고, 가능한 한 직관적인 코드를 작성할 수 있게 해준다는 것이다. 일단 Wolfram 언어를 습득하면 직관적이고 효율적으로 실험을 수행할 수 있다. 이는 컴퓨터와 인간 모두가 이해하기 쉬운 코드로 연결된다.

좋은 코드를 작성하는 데 있어, '이 코드로 실행하려고 하는 것의 큰 그림은 무엇인가?'를 자주 되묻는 것이 중요하다. 단지 부분적 이해에서 출발하여 그 부분에 관한 코드만을 작성한다면, 이 코드를 점점 확장해 갈수록 더 많은 코드 조각으로 넘치게 될 것이다. 하지만 큰 그림을 항상 유념하고, 전체를 파악하여 코드를 작성한다면, 코드를 단순하면서도 수월하게 하는 Fold와 같은 훨씬 강력한 함수가 존재하는 것을 깨닫게 된다.

{백의 자리 숫자, 십의 자리 숫자, 일의 자리 숫자}를 하나의 정수로 변환하는 코드를 만들어 보자.

In[3]:= **fromdigits[{h_, t_, o_}] := 100 h + 10 t + o**

코드를 실행하면,

In[4]:= **fromdigits[{5, 6, 1}]**

Out[4]= 561

Table을 사용하여 길이에 상관없이 임의의 리스트를 입력하면 하나의 정수로 변환하는 함수를 작성해 보자.

In[5]:= **fromdigits[list_List] := Total[Table[10^(Length[list] − i) * list[[i]], {i, Length[list]}]]**

위에 작성된 코드를 실행해 보자.

In[6]:= **fromdigits[{5, 6, 1, 7, 8}]**

Out[6]= 56178

10의 거듭제곱의 리스트를 동시에 곱하는 방법으로 코드를 간단하게 만들어 보자.

In[7]:= **fromdigits[list_List] := Total[10^Reverse[Range[Length[list]] − 1] * list]**

이번에는 기존 정의를 지운 후, 재귀적으로 정의하는 것을 시도해 보자.

In[8]:= **Clear[fromdigits]**

In[9]:= **fromdigits[{k_}] := k**

In[10]:= **fromdigits[{digits___, k_}] := 10 * fromdigits[{digits}] + k**

새로운 방법 또한 잘 작동하는 것을 볼 수 있다.

In[11]:= **fromdigits[{5, 6, 1, 7, 8}]**

Out[11]= 56178

하지만 이것은 결국 Fold임에 주목하자!

In[12]:= **Clear[fromdigits]**

In[13]:= **fromdigits[list_] := Fold[10 * #1 + #2 &, list]**

In[14]:= **fromdigits[{5, 6, 1, 7, 8}]**

Out[14]= 56178

물론 동일한 작업을 수행하는 내장함수도 있다.

In[15]:= **FromDigits[{5, 6, 1, 7, 8}]**

Out[15]= 56178

간결한 코드의 장점은 무엇일까? 우선, 무엇보다 정확성을 높일 수 있다는 것이다. 오류는 단순한 코드보다 복잡한 코드에 숨어 있기 쉽다. 또한, 단순한 코드는 대개 훨씬 일반적이기 때문에 예상 밖의 문제도 다룰 수 있으며 더 많은 코드의 작성을 피할 수 있다. 마지막으로 간단한 코드는 읽고 이해하기가 훨씬 쉽다(간결성은 짧은 것을 의미하는 것은 아니다. 실제로 '시 같은 코드'가 더 난해할 수 있다).

다음은 굉장히 짧게 작성된 fromdigits인데 이해하기가 어렵다.

In[16]:= **fromdigits = Fold[{10, 1}.{###} &, #] & ;**

하지만 여전히 잘 작동한다.

In[17]:= **fromdigits[{5, 6, 1, 7, 8}]**

Out[17]= **56 178**

하려는 일이 복잡하다면, 필연적으로 코드는 복잡해진다. 하지만 좋은 코드는 간결하면서 서로 독립적인 함수 및 정의들로 나뉠 수 있어야 한다. 규모가 매우 큰 Wolfram 언어 프로그램에서도, 각각의 정의는 몇 줄 이상을 넘지 않는다.

여러 가지 경우를 다루는 정의를 하나 살펴보자.

In[18]:= **fib[n_] := If[! IntegerQ[n] || n < 1, "Error", If[n == 1 || n == 2, 1, fib[n − 1] + fib[n − 2]]]**

몇 가지 간단한 정의로 나누는 것이 훨씬 이해하기 쉽다.

In[19]:= **fib[1] = fib[2] = 1;**

In[20]:= **fib[n_Integer] := fib[n − 1] + fib[n − 2]**

좋은 코드 작성에 있어 매우 중요한 점으로 함수에 적합한 이름을 부여하는 것을 꼽을 수 있다. 필자는 Wolfram 언어의 내장함수에 대해 각고의 노력을 기울여 적절한 이름을 선택하였으며, 함수의 짧은 이름 속에 그 함수가 하는 일의 본질과 함수에 대한 유추를 담아내려 노력해 왔다.

코드를 작성할 때, 매우 특정한 상황에 필요한 새로운 함수를 먼저 정의하는 것이 일반적이다. 그러나 그 함수의 특정 상황 밖에서도 이해할 수 있는 이름을 지으려는 시도는 매우 가치 있는 일이다. 만약 좋은 이름을 지을 수 없다면, 처음부터 그 함수의 정의가 그다지 적절치 않다는 신호인 경우가 종종 있다.

코드 안에서 함수의 이름을 읽었을 때, 그 코드가 무슨 일을 하는지 즉시 알아챌 수 있다면 명명된 함수의 이름이 적절하다는 신호이다. 실제로 잘 짜여진 코드는 그 코드에 대한 설명보다 훨씬 더 읽고 이해하기 쉬우며, 이는 Wolfram 언어의 중요한 특징 중 하나이다.

다음 코드를 말이나 글로 설명해 보자.

In[21]:= **Graphics[**
{White, Riffle[NestList[Scale[Rotate[#, 0.1], 0.9] &, Rectangle[ ], 40], {Pink, Yellow}]}]

Out[21]=

Wolfram 언어 코드를 작성할 때, 자신이 원하는 것을 정확하게 수행은 하지만 잘 쓰이지 않는 내장함수를 사용할지, 아니면 몇 개의 기본적인 함수를 사용하여 동일한 기능을 구현하는 코드를 만들지를 선택해야 한다. 이 책에서는 용어를 최소화하기 위해 사용 빈도가 낮은 내장함수의 이용을 자제한 경우도 있다. 그러나 최상의 코드는 가능한 한 내장 함수를 사용하는 경향이 있으며, 이는 개별 함수의 부분이 설명할 수 없는 코드의 의도를 그 내장 함수 이름이 설명할 수 있기 때문이다.

정수의 모든 자리 숫자를 역순으로 나타내는 코드를 사용해 보자.

In[22]:= **FromDigits[Reverse[IntegerDigits[123 456]]]**

Out[22]= 654 321

이름으로 코드의 의도가 명확히 설명되는 내장함수를 사용해 보자.

In[23]:= **IntegerReverse[123 456]**

Out[23]= 654 321

좋은 코드는 정확하고 이해하기 쉬워야 하는 동시에 효율적으로 작동해야 한다. Wolfram 언어에서도 역시 간단한 코드가 더 좋은 결과를 가져온다. 의도를 더욱 명확히 설명함으로써, Wolfram 언어는 내부적으로 행해지는 계산 방식의 최적화를 더욱 쉽게 이룰 수 있기 때문이다.

Wolfram 언어 코드의 실행 속도의 자동 고속화는 버전마다 향상되어왔으며, 알고리즘을 더욱 구조화함으로써 이를 더욱 효과적으로 수행할 수 있다.

Timing은 계산 결과를 (초 단위의) 실행 시간과 함께 제공한다.

In[24]:= **Timing[fib[20]]**

Out[24]= {0.021843, 6765}

위의 정의에 따라 fib[n]을 계산한 시간을 그래프로 나타내 보자.

위의 fib 정의를 사용하면, 계산 시간은 매우 급속히 증가한다.

In[25]:= **ListLinePlot[Table[First[Timing[fib[n]]], {n, 20}]]**

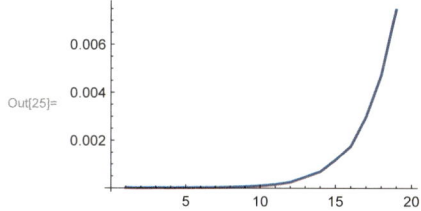

여기에 사용된 알고리즘은 이전에 이미 계산된 것을 재계산하는 엄청난 양의 불필요한 일을 수행한다. fib[n_]에 대한 정의를 항상 fib[n]에 대입하여, 각 중간 계산의 결과를 저장함으로써 불필요한 재계산을 피할 수 있다.

계산하는 모든 값을 기억하도록 fib 함수를 다시 정의해 보자.

In[26]:= **fib[1] = fib[2] = 1;**

In[27]:= **fib[n_Integer] := fib[n] = fib[n − 1] + fib[n − 2]**

이제 1,000까지 수를 늘려도 각 값의 계산에 몇 마이크로초밖에 걸리지 않는다.

In[28]:= **ListLinePlot[Table[First[Timing[fib[n]]], {n, 1000}]]**

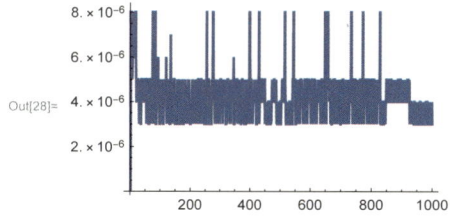

용어

FromDigits[*list*]	모든 자리 숫자로부터 정수 생성
IntegerReverse[*n*]	정수의 모든 자리 숫자를 역순으로 나열한 정수 생성
Timing[*expr*]	계산을 수행하고, 계산 소요 시간을 출력

연습 문제

46.1 Module[{a, i}, a = 0; For[i = 1, i ≤ 1000, i ++, a = i * (i + 1) + a]; a]의 더 단순한 형식을 찾아라.

46.2 Module[{a, i}, a = x; For[i = 1, i ≤ 10, i ++, a = 1 / (1 + a)]; a]의 더 단순한 형식을 찾아라.

46.3 Module[{i, j, a}, a = {}; For[i = 1, i ≤ 10, i ++, For[j = 1, j ≤ 10, j ++, a = Join[a, {i, j}]]]; a]의 더 단순한 형식을 찾아라.

46.4 n이 1부터 10,000까지 1씩 증가하는 경우, n^n을 계산하는 시간을 선그래프로 나타내어라.

46.5 n이 1부터 200까지 1씩 증가하는 경우, Range[n]을 무작위로 뒤섞고 다시 **Sort**를 사용하여 정렬하는데 걸린 시간을 선그래프로 나타내어라.

Q&A

i++가 의미하는 것은 무엇인가요?

이는 i = i + 1에 대한 단축 표기로, C 언어 및 많은 하위 레벨 컴퓨터 언어에서 증분 연산에 사용하는 것과 같은 표기법입니다.

For 함수는 무슨 일을 하나요?

이것은 C 언어의 for (...)와 동일한 일을 합니다. For[*start*, *test*, *step*, *body*]는 우선 *start*를 실행하고 *test*를 점검한 후 *step*과 *body*를 실행합니다. *test*가 더 이상 True를 반환하지 않을 때까지 반복 수행된 후 종료합니다.

단축 표기된 조각으로 구성된 코드가 이해하기 힘든 이유는 무엇인가요?

가장 흔한 문제는 변수와 때때로 함수까지 생략되어, 함수가 하고자 하는 일에 대한 단서를 주는 이름이 줄어들었기 때문입니다.

Wolfram 언어 코드를 작성하기 위한 최적의 통합 개발 환경(IDE)은 무엇인가요?

통상적인 프로그래밍에서는 Wolfram 노트북이 가장 적합합니다. 섹션과 텍스트, 예제를 코드와 함께 사용할 수 있습니다. 다수의 개발자가 참여하는 대형 프로젝트의 경우 Wolfram Workbench가 Eclipse 기반의 IDE를 제공합니다.

Timing이 실제로 측정하는 것은 무엇인가요?

Wolfram 언어에서 실제 결과 계산에 소요된 CPU 시간을 측정합니다. 결과를 나타내는 시간 및 클라우드에서 데이터를 가져오는 것과 같은 외부 조작에 소요된 시간은 포함되지 않습니다. 절대적인 소요 시간을 알고 싶다면 AbsoluteTiming을 사용합니다.

고속 실행되는 코드에 대한 더욱 정확한 시간은 어떻게 얻나요?

RepeatedTiming을 사용합니다. 이 함수는 코드를 여러 번 실행하고 얻은 시간 값의 평균을 사용합니다(fib의 마지막 정의처럼 코드 자신이 변경되는 경우에는 유효하지 않습니다).

코드를 빠르게 하는 요령은 무엇인가요?

코드를 간단하게 작성하는 것 외에도 불필요한 재계산은 하지 않는 것이 코드를 더욱 빠르게 하는 요령입니다. 또한, 많은 수를 다룰 때 N 함수를 사용하여 숫자를 근사화하는 방법이 있습니다. 어떤 내부 알고리즘에 대하여 속도와 정확성을 절충하기 위해 PerformanceGoal을 선택할 수도 있습니다. Compile과 같은 함수는 최적화 관련 작업을 계산하는 동안이 아닌 계산 이전에 수행합니다.

기술 노트

- 극도로 단순한 코드에서도 복잡한 동작은 발생할 수 있다. 이것이 1,280페이지에 달하는 필자의 저서 *A New Kind of Science*의 주제이기도 하다. CellularAutomaton[30, {{1}, 0}]은 이 좋은 예제라 할 수 있다.

- fib 함수는 Fibonacci[*n*]를 계산한다. 원래의 정의는 항상 $O(\phi^n)$ 값의 전체 종속값을 되풀이 한다. 여기서 $\phi \approx$ 1.618로 황금 비율(GoldenRatio)이다.

- 함수가 이전에 계산한 값을 기억하는 것을 메모이제이션(memoization), 동적 프로그래밍, 캐싱 등으로 부른다.

- IntegerReverse 함수는 Version 10.3에 새로 등장한 기능이다.

- 대형 프로그램에 대해 Wolfram 언어는 함수를 컨텍스트와 패키지로 나누는 프레임을 가진다.

- 짧으면서 이해하기 힘든 코드의 예제로 If[♯ 1 > 2, 2 ♯ 0[♯ 1 − ♯ 0[♯ 1 − 2]], 1] & /@ Range[50]을 들 수 있다.

47 | 코드 디버깅

코드 디버깅은 노련한 프로그래머도 많은 시간을 할애해야 하는 것으로, 프로그래밍에 있어 피할 수 없는 부분이다. Wolfram 언어에서는 몇 가지 원칙만 준수한다면 쉽게 디버깅할 수 있다.

우선 가장 중요한 원칙은 작성하고자 하는 코드의 부분을 테스트해 보는 것이다. Wolfram 언어는 대화형이며, 기호적이기 때문에 항상 코드 작성 즉시 테스트 실행이 가능하다. 코드를 조금만 수정하더라도 수정 후 코드를 다시 실행하여 테스트 실행코드가 잘 동작하는지 확인해야 한다. 만일 오류가 발견되면, 계속 테스트를 진행하기 전에 코드를 수정해야 한다.

Wolfram 언어는 무언가를 입력하는 순간 해당 입력 중 올바르게 작동하지 않을 것으로 예상되는 부분을 알려준다. 이 경우 잘못된 부분은 빨간색으로 표시된다.

빨간색으로 표시된 여러 개의 오류를 살펴보자.

WordCloud[Nest[Join[♯, Length[▲]+Reverse[♯, 1, 2]] &, {0}, m], Spacings → 0]

Wolfram 언어는 일단 코드를 실행시켜 잘못된 부분이 있는 경우, 메시지로 잘못된 부분을 표시해 준다. 아래의 예제 코드를 보면, 길이가 0인 리스트에서 첫 번째 요소를 요청한 것이다.

아래 예제의 경우 Cases가 적용된 결과 {}는 빈 리스트로 요소가 하나도 없으므로, 명령어 First를 적용하면 오류가 발생한다.

In[1]:= **First[Cases[{1, 2, 3, 4}, 777]]**

··· First: {} has zero length and no first element.

Out[1]= **First[{}]**

Wolfram 언어는 사용자의 입력이 명확하지 않은 경우 어떻게 실행해야 할지 이해하지 못하는 경우가 있다. 이 경우 Wolfram 언어는 입력을 변경하지 않고 기호 형식으로 결과를 반환하여, 후에 사용자가 정확한 값을 지정할 수 있게 한다.

a, b, c에 대한 값이 없는 경우, Wolfram 언어는 이 값을 변경하지 않고 반환한다.

In[2]:= **Graph[{a, b, c}]**

Out[2]= Graph[{a, b, c}]

렌더링할 수 없는 기호로 값을 입력하여 그래픽을 생성하면 분홍 박스가 나타난다.

In[3]:= **Graphics[{Circle[{0, 0}], Disk[{a, b}]}]**

Out[3]=

함수 작성 시, 함수를 완성하기 전에 코드 일부분을 테스트하고 싶을 때가 종종 있다. 이런 경우 With를 사용하여 변수의 값을 설정함으로써 수행할 수 있다. Module과 With는 매우 유사하게 작동하지만, Module은 With와 달리 변숫값의 재설정을 허용하지 않는다.

With를 사용해 일시적으로 m = 4로 설정하여 코드의 일부를 테스트해 보자.

In[4]:= **With[{m = 4}, Nest[Join[#, Length[#] + Reverse[#]] &, {0}, m]]**

Out[4]= {0, 1, 3, 2, 6, 7, 5, 4, 12, 13, 15, 14, 10, 11, 9, 8}

디버깅에 오랜 시간이 걸린다면, 대개 코드가 하는 일에 대한 잘못된 가정을 세웠기 때문이다. 필자의 경험에 따르면 이런 경우 결과 리스트를 작성하거나, 시각화해보거나, 가정에 대한 실제 값을 설정하여 테스트해 봄으로써 코드가 어떻게 동작하는지 체계적으로 분석하는 것이 좋은 방법이다.

코드가 하는 일을 볼 수 있도록 그래픽으로 시각화해 보자.

In[5]:= **ListLinePlot /@ Table[Nest[Join[#, Length[#] + Reverse[#]] &, {0}, m], {m, 6}]**

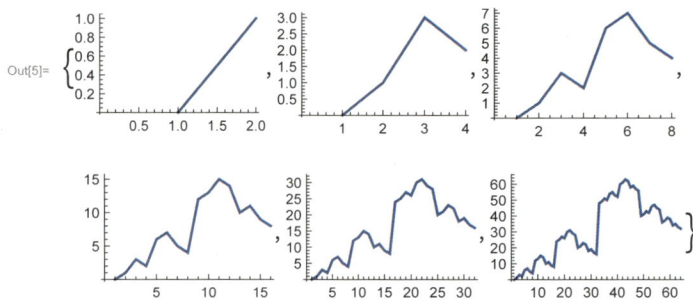

만일 이 코드가 정확히 작동한다면, 결과는 0에서 $2\wedge m - 1$까지의 모든 수를 포함해야 한다.

In[6]:= **Sort[With[{m = 4}, Nest[Join[#, Length[#] + Reverse[#]] &, {0}, m]]]**

Out[6]= {0, 1, 2, 3, 4, 5, 6, 7, 8, 9, 10, 11, 12, 13, 14, 15}

이번에는 m = 10으로 하여 체계적으로 확인해 보자.

In[7]:= **Table[**
    Sort[Nest[Join[#, Length[#] + Reverse[#]] &, {0}, m]] == Range[0, 2 ∧ m − 1], {m, 10}]

Out[7]= {True, True, True, True, True, True, True, True, True, True}

때로는 코드 일부의 결과만으로는 충분하지 않을 때가 있으므로 내부적으로 어떻게 동작하는지도 확인해 볼 필요가 있다. 원하는 위치에 **Echo** 함수를 삽입하면 코드의 중간 결과 및 중간값을 확인할 수 있다.

Echo는 값을 출력하지만, 결과에 영향을 주지 않는다.

In[8]:= **Table[Echo[n]^2, {n, 3}]**

» 1

» 2

» 3

Out[8]= {1, 4, 9}

긴 계산을 실행할 경우, Monitor 함수를 이용하여 진행 상황을 모니터할 수 있다.

현재까지 도달한 n 값이 프레임과 함께 연속적으로 나타난다.

In[9]:= **Monitor[Table[PrimeQ[2^2^n + 1], {n, 15}], Framed[n]]**

11 12 13 14 **15**

Out[9]= {True, True, True, True, False, False, False, False, False, False, False, False, False, False, False}

Echo와 Monitor는 확인하고자 하는 값을 계산 도중 표시한다. 하지만 실제로 중간 결과를 얻고 싶다면, Sow와 Reap을 사용한다.

Reap은 Sow로 만들어진 리스트와 함께 최종 결과를 출력한다.

In[10]:= **Reap[Total[Table[Sow[n], {n, 5}]]]**

Out[10]= {15, {{1, 2, 3, 4, 5}}}

다음은 연속되는 값에 대한 Length[#]를 구하고 마지막에 해당하는 결과만 출력한다.

In[11]:= **Last[Reap[Nest[Join[#, Sow[Length[#]] + Reverse[#]] &, {0}, 10]]]**

Out[11]= {{1, 2, 4, 8, 16, 32, 64, 128, 256, 512}}

용어

With[{*x* = *value*}, *expr***]**	*x*를 *value*로 설정하고 *expr*을 계산
Echo[*expr***]**	*expr*의 값을 계산 중간에 표시하고 결과 출력
Monitor[*expr, obj***]**	계산하는 동안 지속적으로 *obj*를 표시
Sow[*expr***]**	나중에 출력할 *expr*의 설정
Reap[*expr***]**	*expr*이 계산되는 동안 Sow에 적용된 값 출력

연습 문제

47.1 모든 영어 단어에서 첫 두 알파벳을 뽑아 만든 리스트에서 빈도를 구하도록
Counts[StringTake[♯, 2] & /@ WordList[]]을 수정하여라.

47.2 Sow와 Reap을 사용하여 Fold[10 ♯ 1 + ♯ 2 &, {1, 2, 3, 4, 5}]에서 ♯ 1의 중간값을 찾아라.

47.3 Sow와 Reap을 사용하여 Nest[If[EvenQ[♯], ♯/2, 3 ♯ + 1] &, 1000, 20]에서 ♯/2가 사용되는 모든
경우의 리스트를 구하여라.

Q&A

코드 일부분의 테스트 실행 시 문제가 발생할 수 있나요?

작성한 코드가 특정한 무언가를 삭제하도록 설정되어 있지 않은 한 문제는 발생하지 않습니다.
Wolfram 언어는 '명백하게 잘못된' 무한 루프 등에 대한 보호 기능을 제공합니다. 코드 실행에
비정상적으로 많은 시간이 소요되면 언제든지 실행을 중단할 수 있습니다. 계산 자원의 낭비가
우려되는 경우, TimeConstrained와 MemoryConstrained를 사용해 보시기 바랍니다.

Wolfram 언어에서 가장 일반적인 유형의 버그가 있나요?

그런 것은 없습니다. Wolfram 언어는 다른 프로그램 언어에서 일반적으로 발견되는 많은 종류의
버그가 가능한 한 발생되지 않도록 설계되어 있습니다. 예를 들어, 'off by one' 오류는 루프 변수를
명시적으로 조작하는 언어에서 흔히 발생하지만, Wolfram 언어의 Table과 같은 '전체 리스트' 함수를
사용하면 이러한 오류 발생을 줄일 수 있습니다.

어떻게 동작하는지 이해되지 않을 경우, 무작위로 시도해 보는 것이 의미가 있나요?

코딩의 끝이 머지않아 보일 때, 코드에 약간의 무작위 수정을 하여 무슨 일이 발생하는지 알아보는 것은
나쁘지 않은 코딩 습관이 될 수 있습니다. Wolfram 언어는 간단한 코드일수록 올바르게 작동하므로,
적은 양의 무작위 테스트로 원하는 코드를 찾을 수도 있습니다.

Wolfram 언어에서 단계적으로 대화형 디버깅을 하는 방법이 있나요?

사용이 드물긴 하지만 적어도 네이티브 데스크톱 인터페이스에서는 질문하신 디버깅 방법을 사용할 수
있습니다. Wolfram 언어의 구조를 고려할 때, 중간 결과를 체계적으로 파악하고 분석하는 것이
대부분의 경우 좋은 접근 방법이라 할 수 있습니다.

그래픽의 일부가 분홍색일 때 무엇이 잘못됐는지 어떻게 알 수 있나요?

분홍 박스 위에 마우스를 올려놓으면 내부의 기호적 표현을 볼 수 있습니다. 혹은 +를 눌러 메시지를
출력할 수 있습니다.

프랙털과 같은 그래픽을 생성하는 코드는 무엇인가요?

각 단계에서 하나의 이진수 숫자만 변경되도록, 정수를 순서화하는 **그레이 코드**입니다.

기술 노트

- 대규모 소프트웨어를 개발할 경우, Wolfram 언어는 **VerificationTest**와 **TestReport** 등의 함수를 사용하여
체계적인 테스트를 작성하고 실행할 수 있는 내장 프레임워크를 제공한다.
- 훌륭한 언어 설계의 주요 목표는 사용자가 올바른 코드를 작성하도록 권장하는 것이다.

더 살펴보기

Wolfram 언어의 디버깅(wolfr.am/eiwl-47-more)

우리가 논의하지 않은 것

Wolfram 언어에는 이 책에서 다룬 것보다 훨씬 더 많은 기능이 담겨있다. 이번 장에서는 우리가 놓친 여러 주제와 분야 중에서 일부를 살펴본다.

사용자 인터페이스 생성

색인표를 이용한 인터페이스를 만들어 보자.

In[1]:= **TabView[Table[ListPlot[Range[20] ^ n], {n, 5}]]**

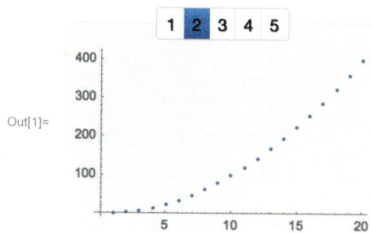

Out[1]=

사용자 인터페이스도 기호 표현의 또 다른 유형이다. 여러 개의 슬라이더를 격자로 배치해 보자.

In[2]:= **Grid[Table[Slider[ ], 4, 3]]**

Out[2]=

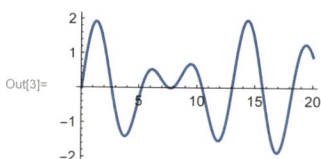

함수의 시각화

함수의 그래프를 그려 보자.

In[3]:= **Plot[Sin[x] + Sin[Sqrt[2] x], {x, 0, 20}]**

Out[3]=

3차원 등위면 그래프를 그려 보자.

In[4]:= **ContourPlot3D[x ^ 3 + y ^ 2 − z ^ 2, {x, −2, 2}, {y, −2, 2}, {z, −2, 2}]**

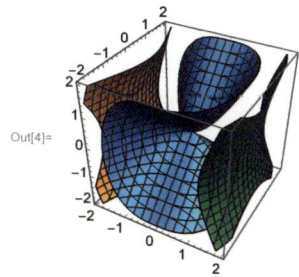

Out[4]=

수학 계산

x를 변수로 사용하여 기호 계산을 수행해 보자.

In[5]:= **Factor[x^10−1]**

Out[5]= $(-1+x)(1+x)(1-x+x^2-x^3+x^4)(1+x+x^2+x^3+x^4)$

방정식에 대한 기호적 해를 구해 보자.

In[6]:= **Solve[x^3−2x+1 == 0, x]**

Out[6]= $\left\{\{x \to 1\}, \left\{x \to \frac{1}{2}\left(-1-\sqrt{5}\right)\right\}, \left\{x \to \frac{1}{2}\left(-1+\sqrt{5}\right)\right\}\right\}$

미적분을 기호적으로 계산해 보자.

In[7]:= **Integrate[Sqrt[x+Sqrt[x]], x]**

Out[7]= $\frac{1}{12}\sqrt{\sqrt{x}+x}\left(-3+2\sqrt{x}+8x\right)+\frac{1}{8}\text{Log}\left[1+2\sqrt{x}+2\sqrt{\sqrt{x}+x}\right]$

수식을 수학에서 전통적으로 사용하는 표현법으로 나타내 보자.

In[8]:= **Integrate[AiryAi[x], x] // TraditionalForm**

Out[8]//TraditionalForm=

$$-\frac{x\left(\sqrt[3]{3}\ x\ \Gamma\left(\frac{2}{3}\right)^2 {}_1F_2\left(\frac{2}{3};\frac{4}{3},\frac{5}{3};\frac{x^3}{9}\right)-3\ \Gamma\left(\frac{1}{3}\right)\Gamma\left(\frac{5}{3}\right){}_1F_2\left(\frac{1}{3};\frac{2}{3},\frac{4}{3};\frac{x^3}{9}\right)\right)}{9\times 3^{2/3}\ \Gamma\left(\frac{2}{3}\right)\Gamma\left(\frac{4}{3}\right)\Gamma\left(\frac{5}{3}\right)}$$

2차원 표기법을 사용해서 입력해 보자.

In[9]:= $\displaystyle\sum_{i=0}^{n}\frac{\text{Binomial[n, i] i!}}{(n+1+i)!}$

Out[9]= $\dfrac{\sqrt{\pi}}{2\left(\frac{1}{2}(1+2n)\right)!}$

수치 계산

동그란 구체 내부의 함수의 값을 최소화해 보자.

In[10]:= **NMinimize[{x^4+y^4−z/(x+1), y > 0}, {x, y, z} ∈ Ball[ ]]**

Out[10]= $\{-7.34516, \{x \to -0.971029, y \to 0.0139884, z \to 0.238555\}\}$

미분 방정식을 만족하는 근사 함수를 구해 보자.

In[11]:= **NDSolve[{y''[x]+ Sin[y[x]] y[x] == 0, y[0] == 1, y'[0] == 0}, y, {x, 0, 30}]**

Out[11]= $\left\{\left\{y \to \text{InterpolatingFunction}\left[\ \boxplus\ \text{W}\ \begin{matrix}\text{Domain: \{\{0., 30.\}\}}\\\text{Output: scalar}\end{matrix}\ \right]\right\}\right\}$

방금 구한 근사 함수를 그래프로 그려 보자.

In[12]:= **Plot[Evaluate[{y[x], y '[x], y ''[x]} /. %], {x, 0, 30}]**

Out[12]=

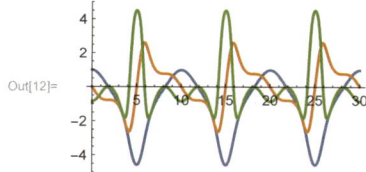

기하

반지름이 r인 원반(속을 채운 원)의 넓이를 구해 보자.

In[13]:= **Area[Disk[{0, 0}, r]]**

Out[13]= πr^2

3차원 공간에 100개의 점을 무작위로 위치시키고, 이 점들로 표면수축포장하여 만들어지는 모양을 나타내어 보자.

In[14]:= **ConvexHullMesh[RandomReal[1, {100, 3}]]**

Out[14]=

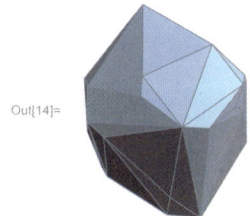

알고리즘

유럽 각국의 수도를 모두 순회하는 가장 짧은 경로를 찾아 보자(외판원 문제).

In[15]:= **With[{c = ▤ europe capital cities coordinates },**

   GeoListPlot[c[[Last @ FindShortestTour[c]]], Joined → True]]

Out[15]=

매우 큰 숫자를 인수 분해해 보자.

In[16]:= **FactorInteger[2^255 − 1]**

Out[16]= {{7, 1}, {31, 1}, {103, 1}, {151, 1}, {2143, 1}, {11 119, 1}, {106 591, 1}, {131 071, 1},
{949 111, 1}, {9 520 972 806 333 758 431, 1}, {5 702 451 577 639 775 545 838 643 151, 1}}

논리

진리표를 만들어 보자.

In[17]:= **BooleanTable[p || q && (p || ! q), {p}, {q}] // Grid**

Out[17]=
True   True
False False

불 함수의 간결한 표현을 찾아 보자.

In[18]:= **BooleanMinimize[BooleanCountingFunction[{2, 3}, {a, b, c, d}]] // TraditionalForm**

Out[18]//TraditionalForm= $(a \wedge b \wedge \neg d) \vee (a \wedge \neg b \wedge c) \vee (a \wedge \neg c \wedge d) \vee (\neg a \wedge b \wedge d) \vee (b \wedge c \wedge \neg d) \vee (\neg b \wedge c \wedge d)$

계산 우주

다음은 필자가 좋아하는 예로서, 매우 간단한 프로그램이 얼마나 복잡한 행동을 할 수 있는지를 보여준다.

In[19]:= **ArrayPlot[CellularAutomaton[30, {{1}, 0}, 200]]**

Out[19]=

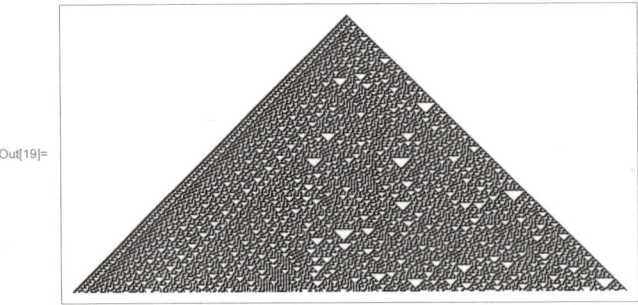

RulePlot은 기초가 되고 있는 룰을 보여준다.

In[20]:= **RulePlot[CellularAutomaton[30]]**

Out[20]=

API의 생성

현재 위치에서 특정 위치까지의 거리를 찾는 간단한 웹 API를 클라우드에 배치해 보자.

In[21]:= **CloudDeploy[APIFunction[{"loc" → "Location"}, GeoDistance[#loc, Here] &]]**

Out[21]= CloudObject[https://www.wolframcloud.com/objects/0850dc98–e7d7–4fa6–884b–642ce545d3c3]

다른 프로그램에 삽입하여 사용할 수 있는 형태로, 위의 API를 호출하는 Java 코드를 생성해 보자.

In[22]:= **EmbedCode[%, "Java"]**

Out[22]=
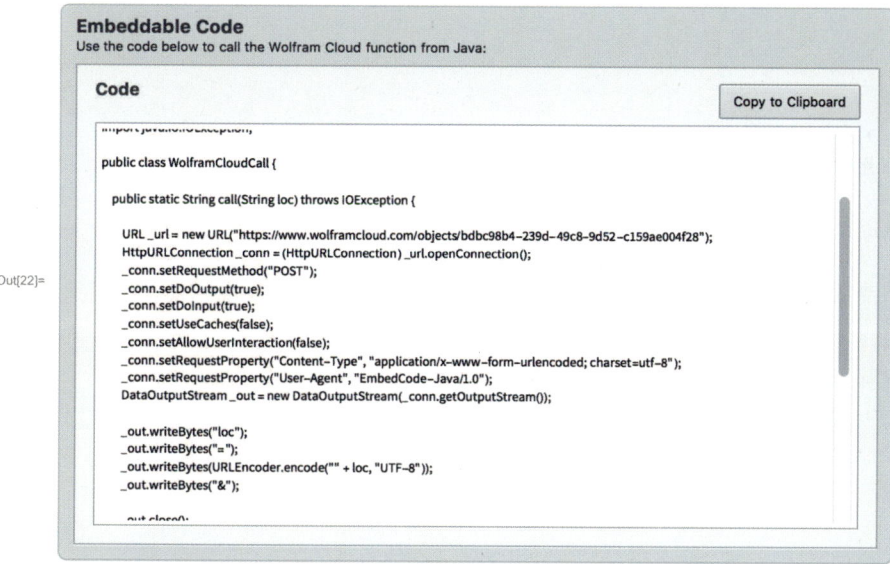

Embeddable Code
Use the code below to call the Wolfram Cloud function from Java:

Code   `Copy to Clipboard`

```
import java.io.IOException;

public class WolframCloudCall {

    public static String call(String loc) throws IOException {

        URL _url = new URL("https://www.wolframcloud.com/objects/bdbc98b4–239d–49c8–9d52–c159ae004f28");
        HttpURLConnection _conn = (HttpURLConnection) _url.openConnection();
        _conn.setRequestMethod("POST");
        _conn.setDoOutput(true);
        _conn.setDoInput(true);
        _conn.setUseCaches(false);
        _conn.setAllowUserInteraction(false);
        _conn.setRequestProperty("Content–Type", "application/x–www–form–urlencoded; charset=utf–8");
        _conn.setRequestProperty("User–Agent", "EmbedCode–Java/1.0");
        DataOutputStream _out = new DataOutputStream(_conn.getOutputStream());

        _out.writeBytes("loc");
        _out.writeBytes("=");
        _out.writeBytes(URLEncoder.encode("" + loc, "UTF–8"));
        _out.writeBytes("&");

        _out.close();
```

문서 생성

문서도 다른 모든 것과 마찬가지로 기호 표현 중 하나이다.

In[23]:= **DocumentNotebook[**
　　　{Style["A Circle", "Section"], Style["How to make a circle"], Graphics[Circle[ ]]}]

Out[23]=

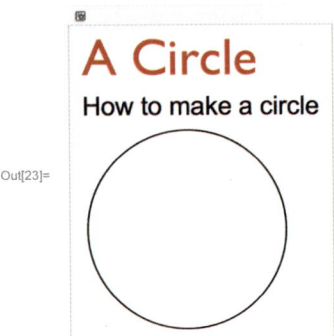

평가 제어

평가가 이루어지지 않도록 계산을 보류해 보자.

In[24]:= **Hold[2 + 2 == 4]**

Out[24]= Hold[2 + 2 == 4]

보류를 해제하면,

In[25]:= **ReleaseHold[%]**

Out[25]= True

시스템 수준의 작업

외부 프로세스를 실행해보자(클라우드에서는 금지되어 있다).

In[26]:= **RunProcess["ps", "StandardOutput"]**

Out[26]=　PID TTY　　　TIME CMD
　　　374 ttys000　0:00.03 –tcsh
　40192 ttys000　0:00.66 ssh pi
　60521 ttys001　0:00.03 –tcsh

문자열을 암호화해 보자.

In[27]:= **Encrypt["sEcreTkey", "Read this if you can!"]**

Out[27]= EncryptedObject[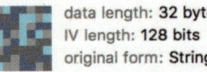 data length: **32 bytes**
IV length: **128 bits**
original form: **String**]

병렬 계산

필자의 컴퓨터에는 12개의 CPU 코어가 있다.

In[28]:= **\$ProcessorCount**

Out[28]= 12

(큰) 숫자로 이루어진 수열에 대해 각 수가 소수인지 순차적으로 판별하고, 이것을 처리하는데 걸리는 총 시간을 구해 보자.

In[29]:= **Table[PrimeQ[2 ^ Prime[n] − 1], {n, 500}] // Counts // AbsoluteTiming**

Out[29]= {4.15402, <| True → 18, False → 482 |>}

같은 일을 병렬로 실행하면 확실히 적은 시간이 걸린다.

In[30]:= **ParallelTable[PrimeQ[2 ^ Prime[n] − 1], {n, 500}] // Counts // AbsoluteTiming**

Out[30]= {0.572106, <| True → 18, False → 482 |>}

후기: 프로그래머가 되려면

이 책의 내용을 이해하고 연습 문제를 해결할 수 있다면 이제 자신을 Wolfram 언어 프로그래머라고 여겨도 좋다! 앞으로도 꾸준히 배워 나가야겠지만, 지금까지 습득한 것만으로도 실제로 프로그래밍을 시작할 수 있다.

자신이 할 수 있는 것이 어느 정도인지 궁금할 텐데, 실제로 깜짝 놀랄 정도로 많은 것을 할 수 있다. 일상생활에서 프로그램으로 만들어 보고 싶은 무언가를 기존의 컴퓨터 언어를 사용하여 실제로 프로그래밍해 보려면 대부분 오랜 시간이 걸린다. 하지만 Wolfram 언어에 내장된 지식과 자동화 기능은 누구나 몇 분 안에 꽤 쓸만한 프로그램을 작성할 수 있도록 해준다.

이것은 자신이 이해하고 싶은 것, 만들고 싶은 것, 다른 사람을 위해 하고 싶은 것 등 모든 종류의 프로그램을 일상적으로 작성할 수 있게 된다는 것을 의미한다. 때로는 프로그램을 단숨에 써 내려 간 후, 단 한 번 실행하고 다시는 사용하지 않을 때도 있을 것이다. 하지만 자신이 작성한 프로그램을 반복해서 사용하고, 시간이 지남에 따라 더욱더 정교하게 다듬어 나가는 경우가 더 많을 것이다.

일상적인 Wolfram 언어 프로그램은 일반적으로 Wolfram 노트북에 바로 작성하는 것이 가장 좋다. 이 책과 같이 코드와 결과, 그리고 이들을 설명하는 글이 혼재된 형태가 될 것이다. 이렇게 작업하다 보면 각 작업에 따른 수많은 Wolfram 노트북을 갖게 된다.

대부분은 Wolfram 노트북에서 프로그램을 바로 실행하지만, 프로그램을 사용해서 웹사이트, 응용 프로그램 등을 만들어야 하는 일도 종종 발생한다. Wolfram 언어의 가장 좋은 점은 이러한 작업이 쉽다는 것이다.

단지 엄선한 몇 줄의 Wolfram 언어만으로 많은 사람이 사용하고 싶어 할만한 멋진 웹사이트를 만들 수 없다고 단언할 수는 없다. 하지만 추가하고 싶은 세부 사항이 늘 떠오르기 마련이고, 이러한 것들을 모두 구현하다 보면 굉장히 긴 프로그램이 만들어진다.

여러 측면에서 볼 때, 더 긴 Wolfram 언어 프로그램이라고 해서 특별히 다른 점이 있는 것은 아니다. 예를 들어, Wolfram|Alpha처럼 수백만 줄의 코드로 된 프로그램이라고 해도 부분적으로 보면 이 책에 있는 코드와 매우 유사하다. 단지 이런 코드가 훨씬 더 많을 뿐이다.

그러나 모든 프로그램 관련 프로젝트에서 작성하는 프로그램의 규모가 커지면 새로운 문제가 발생한다. 이 경우, 코드의 검사 체계를 마련해야 할 필요성이 생기며, Wolfram 언어를 사용하고 있다면 VerificationTest 함수를 이용하면 된다. 코드를 적절히 분리된 패키지 단위로 구성해야 한다. 특히 여러 명의 프로그래머가 개발에 참여한다면 버전 관리, 코드 검토 등과 같은 관리 구조가 필요하게 된다.

이외에도 올바른 전체 설계와 아키텍처가 필요하다. 사용자와 프로그래머가 시스템을 어떻게 받아들일 것인가? 다루고자 하는 것을 어떤 구조를 사용하여 표현할 것인가? 프로그램의 여러 부분은 어떻게 상호작용할 것인가? 이러한 것들이 대규모 소프트웨어 시스템을 구축하는 사람들이 고려하는 것들이며, 올바른 결정을 내리려면 상당한 기술과 경험이 요구된다.

하지만 이러한 기술과 경험을 갖추지 못한 풋내기 프로그래머라면 어떻게 해야 할까? 지금 당장 필요한 프로그램을 만들려면 어떻게 해야 할까? 실제로 무언가를 처리하는 프로그램을 만드는 첫걸음은 계산적 표현을 사용하여 생각하는 법을 배우는 것이다.

해결하려는 문제가 오래전부터 컴퓨터로 처리해오던 것일 수도 있다. 또는 Wolfram 언어의 영향으로 최근에야 가능하게 된 것일 수도 있다. 그것이 무엇이건 간에 그 일을 해결할 수 있는 Wolfram 언어의 함수를 떠올려 보기 바란다.

생각한 함수의 입력은 어떻게 될까? 함수는 어떤 출력을 내놓을까? 함수를 호출하는 것은 무엇일까? 처음부터 코드를 작성하는 것은 잠시 보류하고, 함수가 무엇을 해야 하는지 먼저 생각해 보자. 이러한 것들에 대해 충분히 이해한 다음 코드 작성을 시작하는 게 좋다.

이 책이나 Wolfram 언어 웹사이트에서 하려고 하는 작업과 비슷한 예를 찾아보자. 운이 좋다면 원하는 작업을 처리해주는 코드를 찾을 수 있을지도 모른다. 하지만 문제를 어떻게 해결해야 할지 막막한 부분이 있을 수도 있다. 이럴 땐 무한한 기술적 능력을 갖춘 가상의 존재를 상상하고, 그에게 필요한 것을 어떻게 설명할 것인가를 정리해 보자. 이렇게 하면 최소한 무엇을 해야 하는지를 파악하는 데 도움이 된다. 해야 할 일을 정확히 알게 되면 이를 Wolfram 언어로 만드는 것을 시작할 수 있다.

Wolfram 언어의 가장 좋은 점은 쉽게 시도해 볼 수 있다는 것이다. 온갖 종류의 것을 실험해 볼 수 있으며, 어떤 것이 잘 작동하는지 확인해 볼 수 있다. 가능한 한 체계적으로 탐색을 시도하는 것이 중요하다. 그리고 Wolfram 언어에서는 코드를 많이 작성해 보는 것보다, 원하는 것을 계산적 표현으로 나타내는 방법을 이해하는 것이 더 중요하다.

아이디어를 떠올리고, 이를 실제로 작동하는 프로그램으로 구현하는 경험은 큰 만족감을 가져다준다. 또한, 그렇게 할 수 있다는 것은 강력하고 가치 있는 능력이다. Wolfram 언어는 지금까지 가능했던 영역을 훨씬 뛰어넘는 일을 수행하는 프로그램을 개발하고, 다양한 분야에서 진보를 이끌 놀라운 기회를 제공한다. 여러분도 이 책에서 배운 지식으로 이러한 위업에 참여할 기회와 함께하기를 바란다.

감수의 말

Wolfram 언어라 하면 고개를 갸우뚱거리다가도 **Mathematica**라 하면 '아 그거!' 하시는 분들이 많을 겁니다. 30여 년 동안 전 세계적으로 과학자, 공학자, 기술자를 비롯한 많은 사람들이 애용하여 온 **Mathematica**에 쓰이는 언어가 Wolfram|Alpha라든가 Wolfram Cloud 등으로 확장되면서 드디어 Wolfram 언어라는 이름을 가지게 되었습니다. 이 책의 저자인 Stephen Wolfram은 Wolfram 언어를 처음 만든 사람으로서 이 책에서 Wolfram 언어의 철학과 다양한 기능들을 간략한 코드와 함께 차분하게 소개해 주고 있습니다.

2016년 초 이세돌과 알파고의 대결을 바라보면서 우리는 공상과학영화 등을 통해 보던 인공지능이 정말로 우리 현실에 영향을 끼치게 되었음을 실감하게 되었습니다. 사실 컴퓨터는 이미 우리의 삶에 굉장히 깊숙이 들어와 있으며 컴퓨터를 이해하고 활용할 수 있는 능력은 자동차를 모는 것과 같이 우리의 삶에 필수불가결한 능력이 되어가고 있습니다. 따라서 앞으로 다가올 미래에는 컴퓨터 언어를 하나 정도는 자유자재로 다룰 수 있는 게 필요합니다. 기왕이면 그 컴퓨터 언어는 배우기 쉽고, 조금만 배워도 곧바로 활용할 수 있으며, 더 나아가 각자의 전문분야에서도 쓸 수 있다면 좋을 것입니다.

Wolfram 언어는 이런 면에서 최고의 컴퓨터 언어 중 하나입니다. Wolfram 언어는 컴퓨터를 이용한 기호적 계산의 수행을 목적으로 최초 개발되었으나 30여 년 동안의 변화와 발전을 통하여 이제는 지식기반 프로그래밍으로까지 그 영역이 확장되고 있으며 이러한 특성은 Wolfram 언어가 앞으로 다가올 지식기반의 4차산업혁명 시대를 대비하고자 하는 모든 이에게 매우 유용한 도구가 될 수 있음을 시사합니다.

본 책은 총 47장으로 구성되어 있고 각 장은 매우 간략하게 관련 내용을 소개하고 있으며 코드 대부분은 한두 줄에 불과합니다. 어떤 건 아주 단순한 일을 하며 어떤 건 내우 복잡한 일을 합니다. 초심자를 위한 내용이라고 하지만 사실 여기에 있는 코드들만 제대로 이해해도 많은 일을 할 수 있으며 이들을 적절히 결합할 수만 있다면 복잡한 일도 거뜬히 처리할 수 있을 것입니다.

이 책을 우리말로 옮기는 데에 많은 시간과 노력을 들이신 네 분과 모든 진행 과정을 이끌어 주신 **Wolfram Research**의 김현주 선생님, 정말로 수고하셨습니다. 자연과학이나 공학 분야에서 우리말로 책을 써 보셨거나 외서를 우리말로 번역해 보신 분들은 그 어려움이 얼마나 큰지 잘 알고 계실 것입니다. 용어의 부재, 표현의 부재가 한 문장, 심지어는 한 단어를 번역할 때도 발생하여 역자를 참으로 난감하고 곤혹스럽게 만듭니다.

뿌리 깊은 나무는 바람에 아니 휘고 샘이 깊은 물은 가뭄에 마르지 않는다고 하였습니다. 이런 책 하나하나에 대한 정성스러운 번역이 곧 우리 문명의 뿌리가 되고 샘이 되어 청소년들을 비롯하여 컴퓨터 언어를 이해하고자 하는 모든 이들이 편안한 마음으로 Wolfram 언어를 알게 되는 데에 보탬이 되기를 바랍니다.

2017년 7월 무더운 여름 속의 아산이학관 521호에서
고려대학교 수학과 교수
양성덕

연습 문제 해답

주의: 거의 모든 연습 문제에는 가능한 여러 개의 정답이 있을 수 있으며, 여기에 나열된 것은 정답의 한 예이다.

1 | 여정의 시작: 기초 산술

1.1 `1 + 2 + 3`

1.2 `1 + 2 + 3 + 4 + 5`

1.3 `1 * 2 * 3 * 4 * 5`

1.4 `5^2`

1.5 `3^4`

1.6 `10^12`

1.7 `3^(7 * 8)`

1.8 `(4 − 2) * (3 + 4)`

1.9 `29 000 * 73`

2 | 함수의 소개

2.1 `Plus[7, 6, 5]`

2.2 `Times[2, Plus[3, 4]]`

2.3 `Max[6 * 8, 5 * 9]`

2.4 `RandomInteger[1000]`

2.5 `10 + RandomInteger[10]`

3 | 리스트 살펴보기

3.1 `Range[4]`

3.2 `Range[100]`

3.3 `Reverse[Range[4]]`

3.4 `Reverse[Range[50]]`

3.5 `Join[Range[4], Reverse[Range[4]]]`

3.6 `ListPlot[Join[Range[100], Reverse[Range[99]]]]`

3.7 `Range[RandomInteger[10]]`

3.8 `Range[10]`

3.9 `Range[5]`

3.10 `Join[Range[10], Range[10], Range[5]]`

3.11 `Join[Range[20], Reverse[Range[20]]]`

4 | 리스트 표시하기

4.1 `BarChart[{1, 1, 2, 3, 5}]`

4.2 `PieChart[Range[10]]`

4.3 `BarChart[Reverse[Range[20]]]`

4.4 `Column[Range[5]]`

4.5 `NumberLinePlot[{1, 4, 9, 16, 25}]`

4.6 `PieChart[Table[1, 10]]`

4.7 `Column[{PieChart[{1}], PieChart[{1, 1}], PieChart[{1, 1, 1}]}]`

5 | 리스트 연산

5.1 `Reverse[Range[10]^2]`

5.2 `Total[Range[10]^2]`

5.3 `ListPlot[Range[10]^2]`

5.4 `Sort[Join[Range[4], Range[4]]]`

5.5 `9 + Range[11]`

5.6 `Sort[Join[Range[5]^2, Range[5]^3]]`

5.7 `Length[IntegerDigits[2^128]]`

5.8 `First[IntegerDigits[2^32]]`

5.9 `Take[IntegerDigits[2^100], 10]`

5.10 `Max[IntegerDigits[2^20]]`

5.11 `Count[IntegerDigits[2^1000], 0]`

5.12 `Part[Sort[IntegerDigits[2^20]], 2]`

5.13 `ListLinePlot[IntegerDigits[2^128]]`

5.14 `Take[Drop[Range[100], 10], 10]`

6 | Table을 이용한 리스트 작성

6.1 `Table[1000, 5]`

6.2 `Table[n^3, {n, 10, 20}]`

6.3 `NumberLinePlot[Table[n^2, {n, 20}]]`

6.4 `Range[2, 20, 2]`

6.5 `Table[n, {n, 10}]`

6.6 `BarChart[Table[n^2, {n, 10}]]`

6.7 `Table[IntegerDigits[n^2], {n, 10}]`

6.8 `ListLinePlot[Table[Length[IntegerDigits[n^2]], {n, 100}]]`

6.9 `Table[First[IntegerDigits[n^2]], {n, 20}]`

6.10 `ListLinePlot[Table[First[IntegerDigits[n^2]], {n, 100}]]`

7 | 색과 스타일

7.1 `{Red, Yellow, Green}`

7.2 `Column[{Red, Yellow, Green}]`

7.3 `ColorNegate[Orange]`

7.4 `Table[Hue[h], {h, 0, 1, 0.02}]`

7.5 `Table[RGBColor[1, g, 1], {g, 0, 1, 0.05}]`

7.6 `Blend[{Pink, Yellow}]`

7.7 `Table[Blend[{Yellow, Hue[x]}], {x, 0, 1, .05}]`

7.8 `Table[Style[n, Hue[n]], {n, 0, 1, .1}]`

7.9 `Style[Purple, 100]`

7.10 `Table[Style[Red, x], {x, 10, 100, 10}]`

7.11 `Style[999, Red, 100]`

7.12 `Table[Style[n^2, n^2], {n, 10}]`

7.13 `Table[Part[{Red, Yellow, Green}, RandomInteger[2] + 1], 100]`

7.14 `Table[Style[Part[IntegerDigits[2^1000], n], 3 * Part[IntegerDigits[2^1000], n]], {n, 50}]`

8 | 기본 그래픽 객체

8.1 `Graphics[RegularPolygon[3]]`

8.2 `Graphics[Style[Circle[], Red]]`

8.3 `Graphics[Style[RegularPolygon[8], Red]]`

8.4 `Table[Graphics[Style[Disk[], Hue[h]]], {h, 0, 1, 0.1}]`

8.5   Column[{Graphics[Style[RegularPolygon[3], Red]],
       Graphics[Style[RegularPolygon[3], Green]]}]

8.6   Table[Graphics[Style[RegularPolygon[n], Pink]], {n, 5, 10}]

8.7   Graphics3D[Style[Cylinder[ ], Purple]]

8.8   Graphics[Reverse[Table[Style[RegularPolygon[n],
       RandomColor[]], {n, 3, 8}]]]

9 | 대화형 조작

9.1   Manipulate[Range[n], {n, 0, 100}]

9.2   Manipulate[ListPlot[Range[n]], {n, 5, 50, 1}]

9.3   Manipulate[Column[Table[x, n]], {n, 1, 10, 1}]

9.4   Manipulate[Graphics[Style[Disk[ ], Hue[h]]], {h, 0, 1}]

9.5   Manipulate[Graphics[
       Style[Disk[ ], RGBColor[red, green, blue]]],
       {red, 0, 1}, {green, 0, 1}, {blue, 0, 1}]

9.6   Manipulate[IntegerDigits[n], {n, 1000, 9999, 1}]

9.7   Manipulate[Table[Hue[h], {h, 0, 1, 1 / n}], {n, 5, 50, 1}]

9.8   Manipulate[Table[Graphics[Style[RegularPolygon[6],
       Hue[h]]], n], {n, 1, 10, 1}, {h, 0, 1}]

9.9   Manipulate[Graphics[Style[RegularPolygon[n], color]],
       {n, 5, 20, 1}, {color, {Red, Yellow, Blue}}]

9.10   Manipulate[PieChart[Table[1, n]], {n, 1, 10, 1}]

9.11   Manipulate[BarChart[IntegerDigits[n]], {n, 100, 999, 1}]

9.12   Manipulate[Table[RandomColor[ ], n], {n, 1, 50, 1}]

9.13   Manipulate[Column[Table[a^m, {m, n}]],
       {n, 1, 10, 1}, {a, 1, 25, 1}]

9.14   Manipulate[NumberLinePlot[
       Table[x^n, {x, 10}]], {n, 0, 5}]

9.15   Manipulate[Graphics3D[Style[Sphere[ ],
       RGBColor[n, 1 − n, 0]]], {n, 0, 1}]

10 | 이미지

10.1   ColorNegate[EdgeDetect[🖼]]

10.2   Manipulate[Blur[🖼, r], {r, 0, 20}]

10.3   Table[EdgeDetect[Blur[🖼, n]], {n, 10}]

10.4   ImageCollage[{🖼, Blur[🖼],
       EdgeDetect[🖼], Binarize[🖼]}]

10.5   ImageAdd[🖼, Binarize[🖼]]

10.6   Manipulate[EdgeDetect[Blur[🖼, r]], {r, 0, 20}]

10.7   EdgeDetect[Graphics3D[Sphere[ ]]]

10.8   Manipulate[Blur[Graphics[Style[RegularPolygon[5],
       Purple]], r], {r, 0, 20}]

10.9   ImageCollage[Table[Graphics[Style[Disk[ ],
       RandomColor[ ]]], 9]]

10.10 ImageCollage[Table[Graphics3D[Style[
       Sphere[ ], Hue[h]]], {h, 0, 1, 0.2}]]

10.11 Table[Blur[Graphics[Disk[ ]], n], {n, 0, 30, 5}]

10.12 ImageAdd[Graphics[Disk[ ]], 🖼]

10.13 ImageAdd[Graphics[Style[
       RegularPolygon[8], Red]], 🖼]

10.14 ImageAdd[🖼, ColorNegate[EdgeDetect[🖼]]]

11 | 문자열과 텍스트

11.1   StringJoin["Hello", "Hello"]

11.2   ToUpperCase[StringJoin[Alphabet[ ]]]

11.3   StringReverse[StringJoin[Alphabet[ ]]]

11.4   StringJoin[Table["AGCT", 100]]

11.5   StringTake[StringJoin[Alphabet[ ]], 6]

11.6   Column[Table[StringTake["this is about strings", n],
       {n, StringLength["this is about strings"]}]]

11.7   BarChart[StringLength[TextWords["A long time ago,
       in a galaxy far, far away"]]]

11.8   StringLength[WikipediaData["computer"]]

11.9   Length[TextWords[WikipediaData["computer"]]]

11.10 First[TextSentences[WikipediaData["strings"]]]

11.11 StringJoin[StringTake[TextSentences[
       WikipediaData["computers"]], 1]]

11.12 Max[StringLength[WordList[ ]]]

11.13 Count[StringTake[WordList[ ], 1], "q"]

11.14 ListLinePlot[Take[StringLength[WordList[ ]], 1000]]

11.15 WordCloud[Characters[StringJoin[WordList[ ]]]]

11.16 WordCloud[StringTake[StringReverse[WordList[ ]], 1]]

11.17 RomanNumeral[1959]

11.18 Max[StringLength[RomanNumeral[Range[2020]]]]

11.19 WordCloud[Table[StringTake[
       RomanNumeral[n], 1], {n, 100}]]

11.20 Length[Alphabet["Russian"]]

11.21 ToUpperCase[Alphabet["Greek"]]

11.22 BarChart[LetterNumber[Characters["wolfram"]]]

11.23 StringJoin[FromLetterNumber[Table[
       RandomInteger[25] + 1, 1000]]]

11.24 Table[StringJoin[FromLetterNumber[
       Table[RandomInteger[25] + 1, 5]]], 100]

11.25 Transliterate["wolfram", "Greek"]

11.26 Transliterate[Alphabet["Arabic"]]

11.27 ColorNegate[Rasterize[Style["A", 200]]]

11.28 Manipulate[Style[FromLetterNumber[n], 100],
       {n, 1, Length[Alphabet[ ]], 1}]

11.29 Manipulate[ColorNegate[EdgeDetect[
       Rasterize[Style[c, 100]]]], {c, Alphabet[ ]}]

11.30 Manipulate[Blur[Rasterize[Style["A", 200]], r], {r, 0, 50}]

12 | 소리 생성

12.1   Sound[{SoundNote[0], SoundNote[4], SoundNote[7]}]

12.2   Sound[SoundNote["A", 2, "Cello"]]

12.3   Sound[Table[SoundNote[n, 0.05], {n, 0, 48}]]

12.4   Sound[Reverse[Table[SoundNote[n], {n, 0, 12}]]]

12.5   Sound[Table[SoundNote[12 ∗ n], {n, 0, 4}]]

12.6   Sound[Table[SoundNote[
       RandomInteger[12], .2, "Trumpet"], 10]]

12.7   Sound[Table[SoundNote[RandomInteger[12],
       RandomInteger[10] / 10], 10]]

12.8   Sound[Table[SoundNote[Part[IntegerDigits[2^31],
       n], .1], {n, Length[IntegerDigits[2^31]]}]]

12.9   Sound[Table[SoundNote[Part[Characters["CABBAGE"],
       n], .3, "Guitar"], {n, 1, 7}]]

12.10 Sound[Table[SoundNote[Part[
       LetterNumber[Characters["wolfram"]],
       n], .1], {n, StringLength["wolfram"]}]]

13 | 배열, 또는 리스트의 리스트

13.1 Grid[Table[i * j, {i, 12}, {j, 12}]]

13.2 Grid[Table[RomanNumeral[i * j], {i, 5}, {j, 5}]]

13.3 Grid[Table[RandomColor[], 10, 10]]

13.4 Grid[Table[Style[RandomInteger[10],
        RandomColor[]], 10, 10]]

13.5 Grid[Table[StringJoin[FromLetterNumber[{i, j}]],
        {i, 26}, {j, 26}]]

13.6 Grid[{{PieChart[{1, 4, 3, 5, 2}],
        NumberLinePlot[{1, 4, 3, 5, 2}]}, {ListLinePlot[
        {1, 4, 3, 5, 2}], BarChart[{1, 4, 3, 5, 2}]}}]

13.7 ArrayPlot[Table[Hue[i * j], {i, 0, 1, .05}, {j, 0, 1, .05}]]

13.8 ArrayPlot[Table[Hue[x / y], {x, 50}, {y, 50}]]

13.9 ArrayPlot[Table[StringLength[RomanNumeral[i * j]],
        {i, 100}, {j, 100}]]

14 | 좌표와 그래픽

14.1 Graphics[Table[Circle[{0, 0}, r], {r, 5}]]

14.2 Graphics[Table[Style[Circle[{0, 0}, r],
        RandomColor[]], {r, 10}]]

14.3 Graphics[Table[Circle[{x, y}], {x, 10}, {y, 10}]]

14.4 Graphics[Table[Point[{x, y}], {x, 10}, {y, 10}]]

14.5 Manipulate[Graphics[Table[Circle[{0, 0}, r], {r, n}]],
        {n, 1, 20, 1}]

14.6 Graphics3D[Table[Style[Sphere[Table[
        RandomInteger[10], 3]], RandomColor[]], 50]]

14.7 Graphics3D[Table[Style[Sphere[{x, y, z}, 1 / 2],
        RGBColor[{x / 10, y / 10, z / 10}]],
        {x, 10}, {y, 10}, {z, 10}]]

14.8 Manipulate[Graphics[Table[Circle[{t x, 0}, x],
        {x, 10}]], {t, −2, 2}]

14.9 Graphics[Table[RegularPolygon[{x, y}, 1 / 2, 6],
        {x, 5}, {y, 5}]]

14.10 Graphics3D[Line[Table[RandomInteger[50], 50, 3]]]

16 | 현실 세계의 데이터

주의: =[ ]는 ⬛ 의 자연어 입력을 나타낸다

16.1 = [flag of switzerland]

16.2 = [elephant]["Image"]

16.3 EntityValue[= [planets], "Mass"]

16.4 BarChart[EntityValue[= [planets], "Mass"]]

16.5 ImageCollage[EntityValue[= [planets], "Image"]]

16.6 EdgeDetect[= [China]["Flag"]

16.7 = [Empire State Building]["Height"]

16.8 = [Empire State Building]["Height"] /
        = [Great Pyramid]["Height"]

16.9 = [Mount Everest]["Elevation"] /
        = [Empire State Building]["Height"]

16.10 DominantColors[= [starry night]["Image"]]

16.11 DominantColors[ImageCollage[EntityValue[
        = [countries in Europe], "FlagImage"]]]

16.12 PieChart[= [countries in Europe]["GDP"]]

16.13 ImageAdd[= [koala]["Image"], = [australia]["Flag"]]

17 | 단위

주의: =[ ]는 ⬛ 의 자연어 입력을 나타낸다

17.1 UnitConvert[= [4.5 lbs], "Kilograms"]

17.2 UnitConvert[= [60.25 mph], = [km / hr]]

17.3 UnitConvert[= [height of the Eiffel tower], "Miles"]

17.4 = [height of Mount Everest] /
        = [height of the Eiffel tower]

17.5 = [mass of Earth] / = [mass of moon]

17.6 CurrencyConvert[= [2500 Japanese yen],
        = [US dollars]]

17.7 UnitConvert[= [35 ounces + 1 / 4 ton + 45 lbs + 9 stone],
        = [kilograms]]

17.8 UnitConvert[= [planets]["DistanceFromEarth"],
        "LightMinutes"]

17.9 Rotate["hello", 180 °]

17.10 Table[Rotate[Style["A", 100], n Degree],
        {n, 0, 360, 30}]

17.11 Manipulate[Rotate[= [cat]["Image"], θ], {θ, 0 °, 180 °}]

17.12 Graphics[Line[AnglePath[Table[n Degree, {n, 0, 180}]]]]

17.13 Manipulate[Graphics[Line[AnglePath[Table[x, 100]]]],
        {x, 0, 360 °}]

17.14 Graphics[Line[
        AnglePath[30 ° * IntegerDigits[2^10 000]]]]

18 | 지리 정보 계산

주의: =[ ]는 ⬛ 의 자연어 입력을 나타낸다

18.1 GeoDistance[= [new york], = [london]]

18.2 GeoDistance[= [new york], = [london] / GeoDistance[
        = [new york], = [san francisco]]

18.3 UnitConvert[GeoDistance[= [sydney],
        = [moscow]], = [km]]

18.4 GeoGraphics[= [united states]]

18.5 GeoListPlot[{ = [brazil], = [russia],
        = [india], = [china]}]

18.6 GeoGraphics[GeoPath{{ = [new york], = [beijing]}]]

18.7 GeoGraphics[GeoDisk[= [Great Pyramid], = [10 miles]]]

18.8 GeoGraphics[GeoDisk[= [new york], GeoDistance[
        = [new york city], = [san francisco]]]]

18.9 GeoNearest["Country", GeoPosition["NorthPole"], 5]

18.10 EntityValue[GeoNearest["Country",
        GeoPosition[{45, 0}], 3], "Flag"]

18.11 GeoListPlot[GeoNearest["Volcano", = [rome], 25]]

18.12 GeoPosition[= [new york]][[1, 1]] − GeoPosition[
        = [los angeles]][[1, 1]]

19 | 날짜와 시간

주의: =[ ]는 ⬛ 의 자연어 입력을 나타낸다

19.1 Now − = [january 1, 1900]

19.2 DayName[= [January 1, 2000]]

19.3 Today − = [100 000 days]

19.4 LocalTime[= [delhi]]

19.5 Sunset[Here, Today] − Sunrise[Here, Today]

19.6 MoonPhase[Now, "Icon"]

19.7 Table[MoonPhase[Today + n = [days]], {n, 10}]

19.8 Table[MoonPhase[Today + n = [days], "Icon"], {n, 10}]

19.9   Sunrise[= [new york city], Today] − Sunrise[
       = [london], Today]

19.10 AirTemperatureData[= [eiffel tower],
        = [noon yesterday]]

19.11 DateListPlot[AirTemperatureData[= [eiffel tower],
       {Now − = [1 week], Now}]]

19.12 AirTemperatureData[= [los angeles]] −
       AirTemperatureData[= [new york]]

19.13 DateListPlot[WordFrequencyData["groovy",
       "TimeSeries"]]

20 | 옵션

주의: =[   ]는 ▮ 의 자연어 입력을 나타낸다

20.1   ListPlot[Range[10], PlotTheme → "Web"]

20.2   ListPlot[Range[10], Filling → Axis]

20.3   ListPlot[Range[10], Background → Yellow]

20.4   GeoListPlot[= [australia], GeoRange → All]

20.5   GeoListPlot[= [madagascar],
       GeoRange → = [indian ocean]]

20.6   GeoGraphics[= [south america],
       GeoBackground → "ReliefMap"]

20.7   GeoListPlot[{ = [france], = [finland], = [greece]},
       GeoRange → = [Europe], GeoLabels → Automatic]

20.8   Grid[Table[Style[i ∗ j, White], {i, 12}, {j, 12}],
       Background → Black]

20.9   Table[Graphics[Disk[],
       ImageSize → RandomInteger[40]], 100]

20.10 Table[Graphics[RegularPolygon[5], ImageSize → 30,
       AspectRatio → n], {n, 1, 10}]

20.11 Manipulate[Graphics[Circle[], ImageSize → s],
       {s, 5, 500}]

20.12 Grid[Table[RandomColor[], 10, 10], Frame → All]

20.13 ListLinePlot[Table[StringLength[
       RomanNumeral[n]], {n, 100}], PlotRange → Max[
       Table[StringLength[RomanNumeral[n]], {n, 1000}]]]]

21 | 그래프 및 네트워크

21.1   Graph[{1 → 2, 2 → 3, 3 → 1}]

21.2   Graph[Flatten[Table[i → j, {i, 4}, {j, 4}]]]

21.3   Table[UndirectedGraph[Flatten[
       Table[i → j, {i, n}, {j, n}]]], {n, 2, 10}]

21.4   Flatten[Table[{1, 2}, 3]]

21.5   ListLinePlot[Flatten[Table[IntegerDigits[n], {n, 100}]]]

21.6   Graph[Table[i → i + 1, {i, 49}]]

21.7   Graph[Flatten[Table[i → Max[i, j], {i, 4}, {j, 4}]]]

21.8   Graph[Flatten[Table[i → j − i, {i, 5}, {j, 5}]]]

21.9   Graph[Table[i → RandomInteger[{1, 100}], {i, 100}]]

21.10 Graph[Flatten[Table[{i → RandomInteger[{1, 100}],
       i → RandomInteger[{1, 100}]}, {i, 100}]]]

21.11 Grid[Table[FindShortestPath[
       Graph[{1 → 2, 2 → 3, 3 → 4, 4 → 1, 3 → 1, 2 → 2}],
       i, j], {i, 4}, {j, 4}]]

22 | 기계 학습

주의: =[   ]는 ▮ 의 자연어 입력을 나타낸다

22.1   LanguageIdentify["ajatella"]

22.2   ImageIdentify[= [image of a tiger]]

22.3   Table[ImageIdentify[
       Blur[= [image of a tiger], r]], {r, 5}]

22.4   Classify["Sentiment", "I'm so happy to be here"]

22.5   Nearest[WordList[], "happy", 10]

22.6   Nearest[RandomInteger[1000, 20], 100, 3]

22.7   Nearest[Table[RandomColor[], 10], Red, 5]

22.8   First[Nearest[Table[n^2, {n, 100}], 2000]]

22.9   Nearest[= [european flags], = [flag of brazil], 3]

22.10 NearestNeighborGraph[Table[Hue[h], {h, 0, 1, .05}],
       2, VertexLabels → All]

22.11 NearestNeighborGraph[Table[
       RandomInteger[100], 40], 2, VertexLabels → All]

22.12 FindClusters[= [flags of Asia]]

22.13 NearestNeighborGraph[Table[Rasterize[Style[
       FromLetterNumber[n], 20]], {n, 26}], 2,
       VertexLabels → All]

22.14 Table[TextRecognize[Blur[Rasterize[
       Style["hello", 50]], n]], {n, 10}]

22.15 Dendrogram[Table[Rasterize[
       FromLetterNumber[n]], {n, 10}]]

22.16 FeatureSpacePlot[Table[Rasterize[
       ToUpperCase[FromLetterNumber[n]]], {n, 26}]]

23 | 수에 관해 더 살펴보기

23.1   N[Sqrt[2], 500]

23.2   RandomReal[1, 10]

23.3   ListPlot[Table[RandomReal[1, 2], 200]]

23.4   Graphics[Line[AnglePath[RandomReal[2 Pi, 1000]]]]

23.5   Table[Mod[n^2, 10], {n, 0, 30}]

23.6   ListLinePlot[Table[Mod[n^n, 10], {n, 100}]]

23.7   Table[Round[Pi^n], {n, 10}]

23.8   Graph[Table[n → Mod[n^2, 100], {n, 0, 99}]]

23.9   Graphics[Table[Style[Circle[RandomReal[10, 2],
       RandomReal[2]], RandomColor[]], 50]]

23.10 ListPlot[Table[Prime[n] / (n Log[n]), {n, 2, 1000}]]

23.11 ListLinePlot[Table[Prime[n + 1] − Prime[n], {n, 100}]]

23.12 Sound[Table[SoundNote["C", RandomReal[0.5]], 20]]

23.13 ArrayPlot[Table[Mod[i, j], {i, 50}, {j, 50}]]

23.14 Table[ArrayPlot[Table[
       Mod[x^y, n], {x, 50}, {y, 50}]], {n, 2, 10}]

24 | 다양한 시각화 형태

주의: =[   ]는 ▮ 의 자연어 입력을 나타낸다

24.1   ListLinePlot[Table[n^p, {p, 2, 4}, {n, 10}]]

24.2   ListLinePlot[Table[Prime[n], {n, 20}], Filling → Axis,
       Mesh → True, MeshStyle → Red]

24.3   ListPlot3D[GeoElevationData[GeoDisk[= [mount fuji] ,
        = [20 miles]]]]

24.4   ReliefPlot[GeoElevationData[GeoDisk[= [mount fuji] ,
        = [100 miles]]]]

24.5   ListPlot3D[Table[Mod[i, j], {i, 100}, {j, 100}]]

24.6   Histogram[Table[Prime[n + 1] − Prime[n], {n, 10 000}]]

24.7   Histogram[Table[First[IntegerDigits[n^2]], {n, 10 000}]]

24.8   Histogram[Table[StringLength[
       RomanNumeral[n]], {n, 1000}]]

24.9   Histogram[StringLength[TextSentences[
       WikipediaData["computers"]]]]

24.10 Table[Histogram[Table[Total[
RandomReal[100, n]], 10 000]], {n, 5}]

24.11 ListPlot3D[1 − ImageData[Binarize[
Rasterize[Style["W", 200]]]]]

25 | 함수를 적용하는 방법

주의: =[   ]는 🔵 의 자연어 입력을 나타낸다

25.1 f /@ Range[5]

25.2 f /@ g /@ Range[10]

25.3 x // d // c // b // a

25.4 Framed /@ Alphabet[]

25.5 ColorNegate /@ EntityValue[= [planets], "Image"]

25.6 GeoGraphics /@ EntityList[= [countries in G5]]

25.7 ImageCollage[Binarize /@ = [flags of europe]]

25.8 Column /@ DominantColors /@ EntityValue[
 = [planets], "Image"]

25.9 Total[LetterNumber /@ Characters["wolfram"]]

26 | 순수 익명 함수

주의: =[   ]는 🔵 의 자연어 입력을 나타낸다

26.1 #^2 & /@ Range[20]

26.2 Blend[{#, Red}] & /@ {Yellow, Green, Blue}

26.3 Framed[Column[{ToUpperCase[#], #}]] & /@ Alphabet[]

26.4 Framed[Style[#, RandomColor[]],
Background → RandomColor[]] & /@ Alphabet[]

26.5 Grid[{#, EntityValue[#, "Flag"]} /@ EntityList[
 = [G5 countries]], Frame → All]

26.6 WordCloud[
WikipediaData[#]] & /@ {"apple", "peach", "pear"}

26.7 Histogram[StringLength[TextWords[WikipediaData[#]]
] & /@ {"apple", "peach", "pear"}

26.8 GeoListPlot[{##}, GeoRange → = [central america]] & /@
EntityList[= [central america]]

27 | 함수 반복 적용하기

27.1 NestList[Blur, Rasterize[Style["X", 30]], 10]

27.2 NestList[Framed[#,
Background → RandomColor[]] &, x, 10]

27.3 NestList[Rotate[Framed[#],
RandomReal[{0, 360 °}]] &, Style["A", 50], 5]

27.4 ListLinePlot[NestList[4 # (1 − #) &, 0.2, 100]]

27.5 Nest[1 + 1 / # &, 1, 30] // N

27.6 NestList[3 * # &, 1, 10]

27.7 NestList[(# + 2 / #) / 2 &, 1.0, 5] − Sqrt[2]

27.8 Graphics[Line[NestList[# + RandomReal[{−1, 1}, 2] &,
{0, 0}, 1000]]]

27.9 ArrayPlot[NestList[Mod[
Join[{0}, #] + Join[#, {0}], 2] &, {1}, 50]]

27.10 NestGraph[{# + 1, 2 #} &, 0, 10]

27.11 NestGraph[#["BorderingCountries"] &, = [US], 4,
VertexLabels → All]

28 | 테스트와 조건문

28.1 123^321 > 456^123

28.2 Select[Range[100], Total[IntegerDigits[#]] < 5 &]

28.3 If[PrimeQ[#], Style[#, Red], #] & /@ Range[20]

28.4 Select[WordList[], StringTake[#, 1] == StringTake[
StringReverse[#], 1] == "p" &]

28.5 Select[Array[Prime, 100], Last[IntegerDigits[#]] < 3 &]

28.6 Select[RomanNumeral[Range[100]], ! MemberQ[
Characters[#], "I"] &]

28.7 Select[RomanNumeral[Range[1000]],
== StringReverse[#] &]

28.8 Select[Table[IntegerName[n], {n, 100}], First[
Characters[#]] == Last[Characters[#]] &]

28.9 Select[TextWords[WikipediaData["words"]],
StringLength[#] > 15 &]

28.10 NestList[If[EvenQ[#], # / 2, 3 # + 1] &, 1000, 200]

28.11 WordCloud[Select[TextWords[
WikipediaData["computers"]],
StringLength[#] == 5 &]]

28.12 Select[WordList[], StringLength[#] ≥ 3
&& # ≠ StringReverse[#] && StringTake[#, 3] ==
StringTake[StringReverse[#], 3] &]

28.13 Select[Select[WordList[], StringLength[#] == 10 &],
Total[LetterNumber /@ Characters[#]] == 100 &]

29 | 순수 함수에 관해 더 살펴보기

29.1 Array[Prime, 100]

29.2 Array[Prime[# + 1] − Prime[#] &, 99]

29.3 Grid[Array[Plus, {10, 10}]]

29.4 FoldList[Times, 1, Range[10]]

29.5 FoldList[Times, 1, Array[Prime, 10]]

29.6 FoldList[ImageAdd, Table[Graphics[Style[
RegularPolygon[n], Opacity[.2]]], {n, 3, 8}]]

30 | 리스트 재배열

주의: =[   ]는 🔵 의 자연어 입력을 나타낸다

30.1 Thread[Alphabet[] → Range[Length[Alphabet[]]]]

30.2 Grid[Partition[Alphabet[], 6]]

30.3 Grid[Partition[IntegerDigits[2^1000], 50], Frame → All]

30.4 Grid[Partition[Characters[StringTake[
WikipediaData["computers"], 400]], 20],
Frame → All]

30.5 ListLinePlot[Flatten[IntegerDigits /@ Range[0, 200]]]

30.6 ArrayPlot /@ NestList[ArrayFlatten[{{#, #, #},
{#, 0, #}, {#, #, #}}] &, {{1}}, 4]

30.7 Select[Flatten[Table[{x, y, Sqrt[x^2 + y^2]},
{x, 20}, {y, 20}], 1], IntegerQ[Last[#]] &]

30.8 Table[Max[Length /@ Split[IntegerDigits[2^n]]],
{n, 100}]

30.9 GatherBy[Array[IntegerName, 100],
StringTake[#, 1] &]

30.10 SortBy[Take[WordList[], 50], StringTake[
StringReverse[#], 1] &]

30.11 SortBy[Table[n^2, {n, 20}], First[IntegerDigits[#]] &]

30.12 SortBy[Range[20], StringLength[IntegerName[#]] &]

30.13 GatherBy[RandomSample[WordList[], 20],
StringLength]

30.14 Complement[Alphabet["Ukrainian"],
Alphabet["Russian"]]

30.15 Intersection[Range[100]^2, Range[100]^3]

30.16 Intersection[EntityList[= [NATO]], EntityList[= [G8]]]

30.17   Grid[Transpose[Permutations[Range[4]]]]

30.18   Union[StringJoin /@ Permutations[
        Characters["hello"]]]

30.19   ArrayPlot[Tuples[{0, 1}, 5]]

30.20   Table[StringJoin[RandomChoice[Alphabet[], 5]], 10]

30.21   Tuples[{1, 2}, 3]

31 | 리스트의 원소

주의: 영어 단어에 대한 목록을 출력하고자 할 때는 다음과 같이 언어를 지정해
사용한다. WordList[Language → "English"]

31.1   Take[IntegerDigits[2^1000], −5]

31.2   Alphabet[][[10 ;; 20]]

31.3   Part[Alphabet[], Range[2, Length[Alphabet[]], 2]]

31.4   ListLinePlot[Table[IntegerDigits[12^n][[−2]],
        {n, 100}]]

31.5   TakeSmallest[Join[Table[n^2, {n, 20}],
        Table[n^3, {n, 20}]], 10]

31.6   Flatten[Position[TextWords[
        WikipediaData["computers"]], "software"]]

31.7   Histogram[Flatten[Position[Characters[#], "e"] & /@
        WordList[]]]

31.8   ReplacePart[Range[100]^3,
        Thread[Table[n^2, {n, 10}] → Red]]

31.9   If[First[IntegerDigits[#]] < 5, Nothing, #] & /@
        Array[Prime, 100]

31.10   Grid[NestList[ReplacePart[#, RandomInteger[
        {1, Length[#]}] → Nothing] &, Range[10], 9]]

31.11   TakeLargestBy[WordList[], StringLength, 10]

31.12   TakeLargestBy[Array[IntegerName, 100],
        StringLength, 5]

31.13   TakeLargestBy[Array[IntegerName, 100],
        Count[Characters[#], "e"] &, 5]

32 | 패턴

32.1   Cases[IntegerDigits[Range[1000]], {1, __, 9}]

32.2   Cases[IntegerDigits[Range[1000]], {x_, x_, x_}]

32.3   Cases[IntegerDigits[Range[1000]^2], {9, __, 0 | 1}]

32.4   IntegerDigits[Range[100]] /. {0 → Gray, 9 → Orange}

32.5   IntegerDigits[2^1000] /. 0 → Red

32.6   Characters["The Wolfram Language"] /.
        "a" | "e" | "i" | "o" | "u" → Nothing

32.7   Cases[IntegerDigits[2^1000], 0 | 1]

32.8   Cases[IntegerDigits[Range[100, 999]], {x_, _, x_}]

33 | 표현과 표현의 구조

33.1   Head[ListPlot[Range[5]]]

33.2   Times @@ Range[100]

33.3   f @@@ Tuples[{a, b}, 2]

33.4   TreeForm /@ NestList[#^# &, x, 4]

33.5   Union[Cases[Flatten[Table[i^2 / (j^2 + 1),
        {i, 20}, {j, 20}]], _Integer]]

33.6   Graph[Rule @@@ Partition[Table[Mod[n^2 + n, 100],
        {n, 100}], 2, 1]]

33.7   Graph[Rule @@@ Partition[TextWords[WikipediaData[
        "computers"], 200], 2, 1], VertexLabels → All]

33.8   f @@@ {{1, 2}, {7, 2}, {5, 4}}

34 | 연관

34.1   Values[KeySort[Counts[IntegerDigits[3^100]]]]

34.2   BarChart[KeySort[Counts[IntegerDigits[2^1000]]],
        ChartLabels → Automatic]

34.3   BarChart[Counts[StringTake[WordList[], 1]],
        ChartLabels → Automatic]

34.4   TakeLargest[Counts[StringTake[WordList[], 1]], 5]

34.5   #q / #u &@@LetterCounts[
        WikipediaData["computers"]] // N

34.6   Keys[TakeLargest[Counts[TextWords[ExampleData[
        {"Text", "AliceInWonderland"}]]], 10]]

35 | 자연어 이해

주의: =[   ]는 ■ 의 자연어 입력을 나타낸다

35.1   Interpreter["Location"]["eiffel tower"]

35.2   Interpreter["University"]["U of T"]

35.3   Interpreter["Chemical"][{"C2H4", "C2H6", "C3H8"}]

35.4   Interpreter["Date"]["20140108"]

35.5   Cases[Interpreter["University"][StringJoin["U of ",
        #]] & /@ ToUpperCase[Alphabet[]], _Entity]

35.6   Cases[Interpreter["Movie"][CommonName /@
        = [US state capitals]], _Entity]

35.7   Cases[Interpreter["City"][StringJoin /@
        Permutations[{"l", "i", "m", "a"}]], _Entity]

35.8   WordCloud[TextCases[WikipediaData["gunpowder"],
        "Country"]]

35.9   TextCases["She sells seashells by the sea shore.",
        "Noun"]

35.10   Length[TextCases[StringTake[WikipediaData[
        "computers"], 1000], #]] & /@
        {"Noun", "Verb", "Adjective"}

35.11   TextStructure[First[TextSentences[
        WikipediaData["computers"]]]]

35.12   Keys[TakeLargest[Counts[TextCases[
        ExampleData[{"Text", "AliceInWonderland"}],
        "Noun"]], 10]]

35.13   CommunityGraphPlot[First[TextStructure[
        First[TextSentences[WikipediaData["language"]]],
        "ConstituentGraphs"]]]

35.14   Length[WordList[#]] & /@
        {"Noun", "Verb", "Adjective", "Adverb"}

35.15   Flatten[Table[WordTranslation[IntegerName[n],
        "French"], {n, 2, 10}]]

36 | 웹사이트와 앱 작성

36.1   CloudDeploy[GeoGraphics[]]

36.2   CloudDeploy[Delayed[GeoGraphics[]]]

36.3   CloudDeploy[Delayed[Style[
        RandomInteger[1000], 100]]]

36.4   CloudDeploy[FormFunction[{"x" → "Number"},
        #x^#x &]]

36.5   CloudDeploy[FormFunction[{"x" → "Number",
        "y" → "Number"}, #x^#y &]]

36.6   CloudDeploy[FormFunction[{"topic" → "String"},
        WordCloud[WikipediaData[#topic]] &]]

36.7   CloudDeploy[FormPage[{"string" → "String"},
        Style[StringReverse[#string], 50] &]]

36.8 `CloudDeploy[FormPage[{"n" → "Integer"}, Graphics[`
`Style[RegularPolygon[♯n], RandomColor]]] &]]`

36.9 `CloudDeploy[FormPage[{"location" → "Location",`
`"n" → "Integer"}, GeoListPlot[`
`GeoNearest["Volcano", ♯location, ♯n]] &]]`

37 | 디스플레이와 화면 배치

주의: =[   ]는 ◼️ 의 자연어 입력을 나타낸다

37.1 `Style[♯, Background → If[EvenQ[♯], Yellow,`
`LightGray]] & /@ Range[100]`

37.2 `If[PrimeQ[♯], Framed[♯], ♯] & /@ Range[100]`

37.3 `If[PrimeQ[♯], Labeled[Framed[♯], Style[Mod[♯, 4],`
`LightGray]], ♯] & /@ Range[100]`

37.4 `GraphicsGrid[Table[Graphics[Style[Disk[],`
`RandomColor]]], 3, 6]]`

37.5 `PieChart[Labeled[♯["GDP"], ♯] & /@`
`EntityList[ = [G5 countries]]]`

37.6 `PieChart[Legended[♯["Population"], ♯] & /@`
`EntityList[ = [G5 countries]]]`

37.7 `GraphicsGrid[Partition[Table[PieChart[`
`Counts[IntegerDigits[2^n]]], {n, 25}], 5]]`

37.8 `GraphicsRow[WordCloud[DeleteStopwords[`
`WikipediaData[♯]]] & /@ EntityList[`
`= [G5 countries]]]`

38 | 이름 붙이기

주의: =[   ]는 ◼️ 의 자연어 입력을 나타낸다

38.1 `Module[{x = Range[10]}, x^2 + x]`

38.2 `Module[{x = RandomInteger[100, 10]},`
`Column[{ x, Sort[x], Max[x], Total[x] }]]`

38.3 `Module[{g = [picture of a giraffe]}, ImageCollage[`
`{g, Blur[g], EdgeDetect[g], ColorNegate[g]}]]`

38.4 `Module[{r = Range[10]}, ListLinePlot[`
`Join[r, Reverse[r], r, Reverse[r]]]]`

38.5 `Module[{x = Range[10]}, {x + 1, x − 1, Reverse[x]}]`

38.6 `NestList[Mod[17 ♯ + 2, 11] &, 10, 20]`

38.7 `Table[StringJoin[Module[{v = Characters["aeiou"], c},`
`c = Complement[Alphabet[], v];`
`RandomChoice /@ {c, v, c, v, c}]], 10]`

39 | 즉시값과 지연값

39.1 `{x, x + 1, x + 2, x^2} /. x → RandomInteger[100]`

39.2 `{x, x + 1, x + 2, x^2} /. x :→ RandomInteger[100]`

40 | 함수 정의하기

주의: 이 연습 문제는 함수의 정의를 수반한다. 해당 연습 문제를 마친 후 Clear 함수를
이용하여 함수의 정의를 제거하도록 한다.

40.1 `f[x_] := x^2`

40.2 `poly[n_Integer] := Graphics[Style[`
`RegularPolygon[n], Orange]]`

40.3 `f[{a_, b_}] := {b, a}`

40.4 `f[x_, y_] := (x ∗ y) / (x + y)`

40.5 `f[{a_, b_}] := {a + b, a − b, a / b}`

40.6 `evenodd[n_Integer] := If[EvenQ[n], Black, White];`
`evenodd[0] = Red`

40.7 `f[1, x_, y_] := x + y; f[2, x_, y_] := x ∗ y;`
`f[3, x_, y_] := x^y`

40.8 `f[0] = f[1] = 1; f[n_Integer] := f[n − 1] + f[n − 2]`

40.9 `animal[s_String] := Interpreter["Animal"][s]["Image"]`

40.10 `nearwords[s_String, n_Integer] := Nearest[`
`WordList[], s, n]`

41 | 패턴에 관해 더 살펴보기

41.1 `Cases[Table[IntegerDigits[n^2], {n, 100}],`
`{___, x_, x_, ___}]`

41.2 `StringJoin /@ Cases[Array[`
`Characters[RomanNumeral[♯]] &, 100],`
`{___, "L", ___, "I", ___, "X", ___}]`

41.3 `f[x : {_Integer ..}] := x == Reverse[x]`

41.4 `Cases[Partition[TextWords[`
`WikipediaData["alliteration"]], 2, 1], {a_, b_} /;`
`StringTake[a, 1] == StringTake[b, 1]]`

41.5 `Grid[FixedPointList[(♯ /. {x___, b_, a_, y___} /; b >`
`a → {x, a, b, y}) &, {4, 5, 1, 3, 2}]]`

41.6 `ArrayPlot[Transpose[FixedPointList[(`
`♯ /. {x___, b_, a_, y___} /; b > a → {x, a, b, y}) &,`
`RandomSample[Range[50]]]]]`

41.7 `FixedPointList[(♯ + 2 / ♯) / 2 &, 1.0]`

41.8 `FixedPointList[♯ /. {a_, b_} /; b ≠ 0 → {b, Mod[a, b]} &,`
`{12345, 54321}]`

41.9 `FixedPointList[♯ /. {s[x_][y_][z_] → x[z][y[z]],`
`k[x_][y_] → x} &, s[s][k][s[s[s]]][s][s]]`

41.10 `IntegerDigits[100!] /. {x___, 0 ..} → {x}`

41.11 `Length /@ NestList[♯ /. {{1, _, x___} → {x, 0, 1},`
`{0, _, x___} → {x, 1, 0, 0}} &, {1, 0}, 200]`

41.12 `ListLinePlot[Length /@ NestList[♯ /. {`
`{0, _, x___} → {x, 2, 1}, {1, _, x___} → {x, 0},`
`{2, _, x___} → {x, 0, 2, 1, 2}} &, {0, 0}, 200]]`

42 | 문자열 패턴과 템플릿

주의: =[   ]는 ◼️ 의 자연어 입력을 나타낸다

42.1 `StringReplace["1 2 3 4", " " → "---"]`

42.2 `Sort[StringCases[WikipediaData["computers"],`
`DigitCharacter ~~ DigitCharacter ~~`
`DigitCharacter ~~ DigitCharacter]]`

42.3 `StringCases[WikipediaData["computers"],`
`Shortest["===" ~~ x__ ~~ "===" → x]`

42.4 `Grid[Table[StringTemplate["`1`+`2`=`3`"][i, j, i + j],`
`{i, 9}, {j, 9}]]`

42.5 `Select[Table[IntegerName[n], {n, 50}],`
`StringMatchQ[♯, ___ ~~ "i" ~~ ___ ~~ "e" ~~ ___] &]`

42.6 `StringReplace[`
`First[TextSentences[WikipediaData["computers"]]],`
`x : (Whitespace ~~ LetterCharacter ~~`
`LetterCharacter ~~ Whitespace) :→ ToUpperCase[x]]`

42.7 `BarChart[KeySort[Counts[StringTake[`
`TextString /@ EntityList[ = [countries], 1]]],`
`ChartLabels → Automatic]`

42.8 `Table[StringTemplate["`1`^`2`=`3`"][i, j, i^j],`
`{i, 5}, {j, 5}] // Grid`

44 | 가져오기와 내보내기

주의: =[   ]는 ◼️ 의 자연어 입력을 나타낸다

44.1 `Import["http://google.com", "Images"]`

44.2 `ImageCollage[Graphics[Style[Disk[], ♯]] & /@`
`(Union @@ DominantColors /@`
`Import["http://google.com", "Images"])]`

44.3 WordCloud[Import["http://bbc.co.uk"]]

44.4 ImageCollage[Import["http://www.nps.gov", "Images"]]

44.5 Select[Import["https://en.wikipedia.org/wiki/Ostrich", "Images"], ImageInstanceQ[#, = [bird]] &]

44.6 WordCloud[TextCases[Import["http://www.nato.int/"], "Country"]]

44.7 Length[Import["https://en.wikipedia.org/", "Hyperlinks"]]

44.8 SendMail[GeoGraphics[Here]]

44.9 SendMail[MoonPhase[Now, "Icon"]]

45 | 데이터 세트

주의: 이 연습 문제에서는 다음의 데이터 세트를 사용한다.
planets=CloudGet["http://wolfr.am/7FxLgPm5"]

주의: =[ ]는 의 자연어 입력을 나타낸다

45.1 WordCloud[Normal[planets[All, "Moons", Length]]]

45.2 BarChart[planets[All, "Moons", Length], ChartLabels → Automatic]

45.3 planets[SortBy[Length[#Moons] &], "Mass"]

45.4 planets[All, "Moons", Max, "Mass"]

45.5 planets[All, "Moons", Total, "Mass"][Sort]

45.6 planets[All, "Moons", Median, "Mass"]

45.7 planets[All, "Moons", Select[#Mass > = [0.0001 earth mass] &] /* Keys]

45.8 WordCloud[Association[# –> StringLength[WikipediaData[#]] & /@ EntityList[= [central america]]]]

45.9 ResourceData["Fireballs and Bolides"][Max, "Altitude"]

45.10 ResourceData["Fireballs and Bolides"][TakeLargest[5], "Altitude"]

45.11 Histogram[Differences[Normal[ResourceData["Fireballs and Bolides"][All, "PeakBrightness"]]]]

45.12 GeoListPlot[ResourceData["Fireballs and Bolides"][1 ;; 10, "NearestCity"], GeoLabels → True]

45.13 GeoListPlot[ResourceData["Fireballs and Bolides"][TakeLargestBy[#Altitude &, 10], "NearestCity"], GeoLabels → True]

46 | 좋은 코드 작성하기

46.1 Total[Table[i * (i + 1), {i, 1000}]]

46.2 Nest[1 / (1 + #) &, x, 10]

46.3 Flatten[Array[List, {10, 10}]]

46.4 ListLinePlot[Table[First[Timing[n^n]], {n, 10 000}]]

46.5 ListLinePlot[Table[First[Timing[Sort[RandomSample[Range[n]]]]], {n, 200}]]

47 | 코드 디버깅

47.1 Counts[If[StringLength[#] > 1, StringTake[#, 2], Nothing] & /@ WordList[]]

47.2 First[Last[Reap[Fold[10 Sow[#1] + #2 &, {1, 2, 3, 4, 5}]]]]

47.3 Last[Reap[Nest[If[EvenQ[#], Sow[#] / 2, 3 # + 1] &, 1000, 20]]] // First

인덱스

10의 거듭제곱
　지도에, 100
16진법
　UUID의, 278
2의 거듭제곱, 166
3D 그래픽, 30, 70, 148
3D 출력, 286
3D 형상, 70
3n+1 문제, 179
3가지 조합(**Tuples**), 192
3차원 그래픽, 30, 70, 148
　둘레의 상자(**Boxed**), 73
　클라우드 내의, 240
3차원 형태, 73
　클라우드 내의, 240

Abs, 142
AbsoluteTiming, 310, 321
Accumulate, 185
AdjacencyGraph, 127
AdjacencyMatrix, 127
AI(인공 지능), 129
AirTemperatureData, 107
AiryAi, 316
All(옵션의 값), 115
Alpha(Wolfram|Alpha), vii
Alphabet, 49, 191, 220
AmbiguityFunction, 230
And(**&&**), 177
AnglePath, 93
AngularGauge, 150
API
　구축, 240
　외부의, 282, 288
　의 생성, 319
API 호출, 240
APIFunction, 240, 319
Append, 251, 305
AppendTo, 251
Apply, 216
ArcTan, 144
Arduino, 289
Area, 317
Array, 181
ArrayFlatten, 189, 195
ArrayPlot, 60, 318
Arrow(그래픽 기본 요소), 73
ASCII(**ToCharacterCode**), 53
AskFunction, 240
AspectRatio, 117
Association, 220
AssociationMap, 223
At 사인(**@**), 153
Audio, 58
AudioCapture, 57
AudioPitchShift, 57
AudioPlot, 57

Automatic
　옵션에서, 114
AutoRefreshed, 240
Axes, 73

Background, 114
　Framed의, 241
　Grid의, 119
Ball, 316
BarChart, 11, 84, 296
　대 **Histogram**, 150
　연관에 대한, 221
BarChart3D, 150
BarcodeImage, 138
BarcodeRecognize, 138
BarLegend, 246
BBC
　웹사이트의 워드 클라우드, 288
Beep, 58
Benford의 법칙, 150
BesselJ, 144
Binarize, 41
Binomial, 316
Black, 25
Blank(**_**), 203
Blend, 25, 166
Block
　Module과 비교해서, 251
Blue, 25
Blur, 39, 159
　문자 인식, 131
Bold, 28
BooleanCountingFunction, 318
BooleanMinimize, 318
BooleanTable, 318
Boxed, 73
BoxWhiskerChart, 150
BubbleChart, 150
BusinessDayQ, 180
ButterflyGraph, 127
ByteCount, 217

C 언어, 310
C++, xi, 310
CA(세포 자동자), 318
Callout, 242
Cases, 203, 213
　Select와 비교하여, 204
　의 연산자 형식, 214
Catenate, 298
Ceiling, 145
CellularAutomaton, 310, 318
Chalkboard 글꼴, 118
ChannelListen, 289
Characters, 46, 177, 187, 198, 215
ChartLabels, 221
ChiSquareDistribution, 144

ChromaticityPlot, 28
ChromaticityPlot3D, 28
Circle, 29, 160
　의 크기, 117
　좌표와 함께, 66
ClassifierFunction, 138
Classify, 129, 282
Clear, 248, 258
ClockGauge, 232
Cloud CDF, 233
CloudDeploy, 231, 319
CloudExport, 285
CloudExpression, 278
CloudGet, 275, 295
CloudPut, 275
CloudSave, 275
ColorDistance, 137
ColorFunction, 120
ColorNegate, 25, 153, 160, 166
　이미지의, 39
Column, 12, 244
CommunityGraphPlot, 125
Compile, 310
Complement, 191
CompoundElement, 240
Cone, 30
ConnectedGraphQ, 180
ContourLabels, 150
ContourPlot3D, 315
Control+=, 81, 225
　날짜 입력, 105
　단위의, 91
ControllerInformation, 37
ConvexHullMesh, 317
Cos, 144
Count, 16
CountryData, 89
Counts, 219, 321
CPU 시간, 310
CreateCloudExpression, 278
CreateDatabin, 276
Cuboid, 73
CurrentDate, 111
CurrentImage, 39
Cylinder, 30

Data Drop
　Wolfram, 276
DatabaseLink, 303
DatabinAdd, 276
Dataset, 291
DateListPlot, 108, 276
DateString, 110
DateValue, 110
DateWithinQ, 111
DayName, 106
DayRange, 105

DDMMYY(날짜 형식), 111
Degree, 92
Delayed, 232
  :=와 유사하게, 254
DeleteDuplicates, 195
DeleteFile, 288
DeleteMissing, 89
Demonstrations Project
  Wolfram, 37
Dendrogram, 133
DeviceReadTimeSeries, 289
DigitCharacter, 270
Disk, 29
  의 면적, 317
DMS
  측지 위치의, 103
Do, 251
DocumentNotebook, 320
DominantColors, 40
Dotted, 147
Double at(@@), 216
Double blank(__), 204
Drop, 17
DumpSave, 279

Echo, 313
Eclipse IDE, 310
EdgeDetect, 41, 50, 153, 165, 237
EdgeForm, 73
EdgeWeight, 126
EditDistance, 137
EllipticK(타원 적분), 144
EmbedCode, 239, 319
EmitSound, 57
Encrypt, 320
EndOfLine, 274
EndOfString, 274
EntityInstance, 89
EntityList, 83
EntityProperties, 85
EntityStore, 89, 302
EntityValue, 82
Erf, 144
EulerPhi, 144
EvenQ, 176
Excel 포멧, 285
Except, 267
Exp, 144
Export, 285
ExportString, 289

Facebook 소셜네트워크 그래프, 126, 282
Factor, 316
FactorInteger, 145, 318
False, 175
FeatureExtraction, 138
FeatureNearest, 138
FeatureSpacePlot, 133
Fibonacci, 144, 310
  코드 작성의 예, 307
FileTemplate, 274

FilledCurve, 73
Filling, 114
FindClusters, 132
FindGeoLocation, 103
FindShortestPath, 122
FindShortestTour, 317
First, 16
  잘못 적용된, 311
FirstPosition, 201
FixedPointList, 265
Flat
  함수의 속성에서, 267
Flatten, 122, 188, 199
Floor, 145
Fold, 185, 305
FoldList, 182
FontFamily, 28, 118
For, 251, 305, 310
FormFunction, 233
FormObject, 239
FormPage, 237
FormTheme, 239
Frame, 118, 245
Framed, 154, 160, 165, 167, 183, 241
  의 모서리를 둥글게, 246
FromCharacterCode, 53
FromDigits, 18, 185, 306, 308
FromDMS, 103
FromLetterNumber, 49
Fuji
  산, 150
Fuji-san, 150
FullForm, 210

G5, 245
GalleryView, 240
Gamma(감마 함수), 144
Ganymede, 299
Gather, 190
GatherBy, 190
GCD, 144
GeoBackground, 116
GeoBubbleChart, 103
GeoDisk, 99
GeoDistance, 97, 178
GeoElevationData, 148
  의 해상도, 151
GeoGraphics, 231
  내의 범위, 115
geoIP, 103
GeoLabels, 116
GeoListPlot, 97
  내의 범위, 115
GeoModel, 103
GeoNearest, 100
GeoPath, 99
GeoPosition, 100
GeoProjection, 102, 231
GeoRange, 103, 115
GeoRegionValuePlot, 103
Get, 277

GIF, 239, 288
GIS(지리 정보 계산), 97
GPS 위치, 103
GrammarRules, 230, 273
Graph, 121
  구축에 Thread를 사용, 187
GraphicsColumn, 244
GraphicsGrid, 244
GraphicsRow, 244
GraphLayout, 122
GrayLevel, 28
GreaterEqual(≥), 180
GreaterThan, 180
Green, 25
Grid, 59, 161, 181, 187, 244
  의 옵션, 118
  중복된, 168
Gröbner bases, ix
GUI 생성, 315

Haskell Curry, 217
Head, 212
Here, 101
Hex 색, 28
HID
  Manipulate를 위한, 37
Histogram, 147
Hold, 255, 320
HTML
  단편 내보내기, 239
  웹에서 불러온, 288
  템플릿(XMLTemplate), 274
HTML 색, 28
Hue, 26, 155
HypercubeGraph, 127
Hyperlink, 240

i(−1의 제곱근), 144
IconRules, 240
IDE
  Wolfram 언어의, 310
If, 175
  함수 정의에서, 258
Image3D, 63, 185
ImageAdd, 41, 44, 184
ImageCollage, 40
ImageData, 61
ImageIdentify, 129
imageidentify.com, 138
ImageInstanceQ, 178
ImageMultiply, 44
ImageSize, 117, 246
Import, 281
ImportString, 289
In, 255
Increment(++), 251, 305, 310
InputForm, 46
  개체에 대한, 85
  수량, 91
Inset(그래픽 기본 요소), 73
IntegerDigits, 16, 144, 161, 308

IntegerName, 49
IntegerQ, 176
IntegerReverse, 308
Integrate, 316
InterpolatingFunction, 316
Interpreter, 225
Intersection, 191
iOS 배포, 233
IT 기관, 291
IT 기업, 291
Italic, 28

Java, xi
　코드 생성, 319
JavaScript, xi
　웹에서 불러온, 288
Join, 8, 169, 251
JoinAcross, 223
Joined, 117
JPEG, 239

KaryTree, 127
KeyDrop, 223
KeyMap, 223
Keys
　연관에서, 219, 220
KeySelect, 223
KeySort, 219
KeyTake, 220

LABColor, 28
Labeled, 241
LanguageIdentify, 129, 281
Last, 16
LeafCount, 217
Legended, 243
Less, 180
LetterCharacter, 270
LetterCounts, 220
LetterNumber, 49, 177
LetterQ, 177, 190
lhs(좌변), 207
LightGray, 241
LightYellow, 241
Line, 68
LineLegend, 246
Linux, xiv
ListAnimate, 185, 246
ListLinePlot, 11, 48, 65
　여러 데이터 세트의, 147
　의 옵션, 113
ListLogPlot, 142
ListPlay, 58
ListPlot, 7, 65
　라벨이 달린, 242
　시계열에 대해, 108
ListPlot3D, 148
ListStepPlot, 150
ListStreamPlot, 150
LocalCache, 279
LocalObject, 277

LocalTime, 107
Log, 298
Log10, 141
Logo
　및 **AnglePath**, 95
Longest, 264

Macintosh, xiv
Manipulate, 33
　웹으로 배포, 232
　클라우드에서 생성된, 235
Map(/@), 157
Marketing
　그래프 테마 중에서, 113
MatchQ, 203
Mathematica, vii
Max, 3
　Dataset에서, 293
MBOX, 288
MemberQ, 178
MemoryConstrained, 314
Merge
　연관에 대한, 223, 299
Mesh, 147
MeshFunctions, 150
MeshStyle, 147
Min, 4
Minimize, 316
Missing, 89, 223
ML(기계 학습), 129
MMDDYY(날짜 형식), 111
MNIST 훈련 세트, 138
Mod, 143
Module, 248
　With와 비교하여, 312
Monitor, 313
MOOC
　본서의, xv
MoonPhase, 106
Most, 18
MovieData, 89

N, 139, 154, 310
NATO, 194
　의 웹사이트, 288
NDSolve, 316
Nearest, 130, 171
NearestFunction, 173
NearestNeighborGraph, 133, 173
Nest, 165, 312
NestGraph, 170
NestList, 165, 189, 265, 270
　FoldList와의 비교, 182
NetChain, 138
NetGraph, 138
NetModel, 138
NetTrain, 138
New Kind of Science, 310, 318
NextDate, 111
NKS(*A New Kind of Science*), 310
NLP(자연어 처리), 226

NLU(자연어 이해), 225
Normal
　연관에 대한, 220
　Dataset에 관한, 293
NormalDistribution, 144
NoSQL 데이터베이스, 302
Not(!), 177
NotebookTemplate, 274
Nothing, 199
Now, 105, 232
NumberLinePlot, 12, 298
NumberQ, 180
NumberString, 274

OAuth, 289
OCR(광학 문자 인식), 130
OddQ, 176
Off-by-one 오류, 314
OOP(객체지향 프로그래밍), 261
Opacity, 71
Options(옵션의 목록), 120
Or
　불리언(||), 177
Orange, 25
Orderless
　함수의 속성에서, 267
OrderlessPatternSequence, 267
Origin of Species
　의 본문, 284
Out, 255
Overlaps, 274

PalindromeQ, 180
Parallelogram
　예제 함수, 77
ParallelTable, 321
Part, 16, 197
Partition, 187, 215
Pascal의 삼각형, 169, 172
PatternSequence, 267
PDF, 239, 285
PerformanceGoal, 310
Permissions, 231, 278
　클라우드 내의, 240
Permutations, 191
PersistentValue, 279
Pi(π), 140
PieChart, 11, 83, 156
　Dataset에서, 292
　라벨이 달린, 242
　의 주석, 243
Placed, 246
PlanarGraph, 127
PLI(프로그램 가능 언어
　인터페이스), 230
Plot
　함수의, 315
PlotRange, 114
PlotStyle, 147
PlotTheme, 113, 243

Plus, 1, 210
함수, 3
PNG, 239
가져오기, 282
Point, 68
Polygon, 68
PolyhedronData, 73
Position, 198
Prime, 141, 157, 242, 321
PrimePi, 144
PrimeQ, 145, 176, 313, 321
Printout3D, 286
Programming Lab
Wolfram, xiii, xiv, xv
Property, 126
ps(외부 프로세스), 320
Purple, 25
Put, 277
Python, xi

Q 함수, 176, 180
QA(품질 보증), 314
QR 코드, 138
Quantity, 91

RandomChoice, 167, 192
RandomColor, 26, 253
RandomEntity, 89
RandomGraph, 127
RandomInteger, 3
에서의 순열, 22
RandomReal, 140, 254, 317
RandomSample, 192
RandomWord, 53
Range, 7
나열성의, 158
날짜에 대한, 105
변경 폭이 있는, 21
음수를 포함한, 23
Raspberry Pi, xiv
Rasterize, 50, 131
로부터의 데이터, 61
RealDigits, 145
Reap, 313
Red, 25, 99, 147
RegularExpression, 274
RegularPolygon, 29
과 좌표, 68
ReleaseHold, 320
ReliefPlot, 149
RepeatedTiming, 310
RepeatingElement, 240
ReplaceAll, 207
ReplaceList, 207, 267
ReplacePart, 199
ResourceData, 284
Rest, 18
RESTful API, 240
Restricted, 239
Reverse, 8, 156, 308
RGBColor, 25

rhs(우변), 207
Riffle, 191
RomanNumeral, 48, 200
Rotate, 73, 92, 160
Round, 142
RoundingRadius, 246
Row
표시용, 244
Rule(→), 113, 215
Graph에서, 126
옵션에 사용, 120
치환에서, 206
RuleDelayed(:>), 255
RulePlot, 318
RunProcess, 289, 320

Save, 277
Scale, 73
Scratch
및 **AnglePath**, 95
Sculpteo(3D 출력 서비스), 287
SeedRandom, 37
Select, 176
Cases와 비교하여, 204
데이터 세트에서, 293
연산자 형식, 293
의 연산자 형식, 214
SemanticImport, 302
SendMail, 285
의 서버, 289
SequenceAlignment, 274
SequenceCases, 274
ServiceConnect, 288
Set(=), 255
SetDelayed(:=), 255
SetOptions, 120
Shift+return, xiii
Shortest, 269, 274
SI 단위, 95
Sin, 144, 315
SK 콤비네이터, 266
Slash dot(/.), 205
Slider, 315
SmoothHistogram, 150
SocialMediaData, 282
Solve, 316
Sort, 15, 190
계산 시간의, 309
문자의, 46
연관에서, 219
SortBy, 190
의 연산자 형식, 294
SoundNote, 55
Sow, 313
SparseArray, 63
Speak, 58
Spectrogram, 57
Sphere, 30
와 좌표, 70
Spikey
의 3차원 출력, 286

Split, 189
SQL 데이터베이스, 302
로 연결, 303
Sqrt(제곱근), 141
Starry Night(그림), 86
StartOfLine, 274
StartOfString, 274
Stephen Wolfram
A New Kind of Science
의 저자, 310
CurrentImage의 예로, 39
개체의 예로, 87
의 웹사이트로부터 가져오기, 282
자동 인식, 282
홈페이지, xv
stephenwolfram.com, 282
STL 파일, 286
StringCases, 269
StringContainsQ, 180
StringJoin, 45, 271
StringLength, 45, 147, 160
StringMatchQ, 270
StringReplace, 270
StringReverse, 45, 177
StringRiffle, 271
StringSplit, 271, 281
StringTake, 45
StringTemplate, 272
Style, 50, 99, 160
그래프에서, 243
라벨의, 241
문서 생성에서, 320
의 옵션, 118
Subsets, 192
Sum, 316
Sunrise, 106
Sunset, 106
SVG, 239
SystemOpen, 288

Table, 19, 305
Array와의 비교, 181
과 /@, 164
리스트의 리스트, 59
이전 버전에서, 24
Take, 17, 197
키에 대한 아날로그(**KeyTake**), 220
TakeLargest, 199
TakeSmallest, 199
TestReport, 314
Tetrahedron, 73
Text(그래픽 기본 요소), 73
TextCases, 226
TextRecognize, 131
TextSearch, 274
TextSentences, 47
TextString, 271, 274
TextWords, 47
Thick, 99
Thread, 187
Tilde tilde(~~), 273

TimeConstrained, 314
Times, 1, 181
  함수, 3
TimeSeries, 110
Timing, 308, 310
Tiny
  ImageSize의 값으로, 117
ToCharacterCode, 52, 53
Today, 106
Tomorrow, 105
Tooltip, 243
ToString, 274
Total, 15, 248, 306
  Dataset에서, 292
  연관에서, 219
ToUpperCase, 45
TraditionalForm, 316, 318
Translate, 73
Transpose, 187, 195, 265
TravelDirections, 103
TravelDistance, 103
TravelTime, 103
TreeForm, 211
Triple at(@@@), 216
True, 175
Tuples, 192
Tweet-a-Program, xv

UI 생성, 315
UN 웹사이트, 281
UndirectedGraph, 123
Unequal(≠), 180
Unicode, 53
Union, 190, 195
UnitConvert, 91
  날짜의, 105
Universally unique identifier, 239
Unprotect, 260
UpdateInterval, 233
UpTo, 195
URLShorten, 232, 278
URLSubmit, 289
UUID, 239, 275
  의 수, 278
  의 형식, 278

Values
  데이터 저장 공간의, 276
  연관에서, 220
VerificationTest, 314, 323
VertexLabels, 121, 170
VertexStyle, 126
VerticalGauge, 150

Webcam
  사진, 39
WebImageSearch, 44, 283
Whitespace, 270, 274
Wikipedia
  에서 이미지 가져오기, 282
WikipediaData, 160, 220, 227
  에서의 이미지, 43
  의 텍스트, 47
Windows operating system, xiv
With, 312
wolfr.am, 232
Wolfram 노트북, xiii, 323
  클라우드 내의, 279
  통합 개발 환경으로, 310
Wolfram 데모 프로젝트, xv
Wolfram 데이터 저장소, 284
Wolfram 로고
  의 전개도, 88
  의 3차원 출력, 286
Wolfram 언어
  습득 소요 시간, 78
  에 대한 메타 데이터
    (**WolframLanguageData**), 79
  의 버전, xiv
  의 범위, 75
  의 용도, xi
  특징, xi
  홈페이지, xv
Wolfram 언어 실행
  환경, xiv
Wolfram 지식 기반, 281
Wolfram 커뮤니티, xv
Wolfram Cloud, 231
  와 **SendMail**, 289
  의 저장, 275
Wolfram Cloud 앱, 233, 240
Wolfram Connector, 288
Wolfram Data Drop, 276

Wolfram Data Repository, 284
Wolfram Demonstrations Project,
  xv, 37
Wolfram Knowledgebase, 81, 281
Wolfram Programming Lab,
  xiii, xiv, xv
Wolfram Research, xv
Wolfram U, xv
Wolfram Workbench, 310
Wolfram|Alpha, vii
  데이터 대 Wolfram 언어, 89
  비교, xi
  와 같은 문자열 해석, 230
  와 같은 웹 페이지 구축, 237
  지식 기반의, 81
  큰 프로그램의 예로, 323
WolframLanguageData, 79
WordBoundary, 274
WordCloud, 47, 227
  에서 가중치, 299
  의 옵션, 118
WordDefinition, 230
WordFrequencyData, 108
WordList, 48, 130, 147, 177
WordOrientation, 118
WordTranslation, 228

XLS
  가져오기, 282
XLS 포맷
  으로 내보내기, 285
XML, 217
XMLTemplate, 274
XYZColor, 28

Yellow, 25
Yesterday, 105

Zeta(리만 제타 함수), 144

$FontFamilies, 120
$GeoLocation, 103
$ImportFormats, 288
$InterpreterTypes, 230
$Permissions, 240
$ProcessorCount, 321

가니메데, 299
가독성
코드의, 307
가시적 큰따옴표(**InputForm**), 46
가온 다(음), 55
가우스 분포수(**RandomReal**), 145
가장 가까운(**Nearest**), 130
가장 큰(**Max**), 3
가정
디버깅에서, 312
각 원소
에 적용(/@), 154
각 자리 숫자
정수의(**IntegerDigits**), 16
각 자리의 숫자
누적 적용, 184
각각에(/@), 154
각도
의 단위, 92
간단한 프로그램, 318
감정 분석, 129
값 배치(**IntegerDigits**), 16
값의 교환, 251
강의
에서의 책 사용, xiv
개체, 81
검색, 180
명시된 함축, 180
새로 생성, 89
의 유형, 85
텍스트 내의(**TextCases**), 226
개체의 분류, 83
개행, 271
에서 분할(**StringSplit**), 281
객체
자신만의 설정, 302
객체 인식(**ImageIdentify**), 129
객체지향 프로그래밍, 261
거듭제곱(**Power**), 1
의 정의, 2
거듭제곱 시간, 309
거리
도시 간의, 97
지도, 102
거품 정렬, 267
검사
큰 프로그램의, 323
검색
웹, 44, 283
이미지, 138
텍스트 파일, 274
검색 엔진
과 같은 웹 페이지 구축, 236
검은색 배경, 246
게임 패드
Manipulate를 위한, 37
격자 출력(**Grid**), 59
견본
색의, 28
결과
최근의(**%**), 247

결과 수직 표시(**Column**), 12
결과 쌓기(**Column**), 12
결합
API의(**EmbedCode**), 240
리스트(**Join**), 8
문자열(**StringJoin**), 45
색(**Blend**), 25
연관(**Association**), 299
플롯(**Show**), 150
결합성, 267
경계
그래픽의(**EdgeForm**), 73
경도, 100
경로
각도(**AnglePath**), 93
그래프에서, 122
외판원의, 317
경우(**Cases**), 203
계단식
리스트에서, 21
계산 기하, 317
계산 우주, 318
계산적 사고, ix, 324
계승 함수
내장(!), 258
내장된(!), 144
의 정의, 258
계층적 그래프 그리기
Dendrogram, 133
계층적 데이터, 295, 303
계통 발생 나무
댄드로그램, 138
고객 데이터, 295
고도 데이터(지구의), 148
고도 지도, 149
고양이
의 그림을 테스트, 178
고유 식별자, 239
고차 함수, 185
골뱅이표(@), 153
곱셈(**Times**), 1
곱셈 기호(×), 2
곱셈표, 60, 181
공간
문자열 패턴 내의, 270
공백(_), 203
공통 원소(**Intersection**), 191
과학적 표기법, 140
관, 289
관계형 데이터베이스, 302
와 연관, 223
관용구
코드의, 308
괄호
논리 연산의, 180
괄호([ ])
대, 3
괄호
리스트의, 10
와 함수 형태, 158

괄호 일치([ ]), 5
괄호(( )), 2
광학 문자 인식, 130
교과서 수학, 316
교대(정규 표현식의), 274
교집합 설정(**Intersection**), 191
교차
그래프 변의, 127
교체
문자열의(**StringReplace**), 270
교환성, 267
구간
히스토그램의, 150
구문 오류, 5, 311
구문 해석(**TextStructure**), 227
구분 문자
에서 문자열을 분할, 271
구분그래프(**PieChart**), 11
구성 성분 그래프, 227
구절 구조, 227
구조체(연관), 222
구조화된 데이터, 291
국가
가장 가까운, 100
개체로, 81
국경 그래프, 171
명 선택, 226
의 지도, 97
국가 그래프
(**GeoRegionValuePlot**), 103
국기
국가의, 81
국제 문자, 49, 52
국제 버전
코드 캡션, 78
국제 연합 웹사이트, 281
국제단위계, 95
군주제
단어의 빈도, 109
규칙
의 리스트와 연관, 220
지연(:→), 254
그래프
가장 가까운 이웃의, 133
결합(**Show**), 150
리스트에서 구성, 215
막대(**BarChart**), 11
무작위(**RandomGraph**), 127
소셜, 282
의 범위(**PlotRange**), 114
중첩, 170
그래프 그리기
리스트의(**ListPlot**), 7
색의, 28
그래프의 종횡비, 117
그래픽
3차원, 30, 148
기본 요소, 68
나열성 함수가 아닌, 157
내의 색(**Style**), 30

대화형의, 34
데이터의(**ListPlot**), 7
안의 라벨, 242
에서의 객체, 29
에서의 빛의 배치, 31
의 크기조절, 246
그래픽의 크기조절, 246
그레이 코드
프로그램의 예로, 312, 314
그뢰브너 기저, ix
그룹
다중 클릭으로 보기, 158
그룹화(**FindClusters**), 132
그리기
그래프의, 122
그리스어 알파벳, 52
그림 명사, 137
근사값, 139
근사치, 139
글자
의 색(**Style**), 26
글자 크기(**Style**), 27
긍정적 감정, 129
기간
날짜의, 111
기계 정밀도, 144
기계 학습, 129
기명
데이터 세트 중 필드의, 294
기명 색, 28
기명 패턴, 205
기복도, 149
기본값
패턴의, 267
기수전개(**IntegerDigits**), 144
기압
책상 센서로부터, 276, 277
기업 데이터, 291
기자의 피라미드, 86
기하, 317
3차원 출력, 286
변환, 73
주제의 예제로, 76
기하적 형태
프랙털, 172
기호, 210
무한대의 표현, 2
자료형의 생성, 261
표현, 209
기호적
결과, 311
데이터베이스 생성, 302
리스트에서 여러 타입 혼용, 13
문서, 320
사용자 인디페이스, 315
수학, 316
언어, 10, 13, 89, 217
예제로서의 리스트, 10
이미지로서, 43
기호-인덱스 리스트(연관), 222

기회
프로그래밍이 가져오는, 324
긴 계산
모니터, 313
긴 출력
감추기, 247
긴 프로그램, 323
길이
나열의(**Length**), 156
리스트의(**Length**), 15
문자열의(**StringLength**), 45
일반 표현의(**Length**), 214
꼭짓점
그래프의, 121, 126
다각형의, 69

나눗셈(**Divide**), 1
0으로, 2
나무 그래프 그리기
Dendrogram, 133
나뭇잎
표현의, 211
나비넥타이 다각형, 73
나선
AnglePath로 부터, 93
나열성, 156, 158
나이브 베이즈 기계 학습, 138
난독화 코드, 310
난수
격자의, 60
생성(**SeedRandom**), 37
정수, 3, 22
좌표로서, 65
날씨
에 관한 데이터, 107
날으는 거북이(**AnglePath3D**), 95
날짜, 105
의 형식, 105
내림(**Floor**), 145
내림표(♭), 57
내부 형식(**FullForm**), 210
내장 함수, 75
재정의, 260
널 리스트, 18
네트워크, 121
노란색 상자
개체를 위한, 81
노트북, xiii, 323
양식으로서, 238
클라우드 내의, 279
통합 개발 환경으로, 310
노트북 생성, 320
녹음
소리의, 57
논리 계산, 310
논리 연산, 177
논리곱(**&&**), 318
논리합
불 연산자(**||**), 318
놀이 공원
개체로, 85

뇌
ImageIdentify에 대한
영감으로서, 137
누락 항목
데이터 세트의, 295
누적
FoldList에서, 183
눈
과 색, 28
뉴욕, 97, 98
표준시간대의 예로, 107
뉴욕시, 225
개체로, 85
뉴턴 방법, 172, 266

다각형
정다각형(**RegularPolygon**), 29
다면체
의 전개도, 88
다면체의 전개도, 88
다윈
찰스, 284
다이어그램
문장, 227
다중 클릭
으로 그룹 보기, 158
다중 페이지 양식, 240
다중 할당, 251
다항식의 인수 분해, 316
단계
디버깅의, 314
절차적 프로그램의, 249
단말기 프레임워크, 289
단순화
불 함수의, 318
단어
가장 가까운, 130, 171
가장 가까운 그래프, 171
가장 인접한, 137
단어의 길이, 147
의 역사적 빈도, 108
단위
측정의, 91
코딩 스타일의 예, 306
단위 테스트, 314
단위폭
리스트에서, 21
단절 그래프, 137
단축 ID, 278
단축 URL(**URLShorten**), 232, 278
닫힌 곡선
그래프에서, 121
달
의 위상(**MoonPhase**), 106
외 지도, 103
달러
단위로, 92
의 해석, 225
달력 체계, 110
달의 위상(**MoonPhase**), 106

답
　최근의(**%**), 247
대괄호, 4
　함수의, 3
대권 경로, 99
대문자(**ToUpperCase**), 45
대문자
　함수의, 3, 4
대문자화(**ToUpperCase**), 45
대수, 316
대수적 변수
　로서의 기호, 217
대시보드
　웹상에 작성, 233
　자동 업데이트, 240
대안
　문자열 패턴(**|**), 270
대원 경로, 117
대체
　패턴의(**|**), 204
대피라미드, 86
대학
　의 해석, 226
대형 프로그램, xi, 310
대화형
　3차원 그래픽에서의, 30
　클라우드 그래픽의, 240
　클라우드에서, 37
대화형의, 33
더 큰(**>**), 175
더블 앳(**@@**), 216
덧붙이기(함수의 적용 방법), 153
덧셈(**Plus**), 1
덧셈
　리스트의, 15
데모 프로젝트
　Wolfram, xv
데이터
　가져오기, 281
　계층적, 295
　현실 세계의, 81
데이터 시그너처
　데이터 저장 공간용, 279
데이터 저장 공간(Wolfram Data
　　Drop), 276
데이터 저장 공간에 추가
　　(**DatabinAdd**), 276
데이터 저장소
　Wolfram, 284
데이터베이스, 302
　가져오기, 282
　외부 연결, 303
데이터베이스의 결합(**JoinAcross**), 223
도로명
　주소, 226
도시
　가장 가까운, 101
　간의 거리, 97
　개체로서, 97
도시 그리기(**GeoBubbleChart**), 103

도움말, xiii
　함수에서, 78
도교, 99
도표
　배열의(**ArrayPlot**), 60
도형
　가져오기, 282
　내보내기, 286
도-분-초, 103
동근 모서리, 246
동물
　에 관한 웹 앱, 234
　의 해석, 226
동물-식물-광물
　과 **ImageIdentify**, 137
동사, 227
동영상, 185, 246
동일성 테스트(**===**), 180
동적 시각화, 246
동적 유효 범위, 251
동적 자료형, 261
동적 프로그래밍, 310
되풀이
　함수의, 165
두개골, 87
드롭다운 메뉴, 35
등가성 판정(**Equal**), 175
등고선(**MeshFunctions**), 150
등고선 그래프, 149
등화색, 28
디렉터리
　파일, 288
디바이스 프레임워크, 289
디버깅, 311
　대화형, 314
또는
　패턴의(**|**), 204

라디안, 93
라디오 방송국
　국가별 개수, 82
라디오 버튼
　양식의, 240
라벨
　그래프의, 121
　등고선의, 150
　막대그래프에 대한, 221
　양식 필드의, 239
　의 위치, 246
　임의의 표현에 대한, 241
　지도의, 117
라즈베리 파이, xiv
라틴어, viii
람다 식, 164
랜덤 포레스트 기계 학습, 138
러시아어 알파벳, 49
런 길이 부호화(**Split**), 189
런 길이 인코딩(**Split**), 189
런던
　표준시간대의 예로, 107

레이아웃
　그래프의, 122
　배열 데이터, 59
레코드
　데이터 세트에서, 294
로그
　밑이 10(**Log10**), 141
　자연(**Log**), 141
로그 배율 그래프(**ListLogPlot**), 142
로그 파일
　가져오기, 282
로마자 표기(음역), 228
로마자 표기법(번역), 49
로스앤젤레스, 97
로지스틱 회귀, 138
로컬 파일, 277
　로부터 가져오기, 282
루브르 박물관, 98
루블
　의 해석, 225
루프, 310
　무한, 314
루프 변수 오류, 314
룰 30(세포 자동자), 318
룰 30(셀룰러 오토마타), 310
리눅스, xiv
리스트
　결합(**Join**), 8
　규칙 및 연관의, 220
　규칙의, 187
　기호적, 10
　내의 열, 274
　데이터 세트에서, 294
　로서(**Table**), 19
　부분 리스트 가져오기(**Take**), 17
　부분 리스트 제거하기(**Drop**), 17
　살펴보기, 7
　에서 무작위 선택
　　(**RandomChoice**), 167, 192
　에서의 연산, 15, 15
　원소가 없는, 18
　의 길이(**Length**), 15
　의 내부 구조, 209
　의 부분, 16
　의 시각화, 11
　의 원소, 197
　의 일원(**MemberQ**), 178
　필터링(**Select**), 176
　함수로서의, 10
리스트 표시하기, 11
리스트 필터링(**Select**), 176
리스트로의 표현 가능성, 15
　과 연관, 223
리스트의 마지막(**Last**), 16
리스트의 처음(**First**), 16
링크
　생성, 240
링크 그래프, 282

마름모육십면체, 88, 286
마이너스(**Subtract**), 4

마이크 입력, 57
마케팅
    그래프 테마 중에서, 113
막대
    라벨로 사용, 246
매치
    문자열 패턴에 대한, 270
매킨토시, xiv
매핑
    수학적, 164
멀티 코어 시스템, 321
메뉴
    Manipulate 안에서, 35
    Manipulate에서, 37
    양식의, 240
메모리
    와 큰 수, 2
메모이제이션
    함수 정의의, 310
메소드
    의 기호적 일반화, 261
메시, 317
메시지
    메일 보내기, 285
    코드로부터, 311
메일
    보내기, 285
메일 보내기(**SendMail**), 285
메일 서버
    SendMail의, 289
멩거 스폰지, 194
멱(**Power**), 1
명명
    객체의, 247
    함수의, 307
명명된 패턴, 264
명명법
    의 원칙, 250
명사, 226
    영어로 나타낼 수 있는, 137
    의 수, 230
명확화, 230
모듈 방식
    좋은 코드의, 307
모듈화
    좋은 코드의, 307
모바일 앱
    의 작성, 233, 240
모양
    그래프의(**AspectRatio**), 117
모자이크(**ImageCollage**), 40
모자이크 사진(**ImageCollage**), 40
모호성, 84
모호성 해소, 84
모호함, 230
모호함의 해소, 230
몰입 교육
    언어 학습의, viii
무게
    수량의 예, 92
무엇이 되다(**Rule**), 120

무작위 그래프, 124
무지개(색 리스트), 26
무한 반복, 255
무한대, 2
문법 구조(**TextStructure**), 227
문서
    Wolfram 언어의, xv, 75
문서 생성, 320
문자
    문자열 패턴에서, 269
    문자열의(**Characters**), 46
    영어 이외의, 53
    의 시각적 근접성, 135
문자 세트, 49
문자 체계
    간의 변환, 49
문자 코드, 53
문자 코드(**ToCharacterCode**), 52
문자열, 45
    결합(**StringJoin**), 45
    날짜의, 110
    대 기호, 52
    문자 리스트(**Characters**), 46
    식으로부터, 273
    에서 가져오기(**ImportString**), 289
    에서 내보내기(**ExportString**), 289
    의 매칭 중복, 274
    의 자연어 해석, 225
    의 큰따옴표(**InputForm**), 46
    의 패턴, 269
문자열 분할(**StringSplit**), 271
문자열 연결
    StringJoin, 45
문자열 이스케이프, 52
문자열 템플릿, 271
문자열에 삽입(**StringRiffle**), 271
문자열의 분할(**StringSplit**), 271
문장
    의 길이, 150
    의 리스트(**TextSentences**), 47
문장 다이어그램, 227
미국
    개체로, 81
    의 지도, 97
미국 단위계, 95
미국의 주도, 229
미디(MIDI), 57
미분 방정식, 316
미실행 결과, 311
미적분학, 316
미지수
    로서의 기호, 217
민주주의
    단어의 빈도, 109
밑
    다른 수의, 144
    어떤 수로도, 18
밑수의 확장(**IntegerDigits**), 18

바로 뒤의 원소함수, 166
바이올린, 56

반복, 167
    대 재귀, 172
    리스트 요소(**Table**), 19
    무한, 255
    문자열에서, 270
    테이블에 대한(**Table**), 19
    패턴에서(**..**), 264
반복자의 지정, 23
반사광 색, 28
반올림 오차, 144
반응, 55
반지름
    원의, 67
발광 색, 28
발음
    함수의, 4
발행-구독, 289
발행-구독 시스템, 289
밤
    의 온도, 108
방정식
    의 구조(**==**), 180
    풀이(**Solve**), 316
방향 전환 경로(**AnglePath**), 93
배열
    다차원, 59
    로서의 리스트, 10
    의 행렬, 189
배열의 성분(**Part**), 16
배포(**CloudDeploy**), 231
백슬래시
    숫자 사이의, 144
백악관
    의 위치, 225
백틱(`), 144, 272
    입력, 273
버그, 307, 311
버전
    Wolfram 언어의, xiv, 310
버전 관리, 323
번역
    단어의(**WordTranslation**), 228, 230
    함수 이름의, 78
번호
    문자의(**LetterNumber**), 49
범례
    그래프에서(**Legended**), 243
    의 위치, 246
범위
    그래프의(**PlotRange**), 114
    리스트의, 197
    변수의, 248
    지도의, 103
범위 지정 구문
    으로서의 패턴, 207
범자연수
    무작위, 3
법(**Mod**), 143
벡터
    로서의 리스트, 63
벡터 플롯(**ListStreamPlot**), 150

벤포드의 법칙, 150
벽시계 시간(**AbsoluteTiming**), 310
변
    그래프의, 126
변수
    의 범위, 248
    의 이름, 21, 23
    전역, 248
    지속, 279
    지역, 248
    테이블에서, 19
변수 정의, 247
변환
    단위 간의, 91
별이 빛나는 밤(그림), 86
별표(*)
    곱셈의, 2
    정규 표현식의, 274
병렬 계산, 321
보색(**ColorNegate**), 25
보편적 고유 식별자, 239
복귀 개행
    으로 분할(**StringSplit**), 271
복셀(**Image3D**), 63
복소수, 144
복잡성
    간단한 프로그램에서, 310
    간단한 프로그램이 만드는, 318
복제
    리스트 요소(**Table**), 19
복합 형식
    AskFunction, 240
복합식(;), 249
부동 소수점 수, 144
부분
    과 연관, 223
    대체(**ReplacePart**), 199
    데이터 세트의, 291
    일반적 표현의, 212
부분 리스트
    의 연산, 274
부분값, 261
부작용, 164, 251
부정적 감정, 129
북대서양 조약기구, 194
    의 웹사이트, 288
분수
    정확한, 139
분자
    개체의 예로, 87
분해
    함수 인수의, 261
분홍 박스
    와 그래픽 오류, 311, 314
분홍색
    강한, 225
불 계산, 318
불 연산, 177
불리언, 180
불완전 블록, 195
불투명 입체, 71

브라우저
    안의 **CurrentImage**, 44
블록
    으로 분할, 187
블록 행렬(**ArrayFlatten**), 189
비교언어학, 228
비동기식 작동, 289
비선형 최적화, 316
비율그래프(**PieChart**), 11
비정형 배열, 63
비트맵, 50
비트코인, 95
빈 리스트, 18
빈도
    문자의, 221
빈센트 반 고흐
    작품 예, 86
빈칸
    곱셈의, 2
빗금 골뱅이(/@), 154, 158
빗금 빗금(//), 158
빗금 세미콜론(/;), 263
빗금 앳(/@), 158
빗금 온점(/.), 205
빛
    책상 센서로부터, 277
빛의 배치
    3차원 그래픽에서 시뮬레이션 된, 31
빨간색 입력, 5, 311
빨간색-초록색-파란색(**RGBColor**), 25
뺄셈(**Subtract**), 1, 4

사라짐(**Nothing**), 199
사람이 읽을 수 있는 텍스트, 274
사례
    개체의(**EntityInstance**), 89
사용자 인터페이스 생성, 315
사용자 함수
    정의, 257
사용자 ID, 278
사운드
    가져오기, 282
사전(연관), 222
사전
    리스트(**WordList**), 48
사지 트리, 168
사진
    CurrentImage, 39
    앱의, 236
사회 관계망, 121
삭제
    리스트의 원소, 199
산문
    코드와 비교하여, 305
산술, 1
    단위를 포함한, 91
    모듈로, 143
    법, 143
삼각형(**RegularPolygon**), 31
삼중 공백(___), 263
삼중 등호(===), 180

삼중 @(@@@), 216
삼차원 그래픽, 148
삽입
    리스트에 대해(**Riffle**), 191
    문자열에(**StringRiffle**), 271
상등 테스트(**Equal**), 175
상미분 방정식, 316
상용로그, 141
상용어
    워드 클라우드에서, 299
상윗값, 261
상응
    패턴의(**Cases**), 203
새
    의 웹 이미지 검색, 283
새로운 행, 271
색, 25
    HTML, 28
    가장 가까운, 130, 133
    그래픽 내의(**Style**), 30
    글자의(**Style**), 26
    기명, 28
    무작위(**RandomColor**), 26
    의 모델, 28
    의 이름, 28
    주요(**DominantColors**), 40
    혼합(**Blend**), 25
색 공간, 28
    FeatureSpacePlot에서, 134
    내의 근접성, 133
색 반전 이미지(**ColorNegate**), 39
색 인식, 28
색 정육면체, 72
색 혼합(**Blend**), 25
색맹, 246
색반전 그래프, 246
색상, 28
색상(**Hue**), 26
색상
    Manipulate에서 선택, 37
    배경(**Background**), 114
색상 선택기
    양식의, 240
색상환, 28
색인
    리스트에서(**Part**), 16
색조, 28
샌드박스 코드의 실행, 314
샌프란시스코, 178
샘플음, 58
생물 정보학, 274
    에서의 클러스터링, 138
생활 나무
    Dendrogram, 138
서브리스트
    의 연산, 274
서비스
    외부 연결, 282
서열
    부분의, 197
서포트 벡터 머신, 138

선
    GeoListPlot, 117
선 스케치(**EdgeDetect**에서), 41
선택자, 35
성적 데이터, 295
세기(에 걸친 단어의 빈도), 108
세미콜론(**;**)
    입력의 끝에, 247
세션
    안의 결과, 247
    지속성, 279
센서
    로부터의 데이터, 276
    에 직접 연결된, 289
센티미터, 91
소리, 55
소셜 네트워크, 121
소수 형태 근사, 139
소수점
    및 근삿값, 139
소수판별(**PrimeQ**), 176
소실(**Nothing**), 199
소프트웨어 공학, 310, 323
속도
    코드의, 308
속성
    함수의, 267
손으로 쓴 숫자, 129
수
    가우스 분포(**RandomReal**), 145
    다른 밑수의, 18, 144
    무작위, 3
    에 대한 테스트, 176
    의 각 자리 숫자, 16
    의 무작위 수열, 141
    의 산술 계산, 1
    의 정밀도, 144
    임의의, 140
    최대 크기의, 2
    코딩 스타일의 예, 306
    큰, 2, 139
수 복원
    자리 숫자로부터(**FromDigits**), 18
수도
    유럽 각국의, 317
수리논리, 217
수성
    모호성 해소의 예로, 84
수열(**Range**), 7
수직선 막대, 207
수치, 145, 316
수치 근사, 139
수치 처리, 316
수치 해석, 144
수학
    대응의 개념에서, 158
    선행 지식, ix
    에서 함수의 개념, 5
    전제 조건, xiv
    학습의 비교, viii
수학 계산, 316

수학 논리학, 164
수학 연산, 1
수학 조판, 316
수학 표기법, 316
수학 함수, 144
    의 시각화, 315
수형도
    그래프로서(**KaryTree**), 127
순색, 28
순서 집합
    연산의(**;**), 249
순수 함수, 159, 181
    그리고 괄호, 164
    명시적 변수와 함께, 164
    와 기명 함수의 비교, 261
    의 중첩, 165
    의 화살표 표기, 164
    헤드 합성에서, 213
숫자
    의 리스트, 7
    의 무작위 순열, 22
    의 범위, 7
쉼표
    음악, 57
스마트 필드, 236
스무 고개
    와 **ImageIdentify**, 137
스웨덴어
    알파벳, 191
스위스
    국경 국가의 그래프, 171
    예제로, 83
스케치
    EdgeDetect에서, 41
스타일
    양식의, 239
스텝
    리스트에서, 21
스톱 워드, 47
    의 삭제, 53
스티븐 울프럼
    CurrentImage의 예로, 39
스파이키
    의 전개도, 88
    의 3차원 출력, 286
스페인어
    단어의, 53
스페인어 캡션, xiii
스프레드시트
    가져오기, 282
    데이터 세트에 대한 소스로, 302
    로부터의 데이터, 285
슬라이더
    Manipulate안에서, 33
    양식의, 240
    웹상의, 232
슬래시 골뱅이(**/@**), 158
슬래시 슬래시(**//**), 158
슬래시 앳(**/@**), 154, 158
슬롯(**#**), 185

슬롯
    문자열 템플릿의, 272
    순수 함수에서(**#**), 159
    순수 함수의, 181
습도
    책상 센서로부터, 277
시각, 105
    색, 28, 137
시각적 근접성, 135
시각화, 147
    디버깅을 위한, 312
    리스트의, 11
    의 주석, 243
    함수의, 315
시간
    단위로, 91
시계
    웹상에, 233
시계 산술(**Mod**), 143
시계열, 107
시그마(**Sum**), 316
시스루 그래픽(**Opacity**), 71
시스템 작업, 320
시에르핀스키 패턴, 189, 194
시장 가격, 89
신경망, 137
    의 구축, 138
신속한 프로토타이핑(3차원 출력), 286
신호 처리, 57
신호등
    색 예제로써, 27
실수, 140
실시간 디스플레이, 33
실시간 표시
    웹상의, 233
실행 시간
    거품 정렬의, 267
    재귀적 정의에 대한, 309
실험
    Wolfram 언어로 하는, 324
실현
    Wolfram 언어의, xiv
십육진법 색 표기, 28
십진수 각도, 103
십진수 확장(**IntegerDigits**), 16
쌍(**Tuples**), 192
쌍점-닫는 홑화살괄호(**:>**), 254
쌍점-등호(**:=**), 253

아두이노, 289
아랍어 알파벳, 53
아이콘
    모바일 앱 용, 240
아키텍처
    시스템의, 324
악기
    음악, 56
안내 페이지
    문서에서, 76
안드로이드 배포, 231
안료 색소, 28

알고리즘
    내장된, 317
    음악에 대한, 56
    정렬, 265
알파벳
    의 시각적 근접성, 135
알파벳의 순서(**LetterNumber**), 49
암시적 개체, 180
암호학, 320
암호화폐, 95
애니메이션, 185
    Manipulate의, 37
애매한 코드, 307
앱
    작성, 231
앳 사인(**@**), 153
야드파운드법, 95
약어
    단위의, 95
양방향 그래프(**UndirectedGraph**), 123
양식
    다중 페이지, 240
    에 기반을 둔 앱, 233
    확장 가능한, 239
양식 기반 앱, 233
양식의 입력 필드
    값의 제한, 239
양의 부분(**Abs**), 142
어휘적 범위, 251
언어
    간의 번역, 228, 230
    다른 언어 코드 캡션, xiii
    음역, 228
    의 단어, 53
언어 설계, 305
언어학, 228
    진화의, 138
업로드
    클라우드로, 288
에베레스트
    산, 148
에베레스트 산, 148
에펠 탑, 86, 98
엑셀 포멧, 285
여집합 설정(**Complement**), 191
역 따옴표(`` ` ``), 144
역 빗금
    숫자 사이의, 144
역 인용부호(`` ` ``), 272
    입력, 273
역방향
    의 문자열(**StringReverse**), 45
역사적 기록(단어 빈도에서 본), 108
역사적 달력, 110
역순(**Reverse**), 8
역순(**StringReverse**), 45
역슬래시
    숫자 사이의, 144
    큰따옴표 입력을 위해, 52
연결
    Catenate, 298

그래프에서, 121
    데이터 세트 쿼리의, 293
연결(인터넷)
    Interpreter를 위한, 230
연결
    Join, 8
연결 그래프, 137
연결된 장치
    로부터의 데이터, 276
연결성(인터넷)
    데이터에 필요한, 89
연관, 219
    결합, 299
    데이터 세트에서, 291
    및 문자열 템플릿, 272
    연관의, 291
    의 시각화, 246
연관 배열(연관), 222
연령대
    대상, xiv
연산
    Wolfram 언어에서, 211
    날짜의, 105
    리스트에서, 15
    의 순서, 2
    이미지, 44
연산의 순서, 2
연산이 필요한 숫자 필드, 235
연산자
    수학에서, 217
연산자 양식, 217
연산자 형식, 213, 293
연속하는 원소(**Split**), 189
연습 문제
    온라인 버전, xv
열
    데이터 세트에서, 291
    리스트의, 274
    배열의, 198
열 그래프(**BarChart**), 11
영속성
    이름의, 248
영어
    단어의 길이, 147
    대 Wolfram 언어, 308
    알파벳, 191
    의 계산, 47
    의 단어(**WordList**), 48
영화 제목, 229
오각형(**RegularPolygon**), 29
오디오, 55
오류
    입력, 5, 311
오프셋
    분할에서, 187
옥타브, 55
온도
    AirTemperatureData, 107
    책상 센서로부터, 277
온라인
    버전의 본서, xv

온라인 공개수업
    본서의, xv
올림(**Ceiling**), 145
올림표(#), 57
옵션, 113
    값으로의 순수 함수, 120
    의 자동완성, 120
    의 전역 설정, 120
옵션 단추, 35
완전 그래프, 123
    CompleteGraph, 127
외국어
    WordTranslation, 228, 230
    학습의 비교, viii
    함수 이름의, 78
외국환, 92
외래 문자, 49
외부 서비스, 282
외부 장치
    로부터의 데이터, 276
외부 키, 302
외부 프로그램, 285, 289, 320
외판원 문제, 317
요일(**DayName**), 106
우선 순위
    논리 연산의, 180
우선순위
    산술 연산의, 2
우주선 시뮬레이션(**AnglePath3D**), 95
우주의 나이
    UUID와의 비교, 278
우측 합성, 299
운영 체계
    Wolfram 언어 실행용, xiv
운전 경로, 103
원 쌓기, 67
원그래프(**PieChart**), 11
원반(**Disk**), 29
원색, 28
원소
    리스트의(**Part**), 16
    의 테스트(**MemberQ**), 178
원소 모으기(**Gather**), 190
원소 선택(**Select**), 176
원소의 실행(**Split**), 189
원소의 총합(**Total**), 15
원자
    UUID와의 비교, 278
    표현의, 210
월
    날짜에서, 110
웹
    그래프 테마 중에서, 113
    네트워크, 121
    에서의 대화형, 37
    에서의 **Manipulate**, 37
웹 검색, 283
    대 Wolfram Knowledgebase, 89
웹 계산(**Delayed**), 232
웹 링크
    생성, 240

웹 양식, 235
웹 크롤러, 172, 282
웹 API, 240
웹사이트
  만들기, 323
  에 삽입된(**EmbedCode**), 239
  작성, 231
웹사이트 자동 업데이트, 233
웹주소
  Wolfram Cloud의, 232
  의 길이, 239
웹캠
  사진, 39
위도, 100
위성
  Dataset의 예제로서, 295
위치(**Here**), 101
위치(좌표), 67
위치
  라벨의, 246
  의 해석, 225
위키백과
  에서 이미지 가져오기, 282
윈도우 운영 체계, xiv
유니코드, 53
유럽
  단위, 95
  수도의 최단 순회 경로, 317
유럽식
  날짜, 111
유로
  의 해석, 225
유명인사 분류자, 282
유사성
  특징 공간에서, 134, 135
유엔 웹사이트, 281
유전체학
  문자열의 예, 51
유전학, 274
유창함
  Wolfram 언어에, 305
  Wolfram 언어의, viii
유클리드 알고리즘, 266
유향 그래프(**Graph**), 123
유효성 확인
  양식 필드의, 238
육각형(**RegularPolygon**), 29
은닉 상태, 251
음, 55
  음악의(**SoundNote**), 55
음높이
  음악의 음, 56
음성 출력, 58
음성 표현 출력(**Speak**), 58
음수 번호, 197
음악, 55
음역, 228
음영
  그레이스케일(**GrayLevel**), 28
  색의(**Hue**), 28

음의 생성, 55
음향 효과, 57
의미론, 225
의미론적 숫자
  해석으로의, 236
의미적 표현
  해석으로서, 230
의사 난수, 3
이름 설정, 247
이메일
  보내기, 285
이미지, 39
  개체의, 84
  데이터에서 얻은, 63
  붙이기(**ImageCollage**), 40
  숫자의 배열로, 61
  양식 안의, 237
  에 있는 개체의 테스트, 178
  연산, 44
  웹 페이지에서 가져오기, 281
  의 유사성, 130
  추가(**ImageAdd**), 41
이미지 검색
  웹, 283
이미지 더하기(**ImageAdd**), 41
이미지 링크
  생성, 240
이상치, 114
이웃
  가장 가까운(**Nearest**), 130
이전 결과(%), 247
이중 공백(__), 204
이중 등호(==), 180
이중 물결표(~~), 273
이중 @(@@), 216
이진 덤프 형식(**DumpSave**), 279
이진수(**IntegerDigits**), 18
이항 계수, 169, 316
익명 함수, 159
익명의 로컬 파일, 277
인간의 언어
  의 식별, 129
  입력, 225
  입력에서, 81
  학습의 비교, viii
인공 지능, 129
인수
  함수의, 181, 212
인식
  문자의(**TextRecognize**), 131
  바코드의, 138
  이미지의(**ImageIdentify**), 129
인용(평가 제어), 320
인터넷 연결성
  데이디의, 89
  지도 사용 시, 103
인터넷 주소
  지리적 위치를 위한, 103
인터프리터
  웹 양식의, 236

일상 영어
  입력 언어로, 81
일치
  가장 긴, 264
  가장 짧은, 264
  모든 가능한, 267
임베딩
  그래프의, 122
임의의 수
  연속하는, 140
임의의 정밀도, 140
입력
  종료, xiii
입력 라벨(**In**), 255
입력 완료, xiii
입력 필드
  Manipulate에서, 37
  웹 양식의, 234
입체 지도, 116

자동완성 메뉴, xiii, 78
자동차
  단어 사용 빈도의 역사, 108
  의 길찾기, 103
자료형
  Wolfram 언어에서, 261
자리 숫자
  수의, 140
자바, xi
자바스크립트, xi
  웹에서 불러온, 288
자연 언어 입력, xiii
자연로그, 141
자연어
  와 언어 식별, 129
자연어 이해, 225
자연어 입력, 225
자연어 처리, 226
자유 형식 입력, xiii, 81, 225
자율 기계 학습, 138
자주 사용되는 단어
  영어의(**WordList**), 48
  워드 클라우드에서, 47
잠긴 함수, 260
장치 프레임워크, 289
재계산, 255
  피보나치 알고리즘으로, 309
  회피, 310
재귀, 167
  대 반복, 172
  무한, 255
재귀적 정의, 258, 306
저시력, 246
저장
  이진, 279
  클라우드에(**CloudSave**), 275
전역 변수, 248
전위 형식(@), 153
전화기
  의 위치, 101

전환 그래프, 215
절댓값(**Abs**), 142
절차적 프로그래밍, 249
　함수형과의 비교, 185
점
　그래프의, 126
　그래픽에서의, 65
점의 연결, 69
점의 크기
　글자의, 27
접경 국가, 83
접근
　클라우드로 배포, 231
접근 제어
　클라우드 객체, 278
접근성
　시각 장애인 용, 246
접두사 형태(@), 153
접속성(인터넷)
　단위 사용 시, 95
접요사
　Function에 대한 표기법, 164
접이 다각형, 73
정규 분포수(**RandomReal**), 145
정렬
　열의, 274
정렬 알고리즘, 265
정리
　Wolfram 언어에 대한, 10
정밀도
　수의, 144
　숫자의, 140
정보(?), 260
정부
　의 시스템, 109
정수
　무작위, 3
　영어 이름(**IntegerName**), 49
　인수 분해, 318
　큰, 2
정수를 나타내는 단어(**IntegerName**), 49
정의
　함수의, 257
정의를 로드(**CloudGet**), 275
정적 자료형, 261
정지
　소리의, 57
제곱(**Power**), 1
제곱
　의 테이블, 20, 305
　중첩, 166
제곱근(**Sqrt**), 141
　중첩, 166
제곱수
　Array로 생성, 181
제목란
　이메일의, 285
제약 조건
　양식 필드의, 238
조건
　패턴의(/;), 263

조건문, 175
조명
　3차원 그래픽에서, 31
조이스틱
　Manipulate를 위한, 37
조판, 316
조합(**Tuples**), 192
종의 기원
　의 본문, 284
좋은 코드, 305
좋은 코드의 간결성, 307
좌측 합성, 299
좌표, 65
　지표상의, 100
주
　와 시간의 계산, 105
주문형 계산, 232, 253
주석
　그래프에서, 243
　코드의, 310
주식 가격, 89
줄
　입력 종료, xiii
줄 번호
　세션의, 251
중간 결과
　출력, 313
　포착, 313
중괄호
　리스트의, 10
중복
　삭제(**Union**), 190
중복 그래프(**Show**), 150
중심 극한정리, 150
중첩
　함수의, 165
즉각적인 API, 240
즉석 API, 319
즉시 할당(=), 247, 253
지도
　의 범위(**GeoRange**), 103
　지리적인, 97
지도 기계 학습, 138
지도학, 97
지리 정보 계산, 97
지리적 위치(**GeoPosition**), 100
지속성
　이름의, 248
지속적인 클라우드 표현, 278
지식 기반, 81
지식 베이스, 81
지식기반 언어, xi
지역 변수, 248
　모듈 안의, 249
지역 한정 값, 251
지역 한정 이름, 251
지연 규칙(:→), 254
지연 할당(:=), 253
지진, 89

지표
　Position으로 찾는, 198
　테이블에서, 19
지표 경로, 99
지형도, 148
진리표, 318
진화 계통 나무
　덴드로그램, 138
질문 함수, 176

차
　단어 사용 빈도의 역사, 108
차원 축소, 138
차트
　원(**PieChart**), 11
채널 프레임워크, 289
채도
　색의, 28
채색, 28
책
　에서 단어의 빈도수, 108
책상
　위의 센서, 276
챔퍼나운 수열, 194
척도 없는 네트워크, 127
첨자(**Part**), 16
첫 번째 문자(**StringTake**), 45
체크 박스
　Manipulate에서, 37
　양식의, 240
초점을 흐리게(**Blur**), 39
최근 결과(%), 247
최단 경로
　그래프에서, 122
최대 원소(**TakeLargest**), 199
최대공약수 알고리즘, 266
최소 원소(**TakeSmallest**), 199
최소화
　불 함수의, 318
최솟값(**Min**), 4
최적화
　수치적, 316
　코드의, 310
추이 그래프, 215
축적
　데이터 저장 공간에, 276
출력(**Echo**), 313
출력
　3차원, 286
　감추기, 247
출력 감추기, 247
출력 꼬리표(**Out**), 251
출력 라벨(**Out**), 255
출판
　웹 페이지, 231
출현(**Count**), 16
출현 횟수(**Count**), 16
충돌
　UUID의, 275
측지선 경로, 99

치타
의 이미지 식별, 129
치환, 205
친구 네트워크, 126, 282
칠판 글꼴, 118

카메라
사용 불가, 43
사진, 39
앱의, 237
카페인, 87
캐시
클라우드 객체의 콘텐츠, 279
캐싱
함수 정의의, 310
커링, 217
커뮤니티
Wolfram, xv
그래프에서, 125
컨텍스트, 310
컨트롤러
UI, 35
컴퓨터
Wolfram 언어용, xiv
컴퓨터 대수, 316
케이크형 그래프(**PieChart**), 11
코드
과도하게 짧은, 310
디버깅의, 311
무작위 수정 실행, 314
잘 작성하기, 305
지나치게 짧은, 307
최적화, 310
효율, 308
코드 검토, 323
코드 내의 주석, 310
코드 생성(**EmbedCode**), 240
코드 캡션, xiii, 78
코스
본서의, xv
코알라
개체의 예로, 86
콜라주(**ImageCollage**), 40
콜라츠 문제, 179
콜론(**:**)
패턴에서, 264
콤비네이터, 266
쿼리
데이터 세트에 대해, 293
크기(**Abs**), 142
크기
그래픽의(**ImageSize**), 117
글자의, 27
큰 수의, 2
표현의, 217
크롤링
네트워크에서(**NestGraph**), 171
큰 수, 2
큰따옴표
문자열을 나타내는, 45

클라우드
내의 Wolfram Knowledgebase, 89
로 배포, 231
상의 상호 작용, 235
상의 **Manipulate**, 235
에서의 대화형, 37
에서의 **Manipulate**, 37
의 물리적 위치, 240
클라우드 객체, 275
의 캐시, 279
클라우드 기반, 278
클라우드에 넣기(**CloudPut**), 275
클라우드에 저장(**CloudPut**), 275
클라우드에서 얻기(**CloudGet**), 275
클러스터 분석, 132
키릴 문자, 49
키-값 매핑(연관), 222
킬로그램, 92

타조
이미지 가져오기의 예로, 288
태그 시스템, 267
태그 시스템 게시, 267
태그 클라우드(**WordCloud**), 47
터키어
알파벳, 191
터틀 그래픽(**AnglePath**), 95
테마
그래프의(**PlotTheme**), 113
양식의(**FormTheme**), 239
테스트, 175
양식 필드의, 239
의 중요성, 311
테스팅
프레임워크를 위한, 314
텍스트
로 연산, 45
의 구조, 227
의 회전(**Rotate**), 92
텍스트 내의 단어(**TextWords**), 47
템플릿
내장 함수에 대한, 78
문자열, 271
통화
단위의, 92
통화 코드, 95
투명도(**Opacity**), 71
투영법
지도에서, 100
지도의, 102
트리
NestGraph에서, 170
그래프로서(**KaryTree**), 127
로서의 표현, 216
트리플(**Tuples**), 192
트리플 앳(@@@), 216
특성
개체의, 81
특징 공간, 133
특징 벡터, 138

틸데 틸데(~~), 273
파리, 98
파스칼의 삼각형, 169, 172
법 2, 172
파운드
무게의 단위, 92
파이썬, xi
파이프, 289
파일
로부터 가져오기, 282
로컬, 277
삭제, 288
의 이름, 278
텍스트 검색, 274
확장자, 288
파일 경로, 277
파형
소리의, 58
팔각형(**RegularPolygon**), 29
팝업 메뉴
양식의, 240
패키지, 310, 323
패턴, 203, 263
과 함수 정의, 257
명명된, 205
문자열의, 269
의 조건(**/;**), 263
패턴 기반 프로그래밍, 249
페이스북 소셜 그래프, 282
페이스북 쇼셜네트워크 그래프, 126
평가
Wolfram 언어에서, 255
제어, 320
평가 대기, 253
평가 포기, 314
포럼(Wolfram 커뮤니티), xv
포멧
가져오기, 288
표 데이터, 291
표기법
수학, 316
표면수축포장, 317
표시(**Echo**), 313
표준 형식
개체에 대한, 85
표준시간대, 107
표현
기호, 209
의 크기, 217
품질 보증, 314
프랙털, 168, 189
프로그래머
되기, 323
를 위한 프로그래밍의 기본 정보, vii
프로그래밍 언어
다른, xi, xiv
프로그램 가능 언어 인터페이스, 230
프록시
SendMail의, 289

플랫폼
    Wolfram 언어의, xiv
피라미드
    기자의 대피라미드, 86
피아노, 55
피타고라스 수, 194
피트(단위), 91
픽셀 배열, 61
픽토그램(**BarChart**), 11
필드
    데이터 세트에서, 294
    양식의, 235

하위
    Part의, 201
하위 리스트
    생성, 187
하위목록
    의 연산, 274
하윗값, 261
하이퍼링크
    가져오기, 281
    네트워크, 121
    필자의 웹사이트에서, 282
학생 데이터, 295
한국어
    로 번역, 228
할당
    이름의, 247
    즉시, 253
    지연, 253
함수
    그리기, 315
    근사, 316
    내장, 3
    내장된, 75
    를 위한 템플릿, 78
    소리내어 읽는 법, 4
    수학과 비교해서, 5
    순수, 159
    의 반복 적용, 165
    의 속성, 267
    이름의 번역, 78
    적용 방법, 153
    정의하기, 257
    클라우드에 저장, 275
    합성의, 299

함수 생성, 257
함수 페이지
    문서 센터, 77
함수 프로그래밍, 164
함수의 적용, 153
함수의 함수(**Function**), 164
함수자, 185
함수형 프로그래밍, 184, 185, 251
    할당의 부재, 249
합성 연산자, 299
합성 헤드, 213
합성함수, 153
합집합 설정(**Union**), 190
핫핑크, 225
항공기 시뮬레이션(**AnglePath3D**), 95
항공기의 위치, 89
항등식 테스트(===), 180
해부학
    데이터의 예로, 87
해상도
    이미지의, 61
해석
    다수의, 84
해스켈 커리, 217
해시(#), 185
해시맵(연관), 222
해제(**Flatten**), 188
행
    데이터 세트에서, 291
    배열의, 198
행렬
    로서의 리스트의 리스트, 63
행성, 83
    Dataset의 예제로서, 295
    의 크기 플롯, 142
허용
    외부 서비스의, 288
헤드
    와 연계된 값, 261
현실 세계의 데이터, 81
현재 시각, 105
현재 위치(**Here**), 101
형식
    클라우드 배포, 239
형용사, 228
혼동
    문자의, 131
홀짝 규칙, 73

홈페이지
    Wolfram 언어의, xv
화면 배치
    그래픽의, 241
화면배치
    표로 나타낸 데이터의, 244
화산, 101
화살표(→), 113
화성
    의 지도, 103
화소 크기
    그래픽의(**ImageSize**), 117
화약, 229
화음
    음악, 57
화폐
    계산, 92
    의 해석, 225
화학 물질
    의 해석, 226
확률
    ImageIdentify의, 137
    동일 UUID가 발생할, 239
    이미지 인식의, 132
확률보행, 167
확장 가능한 양식, 240
환경
    Wolfram 언어 실행, xiv
황금 비율, 310
황금비, 167
회문
    영어의, 177
회전
    3차원 그래픽의, 30
효율성
    코드의, 308
후위 형식(//), 153
후지 산, 150
훈련
    기계 학습의, 129
    신경망의, 138
훈련 세트
    기계 학습용, 138
흐름 플롯(**ListStreamPlot**), 150
흑백(**Binarize**), 41
흑백 그래프, 246
히스토그램(**Histogram**), 147

Wolfram 언어 기초 입문

1판 1쇄 발행   2017년 11월 30일

저   자 | 스티븐 울프램
발행인 | 김길수
발행처 | 영진닷컴
주 . 소 | (우)08505 서울시 금천구 가산디지털2로 123
          월드메르디앙 벤처센터 2차 10층 1016호
등   록 | 2007. 4. 27. 제16-4189

ⓒ2017. (주)영진닷컴
ISBN | 978-89-314-5671-4

YoungJin.com **Y.**
영진닷컴